Diccionario pocket búlgaro

español-búlgaro & búlgaro-español

Juan Sáenz

Diccionario pocket búlgaro
por Juan Sáenz

Copyright ©2015-2017 Juan Sáenz. Todos los derechos reservados.
Editado y publicado por Fluo!Languages.

Primera edición: Mayo 2017

Ninguna parte de este libro puede ser reproducida en alguna forma ni por cualquier medio, sin contar con previa autorización. Sin embargo, organizaciones sin fines de lucro, podrán copiarlo libremente y distribuir partes de esta publicación, cuando no existan fines comerciales.

Este diccionario contiene material procesado que forma parte del proyecto English Wiktionary.

ESPAÑOL-BÚLGARO

A

ababol • *n* абдáл *(m)*
abacá • *n* абака *(f)*
abacería • *n* бакалия *(f)*
abad • *n* игумен
abadesa • *n* игуменка
abadía • *n* абáтство *(n)*, манастирска църква
abajo • *adv* надолу, отдолу • *prep* отдолу, под
abandonado • *adj* изоставен, напуснат
abandonar • *v* напускам, изоставям, изхвърлям
abandono • *n* напускане, изоставяне
abanicar • *v* вея, отвявам
abanico • *n* вентилáтор, ветрило
abarcar • *v* включвам, съдържам
abarrotado • *adj* претъпкан
abatido • *adj* загубил надежда, паднал духом, унил, потиснат
abatimiento • *n* унижение, понижение, униние *(n)*, смайване *(n)*, ужас *(m)*
abdicación • *n* абдикация *(f)*
abdicar • *v* отказвам се от, абдикирам
abdomen • *n* корем
abdominal • *adj* коремен *(m)*
abducción • *n* абдýкция *(f)*
abecedario • *n* áзбука *(f)*
abedul • *n* брезá *(f)*
abeja • *n* пчела *(f)*
abejarrón • *n* земна пчелá *(f)*
abejón • *n* земна пчелá *(f)*
abejorro • *n* земна пчелá *(f)*
abelmosco • *n* мускусен слез
aberración • *n* отклоняване, отклонение, аберация *(f)*
aberrante • *adj* отклоняващ се
abertura • *n* отвор, отверстие
abeto • *n* елá *(f)*
abiertamente • *adv* справедливо, безпристрастно
abisal • *adj* дълбоководен
abismal • *adj* бездънен
abismo • *n* бездна, пропаст, пропаст *(f)*, бездна *(f)*
ablación • *n* отстраняване, ампутация
ablución • *n* промѝвка *(f)*
abochornado • *adj* засрамен
abochornar • *v* засрамвам, смущавам, изчервявам се
abofetear • *v* пляскам
abogada • *n* адвокáт *(m)*, адвокáтка *(f)*
abogado • *n* адвокáт *(m)*, адвокáтка *(f)*

abogar • *v* застъпвам се за
abolición • *n* премахване, отменяне
abolir • *v* премáхвам, отменям
abolladura • *n* вдлъбнатина *(f)*, щърбел
abollar • *v* нащърбвам, украсявам с релеф
abominable • *adj* отвратителен, противен, ненавистен
abominar • *v* отвращавам се, гнуся се, гнуся се от, ненавиждам
abono • *n* тор *(m)*, абонамент *(m)*
abordar • *v* качвам се на борда, справям се, взимам на абордаж
aborigen • *adj* коренен, местен, туземен • *n* аборигéн *(m)*, тузéмец *(m)*
aborrecer • *v* отвращавам се, гнуся се
aborrecible • *adj* отвратителен, противен, ненавистен
aborrecimiento • *n* отвращение
abortar • *v* помятам, абортирам
aborto • *n* помятане, аборт
abrasivo • *adj* изтъркващ, изтриващ, абразивен
abrazadera • *n* кнехт *(m)*, стяга *(f)*, скобá *(f)*
abrazar • *v* прегръщам, прегръщам, прегърна, притискам се
abrazo • *n* прегръдка *(f)*, прегръдка *(f)*
abreviación • *n* абревиатýра *(f)*, съкращаване *(n)*, скъсяване *(n)*
abreviar • *v* съкращавам, скъсявам
abrigar • *v* обличам топло, скривам, покривам
abrigo • *n* сако *(n)*, жакет *(m)*
abrirse • *v* зея
abrogar • *v* отменям, анулирам, премáхвам
abrumar • *v* внушавам страхопочитание
abruptamente • *adv* рязко, внезапно, безцеремонно
abrupto • *adj* рязък, безцеремонен, стръмен
absceso • *n* абсцес, цирей
abscisa • *n* абсцѝса *(f)*
absintio • *n* абсент, пелин *(m)*
absolución • *n* опрощение, оправдаване, освобождаване от отговорност
absoluto • *adj* безусловен
absolver • *v* освобождавам, (от задължение), опрощавам, оправдавам
absorbente • *adj* попиващ, поглъщащ,

увлекателен
absorber • *v* гълтам, поглъщам
absorción • *n* абсорбция (*f*) , поглъщане, всмукване
abstemio • *n* въздържател • *adj* пестелив
abstención • *n* въздържаност
abstenerse • *v* отбягвам, страня от, въздържам се
abstinencia • *n* възържание
abstinente • *adj* въздържан, умерен
abstracción • *n* абстра́кция (*f*), абстракция, отвлечено понятие
abstraccionismo • *n* абстракционизъм (*m*)
abstruso • *adj* неясен, труден за разбиране
absurdo • *n* абсурд, абсурд, нелепост, абсурдност • *adj* абсурден, нелеп, безсмислен
abuchear • *v* свиркам, освирквам
abucheo • *n* освиркване, дюдюкане
abuela • *n* ба́ба (*f*)
abuelita • *n* баба (*f*), бабче (*n*)
abuelo • *n* дя́до (*m*)
abulia • *n* безволевост
abultado • *adj* тромав
abultamiento • *n* издатина (*f*), изпъкналост (*f*)
abultar • *v* изпъквам, издувам се
abundancia • *n* богатство, охолство, обилие, изобилие, изоби́лие (*n*)
abundante • *adj* обилен, изобилен , изобилен
abundar • *v* гъмжа, изобилстваm
aburrido • *adj* ску́чен, доса́ден, скучен
aburrimiento • *n* скука (*f*)
abusador • *n* хулиган (*m*), побойник (*m*)
abuso • *n* злоупотреба (*f*)
abusón • *n* хулиган (*m*), побойник (*m*)
acá • *adv* тук, насам, дотук
acabado • *adj* сготвен
acabar • *v* завършвам, финиширам, приключвам
acabarse • *v* завършвам, финиширам
acacia • *n* акация
academia • *n* академия
acalambrarse • *v* схващам се, парализирам
acampar • *v* лагерувам
acantilado • *n* канара (*f*)
acanto • *n* акант, акантус, синя шапка
acaparar • *v* купувам на едро, монополизирам
acariciar • *v* ми́лвам, ласка́я, милвам, галя

acaso • *adv* може би , мо́же би
acceder • *v* приемам, съгласявам се, встъпвам, съгласен съм
accesible • *adj* досте́пен, достижи́м, достъпен, достижим
acceso • *n* достъп (*m*), вход (*m*)
accesorio • *adj* спомагателен, допълнителен • *n* допълнение, принадлежност
accidentado • *adj* скалист
accidental • *adj* случаен
accidente • *n* злополу́ка (*f*), катастро́фа (*f*), ава́рия (*f*), катастрофа
acción • *n* постъпка, деяние, действие (*n*), дейност, би́тка (*f*), сраже́ние (*n*), борба́ (*f*), постъпка (*f*), иск, движение (*n*)
acechar • *v* дебна
aceite • *n* о́лио (*n*)
aceituna • *n* масли́на (*f*)
aceleración • *n* ускоряване, ускоре́ние (*n*)
acelerador • *n* ускорител, педал за газта
acelerar • *v* ускоря́вам, ускоря́вам се, ускорявам, способствам, давам газ
acelga • *n* цвекло (*n*)
acemite • *n* трици
acento • *n* ударе́ние (*n*), акце́нт (*m*), произноше́ние (*n*), ритъм (*m*)
acentuar • *v* подчертавам, акцентирам, акцентувам, поставям ударение
aceptabilidad • *n* приемливост, допустимост
aceptable • *adj* допустим, приемлив
aceptación • *n* акцептиране, приемане
aceptar • *v* съгласявам се, разбирам, приемам
acequia • *n* канавка (*f*), траншея (*f*)
acera • *n* тротоар (*m*) , тротоар (*m*)
acerbo • *adj* стипчив, тръпчив, саркастичен
acercamiento • *n* приближаване
acercar • *v* приближавам се до, приближавам се
acercarse • *v* приближавам се, подхождам, приближавам се до
acero • *n* стомана (*f*)
acertado • *adj* уместен, подходящ
acertar • *v* удрям
acertijo • *n* гатанка (*f*), загадка (*f*)
acetamida • *n* ацетамид , етанамид
acetato • *n* ацетат (*m*)
acético • *adj* оцетен, ацетилов
acetileno • *n* ацетилен
acetona • *n* ацето́н (*m*)

achaque • *n* менструа́ция *(f)*, болест *(f)*, болка *(f)*
achatar • *v* изравнявам, изглаждам
achicar • *v* изгребвам, (вода от лодка)
achichincle • *n* любимец
achicoria • *n* цикория *(f)*
achocolatado • *adj* шоколадов
aciano • *n* метличина *(f)*
acidez • *n* киселинност
acidificar • *v* подкислявам
ácido • *adj* кисели́нен, кисел, ки́сел • *n* киселина
acierto • *n* успех
acimut • *n* азимут *(m)*, пе́ленг *(m)*, а́зимут *(m)*
aclamación • *n* приветстване, аплодисменти
aclamar • *v* провъзгласявам, аплодирам, акламирам, одобрявам бурно
aclaramiento • *n* пречистване *(n)*
aclarar • *v* изразявам, избистрям, изяснявам
aclararse • *v* освобождавам се
aclimatarse • *v* аклиматизирам, аклиматизирам се
acné • *n* акне
acobardar • *v* обезсърчавам, обезкуражавам
acogedor • *adj* удобен, уютен
acogida • *n* прие́м *(m)*
acometimiento • *n* атака *(f)*, нападение *(n)*, щурм *(m)*
acomodar • *v* съгласувам се
acompañamiento • *n* съпровод
acompañar • *v* съпровождам, придружавам
aconsejable • *adj* желателен, препоръчителен
aconsejar • *v* съветвам, препоръчвам
acontecimiento • *n* съби́тие *(n)*
acoplar • *v* свързвам, съединявам
acordar • *v* дарявам, по́мня, съответствувам, съгласувам се
acorde • *n* акорд *(m)*
acordeón • *n* хармо́ника *(f)*, акордео́н *(m)*
acortar • *v* скъсявам, съкращавам, подрязвам
acosar • *v* заплашвам, тиранизирам
acostado • *adv* на легло
acostumbrado • *adj* свикнал
acostumbrarse • *v* свиквам
acotar • *v* схождам се, аноти́рам, правя коментар
acre • *adj* ря́зък, язвителен, остър, лугав
acrecencia • *n* прираст, увеличение

acreción • *n* прираст, увеличение
acreditar • *v* акредитирам, упълномощавам
acreedor • *n* креди́то́р *(m)*
acrobática • *n* акробатика *(f)*
acromático • *adj* неоцветен, безцветен
acromegalia • *n* акромега́лия *(f)*
acta • *n* акт *(m)*, документ *(m)*
actinio • *n* актиний *(m)*
actinómetro • *n* актинометър *(m)*
actitud • *n* становище, отноше́ние *(n)*
activación • *n* активи́ране *(n)*
actividad • *n* активност *(f)*, акти́вност *(f)*, дейност
activista • *n* активи́ст *(m)*, активи́стка *(f)*
activo • *adj* деен, активен • *n* актив, авоари
acto • *n* постъпка, деяние, действие, действие *(n)*, постъпка *(f)*
actor • *n* актьо́р *(m)*, арти́ст *(m)*, актри́са *(f)*, арти́стка *(f)*, ищец
actriz • *n* актьо́р *(m)*, арти́ст *(m)*, актри́са *(f)*, арти́стка *(f)*
actual • *adj* сегашен, актуален, текущ, общоприет • *n* настоя́ще *(n)*
actualmente • *adv* сега́, понастоящем
actuar • *v* играя ролята на, играя, изпълнявам, представям
acuario • *n* аква́риум *(m)*
acuartelar • *v* разкварти́рувам
acuático • *adj* во́ден
acuclillarse • *v* навеждам се
acuerdo • *n* договореност, съгласие, съответствие, съглашение, договор *(m)*, споразумение *(n)*, компромис *(m)*, договор, обещание *(n)*
acuminado • *adj* заострен
acumulación • *n* натрупване
acumular • *v* натрупвам, струпвам, събирам
acumularse • *v* събирам се, увеличавам се
acumulativo • *adj* съвкупен, кумулативен
acuñar • *v* измислям, изфабрикувам, сека
acuoso • *adj* воден
acupuntura • *n* акупункту́ра *(f)*
acusación • *n* обвинение *(n)*, твърдение *(n)*
acusado • *n* обвиняем *(m)*, ответник *(m)*
acusador • *n* обвинител
acusar • *v* обвинявам
acusativo • *n* винителен падеж *(m)*
acusatorio • *adj* обвинителен *(m)*, об-

виняващ
acústica • *n* акустика
acústico • *adj* акустичен, слухов
adagio • *n* пословица, поговорка
adaptabilidad • *n* приспособимост
adaptable • *adj* приспособим
adaptación • *n* приспособяване, адаптация
adaptado • *adj* подходящ
adaptador • *n* адаптор, преходен детайл, удължител, разклонител, преходник *(m)*, приставка *(f)*
adaptar • *v* приспособявам, приспособявам се
adecuado • *adj* адекватен, съответен, съразмерен, съизмерим
adelantadamente • *adv* преди
adelante • *adv* напред
adelanto • *n* аванс, заем
ademán • *n* жест *(m)*
ademanes • *n* размахване *(n)*
además • *adv* също, също така, също, в допълнение, освен това, нещо повече
adenoide • *n* сливици
adherente • *n* привърженик • *adj* прилепнал
adherir • *v* спазвам, съблюдавам
adherirse • *v* прилепвам, прилепвам се
adhesión • *n* сцепление
adhesivo • *n* лепило • *adj* лепкав
adición • *n* прибавяне, добавка, прибавка, събиране *(n)*, сума *(f)*
adicional • *adj* допълнителен, извънреден
adicionalmente • *adv* освен това
adicionar • *v* прибавям, сумирам
adicto • *n* пристрастен *(m)*, наркоман
adiestramiento • *n* обяздване *(n)*
adinerado • *adj* богат, охолен
adiós • *n* сбогом *(n)*, довиждане *(n)* • *interj* сбогом, на добър час!, чао, довиждане
adiposo • *adj* тлъст, мастен
aditivo • *n* добавка *(f)*
adivinación • *n* предсказване *(n)*, предвиждане *(n)*, предвидливост *(f)*
adivinanza • *n* гатанка *(f)*, загадка *(f)*
adjetivo • *n* прилагателно име *(n)*
adjudicar • *v* отсъждам
adjuntar • *v* прибавям, добавям, прилагам, закрепвам, прикрепвам
adjunto • *n* представител *(m)*, заместник *(m)*, притурка, приложение
adlátere • *n* любимец
administración • *n* администрация *(f)*, управление *(n)*, ръководство *(n)*, власт *(f)*, управление *(n)*
administrador • *n* управител, ръководител, опекун
administrar • *v* предписвам, ръководя, управлявам
administrativo • *adj* административен, управителен
admirable • *adj* възхитителен
admiración • *n* възхищение *(n)*
admirador • *n* поклонник, обожател
admiradora • *n* поклонник, обожател
admirar • *v* възхищавам се, любувам се
admisible • *adj* допустим, приемлив
admisión • *n* приемане, приемане, признание, достъп, вход, достъп, вход
admitancia • *n* пълна проводимост
admitir • *v* допускам, пускам да влезе, признавам
admonitorio • *adj* предупредителен
adnato • *adj* сраснат
adobe • *n* кирпич
adolecer • *v* болен съм, неразположен съм
adolescencia • *n* юношество, младост *(f)*, младини
adolescente • *n* млад човек *(m)*, младеж *(m)*, момък *(m)*, юноша *(m)*, юноша, девойка • *adj* юношески
adonde • *conj* накъде
adónde • *adv* накъде, накъдето, къде
adopción • *n* осиновяване, усвояване
adoptar • *v* усвоявам, осиновявам, осиновя́
adoquín • *n* объл камък
adorable • *adj* обожаем
adorar • *v* боготворя
adormecido • *adj* сънен, сънлив, сънлив
adornar • *v* украсявам, окичвам
adorno • *n* украса, украшение, декорация
adquirir • *v* постигам, спечелвам
adscribir • *v* приписвам
adulación • *n* ласкателство *(n)*
adular • *v* лаская, превъзнасям
adulterado • *adj* фалшив, фиктивен, лъжлив
adulterio • *n* прелюбодеяние *(n)*
adúltero • *adj* блуден, извънбрачен • *n* прелюбодеец
adulto • *adj* възрастен, пълнолетен
advenimiento • *n* поява, идване
adverbio • *n* наречие *(n)*
adversaria • *n* противник, неприятел,

съперник
adversario • *n* противник, неприятел, съперник
adversidad • *n* беда *(f)*, беда , несполука
adverso • *adj* неблагоприятен
advertencia • *n* внимание *(n)*
advertir • *v* предупреждавам, предупреждавам
adyacencia • *n* съседство, непосредствена близост
adyacente • *adj* близък, съседен, допиращ се
aerar • *v* проветрявам
aéreo • *adj* въздушен, атмосферен
aerolínea • *n* авиокомпа́ния *(f)*
aeronáutica • *n* въздухоплаване *(n)* , аеронавтика *(f)*
aeronave • *n* самолет *(m)*
aeroplano • *n* самоле́т *(m)*, авио́н *(m)*
aeropuerto • *n* ле́тище, аерога́ра *(f)*
aerostato • *n* аеростат
aeróstato • *n* аеростат
afable • *adj* симпатичен, приветлив, вежлив, любезен, внимателен, мил, дружелюбен, груб
afectación • *n* преструване *(n)*
afectar • *v* поразявам, засягам, вълнувам, действам, въздействам
afecto • *n* чу́вство *(n)*, емо́ция *(f)*
afectuoso • *adj* любящ, нежен
afeitar • *v* бръсна
afeminado • *adj* женствен
aferrar • *v* прилепвам, придържам се о, сграбчвам, вкопчвам се, свивам, сгъвам, прибирам
afianzar • *v* поддържам
afición • *n* вярност, привързаност, хоби, хоби *(n)*
áfido • *n* листна въшка
afijo • *n* наставка
afilado • *adj* о́стър
afiliación • *n* сдружаване
afinidad • *n* афините́т *(m)*
afirmación • *n* твърдение *(n)*
afirmar • *v* заявявам под клетва, твърдя
afirmativo • *adj* утвърдителен
aflicción • *n* болка, измъчване, огорчение, скръб *(f)*, печа́л *(f)*, жа́лост *(f)*, го́рест *(f)*
aflictivo • *adj* болезнен, мъчителен
afligido • *adj* объркан
afligir • *v* измъчвам, причинявам болка
afluencia • *n* богатство, охолство
afluente • *adj* вливащ се

afluir • *v* тека́
aforismo • *n* афоризъм *(m)*
afortunadamente • *adv* щастливо, сполучливо
afortunado • *adj* късметлийски
afrecho • *n* трици
afrenta • *n* обида, оскърбление
afrentar • *v* оскърбявам
afrontar • *v* справям се , осмелявам се, справям се
afueras • *n* предгра́дие *(n)*
agachar • *v* навеждам се
agacharse • *v* навеждам се
agalla • *n* хриле
agarrar • *v* захващам, закопчавам, хващам, държа́, държа́м, прилепвам, придържам се о, сграбчвам
ágata • *n* ахат
agave • *n* агаве, столетник
agencia • *n* действие, въздействие, агенция
agency • *n* действие, въздействие
agente • *n* представител *(m)* , посредник *(m)* , агент *(m)* , действаща сила
ágil • *adj* подвижен, пъргав, чевръст, сръчен, изкусен
agilidad • *n* подвижност *(f)*, чевръстост *(f)*
agitación • *n* вълнение, възбуда, бъркане, агитация
agitador • *n* агитатор
agitadora • *n* агитатор
agitar • *v* аларма *(f)* , разбърквам
aglomeración • *n* агломерат, струпване, натрупване, конгломерат
aglomerar • *v* трупам се
aglutinante • *n* превръзка *(f)*
agnóstica • *n* агности́к *(m)*
agnóstico • *n* агности́к *(m)*
agobiar • *v* безпокоя, дразня, обезкуражавам, досаждам
agonía • *n* мъки, гърчене, агония
agonizar • *v* агонизирам
agorafobia • *n* агорафобия
agorar • *v* вещая , предвещавам
agosto • *n* жътва *(f)*
agotable • *adj* потребляем
agotador • *adj* изтощителен, тежък, труден, обременяващ
agotar • *v* изчерпвам, изразходвам, изтощавам
agotarse • *v* смалявам се, свивам се
agradable • *adj* мил, приятен, отзивчив, сговорчив, желан
agradecer • *v* благодаря́, благодарен съм
agradecido • *adj* благодарен , призна-

телен
agrandamiento • *n* увеличаване *(n)*, уголемяване *(n)*
agrandar • *v* увеличавам, уголемявам
agravar • *v* влошавам, утежнявам
agravio • *n* влошаване, утежняване
agregado • *n* агрегат, съвкупност • *adj* съставен
agregar • *v* прибавям, добавям, прилагам
agresión • *n* агресия *(f)*, нападение *(n)*
agresividad • *n* агресивност *(f)*
agresivo • *adj* нападателен, агресивен
agresor • *n* агресор *(m)*, нападател *(m)*
agresora • *n* агресор *(m)*, нападател *(m)*
agricultor • *n* земеделец
agricultora • *n* земеделец
agricultura • *n* селско стопанство *(n)*
agrimensor • *n* землемер *(m)*
agrio • *adj* кисел, кисел
agrología • *n* почвознание
agronomía • *n* агрономство
agrupamiento • *n* грозд *(m)*, кичур *(m)*, китка *(f)*
agruparse • *v* трупам се
agua • *n* вода *(f)*
aguacero • *n* порой *(m)*
aguacil • *n* водно конче *(n)*
aguamala • *n* медуза *(f)*
aguamanil • *n* кана *(f)*
aguamarina • *n* аквамарин
aguamiel • *n* медовина *(f)*
aguanieve • *n* сугрешица *(f)*
aguantar • *v* държа, държам, издържам, понасям
aguardar • *v* чакам, очаквам, чакам
aguardiente • *n* алкохолна напитка
aguaviva • *n* медуза *(f)*
agudo • *adj* интензивен, остър
agüero • *n* гадание
aguijón • *n* жило *(n)*
águila • *n* орел *(m)*
aguileña • *n* кандилка
aguileño • *adj* орлов
aguililla • *n* каня *(f)*
aguja • *n* игла *(f)*, стрелка *(f)*
agujero • *n* дупка *(f)*, яма *(f)*
aherrojar • *v* оковавам
ahí • *adv* там
ahijada • *n* кръщелник *(m)*
ahijado • *n* кръщелник *(m)*
ahijar • *v* осиновявам, осиновя
ahogar • *v* давя, задушавам се, задъхвам се
ahogarse • *v* давя се, удавям се
ahondar • *v* копая, разкопавам, ровя, рия, разбирам, проумявам
ahora • *adv* понастоящем, сега • *n* настояще *(n)*
ahorcar • *v* обеся
ahorrar • *v* внасям, влагам
aire • *n* въздух *(m)*, атмосфера
airear • *v* проветрявам
aislacionismo • *n* изолационизъм *(m)*
aislamiento • *n* изолация *(f)*
ajedrez • *n* шах *(m)*
ajedrezado • *adj* кариран
ajenjo • *n* пелин, абсент, пелин *(m)*
ají • *n* лют червен пипер
ajo • *n* чесън *(m)*, чеснов лук *(m)*
ajonjolí • *n* сусам *(m)*
ajustable • *adj* нагласяем, регулируем
ajustador • *n* сутиен *(m)*
ajustar • *v* приспособявам, приспособявам се, оправям, нагласявам
ajuste • *n* пригаждане, свикване, обезщетение, нагласяване *(n)*, приспособяване *(n)*, настройка *(f)*
ajusticiar • *v* екзекутирам
ala • *n* крило *(n)*
alabable • *adj* препоръчителен, похвален
alabar • *v* възхвалявам
alabastro • *n* алабастър
alacena • *n* бюфет *(m)*, шкаф *(m)*
alacridad • *n* живост, пъргавост, готовност, усърдие
alambre • *n* жица *(f)*, жица *(f)*
álamo • *n* топола *(f)*
alarde • *n* самохвалство *(n)*
alardear • *v* хваля се
alarma • *n* тревога, тревога *(f)*
alazán • *n* дорест
alba • *n* зора *(f)*, разсъмване *(n)*, зора *(f)*, разсъмване *(n)*
albacea • *n* опекун
albacora • *n* риба меч *(f)*
albahaca • *n* босилек
albañil • *n* зидар *(m)*
albaricoque • *n* кайсия *(f)*
albaricoquero • *n* кайсия *(f)*
albatros • *n* албатрос
albedrío • *n* действие, въздействие
albergue • *n* хотел *(m)*
albóndiga • *n* кнедла *(f)*
alborada • *n* зора *(f)*, изгрев *(m)*
albornoz • *n* хавлия, бурнус *(m)*
alboroto • *n* шум, врява, свада *(f)*, караница *(f)*
albumen • *n* белтък *(m)*, бяло *(n)*, белтък *(m)*
albur • *n* уклей *(m)*, блескач *(m)*, клен *(m)*

alca • *n* гагарка
alcachofa • *n* артишо́к *(m)*
alcacil • *n* артишо́к *(m)*
alcahuete • *n* клюкар *(m)*
alcalde • *n* кмет *(m)*
alcance • *n* област *(f)*, обхват *(m)*
alcanzable • *adj* достижим, постижим
alcaparro • *n* каперсник *(m)*
alcaravea • *n* кимион *(m)*
alcaucil • *n* артишо́к *(m)*
alcázar • *n* цитадела *(f)*
alce • *n* лос *(m)*
alcoba • *n* спа́лня
alcohol • *n* спирт, алкохол, алкохо́л *(m)*
alcohólico • *adj* алкохолен, спиртен • *n* алкохолик, пияница
alcoholismo • *n* алкохолизъм, алкохолно отравяне
aldea • *n* село *(n)*
ale • *n* ейл *(m)*
aleación • *n* сплав
aleatorio • *adj* случаен
alegar • *v* твърдя, оплаквам се
alegato • *n* твърдение *(n)*, апел *(m)*, петиция *(f)*, молба *(f)*
alegoría • *n* алегория, символ, емблема
alegre • *adj* шарен, щастли́в, хубав, весел, безгрижен, весел
alegría • *n* веселост *(f)*, радост *(f)*, веселие *(n)*, ликуване *(n)*, ра́дост *(f)*, настроение *(n)* • *adj* мрачен, безрадостен
alejado • *adj* сдържан, резервиран, далечен
aleluya • *interj* алелу̀я, алилу̀я
alentador • *adj* окуражаващ
alentar • *v* насърчавам, окуражавам, поощрявам
alerce • *n* ли́ственица *(f)*
alero • *n* стряха *(f)*, навес *(m)*
alerta • *n* тревога
alertar • *v* предупреждавам
alerto • *adj* бдителен, внимателен
alesna • *n* ши́ло *(n)*
aleta • *n* плавник *(m)*, калник *(m)*, перка *(f)*, лопатка *(f)*
alevín • *n* дребна рибка *(f)*
alfa • *n* алфа *(f)*
alfabeto • *n* а́збука *(f)*
alfadía • *n* по́дкуп *(m)*, рушве́т *(m)*
alfalfa • *n* люцерна
alféizar • *n* перваз *(m)*
alfil • *n* офицер *(m)*
alfombra • *n* кили́м *(m)*
alforfón • *n* елда *(f)*

alforza • *n* белег *(m)*
alga • *n* водора́сло *(n)*
algarabía • *n* безсмислица *(f)*, непонятен говор
algarroba • *n* рожков *(m)*
algarrobo • *n* рожков *(m)*
álgebra • *n* а́лгебра *(f)*
algo • *pron* нещо • *adv* доста, малко, до известна степен
algodón • *n* памук *(m)*, памучен конец • *adj* памучен
algoritmo • *n* алгоритъм *(m)*
alguien • *pron* някой *(m)*, важна клечка
algún • *adv* за изве́стно вре́ме
alguna • *pron* кой да е, който и да е, всеки, някой, никой
alguno • *pron* кой да е, който и да е, всеки, някой, никой
alhaja • *n* скъпоценен камък *(m)*
alhelí • *n* боянка *(f)*
alholva • *n* сминдух *(m)*
alianza • *n* съюз *(m)*, договор *(m)*
alias • *n* псевдоним *(m)*, прозвище *(n)*
alienar • *v* отчуждавам
alienígena • *n* извънземен
aliento • *n* дъх *(m)*, дихание *(n)*, вдишване *(n)*, издишване *(n)*
alifático • *adj* мастен, алифатен
aligator • *n* алигатор *(m)*
aligátor • *n* алигатор *(m)*
alimañero • *n* лесничей *(m)*
alimentar • *v* храня́, захранвам, пита́я
alimenticia • *n* издръжка
alimenticio • *adj* хранителен, питателен
alimento • *n* храна́ *(f)*
alineación • *n* подравняване
alineado • *adj* равен, изравнен
alinear • *v* изравнявам, подравнявам
aliño • *n* подправка *(f)*
alipús • *n* питие́ *(n)*
aliscafo • *n* хидрофойл *(m)*
alíscafo • *n* хидрофойл *(m)*
aliso • *n* елша
alistar • *v* постъпвам, записвам се
alivianar • *v* смекчавам
aliviar • *v* облекчавам, смекчавам, успокоявам
aljibe • *n* кладенец *(m)*, резервоар *(m)*, цистерна *(f)*
allá • *adv* там
allanar • *v* изравнявам
allí • *adv* там
alma • *n* дух *(m)*, призрак *(m)*, душа *(f)*
almacén • *n* храни́лище *(n)*
almanaque • *n* алмана́х *(m)*

almeja • *n* мида *(f)*
almendra • *n* бадем
almendro • *n* бадем
almiar • *n* купа *(f)* , купа сено *(f)*
almíbar • *n* сироп *(m)*
alminar • *n* минаре *(n)*
almirantazgo • *n* адмиралтейство
almirante • *n* адмирал
almohada • *n* възгла́вница *(f)*
almohadón • *n* възглавница *(f)*
almorzar • *v* обядвам
almuecín • *n* мюези́н *(m)*
almuédano • *n* мюези́н *(m)*
almuerzo • *n* обя́д *(m)*
aló • *interj* ехо? , а́ло
alogamia • *n* кръстосано опрашване
alojamiento • *n* квартира, жилище
alondra • *n* чучули́га *(f)*
alosna • *n* пелин *(m)*
alquilar • *v* нае́мам, нае́ма
alquiler • *n* на́ем *(m)*
alquimista • *n* алхимик *(m)*
alquitrán • *n* катра́н *(m)*, смола́ *(f)*
alrededor • *prep* около
altamisa • *n* див пелин *(m)*
altanería • *n* високомерие, надменност, арогантност
altanero • *adj* арогантен, надменен, високомерен
altar • *n* олта́р *(m)*
alterar • *v* променям , изменям
altercado • *n* спор, свада *(f)*, караница *(f)*
alternancia • *n* редуване, смяна
alternante • *adj* редуващ се, променлив
alternar • *v* редувам се
alternativo • *adj* алтернативен, редуващ се, променлив • *n* алтернатива
alterno • *adj* редуващ се, променлив
altitud • *n* надморска височина
altivez • *n* високомерие, надменност, арогантност
altivo • *adj* арогантен, надменен, високомерен, арогантен
alto • *adj* висо́к
altruista • *n* алтруист *(m)* , алтруистка *(f)*
altura • *n* височина
alubia • *n* боб *(m)*, фасу́л *(m)*
alud • *n* лавина
aludir • *v* споменавам, загатвам
alumbre • *n* сти́пца *(f)*
alumna • *n* ученик *(m)* , учеричка *(f)*
alumno • *n* ученик *(m)* , учеричка *(f)*, питомник
alusión • *n* намек, загатване

alusivo • *adj* намекващ, загатващ
aluvión • *n* нано́с *(m)*
alveolo • *n* алвеола *(f)*
alvéolo • *n* алвеола *(f)*
AM • *n* су́трин *(m)*, у́тро *(n)*
amable • *adj* симпатичен, вежлив, мил, драг, любезен, приветлив, дружелюбен
amada • *n* любим *(m)*, любима *(f)*
amado • *n* любим *(m)*, любима *(f)*, любим *(m)*, любима *(f)* • *adj* любим, мил, скъп, обичан, любим
amaestrador • *n* треньор *(m)*
amago • *n* финт *(m)*
amanecer • *n* зазоряване *(n)*, зора *(f)*, разсъмване *(n)*, изгрев *(m)* , зора *(f)*, разсъмване *(n)*, просвещение *(n)* • *v* съмва се, зазорява се
amanerado • *adj* женствен
amanita • *n* мухоморка *(f)*
amante • *n* любовница , любо́вник *(m)*, любо́вница *(f)*
amapola • *n* мак *(m)*
amargado • *adj* циничен, мрачен, безрадостен
amargo • *n* горчивина *(f)* • *adj* горчив
amargura • *n* горчивина
amarillo • *n* жълт *(m)* • *adj* жълт *(m)*
amarra • *n* корабно място
amarrar • *v* връзвам
amasar • *v* струпвам, натрупвам, събирам
amasijo • *n* куп *(m)*
amatista • *n* аметист
ambages • *n* увъртане *(n)*, заобикалки
ámbar • *n* кехлиба́р *(m)*, янта́р *(m)*, жълто
ambarino • *adj* кехлибарен
ambicioso • *adj* амбициозен, честолюбив
ambiente • *n* атмосфера, окръжение *(n)* , обстановка *(f)* , атмосфера
ambiguo • *adj* неясен, двусмислен
ámbito • *n* област *(f)*, обхват *(m)*, о́бласт *(f)*
ambivalente • *adj* двойствен, противоречив
ambrosía • *n* амбро́зия *(f)*
ambulancia • *n* лине́йка *(f)*, бърза́ по́мощ *(f)*
ambular • *v* вървя бавно, разхождам се бавно • *n* бавна разходка *(f)*
ambulatorio • *adj* амбулато́рен, ходещ, странстващ
amén • *adv* амин
amenazar • *v* заплашвам
americana • *n* палто *(n)* , сако *(n)*

americio • *n* америциий *(m)*
amianto • *n* азбест, азбестов
amida • *n* амид
amiga • *n* приятел *(m)*, приятелка *(f)*
amigable • *adj* приветлив, дружелюбен, приятелски
amígdala • *n* сливица *(f)* , сливица *(f)*
amigo • *n* другар *(m)*, компаньон *(m)*, приятел *(m)*, приятелка *(f)*
amilanarse • *v* свивам се, треперя
amistad • *n* приятелство *(n)*, дружба *(f)*, познанство, приятелство, разбирателство
amistar • *v* сприятелявам се
amistoso • *n* приятелски мач *(m)* • *adj* приветлив, дружелюбен, приятелски
amnesia • *n* амнезия
amnistía • *n* амнистия, помилване
amnistiar • *v* помилвам
amo • *n* господар *(m)*, собственик *(m)*, стопанин *(m)*, хазяин *(m)*
amoblar • *v* обзавеждам , мебелирам
amoldable • *adj* приспособим
amonestar • *v* съветвам, поучавам
amoníaco • *n* амоняк
amontonamiento • *n* грозд *(m)*, кичур *(m)*, китка *(f)*
amontonar • *v* натрупвам, трупам се, правя насип
amor • *n* любов *(f)*, обич *(f)*, любов
amoratarse • *v* натъртвам се
amorfo • *adj* аморфен, безформен
amorío • *n* връзка
amortiguante • *n* буфер *(m)*
amortiguar • *v* заглушавам, затихвам, смекчавам
amortización • *n* откупване, амортизация
amperímetro • *n* амперметър *(m)*
amplia • *adj* широк
ampliar • *v* разширявам се, удължавам, увеличавам , уголемявам
amplificación • *n* увеличаване, уголемяване, усилване
amplificador • *n* усилвател *(m)*
amplificadora • *n* усилвател *(m)*
amplificar • *v* усилвам, увеличавам
amplio • *adj* широк , обширен, просторен
amplitud • *n* амплитуда
ampo • *n* снежинка *(f)*
ampolla • *n* пришка *(f)*, мехур *(m)*
ámpula • *n* пришка *(f)*, мехур *(m)*
amueblar • *v* обзавеждам , мебелирам
amuleto • *n* амулет *(m)*, талисман *(m)*
amurada • *n* фалшборд *(m)*

anacardo • *n* кашу *(n)*
anaconda • *n* анаконда *(f)*
anacoreta • *n* отшелник
anacronismo • *n* анахронизъм *(m)*
anagrama • *n* анаграма
analgésico • *n* пенкилер *(m)*
análisis • *n* анализ, разлагане
analítico • *adj* аналитичен
analizar • *v* анализирам, изследвам, проучвам
analogía • *n* аналогия *(f)*, подобие *(n)*
análogo • *n* аналог • *adj* аналогичен , подобен , сходен
ananás • *n* ананас *(m)*
anaquel • *n* полица *(f)*
anaranjado • *n* оранжев • *adj* портокалов, оранжев
anarquía • *n* анархия *(f)*, безвластие *(n)*, безредие *(n)*
anarquismo • *n* анархизъм *(m)*
anatema • *n* анатема *(f)*
anatómicos • *n* гащи
ancestro • *n* прародител *(m)*, праотец *(m)*, предци
ancha • *adj* широк
ancho • *adj* широк
anchoa • *n* аншоа *(f)* , хамсия *(f)*
anchura • *n* широчина *(f)* , ширина *(f)*
anciano • *adj* по-възрастен, възрастен
ancla • *n* котва *(f)*
anclaje • *n* такса за пристан, котвостоянка
anclar • *v* закотвям
andadura • *n* походка *(f)*
andar • *v* ходя, вървя, отивам
andén • *n* платформа *(f)*, тротоар *(m)*
anécdota • *n* анекдот *(m)*
anegamiento • *n* наводняване *(n)*, наводнение *(n)*
anemia • *n* анемия, малокръвие
anémico • *adj* анемичен, малокръвен
anemómetro • *n* анемометър *(m)*
anestesióloga • *n* анестезиолог *(m)*
anestesiólogo • *n* анестезиолог *(m)*
anexar • *v* закрепвам, прикрепвам, присъединявам, прибавям
anexión • *n* анексия *(f)*
anexo • *n* прибавка *(f)*, допълнение *(n)*, пристройка *(f)*
anfibio • *n* земноводно *(n)*
ángel • *n* ангел *(m)*
angosto • *adj* тесен
angstrom • *n* ангстрьом *(m)*
anguila • *n* змиорка *(f)*
ángulo • *n* ъгъл *(m)*
angustia • *n* мъчение, страдание, терзание, мъки, гърчене, агония

angustiar • *v* страдам, измъчвам се, измъчвам
anhelante • *adj* нетърпелив, силно желаещ
anhelar • *v* жадувам, копнея
anihilar • *v* унищожавам, изтребвам
anillo • *n* поничка *(f)*, пръстен *(m)*
animación • *n* анимация, съживяване
animado • *adj* бодър, весел, жив, одушевен
animadora • *n* мажоретка
animadversión • *n* враждебност *(f)*, неприязън *(f)*
animal • *n* хайванин *(m)*, животно *(n)* • *adj* животински *(m)*, необуздан *(m)*
animalesco • *adj* животински, зверски
animar • *v* съживявам, анимирам, насърчавам, окуражавам
anime • *n* анимé *(n)*
animosidad • *n* враждебност *(f)*, неприязън *(f)*
aniquilación • *n* унищожение, изтребване, анихилация
aniquilar • *v* унищожавам, изтребвам
anís • *n* анасон
aniversario • *n* юбилей *(m)*, годишнина *(f)*
anjova • *n* лефер *(m)*
ano • *n* задник *(m)*, áнус *(m)*
anochecer • *n* свечеряване *(n)*
anodino • *adj* намаляващ болката
ánodo • *n* анод *(m)*
anomalía • *n* аномалия, неправилност
anómalo • *adj* неправилен, аномален
anónimo • *adj* анонимен, безименен
anorexia • *n* липса на апетит, анорексия
anormal • *adj* неправилен, необичаен, ненормален, противоестествен, отклоняващ се
anormalidad • *n* неправилност, необичайност, ненормалност
anotación • *n* обяснителна бележка, коментар, анотация
anotar • *v* записвам, анотирам, правя коментар
ánsar • *n* гъска *(f)*, гъсок *(m)*
ansarino • *n* гъсе *(n)*
ansia • *n* желание, готовност, нетърпение, стремеж *(m)*, жажда *(f)*
ansiar • *v* жадувам, копнея
ansiedad • *n* тревога *(f)*, безпокойство *(n)*
ansioso • *adj* горящ от желание, разтревожен, обезпокоен
anta • *n* тапир

antagonismo • *n* вражда *(f)*, враждебност *(f)*, антагонизъм *(m)*
ante • *prep* пред
anteburro • *n* тапир
antecedente • *n* предшественик • *adj* предшестващ, предишен
anteceder • *v* предшествам
antedicho • *adj* гореспоменат
antena • *n* антена *(f)*, пипало *(n)*, пипалце *(n)*
anteojeras • *n* наочници
anteojo • *n* кукумявка *(f)*
anteojos • *n* очила, предпазни очила
antepasado • *n* прародител *(m)*, праотец *(m)*, предци
antepecho • *n* перваз *(m)*
antera • *n* прашник
anterior • *adj* преден, бивш, минал, предишен, стар
anteriormente • *adv* преди, в миналото, досега
antes • *adv* някога, преди
antibiótico • *n* антибиотик *(m)*
anticipadamente • *adv* преди
anticipar • *v* предвиждам
anticongelante • *n* антифриз *(m)*
anticuado • *adj* остарял, старомоден, отживял
anticuario • *adj* антикварен
anticuerpo • *n* антитяло *(n)*
antidepresivo • *n* антидепресант *(m)*
antídoto • *n* противоотрова
antigüedad • *n* антика, старинен предмет, античност
antiguo • *adj* антикварен, стар, бивш, минал, предишен, старинен, античен
antílope • *n* антилопа *(f)*
antimonio • *n* антимон *(m)*
antioxidante • *n* антиокислител *(m)*
antipatía • *n* антипатия
antojadizo • *adj* капризен, непостоянен, непредвидим
antojito • *n* аперитив *(m)*, мезе
antojo • *n* прищявка *(f)*, каприз *(m)*
antónimo • *n* антоним *(m)*
antropóloga • *n* антрополог *(m)*
antropología • *n* антропология *(f)*
antropólogo • *n* антрополог *(m)*
anualidad • *n* годишна рента
anuario • *n* годишник
anulación • *n* отмяна, анулиране
anular • *v* разтрогвам, отменям, анулирам • *adj* пръстеновиден
anunciar • *v* обявявам, информирам, съобщавам, уведомявам
anunciarse • *v* вещая, предвещавам
anuncio • *n* реклама, реклама *(f)*, ре-

кламна обява (f), реклама (f)
anxtia • *n* мъчение, страдание, терзание
anzuelo • *n* примамка, изкушение, кука (f)
añadidura • *n* прибавяне, придатък
añadir • *v* прибавям, разширявам, добавям, прилагам
añares • *n* вечност
año • *n* година (f)
añoranza • *n* носталгия (f)
años • *n* възраст (m)
aorta • *n* аорта (f)
apabullar • *v* смайвам, поразявам
apaciguar • *v* успокоявам, умиротворявам, уталожвам, укротявам, облекчавам, утолявам
apagar • *v* гася, потушавам
apagón • *n* токов удар (m)
apalear • *v* бия, бухам, блъскам, разнебитвам
apandar • *v* купувам на едро
aparato • *n* инструменти, прибор, устройство, апарат, приспособление, уред
aparecer • *v* появявам се, показвам се, явявам се, възниквам
aparecido • *n* дух (m), призрак (m)
aparejo • *n* устройство (n), приспособление (n)
aparente • *adj* привиден
aparición • *n* явление, явяване, дух (m), призрак (m), привидение (n), видение (n), появяване
apariencia • *n* изражение на лицето, външност, външен вид, прилика
apartado • *adj* страничен • *adv* настрани, отделно
apartamento • *n* апартамент (m)
apartar • *v* отклонявам, слагам настрана
aparte • *adv* настрана, също, в допълнение, настрана, отделно
apartheid • *n* апартейд (m)
apatía • *n* скука (f), апатия (f), нечувствителност (f), равнодушие (n)
apático • *adj* апатичен, безстрастен, равнодушен
apatita • *n* апатит
apearse • *v* слизам
apego • *n* вярност, привързаност, обич, нежност (f), привързаност (f)
apelativo • *n* прякор (m)
apellido • *n* презиме (n), фамилно име (n), презиме (n)
apelotonar • *v* тълпя се
apenado • *adj* засрамен

apenas • *adv* едвам , едва , само
apéndice • *n* приложение (n), апандисит, сляпо черво, приложение
apendicitis • *n* апендицит (m)
aperitivo • *n* аперитив (m), мезе
aperrado • *adj* твърдоглав
apestar • *v* смърдя, духам
apetecible • *adj* апетитен, привлекателен
apetito • *n* апетит (m)
apetitoso • *adj* вкусен, апетитен, привлекателен
ápice • *n* връх, връхна точка, малко количество (n), минимално количество (n)
apicultura • *n* пчеларство (n)
apilar • *v* натрупвам, правя насип
apio • *n* целина (f), керевиз (m)
aplacar • *v* укротявам, облекчавам, утолявам
aplanadora • *n* булдозер (m)
aplanar • *v* изравнявам, изглаждам
aplastamiento • *n* смачкване (n)
aplastar • *v* смачквам
aplaudir • *v* аплодирам, ръкопляскам
aplazar • *v* прекъсвам, правя пауза, пропадам, скъсвам
aplicable • *adj* приложим
aplicación • *n* изпълнение (n), приложение, употреба
aplicar • *v* употребявам, прилагам, упражнявам
apocalipsis • *n* страшният съд (m)
apócrifo • *adj* апокрифен
apodar • *v* наричам
apoderado • *n* опекун (m), попечител (m), защитник (m), пазител (m)
apodo • *n* прякор (m)
apogeo • *n* зенит (m) , връхна точка
aporrear • *v* удрям, бия
aporte • *n* принос (m), участие (n)
apósito • *n* превръзка (f)
apostar • *v* сигурен съм, обзалагам се, басирам се, играя комар
apostasía • *n* отстъпничество
apóstata • *n* вероотстъпник (m)
apostillar • *v* анотирам, правя коментар
apóstol • *n* апостол
apostólico • *adj* апостолски
apóstrofe • *n* апостроф
apóstrofo • *n* апостроф (m)
apoteosis • *n* обожествяване
apoticario • *n* фармацевт (m), аптекар (m)
apoyar • *v* подкрепям, насърчавам

apoyo • *n* защи́та, застъ́пничество *(n)*, опора *(f)*, подкрепа *(f)*, подставка *(f)*
apreciable • *adj* забележим, чувствителен
aprehender • *v* арестувам, схващам, долавям, хващам, задържам
aprender • *v* у́ча се
aprendiz • *n* чирак
aprensión • *n* опасение *(n)*
aprensivo • *adj* тревожен, загрижен
apresurar • *v* ускорявам, способствам
apretado • *adj* притеснен, ограничен
apretar • *v* свивам
aprieto • *n* диле́ма *(f)*, кликване *(n)*
aprisco • *n* кошара *(f)*
aprisionar • *v* опандизвам
aprobación • *n* разрешение
aprobar • *v* утвърждавам
apropiación • *n* присвояване
apropiado • *adj* подходящ, уместен
aprovechar • *v* използвам, експлоатирам, помагам, подпомагам, от полза съм
aproximación • *n* приближаване, приближение
aproximadamente • *adv* приблизи́телно, почти́, о́коло • *prep* около, приблизително
aproximado • *adj* приблизителен
aproximar • *v* доближавам се
aproximarse • *v* приближавам се, подхождам, приближавам се до
aptitud • *n* дарба, способност
apto • *adj* уместен, подходящ
apuesta • *n* риск *(m)*, бас, облог *(m)*
apuesto • *adj* елегантен, докаран, фин, изящен
apuntalar • *v* подпирам
apuntar • *v* стремя се, домогвам се, прикривам, посочвам, целя се, прицелвам се
apuñalar • *v* удрям с юмрук
aquél • *pron* това
aquelarre • *n* сбор на вещици
aquella • *adj* предишен
aquélla • *pron* това
aquello • *adj* предишен
aquí • *adv* тук, насам, дотук
aquietar • *v* успокоявам, уталожвам
aquilatar • *v* изпитвам, правя анализ
arabesco • *n* арабеска
arable • *adj* орна
arado • *n* плуг *(m)*
arancel • *n* мито *(n)*
araña • *n* па́як *(m)*
arañero • *n* пойна птица *(f)*
árbitra • *n* арбитър *(m)*

arbitraje • *n* арбитра́ж *(m)*
arbitrario • *adj* произволен, своеволен
árbitro • *n* съдия *(m)*, съдия *(m)*, арбитър *(m)*
árbol • *n* дърво́ *(n)*
arboleda • *n* горичка *(f)*
arborelo • *n* фиданка *(f)*
arbusto • *n* храст *(m)*
arca • *n* ковче́г *(m)*, ба́рка *(f)*, киво́т *(m)*, кутия *(f)*
arcada • *n* аркада *(f)*
arcaico • *adj* стар, древен, архаичен
arcano • *adj* тайнствен, езотеричен
arce • *n* клен *(m)*
archipiélago • *n* архипела́г *(m)*
archivar • *v* архивирам, регистрирам, картотекирам
archivo • *n* папка *(f)*, архив, файл *(m)*
arcilla • *n* глина *(f)*, корт *(m)*
arco • *n* лък *(m)*, дъга, свод, арка
arconte • *n* архонт
arcontisa • *n* архонт
arder • *v* грея, светя, горя́
ardiendo • *adj* пламнал, запален
ardilla • *n* ка́терица *(f)*
ardor • *n* плам, жар, страст, усърдие
arduo • *adj* труден, усилен, мъчен, стръмен, недостъпен, тежък, обременяващ
área • *n* площ, пространство, повърхнина, област *(f)*, обхват *(m)*, област, район *(m)*
arena • *n* пя́сък *(m)*, арена *(f)*
arenque • *n* херинга *(f)*
arete • *n* обица́ *(f)*
arfil • *n* офицер *(m)*
argentino • *adj* сре́бърен *(m)*, сребри́ст *(m)*
argón • *n* арго́н *(m)*
argot • *n* жаргон, жарго́н *(m)*
argüende • *n* клюка *(f)*, сплетня *(f)*
argüendera • *n* клюкар *(m)*
argüendero • *n* клюкар *(m)*
argumentar • *v* споря
argumento • *n* довод, аргумент, те́ма *(f)*, ни́шка *(f)*
aria • *n* а́рия, а́рия *(f)*
árido • *adj* сух, безводен
ariete • *n* ове́н *(m)*
arisco • *adj* заядлив, придирчив
arista • *n* ръб *(m)*
aristocracia • *n* аристокрация *(f)*
arito • *n* обица́ *(f)*
arma • *n* оръ́жие *(n)*, оръ́жие *(n)*
armadillo • *n* броненосец
armado • *n* броненосец • *adj* въоръжен

armadura • *n* броня
armagedón • *n* страшният съд *(m)*
armar • *v* въоръжавам, строя, съставям
armario • *n* стенен шкаф, гардероб *(m)*, стенен гардероб, килер *(m)*, шкаф *(m)*, бюфет *(m)*, шкаф *(m)*
armazon • *n* структура *(f)*, рамка *(f)*
armiño • *n* хермелин *(m)*, хермелин *(m)*
armisticio • *n* примирие *(n)*
aro • *n* обица *(f)*
aroma • *n* благоухание *(n)*, ухание *(n)*, аромат *(m)*, аромат *(m)*, благоухание *(n)*
aromático • *adj* ароматен, благоуханен, ароматен
arpía • *n* кучка *(f)*, курва *(f)*, развратница *(f)*
arpillera • *n* зебло
arpón • *n* харпун *(m)*
arqueado • *adj* кривокрак
arquear • *v* извивам се, извия се
arqueóloga • *n* археолог *(m)*
arqueología • *n* археология *(f)*
arqueólogo • *n* археолог *(m)*
arquero • *n* вратар
arquitecta • *n* архитект *(m)*
arquitecto • *n* архитект *(m)*
arquitectura • *n* архитектура *(f)*
arquitrabe • *n* архитрав *(m)*
arrabal • *n* предградие *(n)*
arramblar • *v* купувам на едро
arrancar • *v* заминавам
arrasamiento • *n* опустошение *(n)*
arrastrar • *v* угоднича, тегля, дърпам
arrastrarse • *v* пълзя, лазя
arrebatar • *v* аларма *(f)*, отнемам, лишавам от
arrecife • *n* риф *(m)*, шелф *(m)*
arreglar • *v* нагласявам, приспособявам, обличам, украсявам
arreglo • *n* договореност, подреждане, компромис *(m)*, аранжимент
arrendajo • *n* сойка *(f)*
arrendar • *v* наемам, наема
arrestar • *v* арестувам, задържам
arresto • *n* арест, задържане, арест *(m)*, арестуване *(n)*
arriba • *adv* горе, отгоре, нагоре • *prep* над, отгоре на, по-високо от
arribar • *v* стигам, пристигам
arribo • *n* пристигане *(n)*
arriesgado • *adj* рискован, опасен • *n* луда глава, смелчага
arrinconado • *adj* страничен
arrobar • *v* завладявам

arrodillarse • *v* коленича
arrogancia • *n* високомерие, надменност, арогантност
arrogante • *adj* арогантен, надменен, високомерен
arrojar • *v* хвърлям, хвърлям, повръщам, бълвам
arroyo • *n* поток *(m)*, ручей *(m)*, поток, поток *(m)*
arroz • *n* ориз *(m)*
arrozal • *n* оризище *(m)*
arruga • *n* гънка *(f)*, бръчка *(f)*, гънка *(f)*, прегъвка *(f)*
arrugar • *v* прегъвам, измачквам, мъна
arruinado • *adj* банкрут
arruinar • *v* бия, налагам
arrullar • *v* гукам
arrullo • *n* гукане *(n)*
arsénico • *n* арсен *(m)*
arte • *n* умение, изкуство *(n)*, изкуство *(n)*
arteria • *n* артерия
artesano • *n* занаятчия
articulado • *adj* ставен, шарнирен
articular • *v* произнасям ясно, артикулирам • *adj* ставен
articularse • *v* свързвам, съединявам
artículo • *n* статия *(f)*, документ *(m)*, член, параграф
artificial • *adj* неестествен, принуден, изкуствен, прикрит
artificio • *n* хитрина
artillería • *n* артилерия
artilugio • *n* джаджа *(f)*
artista • *n* майстор *(m)*, художник
arzobispo • *n* архиепископ *(m)*
as • *n* асо, туз *(m)*, едно, единица *(f)*
asaltar • *v* нападам, нахвърлям се, атакувам, щурмувам
asalto • *n* атака *(f)*, нападение *(n)*, щурм *(m)*
asamblea • *n* събиране, събрание, асамблея
asbesto • *n* азбест, азбестов
ascendencia • *n* произход *(m)*, надмощие, господство
ascender • *v* изгрявам, изкачвам се
ascendiente • *n* предци, надмощие, господство
ascensión • *n* издигане, изкачване, възход
ascenso • *n* издигане, изкачване, прогрес, повишение
ascensor • *n* асансьор *(m)*
asceta • *n* аскет
ascética • *n* аскетизъм *(m)*

ascético • *adj* аскетичен
ascetismo • *n* аскетизъм *(m)*
asco • *n* отвращение *(n)*
ascua • *n* жар *(f)*
asegurar • *v* вдъхвам увереност, твърдя, уверявам, заявявам, настоявам, осигурявам
asentir • *v* съгласявам се, съгласен съм
asequible • *adj* достъпен, достижи́м, достъпен, достижим, постижим
aserto • *n* твърдение *(n)*
asesina • *n* уби́ец *(m)*, уби́йца *(f)*, убиец *(m)*, убийца *(f)*
asesinar • *v* убивам
asesinato • *n* тероризъм, политическо убийство, уби́йство *(n)*
asesino • *n* терорист, уби́ец *(m)*, уби́йца *(f)*, убиец *(m)*, убийца *(f)*
asesorar • *v* съветвам, препоръчвам
aseverar • *v* твърдя, заявявам
asexualidad • *n* асексуалност
asfalto • *n* асфа́лт *(m)*
asfixiar • *v* задушавам, удушавам
asiduo • *adj* усърден, прилежен, старателен
asiento • *n* стол *(m)*, седа́лка *(f)*
asignación • *n* разпределение, отпускане
asignar • *v* разпределям, определям, предназначавам, възлагам, слагам настрана
asilo • *n* убе́жище *(n)*
asimilación • *n* асимилация, поглъщане
asir • *v* хващам, улавям
asistencia • *n* по́мощ *(f)*, съде́йствие *(n)*, присъствие, посещение
asistente • *n* спътник, съпроводител, помощник, помо́щник *(m)*, асисте́нт *(m)*
asistir • *v* присъствам, посещавам, помагам, съдействам, асистирам
asma • *n* а́стма *(f)*, задух *(m)*
asnal • *adj* магарешки
asno • *n* мага́ре *(n)*
asociado • *n* коле́га, партньо́р *(m)*
asociar • *v* свързвам се, съединявам се
asolamiento • *n* опустошение *(n)*
asoleado • *adj* слънчев
asombrado • *adj* зашеметен *(m)*, зашеметена *(f)*
asombrar • *v* смайвам, слисвам, удивлявам, изумявам, учудвам, поразявам, внушавам страхопочитание
asombro • *n* смайване, слисване, удивление, изумяване
asombroso • *adj* драматичен, удивителен, смайващ, отблъскващ, ужасяващ
asonancia • *n* съзвучие *(n)*
asonante • *adj* съзвучен
aspa • *n* кръст *(m)*
aspecto • *n* вид, перспектива, усещане, външност *(f)*, изражение *(n)*
aspereza • *n* гънка *(f)*
áspero • *adj* скалист, язвителен, жлъчен, хаплив
áspic • *n* желе *(n)*, пача *(f)*
aspiración • *n* стремеж, амбиция
aspirador • *n* смукателен вентилатор *(m)*
aspirar • *v* стремя се, домогвам се
aspirina • *n* аспири́н *(m)*
aspirinar • *n* аспири́н *(m)*
asqueroso • *adj* отвратителен, противен
asta • *n* еленов рог *(m)*, рог *(m)*
astado • *adj* рогат
astato • *n* астати́н *(m)*
áster • *n* богородичка, димитровче
asterisco • *n* звѐздичка *(f)*
asteroide • *n* астеро́ид *(m)*
astilla • *n* пръчка *(f)*, треска *(f)*, отломка *(f)*, счупено парче *(n)*
astillar • *v* чупя
astillero • *n* корабостро́ителница *(f)*, корабостроителница *(f)*
astral • *adj* звезден
astro • *n* звезда́ *(f)*
astronomía • *n* астроно́мия *(f)*
astuto • *adj* лукав, коварен, хитър, проницателен, сръчен, изкусен, у́мен
asumir • *v* поемам, заемам
asunción • *n* приемане
asustado • *adj* ужасен, слисан
atacar • *v* нападам, нахвърлям се, атакувам, щурмувам
atada • *n* сноп *(m)*
atado • *n* вързоп *(m)*, сноп *(m)*
atajar • *v* хващам, улавям
ataque • *n* атака, нападение, настъпление, нападе́ние *(n)*
atar • *v* запасвам, свързвам, връзвам, свързвам, закрепвам
atascar • *v* преча, задръствам
atascarse • *v* заяждам
atasco • *n* задръстване *(n)*
ataúd • *n* ковчег *(m)*
atavío • *n* облекло, премяна, одеяние, носия, облекло́ *(n)*, дрѐхи, оде́жда *(f)*
ate • *n* мек бонбон *(m)*
ateísmo • *n* безбожие, атеизъм
atemorizado • *adj* ужасен, слисан
atemorizar • *v* плаша, изплашвам

atención • *n* внимáние (*n*), ухáжване (*n*), грижа (*f*), отговорност (*m*)
atender • *v* обръщам внимание, грижа се, прислужвам
atento • *adj* внимателен
atenuación • *n* намаляване, отслабване
ateo • *adj* атеистичен, безбожен
aterrado • *adj* ужасен, слисан
aterrizar • *v* кацам
atestación • *n* потвърждение, заверка
atestado • *adj* претъпкан
atestar • *v* преяждам, натъпквам се, натъпквам, наблъсквам
atestiguar • *v* потвърждавам, заверявам, удостоверявам, свидетелствам
atiborrar • *v* преяждам, натъпквам се, натъпквам, наблъсквам
atiborrarse • *v* тъпча се, ям лакомо
ático • *n* тавàн (*m*), мансàрда (*f*)
atildado • *adj* спретнат
atinado • *adj* уместен, подходящ
atizador • *n* ръжен (*m*)
atlas • *n* áтлас (*m*), атлàнт (*m*)
atleta • *n* атлет, спортист
atlético • *adj* атлетски, атлетичен
atletismo • *n* атлетика
atmósfera • *n* атмосфера
atolón • *n* атол
atómico • *adj* атомен
atomizador • *n* пулверизатор
átomo • *n* áтом (*m*)
atorar • *v* препречвам, преча, задръствам
atornillar • *v* закрепвам с болт
atracar • *v* преяждам, натъпквам се
atracción • *n* привличане, притегляне
atractivo • *n* привлекáтелност (*f*) • *adj* привлекáтелен, притегáтелен
atraer • *v* привличам, изкушавам, съблазнявам, ангажирам
atraque • *v* закотвям, акостирам
atrás • *prep* зад • *adv* назáд, обрáтно, назад, задничком • *adj* заден
atrasado • *adj* изостанал, стар
atravesado • *adv* кръстосано, на кръст, накриво, косо • *adj* напречен
atravesar • *v* пресичам
atrevido • *adj* смел, безстрашен, дързък, авантюристичен, смел, храбър
atrevimiento • *n* смелост (*f*), безстрашие (*n*)
atribuir • *v* приписвам, припúсвам, отдавáм
atributo • *n* кáчество (*n*), свóйство (*n*)
atrición • *n* изтъркване, изтриване

atril • *n* статив (*m*)
atrocidad • *n* зверство (*n*), жестокост
atrofia • *n* атрофия
atrofiar • *v* атрофирам
atroz • *adj* жесток, брутален, отвратителен
atuendo • *n* облекло, премяна, одеяние
aturdimiento • *n* шемет (*m*), замаяност (*f*)
aturdir • *v* нападам, нахвърлям се, замайвам, зашеметявам
audacia • *n* дързост, смелост (*f*), безстрашие (*n*)
audaz • *adj* смел, безстрашен, дързък, авантюристичен, смел, храбър
audible • *adj* чуваем, доловим
audición • *n* прослушване, слух (*m*), кастинг (*m*), слух (*m*) • *v* прослушвам
audiencia • *n* пýблика (*f*), аудитóрия (*f*), аудиéнция (*f*)
audíencia • *n* аудиéнция (*f*)
audímetro • *n* аудиометър (*m*)
audiómetro • *n* аудиометър (*m*)
auditar • *v* одитирам, правя ревизия
auditivo • *adj* ушен, слухов
auditoría • *n* проверка (*f*), ревизия (*f*), одит (*m*)
auditorio • *n* зала, салон
augir • *v* прибавям, допълвам, удължавам
augur • *n* птицегадател
augurar • *v* предсказвам, предвещавам
augurio • *n* гадание
augusto • *adj* цáрствен, велúчествен
aula • *n* клáсна стáя (*f*)
aullar • *v* вия
aumentar • *v* нарáствам, увеличавам, повишавам, прибавям
aumento • *n* прираст, увеличение
aun • *adv* даже, дори
aunque • *conj* но, макар, макар и, макар че, въпреки че, при все че
aura • *n* аура, атмосфера, излъчване
áureo • *adj* златен, позлатен (*m*)
aureola • *n* ореол (*m*)
aurícula • *n* ухо на предсърдието, иглика (*f*), ушнá мúда (*f*)
auricular • *n* слýшалки
aurífero • *adj* златоносен
aurora • *n* северно сияние (*n*), зора (*f*), разсъмване (*n*)
auscultar • *v* преглеждам
ausencia • *n* отсъствие, липса
ausente • *adj* несъществуващ, отсъстващ, отсъстващ

austeridad • *n* строгост, суровост
austero • *adj* строг, суров, прост, аскетичен
austral • *adj* южен *(m)*
autenticar • *v* удостоверявам
autenticidad • *n* автентичност *(f)*, достоверност
auténtico • *adj* истински, оригинален, автентичен
autentificar • *v* удостоверявам
autillo • *n* кукумя́вка *(f)*
auto • *n* автомоби́л *(m)*, ко́ла *(f)*, кола́ *(f)*
autobiografía • *n* автобиография *(f)*
autobús • *n* авто́бус *(m)*, омнибус *(m)*, автобус *(m)*
autodidacta • *n* самоук
autodidacto • *n* самоук
autodominio • *n* сдържаност *(f)*, самообладание *(n)*
autogénesis • *n* самозараждане
autogiro • *n* хелико́птер *(m)*, въртоле́т *(m)*
autolisis • *n* саморазлагане
automático • *adj* автоматичен, автоматичен
automatización • *n* автоматизация *(f)*
automotor • *adj* самоходен
automóvil • *n* автомоби́л *(m)*, ко́ла *(f)*, кола́ *(f)*
autonomía • *n* автономия, независимост, самостоятелност
autónomo • *adj* автономен, независим, самостоятелен
autopista • *n* автомагистрала *(f)*, магистрала
autor • *n* а́втор *(m)*, творе́ц *(m)*
autora • *n* а́втор *(m)*, творе́ц *(m)*
autoría • *n* авторство
autoridad • *n* власт *(f)*, авторите́т *(m)*
autoritario • *adj* заповеднически
autoritativo • *adj* авторитарен
autorización • *n* упълномощаване, пълномощно
autorizado • *adj* авторитетен, достоверен, окончателен
autorizar • *v* упълномощавам, разрешавам, одобрявам
autoservicio • *n* самообслужване *(n)*
auxiliar • *adj* помощен, спомагателен, допълнителен • *n* помощник
auxilio • *n* помощ, по́мощ *(f)*
auyama • *n* ти́ква *(f)*
avalancha • *n* лавина
avalar • *v* потвърждавам, заверявам, удостоверявам
avaluar • *v* оценявам

avance • *n* напредък, аванс, заем
avante • *adv* напред
avanzado • *adj* напреднал
avanzar • *v* напредвам, приближавам се до
avaricia • *n* алчност
avaricioso • *adj* алчен, користолюбив
ave • *n* пти́ца *(f)*, мъжка птица
avefría • *n* калугерица *(f)*
avellana • *n* ле́шник *(m)*
avena • *n* овёс *(m)*
avenida • *n* наводне́ние *(n)*, авеню *(n)*
aventajar • *v* превъзхождам, вземам връх над
aventar • *v* хвърлям, запращам
aventura • *n* авантюра *(f)*, приключение, събитие, връзка, риск, рискована постъпка, лудория *(f)*, приключение *(n)*, флирт *(m)*
aventurado • *adj* рискован, опасен
aventurera • *n* авантюрист
aventurero • *n* авантюрист • *adj* рискован, авантюристичен
avergonzado • *adj* смутен, объркан, засрамен
avergonzar • *v* засрамвам, смущавам, объркам
avería • *n* повреда *(f)*, ава́рия *(f)*, счупване *(n)*, повреда *(f)*
averiado • *adj* разбит, повреден
averiguar • *v* установявам, убеждавам се
aversión • *n* антипатия, отвращение, антипа́тия *(f)*, неприя́зън *(f)* • *v* не харе́свам
avestruz • *n* щра́ус *(m)*
avetorillo • *n* голям воден бик
avetoro • *n* голям воден бик
aviación • *n* въздухоплаване *(n)*, авиация *(f)*
aviario • *n* волиера, птичарник
avidez • *n* желание, готовност, нетърпение
ávido • *adj* нетърпели́в, си́лно жела́ещ, алчен, лаком, ненаситен, алчен *(m)*, ненаситен *(m)*
avión • *n* самоле́т *(m)*, авио́н *(m)*
avisar • *v* уведомявам, известявам, съобщавам, предупреждавам
aviso • *n* реклама, изве́стие *(n)*, съобще́ние *(n)*
avispa • *n* оса́ *(f)*
avispón • *n* стъ́ршел *(m)*
avivar • *v* оживявам, съживявам
avoceta • *n* саблеклюн
avutarda • *n* дропла
axila • *n* подми́шница *(f)*

axioma • *n* аксиома *(f)*
axiomático • *adj* очевиден, аксиоматичен
ay • *interj* ох
ayer • *n* вчера • *adv* вчера
ayote • *n* тиква *(f)*
ayuda • *n* помощ, помощ *(f)*
ayudante • *n* помощник, помощник *(m)*, асистент *(m)* • *adj* спомагателен
ayudar • *v* поощрявам, съдействувам, помагам, съдействам, подпомагам, помагам, помогна
ayunar • *v* постя
azada • *n* мотика *(f)*, лопата *(f)*
azadón • *n* мотика *(f)*
azafrán • *n* шафран *(m)*
azalea • *n* азалия *(f)*
azar • *n* съдба *(f)*, участ *(f)*, орис *(f)*, случайност *(f)*
azimut • *n* азимут *(m)*
azolvar • *v* преча, задръствам
azor • *n* ястреб *(m)*, ястреб кокошкар *(m)*
azúcar • *n* захар *(m)*
azucarado • *adj* сладък
azucena • *n* лилия *(f)*, крем *(m)*
azuela • *n* тесла *(f)*
azufre • *n* сяра *(f)*
azul • *n* син • *adj* син *(m)*
azulado • *adj* синкав
azulejo • *n* метличина *(f)*

B

baba • *n* лиги, слуз *(m)*
babear • *v* лигавя се, текат ми лигите
babero • *n* лигавче
babor • *n* бакборд *(m)*
babosa • *n* гол охлюв *(m)*
babosadas • *n* глупости, безсмислици
babuino • *n* павиан *(m)*, песоглавец *(m)*
bacalao • *n* треска *(f)*
bacha • *n* угарка *(f)*, фас *(m)*
bacilo • *n* бацил *(m)*
backgammon • *n* табла *(f)*
baclava • *n* баклава *(f)*
bacón • *n* бекон *(m)*
bacteriólogo • *n* бактериолог *(m)*
badajo • *n* език *(m)*
bádminton • *n* бадминтон *(m)*
bagaje • *n* снаряжение *(n)*, оборудване *(n)*
bagatela • *n* дреболия
bagazo • *n* плява *(f)*
bagre • *n* сом *(m)*
bahía • *n* залив *(m)*
bailador • *n* танцьор *(m)*, балетист *(m)*
bailar • *v* танцувам
bailarín • *n* танцьор *(m)*, балетист *(m)*
bailarina • *n* танцьор *(m)*, балетист *(m)*, балерина *(f)*
baile • *n* танц *(m)*, бал *(m)*, балет *(m)*
baipás • *n* байпас *(m)*
baja • *n* пострадали, жертви
bajá • *n* паша *(m)*
bajada • *n* нанадолнище *(n)*, слизане *(n)*
bajamar • *n* отлив *(m)*
bajar • *v* слизам, спускам се
bajarse • *v* слизам
bajío • *n* плитчина
bajo • *adj* нисък, презрян, жалък, низък, подъл, нисък *(m)*, нисък • *n* бас • *prep* под, под, отдолу
bajón • *n* фагот *(m)*
bala • *n* гюле, бала, денк, куршум *(m)*
balada • *n* балада *(f)*
balalaica • *n* балалайка *(f)*
balance • *n* баланс
balancear • *v* уравновесявам
balanza • *n* теглилка *(f)*, везна *(f)*, теглилка, везна
balar • *v* блея
balasto • *n* баластра, товар
balastra • *n* товар
balastro • *n* баластра, товар
balaustrada • *n* балюстрада *(f)*
balcón • *n* балкон *(m)*
balda • *n* полица *(f)*
balde • *n* ведро, кофа, кофа *(f)*, ведро *(n)*
balero • *n* лагер *(m)*
balido • *n* блеене
balística • *n* балистика
balístico • *adj* балистичен
baliza • *n* сигнален огън
ballena • *n* кит *(m)*
ballet • *n* балет *(m)*
balompié • *n* футбол *(m)*, футбол *(m)*
balón • *n* топка *(f)*
balón-pie • *n* футбол *(m)*
baloncesto • *n* баскетбол *(m)*
balonmano • *n* хандбал *(m)*
balota • *n* бюлетина *(f)*

balotar • *v* гласувам
balsa • *n* сал *(m)*
bálsamo • *n* балсам, мехлем
baluarte • *n* опóра *(f)*, защúта *(f)*, редýт *(m)*, бастиóн *(m)*
bamba • *n* джапáнки, жáпанки
bambalina • *n* рундхоризонт *(m)*
bambú • *n* бамбýк *(m)*
banal • *adj* обикновен, банален
banana • *n* банáн *(m)*
bananero • *n* бананово дърво
banano • *n* банáн *(m)*
banca • *n* банка *(f)*, резервна скамейка
bancarrota • *n* фалит, банкрут
banco • *n* банков клон, хранúлище *(n)*, банка *(f)*, пéйка *(f)*, скамéйка *(f)*, плитчина, шелф *(m)*
banda • *n* лента, група, оркестър, борд *(m)*, бáнда *(f)*
bandada • *n* ято *(n)*
bandeja • *n* поднос *(m)*
bandera • *n* знáме *(n)*, флаг *(m)*, знаме *(n)*
bandido • *n* бандúт *(m)*, разбóйник *(m)*
bando • *n* лáгер *(m)*
bandolera • *n* патрондаш
banjo • *n* бáнджо *(n)*
banqueta • *n* тротоар *(m)*
banquete • *n* банкéт *(m)*, пир *(m)*
banquillo • *n* подсъдúма скамéйка *(f)*
banquisa • *n* айсберг *(m)*
bañadera • *n* вана
bañar • *v* къпя, къпя
bañera • *n* вана, вáна *(f)*
baño • *n* бáня *(f)*, тоалетна *(f)*, бáня *(f)*, къпане *(m)*, тоалéтна *(f)*
bar • *n* кръ́чма *(f)*, пúвница *(f)*, бар
baraja • *n* тесте *(n)*, колода *(f)*
barandilla • *n* парапет
barata • *n* разпродажба *(f)*
barba • *n* брадà *(f)*
barbárico • *adj* варварски, див
barbarismo • *n* варваризъм *(m)*
bárbaro • *adj* варварски, варварски, див • *n* дивак *(m)*, варварин *(m)*
barbecho • *n* угар *(m)*
barbilla • *n* брадá *(f)*
barbo • *n* сом *(m)*
barca • *n* лóдка *(f)*
barcaza • *n* шлеп
barcia • *n* пля́ва *(f)*
barco • *n* кóраб *(m)*, парахóд *(m)*, лóдка *(f)*
barda • *n* ограда *(f)*
bardana • *n* репей *(m)*

bario • *n* бáрий *(m)*
barman • *n* барман *(m)*
barómetro • *n* барометър *(m)*
barra • *n* пръчка, бар, щанга *(f)*, бастун *(m)*, прът *(m)*, пръчка *(f)*
barraca • *n* колиба *(f)*, казáрма *(f)*
barracuda • *n* баракýда *(f)*
barranca • *n* каньóн *(m)*, клисура *(f)*, пропаст *(f)*, бездна *(f)*
barranco • *n* пропаст *(f)*, бездна *(f)*
barrar • *v* преграждам, препречвам
barrena • *n* свредел, бургия
barreno • *n* свредел, бургия
barrer • *v* мета
barrera • *n* бариера *(f)*, бариера, преграда, препятствие
barricada • *n* барикада *(f)*
barriga • *n* корéм *(m)*, шкембе, тумбáк *(m)*, корем *(m)*, шкембе
barril • *n* барел, бъ́чва *(f)*, бýре *(n)*, кáца *(f)*, варел *(m)*
barrilete • *n* хвърчило *(n)*
barro • *n* глина *(f)*, кал *(m)*, тиня *(f)*
bartolina • *n* килия *(f)*
barullo • *n* дандания *(f)*
basal • *adj* основен, фундаментален
basalto • *n* базáлт *(m)*
basar • *v* основавам се
báscula • *n* теглилка *(f)*, везна *(f)*
base • *n* основа, фундамент, база
básico • *adj* основен
basílica • *n* базилика
basilisco • *n* базилиск *(m)*
básquetbol • *n* баскетбол *(m)*
basta • *interj* стига, достатъчно
bastante • *adv* доста • *pron* достатъчно
bastardo • *n* незаконнороден, извънбрачен
bastón • *n* бастун *(m)*, сопа *(f)*, тояга *(f)*, бастун *(m)*
basura • *n* кофа за смет *(f)*, боклýк *(m)*, отпáдък *(m)*, смет *(m)*, остатъци, отпадъци
basural • *n* бунище *(n)*, отвал *(m)*
basurero • *n* торище *(n)*
bat • *n* бухалка
batalla • *n* бúтка *(f)*, сражéние *(n)*, борбá *(f)*, бой *(m)*, сбиване *(n)*, стълкновение *(n)*, свада *(f)*
batallar • *v* сражавам се
bate • *n* бухалка
batear • *v* удрям
batería • *n* барабанчик *(m)*, барабанист *(m)*, батарея, цепнатина *(f)*, пробив *(m)*, батéрия *(f)*
baterista • *n* барабанчик *(m)*, барабанист *(m)*

23

batido • *n* млечен шейк *(m)* , тесто
batik • *n* батик
batir • *v* улучвам, ýдрям, бúя, бия
batiscafo • *n* батискаф *(m)*
batíscafo • *n* батискаф *(m)*
bato • *n* пич *(m)*
batuta • *n* палка, жезъл, диригентска палка
baúl • *n* сандък *(m)* , кутия *(f)*
bautismo • *n* кръщéние *(n)*
bautizar • *v* кръщавам
bautizo • *n* кръщéние *(n)*
bauxita • *n* боксит
baya • *n* зрънце *(n)*
bayoneta • *n* щик *(m)*, байонéт *(m)*
bazar • *n* пазáр *(m)*
bazo • *n* слéзка *(f)*
beagle • *n* зайчар
beatitud • *n* блаженство *(n)*
bebe • *n* бéбе *(n)*
bebé • *n* бéбе *(n)*
bebedor • *n* пияница *(m)*, пияница *(m)*
beber • *v* пия, пúя • *n* пиене *(n)*
bebida • *n* напитка *(f)*, питиé *(n)*, напúтка *(f)*
beca • *n* субсидия *(f)*
becerra • *n* юнúца *(f)*
becerro • *n* телé *(n)*
beduina • *n* бедуúн *(m)*
beduino • *n* бедуúн *(m)*
beige • *adj* бéжов • *n* бежов цвят *(m)*, бежов цвят *(m)*
beis • *adj* бéжов • *n* бежов цвят *(m)*
béisbol • *n* бейзбол
bélico • *adj* войнствен , военен
belicoso • *adj* войнствен , свадлив
bella • *adj* красúв, прекрáсен
bellaco • *n* негодник *(m)* , мерзавец *(m)*
bellaquería • *n* измама *(f)*, лъжа *(f)*
belleza • *n* хýбост *(f)*, красотá *(f)*, прéлест *(f)*, красавица
bello • *adj* хубав, красив, красúв, прекрáсен
bellorita • *n* иглика *(f)*
bellota • *n* жълъд *(m)*
beluga • *n* белуга *(f)*
benceno • *n* бензóл *(m)*
bencina • *n* бензúн *(m)*
bendecir • *v* благославям
bendición • *n* благословия *(f)*, благодат *(f)*
benefactor • *n* благотворúтел *(m)*
beneficiar • *v* ползвам някого
beneficio • *n* полза *(f)*, изгода *(f)*, доход *(m)*

beneficioso • *adj* благотворен , полезен
benevolencia • *n* доброжелáтелност *(f)*
benigno • *adj* дóбър, благ, приятен, мил, любéзен, доброкáчествен
berenjena • *n* син домат *(m)* , патладжан *(m)* , патладжáн *(m)*
berilio • *n* Берил *(m)* , берúлий *(m)*
berkelio • *n* бéрклий *(m)*
bermejo • *adj* кестеняв
bermellón • *n* яркочервено; цинобър
berrear • *v* муча
berrinche • *n* фасон *(m)* , тръшкане *(n)*
berro • *n* кресон
berza • *n* зеле *(n)*
besar • *v* целýвам, целýна
beso • *n* целувка *(f)*
bestia • *n* звяр, живóтно, звяр *(m)*, скот *(m)*, животнó *(n)*
bestial • *adj* животински, зверски
betabel • *n* цвеклó *(n)*
betarraga • *n* цвеклó *(n)*
beterava • *n* цвеклó *(n)*
beterraga • *n* чукундýр *(m)*, червéно цвеклó *(n)*
betún • *n* битум *(m)*
bianual • *adj* двугодишен
biblioteca • *n* библиотéка *(f)*
bicapa • *adj* удвоен, сгънат на две
bicho • *n* буболечка *(f)*, кур *(m)*, хуй *(m)*
bici • *n* колелó *(n)*, велосипéд *(m)*
bicicleta • *n* колелó *(n)*, велосипéд *(m)*
bicoca • *n* сделка, пазарлък
bidé • *n* биде *(n)*
bidón • *n* варел *(m)*
bieldo • *n* вила *(f)*
bien • *adj* добър, годен • *n* добро *(n)*, актив, актив, авоари • *adv* добре
bienes • *n* товар *(m)*
bienestar • *n* благоденствие *(n)* , благополучие *(n)*
bienhechor • *n* благотворúтел *(m)*
bienvenida • *n* приéм *(m)* • *interj* дóбре дошъл, дóбре дошлá, дóбре дошлú
bienvenido • *adj* желан • *interj* дóбре дошъл, дóбре дошлá, дóбре дошлú
bienvenidos • *interj* дóбре дошъл, дóбре дошлá, дóбре дошлú
bife • *n* бифтéк *(m)*
bifurcación • *n* разклонение *(n)*
bifurcar • *v* разклонявам се, раздвоявам се
bigamia • *n* двуженство
bigornia • *n* наковáлня *(f)*

bigote • *n* мустáк *(m)*
bilateral • *adj* двустранен
bilingüe • *adj* двуезичен
bilis • *n* жлъчка *(f)*, жлъч *(f)*
billar • *n* снýкър *(m)*, билярд *(m)*
billete • *n* билéт *(m)*
billetera • *n* портфéйл *(m)*, портмонé *(n)*
binario • *adj* двоичен
binio • *n* бит *(m)*
binoculares • *n* бинóкъл
binomial • *adj* двучленен
binomio • *n* двучлен *(m)*
biografía • *n* биогрáфия *(f)*, животопи́с *(m)*
biología • *n* биология *(f)*
bioquímica • *n* биохи́мия *(f)*
biquini • *n* бики́ни *(n)*
birra • *n* би́ра *(f)*, пи́во *(n)*
bis • *n* бис *(m)* • *interj* бис
biscocho • *n* неглази́рана керáмика *(f)*
bisexualidad • *n* бисексуáлност *(f)*
bisiesto • *adj* високосен
bismuto • *n* би́смут *(m)*
bisonte • *n* бизóн *(m)*, зýбър *(m)*, бизóн *(m)*, бизон *(m)*
bisté • *n* бифтéк *(m)*
bistec • *n* бифтéк *(m)*, бифтéк *(m)*
bivalvo • *n* двучерупков
bizcocho • *n* тóрта *(f)*, неглази́рана керáмика *(f)*
blanca • *n* бял *(m)*, бяла *(f)*
blanco • *n* бял *(m)*, бяла *(f)*, бяло *(n)* • *adj* бял, празен, неизписан, непопълнен
blandir • *v* размахвам заплашително
blando • *adj* мек, мек
blanqueador • *n* белина *(f)*
blanquear • *v* избелвам, обезцветявам, изтривам, изличавам
blasfemar • *v* богохулствам, псувам
blasfemia • *n* богохýлство *(n)*
blasón • *n* хералдика *(f)*
blazer • *n* блéйзър *(m)*
blindaje • *n* броня
bloboque • *n* бучка, капчица, топчица
block • *n* блокче *(n)*, скицник *(m)*
bloque • *n* блок *(m)*, пън *(m)*, дръвник *(m)*, групировка *(f)*
bloquear • *v* препречвам, препятствам, преча, задръствам
bloqueo • *n* блокáда *(f)*, пречка *(f)*, препятствие *(n)*
blusa • *n* блуза *(f)*
bobina • *n* боби́на *(f)*, макара *(f)*, шпула *(f)*, бобина *(f)*

bobo • *n* абдáл *(m)*, глупáк *(m)*
boca • *n* аперити́в *(m)*, мезе, уста *(f)*
bocadito • *n* аперити́в *(m)*, мезе
bocado • *n* захапка *(f)*
bocanada • *n* дърпане *(n)*, пъшкане *(n)*
bocanadas • *n* полъх *(m)*, повей *(m)*
bochar • *v* скъсвам
bochinche • *n* клюка *(f)*, сплетня *(f)*
bochorno • *n* изчервяване *(n)*
bocina • *n* корна *(f)*, рупор *(m)*
boda • *n* свáтба *(f)*, бракосъчетáние *(n)*
bodega • *n* винарска изба *(f)*
bodoque • *n* бучка, капчица, топчица
boiler • *n* парен котел *(m)*
bóiler • *n* парен котел *(m)*
boina • *n* барета
bola • *n* кълбó *(n)*, сфера *(f)*, тóпка *(f)*
bolardo • *n* вързало *(n)*, кнехт *(m)*
boletín • *n* бюлетин *(m)*
boli • *n* писáлка *(f)*
bolígrafo • *n* писáлка *(f)*
bollo • *n* ки́фла *(f)*, симид *(m)*, пýтка *(f)*
bolos • *n* бóулинг *(m)*
bolsa • *n* джоб *(m)*, торба, чанта, плик, чувал, портмоне *(n)*, чувал *(m)*
bolsillo • *n* джоб *(m)*
bomba • *n* бóмба *(f)*, пóмпа *(f)*
bombardear • *v* бомбарди́рам, бомбардирам
bombardeo • *n* бомбардирóвка *(f)*
bombástico • *adj* надут, превзет
bombazo • *n* блокбъстър *(m)*
bombear • *v* бомбардирам
bombón • *n* шоколáдов бонбóн *(m)*
bondad • *n* добрина *(f)*, доброта *(f)*
bondi • *n* автобус *(m)*
bonete • *n* капак *(m)*, капак *(m)*
bonificación • *n* бонус *(m)*, премия *(f)*
bonísimo • *adj* изискан, изящен
bonita • *adj* краси́в, прекрáсен
bonito • *adj* краси́в, прекрáсен, мил
bono • *n* облигáция *(f)*
boom • *n* бум *(m)*, разцвет *(m)*
boquear • *v* зея, прозявам се
boquerón • *n* аншоа *(f)*, хамсия *(f)*
boquete • *n* цепнатина *(f)*, пробив *(m)*
boquita • *n* аперити́в *(m)*, мезе
bordado • *n* бродерия *(f)*
bordar • *v* бродирам, избродира
borde • *n* край *(m)*, ръб *(m)*
bordo • *n* борд *(m)*
boro • *n* бор *(m)*
borra • *n* гýма за триéне *(f)*, гýма *(f)*
borrachín • *n* пияница *(m)*

borracho • *adj* опиянен, въодушевен, пиян • *n* пияница *(m)*
borrador • *n* чернова *(f)*, изтривалка *(f)*, скица *(f)*, гума за триене *(f)*, гума *(f)*
borraja • *n* пореч *(m)*
borrar • *v* изтривам, изличавам, заличавам, премахвам
borscht • *n* борш *(m)*
borshch • *n* борш *(m)*
bosque • *n* гора *(f)*, лес *(m)*
bostezar • *v* прозявам
bota • *n* ботуш *(m)*
botafumeiro • *n* кадилница *(f)*
botana • *n* аперитив *(m)*, мезе
botánica • *n* ботаника *(f)*
bote • *n* кофа за смет *(f)*, буркан *(m)*, лодка *(f)*, хамбар *(m)*, бункер
botella • *n* бутилка *(f)*
botellón • *n* запой
boterete • *n* контрафорс *(m)*
botica • *n* аптека *(f)*, дрогерия *(f)*
boticario • *n* фармацевт *(m)*, аптекар *(m)*
botín • *n* плячка *(f)*
botón • *n* копче *(n)*, бутон *(m)*, пъпка *(f)*
botulismo • *n* ботулизъм *(m)*
bóveda • *n* мост *(m)*
boxeo • *n* бокс *(m)*
boya • *n* шамандура *(f)*, буй *(m)*
boyardo • *n* болярин *(m)*, болярин *(m)*
bozal • *n* намордник *(m)*
bragueta • *n* дюкян *(m)*, шлиц *(m)*
bramar • *v* муча
brandy • *n* коняк *(m)*, ракия *(f)*, бренди *(n)*
branquia • *n* хриле
brasa • *n* жар *(f)*
brasero • *n* мангал
brasier • *n* сутиен *(m)*
bravata • *n* перчене *(n)*, фукане *(n)*
bravucón • *n* хулиган *(m)*, побойник *(m)*
bravura • *n* гняв, яд
braza • *n* фатом *(m)*, клафтер *(m)*, бруст *(m)*
brazado • *n* наръч, хватка
brazalete • *n* гривна *(f)*
brazo • *n* ръка *(f)*
brecha • *n* проход *(m)*, пропуск *(m)*, нарушение *(n)*, цепнатина *(f)*, пробив *(m)*, дупка *(f)*, пролука *(f)*
brécol • *n* броколи *(n)*
brema • *n* платика *(f)*
brete • *n* клюка *(f)*, сплетня *(f)*
breva • *n* смокиня *(f)*

breve • *adj* къс, кратък, стегнат
brevedad • *n* краткост *(f)*, краткотрайност *(f)*
bribón • *n* негодник *(m)*, мерзавец *(m)*
brida • *n* юзда *(f)*
bridge • *n* бридж *(m)*
brillante • *adj* ярък, блестящ, великолепен, лъскав, полиран, светъл, искрящ, умен
brillantez • *n* интелигентност *(f)*, яркост *(f)*, блясък *(m)*
brillar • *v* грея, светя, сияя, светя, сияя, блестя
brillo • *n* блясък *(m)*
brindis • *n* тост *(m)*
brioso • *adj* жив, оживен • *adv* бързо
briquet • *n* запалка *(f)*
brisa • *n* бриз *(m)*
brocha • *n* четка *(f)*
broche • *n* брошка *(f)*, тока *(f)*, закопчалка *(f)*
brócoli • *n* броколи *(n)*
bróculi • *n* броколи *(n)*
broma • *n* саркастична забележка *(f)*, шега *(f)*
bromear • *v* задявам се
bromo • *n* бром *(m)*
bronca • *n* спор, дискусия • *v* карам се
bronce • *n* бронз *(m)*
bronceado • *n* кафяв цвят *(m)*, кафяво
bronquitis • *n* бронхит *(m)*
brotar • *v* напъпвам
brote • *n* пъпка *(f)*
bruja • *adj* разорен • *n* вещица *(f)*
brújula • *n* компас *(m)*
brusco • *adj* рязък, безцеремонен, груб, рязък, безцеремонен, стръмен
bruto • *adj* долнокачествен, груб, необработен
bucear • *v* гмуркам се
buceo • *n* гмуркане *(n)*
buche • *n* гуша *(f)*
bucle • *n* къдрица *(f)*
buco • *n* самец *(m)*, мъжкар *(m)*
bucólico • *adj* пасторален, провинциален
bueno • *adj* мил, драг, ясно, хубаво, добър, добър, добър, доброкачествен, хубав, висококачествен, фин, изящен • *interj* ало
buey • *n* вол *(m)*
búfalo • *n* бивол *(m)*
bufanda • *n* шал *(m)*
bufón • *n* шут *(m)*
buhardilla • *n* мансарда *(f)*
búho • *n* кукумявка *(f)*

buhonero • *n* амбулантен търговец *(m)*
buitre • *n* лешояд *(m)*
bula • *n* була *(f)*
bulbo • *n* луковица *(f)*
buldog • *n* булдог *(m)*
bulla • *n* дандания *(f)*
bulldog • *n* булдог *(m)*
bulldozer • *n* булдо́зер *(m)*
bullente • *adj* врящ, кипящ
bullir • *v* варя
bulo • *n* клевета *(f)*, измислица *(f)*, глупости
bulto • *n* издатина *(f)*, изпъкналост *(f)*, издутина *(f)*, цицина *(f)*, насипен товар *(m)*
bum • *n* бумтеж *(m)*, бръмчене *(n)*
bumerán • *n* бумеранг
búmeran • *n* бумеранг
bumper • *n* броня *(f)*
búnker • *n* бу́нкер *(m)*
buque • *n* ко́раб *(m)*, парахо́д *(m)*
burbuja • *n* мехурче *(n)*

burbujeante • *adj* искрящ
burbujear • *v* кипя, клокоча
burdel • *n* борде́й *(m)*, барда́к *(m)*, публи́чен дом *(m)*
burdo • *adj* долнокачествен
burlar • *v* мамя, измамвам, закачам се, шегувам се
burlarse • *v* осмивам
burlón • *adj* насмешлив, подигравателен
buró • *n* съвет *(m)*, борд *(m)*
burocracia • *n* бюрокра́ция *(f)*
burro • *n* инат *(m)*, мага́ре *(n)*
bus • *n* авто́бус *(m)*, ши́на *(f)*
busardo • *n* обикновен мишелов *(m)*
buscar • *v* търся, тараша, донасям
busto • *n* гърди, пазва *(f)*, бюст *(m)*
butano • *n* бутан *(m)*
buzo • *n* гмуркач *(m)*, пуло́вер *(m)*
buzón • *n* пощенска кутия *(f)*
byte • *n* байт *(m)*

C

cabalgada • *n* кавалкада *(f)*
caballa • *n* ску́мрия *(f)*
caballera • *n* ри́цар *(m)*
caballeresco • *adj* рицарски
caballería • *n* кавалерия *(f)*, конница *(f)*
caballeriza • *n* конюшня *(m)*
caballero • *n* ри́цар *(m)*, благородник *(m)*, господин *(m)*
caballerosidad • *n* гала́нтност *(f)*, кавале́рство *(n)*, ри́царство *(n)*
caballeroso • *adj* кавалерски, галантен, рицарски
caballete • *n* статив *(m)*
caballito • *n* по́ни *(m)*
caballo • *n* кон *(m)*
cabaña • *n* колиба *(f)*
cabaré • *n* кабаре́ *(n)*
cabaret • *n* кабаре́ *(n)*
cabe • *prep* до, край, близо
cabecear • *v* дремя
cabello • *n* коса *(f)*
caber • *v* съответствам
cabeza • *n* глава́ *(f)*
cabezadura • *adj* инат
cabezota • *adj* инат
cabina • *n* каюта *(f)*, бу́дка *(f)*, салон *(m)*, пилотска кабина
cabizbajo • *adj* скръбен, печален

cable • *n* дебело въже, кабел *(m)*, ка́бел *(m)*, шнур *(m)*, връв *(m)*, канап *(m)*, кабелт *(m)*
cablegrama • *n* телеграма *(f)*
cabo • *n* ефрейтор *(m)*, редник, нос *(m)*
cabra • *n* сърна *(f)*, момиче *(f)*, девойка *(f)*, мома́ *(f)*, коза́ *(f)*, козе́л *(m)*
cabrestante • *n* лебедка *(f)*
cabritas • *n* пуканки
cabrito • *n* я́ре *(n)*
cabro • *n* хлапе́ *(n)*
cabrón • *n* сводник *(m)*
caburé • *n* кукумя́вка *(f)*
caca • *n* лайно́ *(n)*, говно́ *(n)*
cacahuate • *n* фъстък *(m)*
cacahuete • *n* фъстък *(m)*
cacao • *n* какаово дърво, кака́о *(n)*
cacareo • *n* кукуригане *(n)*, кудкудякане *(n)* • *interj* кукуригу
cacatúa • *n* какаду
cacha • *n* бу́за *(f)*, страна́ *(f)*
cachar • *v* схващам, еба́, ши́бам, чу́кам
cacharro • *n* кранта, таратайка
caché • *v* складирам • *n* запас *(m)*
cachear • *v* претърсвам, търся
cachemira • *n* кашмирска вълна *(f)*
cachete • *n* бу́за *(f)*, страна́ *(f)*

cachetudo • *adj* пълен
cachicamo • *n* броненосец
cachiporra • *n* къса сопа
cachirulo • *n* хвърчило *(n)*
cacho • *n* трохá *(f)*, рог *(m)*
cachorro • *n* кученце *(n)* , кутре *(n)*
cachureo • *n* остатъци, отпадъци
cachurrea • *n* репей *(m)*
cacto • *n* кактус *(m)*
cactus • *n* кактус *(m)*
cadalso • *n* бесилка *(f)*
cadáver • *n* труп *(m)*, леш *(m)*
cadavérico • *adj* ужасен, страхотен, мъртвешки
cadena • *n* верига *(f)* , поредица *(f)* , низ , верига *(f)*, верига *(f)*
cader • *v* падам
cadera • *n* бедрó *(n)*
cadillo • *n* лепка *(f)* , репей *(m)*
cadmio • *n* кáдмий *(m)*
caducar • *v* изтичам
caducifolio • *adj* листопаден
caer • *v* спадам, понижавам се, изпадам, пáдам, падам
caerse • *v* пáдам
café • *n* кафé *(n)*, кафяв цвят *(m)*, кафяво, кафе *(n)* • *adj* кафяв
cafeína • *n* кофеин *(m)*
cafeto • *n* кафе *(m)*
cafiche • *n* сводник *(m)*
cagar • *v* прецаквам , развалям, серá
cahuín • *n* клюка *(f)*, сплетня *(f)*
caída • *n* падане *(n)*
caimán • *n* алигатор *(m)*
caja • *n* кутия *(f)*, сандък *(m)*, сандък *(m)*, кожух *(m)*, съкровищница *(m)*, калъф *(m)*, щáйга *(f)*
cajero • *n* касиер *(m)*
cajón • *n* чекмедже *(n)*, ковчег *(m)*
cake • *n* тóрта *(f)*
calabacino • *n* кратуна *(f)*
calabaza • *n* тиква *(f)*, кратуна *(f)*
calabazera • *n* тиква *(f)*
calabozo • *n* донжон *(m)*, затвор
calado • *n* газене *(n)*
calafatear • *v* калафатя
calambre • *n* схващане *(n)*, спазъм *(m)*
calamidad • *n* бедствие *(n)*
calamita • *n* магнит *(m)*
calavera • *n* чéреп *(m)*
calcio • *n* кáлций *(m)*
calcita • *n* калцит *(m)*
calco • *n* заемка *(f)*
calcomanía • *n* ваденка
calculador • *n* калкулáтор *(m)*, изчислител *(m)* • *adj* пресметлив
calculadora • *n* калкулáтор *(m)*

calcular • *v* изчислявам, пресмятам
calculo • *n* разчéт *(m)*
cálculo • *n* изчислéние *(n)*, изчислéние *(n)*, камък *(m)*, камък *(m)*, смéтка *(f)*
caldera • *n* парен котел *(m)*, пещ *(f)*, бойлер *(m)*
calderero • *n* медникар *(m)*
caldo • *n* бульон *(m)*
calefacción • *n* отопление *(n)*
calefón • *n* бойлер *(m)*
calendario • *n* календáр *(m)*, календáр
calentador • *n* парен котел *(m)*, бойлер *(m)* , пéчка *(f)*
caleta • *n* бухта *(f)*, тясно заливче
calibración • *n* мярка *(f)*, размер *(m)*, шаблон *(m)*
calibre • *n* дебеломер *(m)*, измерителен уред *(m)*
calicó • *n* платно, хасе, басма
cálido • *adj* тóпъл
caliente • *adj* тóпъл, горещ
califa • *n* халиф *(m)*
californio • *n* калифóрний *(m)*
calilla • *n* угарка *(f)*, фас *(m)*
cáliz • *n* чашка *(f)*, потир *(m)*, бокал *(m)*, чаша със столче *(f)*
caliza • *n* варовик
callar • *adj* мълча
calle • *n* път *(m)*, улица *(f)*
callejón • *n* алéя *(f)*, пасáж *(m)*, двор *(m)*
callo • *n* мазол *(m)* , мазол *(m)*
calloso • *adj* мазолест
calma • *n* безветрие *(n)*, затишие *(n)*, спокойствие *(n)* , спокойствие *(n)*, покой *(m)*
calmado • *adj* безгрижен, отпуснат, спокоен, тих, мирен
calmar • *v* облекчавам, смекчавам, успокоявам, уталожвам, укротявам, утолявам
calmo • *adj* тих
caloría • *n* калóрия *(f)*
calostro • *n* колáстра *(f)*
calumnia • *n* клевета *(f)*, клеветá *(f)*
calumniar • *v* оклеветявам, клеветя, злословя
caluroso • *adj* тóпъл
calvo • *adj* плешив
calzado • *n* обувки, обувка *(f)*
calzoncillos • *n* гащи
calzones • *n* панталòни, панталòн *(m)*
cama • *n* леглó *(n)*
camaleón • *n* хамелеóн *(m)*
camanance • *n* трапчинка *(f)*
cámara • *n* стáя *(f)*, спáлня *(f)*, камера

(f), пала́та *(f)*, фотоапара́т *(m)*
camarada • *n* друга́р *(m)*, друга́рка *(f)*
camarera • *n* келнерка *(f)*
camarero • *n* ке́лнер *(m)*
camarón • *n* скари́да *(f)*
camarote • *n* койка *(f)*, кабина *(f)*, койка, място за спане
cambiante • *adj* променлив, непостоянен
cambiar • *v* променям, изменям, разменям, сменям, заменям, разменям си, променям се, изменям, променям
cambio • *n* промя́на *(f)*, измене́ние *(n)*, ресто *(n)*, смя́на *(f)*, замя́на *(f)*, предаване *(n)*, трансмисия *(f)*
cambur • *n* бана́н *(m)*
camelia • *n* камелия *(f)*
camello • *n* ками́ла *(f)*, ра́бота *(f)*, занаят *(m)*
camilla • *n* носилка *(f)*, походно легло́ *(n)*
caminar • *v* хо́дя, вървя́, оти́вам
camino • *n* път *(m)*, але́я *(f)*
camión • *n* авто́бус *(m)*, камио́н *(m)*
camioneta • *n* авто́бус *(m)*, камио́н *(m)*
camisa • *n* ри́за *(f)*
camisón • *n* нощница *(f)*
camorrista • *adj* свадлив
campamento • *n* ла́гер *(m)*, лагер *(m)*
campana • *n* камба́на *(f)*, купол *(m)*
campanario • *n* камбанария, камбанария
campanil • *n* камбанария
campanilla • *n* мъжец *(m)*, камба́на *(f)*
campanólogo • *n* глокеншпил
campaña • *n* кампа́ния *(f)*
campeón • *n* шампио́н *(m)*
campeonato • *n* шампионат *(m)*
campera • *n* яке *(n)*
campesino • *adj* провинциален • *n* селя́нин *(m)*, селянка *(f)*
campestre • *adj* провинциален
campo • *n* селски пейзаж *(m)*, селски район *(m)*, поле *(n)*, ни́ва *(f)*, о́бласт *(f)*, игрище *(n)*, село́ *(n)*, прови́нция *(f)*, нива *(f)*, полесраже́ние *(n)*, по́ле *(n)*, поле • *adj* провинциален
campus • *n* ка́мпус *(m)*
camuflajear • *v* замаскирвам
camuflar • *v* замаскирвам
canal • *n* кана́л *(m)*, кана́л *(m)*, канал *(m)*
canalillo • *n* цепка *(f)*
canalizo • *n* талвег *(m)*, фарватер *(m)*
canalla • *n* негодник *(m)*, мерзавец *(m)*, главорез *(m)*, гад *(f)*

canana • *n* патрондаш
canario • *n* канарче *(n)*
canasta • *n* кош, каната *(f)*, кош *(m)*
cancelar • *v* отменям, анулирам
cáncer • *n* рак *(m)*
cancha • *n* корт *(m)*, пуканки
canciller • *n* ка́нцлер *(m)*
canción • *n* пе́сен *(f)*
candado • *n* ключалка *(f)*, бра́ва *(f)*, катина́р *(m)*
candela • *n* свещ *(f)*
candelabro • *n* свещник *(m)*, све́щник *(m)*
candelero • *n* све́щник *(m)*
candidato • *n* кандида́т *(m)*, кандида́тка *(f)*
cándido • *adj* наивен
candor • *n* искреност *(f)*, честност *(f)*, откровеност *(f)*
canela • *n* канела *(f)*
canelo • *n* кафяв цвят *(m)*, кафяво, канелено дърво *(n)*, канела *(f)*
cangrejo • *n* ре́чен рак *(m)*, рак *(m)*, мо́рски рак *(m)*
canguil • *n* пуканки
canguro • *n* кенгуру *(m)*
caniche • *n* пудел *(m)*
canilla • *n* пищял *(m)*
canino • *adj* кучешки
canjear • *v* разменям, сменям
cannabis • *n* канабис *(m)*
canoa • *n* кану *(n)*
cansado • *adj* сънлив
cansón • *n* грижи, безпокойство
cantante • *n* певе́ц *(m)*, певи́ца *(f)*
cantar • *v* изпълня́вам, представя́м, пе́я
cantidad • *n* количество *(n)*, сума, сбор, коли́чество *(n)*
cantina • *n* ла́вка *(f)*
cantor • *n* певе́ц *(m)*, певи́ца *(f)*
cantora • *n* певе́ц *(m)*, певи́ца *(f)*
canturrear • *v* напявам, тананикам
canuto • *n* тръба *(f)*
caña • *n* тръстика *(f)*, въдица *(f)*, махмурлук *(m)*
cáñamo • *n* канабис *(m)*, коно́п *(m)*
cañón • *n* каньо́н *(m)*, топ, оръ́дие *(n)*, ду́ло *(n)*, цев *(f)*, пропаст *(f)*, бездна *(f)*
caos • *n* хаос *(m)*, безредие *(n)*, врява *(f)*, бъркотия *(f)*
caótico • *adj* хаотичен, объркан, безреден
capa • *n* пелерина *(f)*, плащ, наметало, аба *(f)*, мантия *(f)*, слой, покрива́ло, пласт *(m)*, слой *(m)*, облицовка *(f)*
capacidad • *n* вмести́мост *(f)*, капаци-

capacitancia   carnicería

тéт *(m)*, годност *(f)*, способност *(f)*, дарба, способност, спосóбност *(f)*, производи́телност *(f)*
capacitancia • *n* капацитет *(m)*
capar • *v* скопявам, кастрирам
caparazón • *n* черупка *(f)*
capaz • *adj* компетентен, позволен, в състояние да, способен, умел, годен, способен
capcioso • *adj* придирчив, заядлив, критичен
capellán • *n* капелан *(m)*
capilar • *n* капиля́ра *(f)*
capilla • *n* параклис *(m)*
capirote • *n* капак *(m)*, капак *(m)*
capital • *n* капитáл *(m)*, фонд *(m)*, капитал *(m)* • *adj* главен, основен
capitalismo • *n* капитали́зъм *(m)*
capitán • *n* капитан *(m)*, капитáн *(m)*
capitel • *n* капитéл *(m)*
capítulo • *n* главá *(f)*
capó • *n* капак *(m)*, капак *(m)*
capón • *n* кастриран петел
capricho • *n* каприз *(m)*, прищявка *(f)*, прищявка *(f)*, каприз *(m)*
caprichoso • *adj* капризен, непостоянен, непредвидим, вятърничав, лекомислен
captar • *v* схващам, долавям, завладявам
captura • *n* пленяване *(n)*, хващане *(n)*
capturar • *v* хващам, пленявам, улавям, задържам, взимам
capucha • *n* боне *(n)*, качулка *(f)*
capul • *n* бретон *(m)*, перчем *(m)*
capullo • *n* пашкул *(m)*, какавида *(f)*
cara • *n* стена *(f)*, гримáса *(f)*, óбраз *(m)*, лицé *(n)*, и́мидж *(m)*
cárabo • *n* кукумя́вка *(f)*
caracal • *n* каракал, степен рис
carachupa • *n* броненосец, опосум
caracol • *n* óхлюв *(m)*
carácter • *n* бýква *(f)*, характер *(m)*, нрав *(m)*, знак *(m)*, символ
característica • *n* отличителна черта, свойство *(n)*, признак *(m)*, особеност *(f)*
característico • *adj* характерен, отличителен
caracterizar • *v* характеризирам
carajo • *n* пéнис *(m)*, кур *(m)*, хуй *(m)*, пи́шка *(f)*
carámbano • *n* висýлка *(f)*
caramelo • *n* бонбóн *(m)*, карамéл *(m)*
caramillo • *n* свирка *(f)*
carapacho • *n* черупка *(f)*
caravana • *n* кервáн *(m)*, фургóн *(m)*,

конвóй *(m)*, обицá *(f)*
carbón • *n* въглища, кáменни въглища, въглен *(m)*
carbonero • *n* сини́гер *(m)*
carbono • *n* въглерóд *(m)*
carbunclo • *n* гранат *(m)*
carbunco • *n* антракс *(m)*
carbúnculo • *n* гранат *(m)*
carburador • *n* карбурáтор *(m)*
carcajada • *n* кикотене *(n)*
carcasa • *n* кожух *(m)*, арматура *(f)*
carcayú • *n* росомáха *(f)*, лáкомец *(m)*
cárcel • *n* затвóр *(m)*, дранголник *(m)*, тъмни́ца *(f)*, тюрмá *(f)*, зандáн *(m)*
cardamomo • *n* кардамóн *(m)*, кардамон *(m)*
cardenal • *n* кардинал *(m)*, синка *(f)*, натъртено място
cardinal • *adj* главен, основен, числителен
cardo • *n* магарешки бодил
cardumen • *n* пасаж *(m)*
carenar • *v* накренявам
carencia • *n* нýжда *(f)*, ли́пса *(f)*, отсъствие *(n)*
carga • *n* товáр *(m)*, превоз *(m)*, брéме *(n)*, корабен товáр *(m)*
cargar • *v* нóся, возя, карам, зареждам, пълня
cargo • *n* служба *(f)*
cariátide • *n* кариатида
caribú • *n* кари́бу *(m)*, сéверен елéн *(m)*
caridad • *n* милосъ́рдие *(n)*, милóстиня *(f)*
caries • *n* кариес *(m)*
cariño • *n* вярност, привързаност, обич, любов
caritativo • *adj* щедър
carmelita • *n* кафяв цвят *(m)*, кафяво
carmelito • *n* кафяв цвят *(m)*, кафяво
carmesí • *n* пурпур *(m)* • *adj* пурпурен
carmín • *n* тъмночервен цвят *(m)*, пурпур *(m)*, кармин • *adj* тъмночервен, пурпурен
carnada • *n* примамка, изкуствена птица *(f)*, стръв, примамка, изкушение
carnaje • *n* клане *(n)*, сеч *(f)*
carnal • *adj* похотлив, плътски, телесен
carnalización • *n* карамфил *(m)*
carnaval • *n* карнавáл *(m)*
carne • *n* месо *(n)*, месó *(n)*, тяло *(n)*
carnero • *n* овéн *(m)*
carnicera • *n* месар *(m)*, касапин *(m)*
carnicería • *n* клане *(n)*, сеч *(f)*

30

carnicero • *n* месар *(m)*, касапин *(m)*
carnívoro • *n* хищник *(m)*
carnoso • *adj* от месо, месест
caro • *adj* скъп *(m)*, скъп *(m)*
carpa • *n* шаран *(m)*
carpeta • *n* директория *(f)*, папка *(f)*
carpintero • *n* дърводелец *(m)*
carrera • *n* кариера *(f)* , поприще *(n)*
carreta • *n* каруца *(f)*, кола *(f)*, колесница *(f)*
carrete • *n* макара *(f)*
carretera • *n* автомагистрала *(f)*, автострада *(f)*
carretilla • *n* ръчна количка *(f)*
carretón • *n* каруца *(f)*
carrilludo • *adj* пълен
carro • *n* автомобил *(m)*, кола *(f)*, кола *(f)*, каруца *(f)*, колесница *(f)*
carrocería • *n* корпус *(m)*
carroña • *n* мърша *(f)*, леш *(m)*
carroza • *n* екипаж *(m)*
carruaje • *n* кола *(f)*, карета *(f)*
carta • *n* меню *(n)*, карта *(f)*, картичка *(f)*, писмо *(n)*
cartabón • *n* триъгълник *(m)* , линеал *(m)*
cartel • *n* афиш *(m)*, програма *(f)*
cártel • *n* картел *(m)*
cartera • *n* портфейл *(m)*, портмоне *(n)*
carterista • *n* джебчия *(m)*
cartero • *n* пощальон *(m)*
cartílago • *n* хрущял *(m)*
cartón • *n* картон *(m)*
cartucho • *n* торба, чанта, плик, чувал, касета *(f)*, патрон *(m)*
cartulina • *n* картон *(m)*
carvis • *n* кимион *(m)*
casa • *n* домакинство *(n)* , къща *(f)*
casaca • *n* яке *(n)* , сако *(n)*, жакет *(m)*
casado • *adj* женен *(m)*, оженен *(m)*, омъжена *(f)*
casamiento • *n* сватба *(f)*, бракосъчетание *(n)*
cascada • *n* водопад *(m)*
cascanueces • *n* орешарка *(f)*
cáscara • *n* черупка *(f)*
cascarrabias • *n* чудак *(m)*, темерут *(m)*, Archie *(m)* • *adj* заядлив, придирчив
casco • *n* шлем *(m)*, каска *(f)*, копито *(n)*
casi • *adv* почти
casino • *n* казино *(n)*
caso • *n* случай *(m)*
caspa • *n* пърхот *(m)*
casta • *n* каста *(f)*, род *(m)*, произход *(m)*
castaña • *n* кестен *(m)*
castaño • *adj* кестеняв, кафяв, кестењаст *(m)* • *n* кафяв цвят *(m)*, кафяво, кестеняв
castellano • *n* управител на замък *(m)*, кастелан *(m)*
castidad • *n* целомъдрие *(n)*, непорочност *(f)*
castigar • *v* наказвам, бия, наказвам строго, критикувам остро, накажа
castigo • *n* наказание *(n)*, наказание *(n)*
castillo • *n* замък *(m)*
casting • *n* кастинг *(m)*
casto • *adj* целомъдрен
castor • *n* бобър *(m)*
castración • *n* кастрация *(f)*, скопяване *(n)*
castrado • *adj* скопен, кастриран
castrar • *v* скопявам, кастрирам
castro • *n* замък *(m)*
casual • *adj* случаен
casualidad • *n* съвпадение *(n)*, случайност *(f)*
catalepsia • *n* вцепеняване *(n)*
cataplasma • *n* компрес *(m)*
catapulta • *n* катапулт *(m)*
catar • *v* вкусвам , опитвам
catarata • *n* водопад *(m)*, перде *(n)*
catarro • *n* катар *(m)*
catarsis • *n* катарзис *(m)*
catear • *v* пропадам, скъсвам
catecúmena • *n* новопокръстен
catecúmeno • *n* новопокръстен
catedral • *n* катедрала *(f)*
categoría • *n* категория *(f)*
categórico • *adj* твърд, неподатлив, непреклонен, самоуверен, настоятелен, напорист
cátodo • *n* катод *(m)*
catre • *n* походно легло *(n)*
caucho • *n* гума *(f)*, автомобилна гума *(f)*
caución • *n* гаранция, залог
caudal • *n* дебит *(m)*
causa • *n* дело *(n)*, процес *(m)*, причина *(f)*, повод *(m)*, кауза *(f)*
causal • *adj* причинен
causalidad • *n* причинност *(f)*
causar • *v* причинявам
cáustico • *adj* язвителен, жлъчен, хаплив, разяждащ
cautela • *n* предпазливост *(f)*, благоразумие *(n)*
cauteloso • *adj* внимателен, предпазлив, внимателен , предпазлив

cauterización • *n* обгаряне
cauterizar • *v* обгарям
cautivar • *v* привличам, изкушавам, съблазнявам, очаровам, омайвам, завладявам
cautividad • *n* плен *(m)*
cautivo • *adj* пленен • *n* плéнник *(m)*
cauto • *adj* грижлив, внимателен, внимателен, предпазлив
cavar • *v* копая, разкопавам, ровя, рия, изравям
cavernícola • *n* пещéрен човéк *(m)*
caviar • *n* хайвéр *(m)*, чéрен хайвéр *(m)*, чер хайвéр *(m)*
cavidad • *n* дупка *(f)*, вдлъбнатина *(f)*, кухина *(f)*
cayado • *n* гега *(f)*
caza • *n* дивеч *(m)*, лов *(m)*, изтребител *(m)*
cazador • *n* ловéц *(m)*
cazadora • *n* яке *(n)*, автóбус *(m)*
cazar • *v* ловя, хващам, улавям
cebada • *n* ечемик *(m)*
cebar • *v* примамвам, слагам стръв
cebo • *n* стръв
cebolla • *n* лук *(m)*
cebra • *n* зéбра *(f)*
cedazo • *n* решето *(n)*, сито *(n)*
ceder • *v* завещáвам, отстъпвам, прехвърлям
cedro • *n* кéдър
cefalea • *n* главобóлие *(n)*
cefalópodo • *n* главоного *(n)*
cegar • *v* ослепявам, заслепявам
ceguera • *n* слепота *(f)*
ceja • *n* вéжда *(f)*
celda • *n* килия *(f)*
celebración • *n* тържество *(n)*, празнуване *(n)*
celebrado • *adj* прочут, знаменит, прославен
celebrar • *v* прославям, празнувам
celebridad • *n* знаменитост *(f)*, известност *(f)*
celeridad • *n* бързина *(f)*, скорост *(f)*
celery • *n* целина *(f)*, керевиз *(m)*
celesta • *n* челеста
celeste • *n* син • *adj* син *(m)*
celestial • *adj* небéсен
celibato • *n* безбрáчие *(n)*, ергенство *(n)*, сексуáлно въздържáние *(n)*
célibe • *adj* неженен *(m)*, неомъжена *(f)*
celosía • *n* щори, жалузи
celoso • *adj* ревностен, усърден, ревнив
célula • *n* клéтка *(f)*, клетка *(f)*, килия

(f)
celular • *adj* клетъчен
cemento • *n* цимéнт *(m)*
cena • *n* вечéря *(f)*, вечеря *(f)*
cenagoso • *adj* мочурлив, блатист
cenar • *v* обядвам, вечерям
cenicero • *n* пепелник *(m)*
cenit • *n* зенит *(m)*
ceniza • *n* сгурия *(f)*, пепел *(f)*, пéпел *(f)*
censo • *n* преброяване на населението *(n)*
censor • *n* цензор *(m)*
censora • *n* цензор *(m)*
censurar • *n* неодобрение *(n)* • *v* цензурирам, заклеймявам
centauro • *n* кентавър *(m)*
centavo • *n* цент *(m)*
centellear • *v* блестя
centenario • *n* стогодишнина *(f)* • *adj* стогодишен
centeno • *n* ръж *(f)*
centésimo • *adj* стотен
céntimo • *n* цент *(m)*
central • *adj* централен, главен
centrar • *v* съсредоточавам се, концентрирам се, центрирам
centrífuga • *n* центрофуга *(f)*
centrípeto • *adj* центростремителен
centro • *n* цéнтър на грáда *(m)*, среда, център, център *(m)*, център *(m)*, срéдище *(n)*, средище
centuria • *n* век *(m)*, столетие *(n)*, центурия *(f)*
ceñir • *v* опасвам, окръжавам
ceño • *n* смръщване *(n)*, муся се
cepa • *n* род *(m)*, произход *(m)*
cepillado • *n* четкане *(n)*
cepillar • *v* сресвам с четка, четкам
cepillarse • *v* ебá, шибам, чукам
cepillo • *n* чéтка *(f)*
cera • *n* восък *(m)*
ceramica • *n* керамика *(f)*
cerámica • *n* глинени изделия
cerámico • *adj* керамичен
cerca • *n* ограда *(f)*, кошара *(f)*, заграждéние *(n)* • *adj* близък, бли́жен
cercamiento • *n* приложение *(n)*
cercanía • *n* близост *(f)*
cercano • *adj* близък, ближен, съседен
cercar • *v* обсаждам, обкръжавам, ограждам, опасвам, окръжавам
cerceta • *n* чакръкчийка *(f)*, лятно бърне *(n)*
cerda • *n* четина *(f)*
cerdo • *n* свинско *(n)*, свиня *(f)*
cereal • *n* житна култура *(f)*, зърнени

храни
cerebelo • *n* малък мозък
cerebral • *adj* церебрален
cerebro • *n* мо́зък *(m)*
cerefolio • *n* кервел
ceremonia • *n* обря́д *(m)*, етикет *(m)*, церемония *(f)*
ceremonial • *adj* церемониален, обреден
cereza • *n* чере́ша *(f)*, ви́шна *(f)*, черешов *(m)* • *adj* светловишнев
cerilla • *n* кибрит *(m)*
cerillo • *n* кибрит *(m)*
cerio • *n* це́рий *(m)*
cerní́calo • *n* сокол *(m)*
cerquillo • *n* бретон *(m)*, перчем *(m)*
cerrado • *adj* затворен
cerradura • *n* ключалка *(f)*, бра́ва *(f)*
cerramiento • *n* ограда *(f)*
cerrar • *v* приключвам, закривам, затва́рям
cerro • *n* хълм *(m)*
cerrojo • *n* резе *(n)*, мандало *(n)*
certeza • *n* увереност *(f)*, сигурност *(f)*, самоувереност *(f)*
certidumbre • *n* сигурност *(f)*, увереност *(f)*
certificado • *n* свидетелство *(n)*, удостоверение *(n)*
certificar • *v* удостоверявам, свидетелствам, потвърждавам
cerúleo • *n* небесносин, лазурен
cervatillo • *n* еленче *(n)*
cervecería • *n* пивова́рна *(f)*
cerveza • *n* би́ра *(f)*, пи́во *(n)*
cesante • *adj* безработен
cese • *n* прекратяване, спиране
césped • *n* поляна *(f)*
cesta • *n* кош *(m)*, ко́шница *(f)*
cesto • *n* кош *(m)*, ко́шница *(f)*
cetáceo • *n* китообразно *(n)*
chabacano • *n* кайсия *(f)*
chacal • *n* чакал *(m)*
chacharear • *v* бърборя
chacotear • *v* закачам се, шегувам се
chaflán • *n* фаска, жлеб
chaka • *n* земетресе́ние *(n)*
chala • *n* педал за газта
chaleco • *n* пуло́вер *(m)*, жиле́тка *(f)*
chalequillo • *n* жиле́тка *(f)*
chalet • *n* къщичка *(f)*, къщурка *(f)*
chamaca • *n* момиче *(f)*, дево́йка *(f)*, мома́ *(f)*
chamanismo • *n* шамани́зъм *(m)*
chamarra • *n* яке *(n)*
chamba • *n* ра́бота *(f)*, занаят *(m)*
chambre • *n* клюка *(f)*, сплетня *(f)*

champán • *n* шампа́нско *(n)*
champaña • *n* шампа́нско *(n)*
champú • *n* шампоа́н *(m)*
chance • *n* възмо́жност *(f)*, шанс *(m)*
chancho • *n* свиня́ *(f)*
chanchullo • *n* измама *(f)*
chancla • *n* джапа́нки, педал за газта, джа́панки
chancleta • *n* педал за газта
chanclo • *n* гало́ш *(m)*, шушо́н *(m)*
chango • *n* майму́на *(f)*, майму́н *(m)*, хлапе́ *(n)*
chantaje • *n* изнудване *(n)*, шанта́ж *(m)*, изнудване *(n)*
chantajear • *v* изнудвам, шантажи́рам
chantarela • *n* пачи крак
chao • *interj* ча́о
chapa • *n* обица́ *(f)*
chaparrón • *n* порой *(m)*
chapucería • *n* нескопосана работа
chaqueta • *n* яке *(n)*, палто *(n)*, сако *(n)*
chaqui • *n* махмурлук *(m)*
charca • *n* е́зерце *(n)*
charco • *n* ло́ква *(f)*
charla • *n* закачка, задявка, бърборене, лекция *(f)*
charlar • *v* бъбря, задявам се, бърборя
charlatán • *n* шарлата́нин *(m)*
charlatanear • *v* бърборя
charlotear • *v* бърборя
chasis • *n* шаси́ *(n)*
chasquido • *n* щракане *(n)*, цъкащ звук *(m)*
chasquilla • *n* бретон *(m)*, перчем *(m)*
chat • *n* чат *(m)*
chatni • *n* лютеница *(f)*
chau • *interj* ча́о
chaval • *n* хлапе́ *(n)*, момче *(n)*
chavalo • *n* хлапе́ *(n)*
chavo • *n* хлапе́ *(n)*
chef • *n* главен готвач
chelo • *n* виолончело
chenca • *n* угарка *(f)*, фас *(m)*
cheque • *n* чек *(m)*
chequeo • *n* контрол *(m)*, проверка *(f)*
chibolo • *n* хлапе́ *(n)*
chic • *adj* елегантен, моден, елегантен, изискан
chica • *n* ма́цка *(f)*, момиче *(f)*, дево́йка *(f)*, мома́ *(f)*, юноша, девойка, момиче *(n)*
chicharra • *n* цикада *(f)*, жътвар *(m)*
chichigua • *n* хвърчило *(n)*
chichón • *n* издутина *(f)*, цицина *(f)*
chico • *n* хлапе́ *(n)*, юноша, дево́йка,

момче (n) • adj málък
chicote • n угарка (f), фас (m)
chiflar • v свѝркам
chifle • n свирка (f)
chilchi • n ситен дъжд
chile • n лют червен пипер
chillón • adj ярък, крещящ, безвкусен
chimenea • n огнище (n), комѝн (m)
chimento • n клюка (f), сплетня (f)
china • n бретон (m), перчем (m), портокáл (m)
chinche • n креватна дървеница (f)
chinchilla • n чинчила (f)
chinga • n угарка (f), фас (m)
chingar • v прецаквам, ебá, шѝбам, чýкам, развалям
chínguere • n питиé (n)
chino • adj къдрав, вълнист
chipe • n пойна птица (f)
chiquilla • n момиче (f), девóйка (f), momá (f)
chiquillo • n хлапé (n)
chiribita • n паричка (f), маргаритка (f)
chiringa • n хвърчило (n)
chiripa • n щастлива случайност
chirmol • n клюка (f), сплетня (f)
chirrido • n цвъртене
chisme • n клюка (f), сплетня (f)
chismear • v клюкарствам
chismorrear • v клюкарствам
chismosa • n клюкар (m)
chismoso • n клюкар (m)
chispa • n искра (f)
chisporroteo • n пращене (n), пукане
chiste • n саркастична забележка (f)
chistoso • adj смешен, забавен
chita • n гепáрд (m)
chiva • n угарка (f), фас (m), козя брадичка (f)
chivato • n шпионин
chivera • n козя брадичка (f)
chivo • n я́ре (n), козà (f), козéл (m)
chocante • adj отблъскващ
chocar • v сблъсквам се, удрям се, катастрофирам
chocha • n пýтка (f), пѝчка (f), минджа, слѝва (f)
chocho • n пýтка (f), пѝчка (f), минджа, слѝва (f)
choco • n сепия (f)
chocolate • adj шоколадов • n шоколáд (m)
chocolateado • adj шоколадов
chofer • n шофьóр (m)
chófer • n шофьóр (m)
chola • n педал за газта

chomba • n пулóвер (m)
chompa • n яке (n), пулóвер (m)
chompipe • n пуйка (f)
chon • n свиня (f)
chopo • n топола (f)
choque • n авария (f), катастрóфа (f)
choro • n пýтка (f)
chorrada • n глупости
chorradas • n глупости, безсмислици
chorro • n струя (f)
chota • n пéнис (m), кур (m), хуй (m), пѝшка (f)
chova • n червенокрака гарга (f)
chucha • n пýтка (f), пѝчка (f), минджа, слѝва (f), опосум
chuchaqui • n махмурлук (m)
chulear • v заплашвам
chuleta • n пържола (f), котлет (m), шницел (m), пищов (m)
chulo • n сводник (m) • adj мил
chuminada • n глупости
chumpa • n яке (n)
chuncho • n кукумя́вка (f)
chupachús • n близалка (f)
chupar • v духам, смуча
chupe • n алкохолна напитка
chupeta • n близалка (f)
chupete • n залъгалка (f), близалка (f)
chupetín • n близалка (f)
chutney • n лютеница (f)
cianuro • n цианид (m)
ciborg • n кѝборг (m)
cicatero • adj взискателен, придирчив
cicatriz • n белег (m)
ciclamen • n циклама (f)
ciclamino • n циклама (f)
cíclico • adj цикличен
ciclista • n колоéздач (m), велосипедѝст (m)
ciclo • n оборот (m), цѝкъл (m)
ciclomotor • n мотопед (m)
ciclón • n циклон (m)
ciego • n сляпо черво (n), апандисит (m) • adj сляп
cielo • n небé (n)
cielos • n небесá
ciempiés • n стонóжка (f)
ciénaga • n тресáвище (n), блáто (n), блато (n), мочурище (n), тресавище (n)
ciencia • n наýка (f)
cieno • n слуз (m)
científice • n ýчен (m)
cientificesa • n ýчен (m)
científico • n ýчен (m)
cierre • n закриване (n), затваряне (n), край (m), завършек (m)

ciertamente • *adv* безспорно, несъмнено
cierto • *adj* сигурен, уверен
cierva • *n* сърна (f)
ciervo • *n* елéн (m)
cifra • *n* цѝфра (f), шифриране (n), цифра (f)
cigarra • *n* цикада (f), жътвар (m)
cigarrillo • *n* цигáра (f)
cigarro • *n* пура (f)
cigoma • *n* скула (f)
cigüeña • *n* щъркел (m)
cigüeñal • *n* колянов вал (m)
cilampa • *n* ситен дъжд
cilíndrico • *adj* цилиндричен
cilindro • *n* цилиндър (m), валяк (m)
cilio • *n* ресна (f)
cima • *n* връх, връхна точка
cimbales • *n* чинел (m)
címbalo • *n* чинел (m)
címbalos • *n* чинел (m)
cimiento • *n* фундамент (m), основа (f)
cinabrio • *n* киновар (m)
cinc • *n* цинк (m)
cincel • *n* длетó (n), длътó (n)
cincho • *n* колáн (m), пóяс (m)
cine • *n* филм (m), кинó (n)
cinematografiar • *v* заснемам филм
cinematógrafo • *n* кинó (n)
cínico • *adj* циничен
cinta • *n* лéнта (f), зона (f), пояс (m), лента, колан
cinto • *n* колáн (m), пóяс (m)
cinturón • *n* колáн (m), пóяс (m)
cipote • *n* кур (m), хуй (m)
ciprés • *n* кипарис
circo • *n* цирк (m)
circonio • *n* цирконий (m)
circulación • *n* обикаляне (n), обращение (n), движение в кръг, кръвообращение (n), циркулация (f)
circular • *n* циркулярно писмо • *adj* крѐгъл, крѝгъл, крѝгóв
circulito • *n* кръгче (n)
círculo • *n* кръг (m), окръжност (f), клуб (m), сфéра (f), кръжец (m)
circumvalar • *v* избягвам, заобикалям
circuncidar • *v* обрязвам
circuncisión • *n* обрязване (n)
circundar • *v* обхващам, заобикалям
circunferencia • *n* обиколка (f), кръг (m), окръжност (f), периферия (f)
circunlocución • *n* увъртане (n), заобикалки, иносказание
circunloquios • *n* увъртане (n), заобикалки
circunscribir • *v* ограничавам, очертавам, окръжавам
circunspecto • *adj* внимателен, предпазлив
circunstancia • *n* обстоятелство (n)
cirio • *n* свещ (f)
ciruela • *n* слива (f)
cirujana • *n* хирург (m)
cirujano • *n* хирург (m)
cisne • *n* лéбед (m)
cisterna • *n* казанче (n), резервоар (m), цистерна (f)
cita • *n* цитат (m), срéща (f), уговорка (f), среща (f), цитѝране (n)
citación • *n* цитат (m), призовка (f), цитѝране (n)
citar • *v* цитирам
citrón • *n* лимóн (m)
ciudad • *n* град (m)
ciudadana • *n* гражданѝн (m)
ciudadanía • *n* граждáнство (n)
ciudadano • *n* гражданѝн (m)
ciudadela • *n* цитадела (f)
cívico • *adj* граждански
civil • *adj* граждански, цивилен, вежлив, учтив
civilidad • *n* вежливост (f), учтивост (f)
civilización • *n* цивилизация (f)
civismo • *n* вежливост (f), учтивост (f)
cizalla • *n* лозарска ножица (f), ножица за стригане на овце (f)
cizallas • *n* лозарска ножица (f), ножица за стригане на овце (f)
cizaña • *n* къклица (f), глушица
clan • *n* клан (m)
clandestino • *adj* тáен, нелегáлен
clara • *n* белтък (m), бяло (n)
claramente • *adv* ясно, очевидно
clarete • *n* бордо (n)
claridad • *n* чистота (f), яснота (f)
clarificar • *v* избистрям, изяснявам
clarín • *n* трѝба (f), ловджийски рог
clarinete • *n* кларинет (m)
clarividencia • *n* ясновидство (n)
clarividente • *adj* ясновидски, проницателен
claro • *n* поляна (f), просека (f), сечище (n), луфт (m) • *adj* свéтъл, ярък, несъмнен, ясен, отчетлив, чист, прозрачен, явен, очевиден
clase • *n* клас (m), класа (f), лекция (f), класа (f)
clásico • *adj* класически
clasificación • *n* класификация (f)
clasificar • *v* сортирам, подреждам
claustro • *n* покрѝта аркáда (f)
cláusula • *n* клауза (f), параграф (m),

спогодба (f)
clausura • *n* закриване (n), затваряне (n)
clausurar • *v* затварям
clava • *n* къса сопа
clavado • *n* гмуркане (n)
clave • *n* ключ (m), код (m), шифър (m)
clavel • *n* карамфил (m), карамфил (m)
clavelina • *n* иглика (f)
clavicémbalo • *n* клавесин (m)
clavicordio • *n* клавесин (m)
clavícula • *n* ключица (f)
clavija • *n* шпонка, шпилка, щифт, дюбел
clavo • *n* карамфил (m)
claxon • *n* корна (f), рупор (m)
clemencia • *n* смекчаване (n)
clepsidra • *n* воден часовник
clero • *n* духовенство (n)
clic • *n* кликване (n)
clicar • *v* кликвам
cliente • *n* клиент (m), купувач, купувач (m), довереник (m), клиент (m)
clientela • *n* клиентела (f)
clima • *n* атмосфера, климат (m), обстановка (f)
climático • *adj* климатичен
climatología • *n* климатология (f)
clímax • *n* кулминация (f), кулминационна точка
clínica • *n* клиника (f)
clínico • *adj* клиничен
cliquear • *v* кликвам
clítoris • *n* клитор (m)
clo • *n* кудкудякане (n)
cloaca • *n* водосток (m), клоака (f)
cloch • *n* съединител (m), амбриаж (m)
cloche • *n* съединител (m), амбриаж (m)
cloquear • *v* кудкудякам
cloqueo • *n* кудкудякане (n)
cloro • *n* хлор (m)
clorofila • *n* хлорофил (m)
clóset • *n* гардероб (m), стенен гардероб, килер (m), шкаф (m)
club • *n* клуб (m)
clutch • *n* съединител (m), амбриаж (m)
coacción • *n* принуда (f)
coagularse • *v* съсирвам се, пресичам се
coágulo • *n* съсирек (m)
coalescencia • *n* сливане (n), обединяване (n)

coalición • *n* коалиция (f)
cobalto • *n* кобалт (m)
cobarde • *adj* страхлив • *n* страхливец (m), страхливец
cobardía • *n* страхливост
cobertor • *n* корица (f)
cobertura • *n* обсег (m), обхват (m)
cobija • *n* одеяло (n)
cobra • *n* кобра (f)
cobre • *n* мед (f), бакър (m)
cobres • *n* пари, духови инструменти
cobrizo • *adj* меден (m)
coca • *n* кока (f)
cocaína • *n* кокаин (m)
cocaleca • *n* пуканки
cóccix • *n* опашна кост
cocer • *v* пека
coche • *n* кола (f), карета (f), автомобил (m), кола (f), кола (f), автомобил (m), вагон (m), пощенска кола, свиня (f)
cochi • *n* свиня (f)
cochín • *n* свиня (f)
cochino • *n* свиня (f)
cocho • *n* путка (f), свиня (f)
cocina • *n* печка (f), кухня (f), печка (f)
cocinar • *v* готвя, готвя
cocinera • *n* готвач (m)
cocinero • *n* готвач (m)
cóclea • *n* ушен охлюв
coco • *n* кокос (m), кокосов орех (m)
cocoa • *n* клюка (f), сплетня (f)
cocodrilo • *n* крокодил (m)
cocorear • *v* кудкудякам
coctel • *n* коктейл (m)
cóctel • *n* коктейл (m)
codicia • *n* алчност
codiciar • *v* жадувам
codicioso • *adj* алчен, користолюбив, алчен (m), ненаситен (m)
codificar • *v* кодирам
código • *n* кодекс (m), код (m), шифър (m)
codo • *n* лакът (m)
codorniz • *n* пъдпъдък (m)
coeficiente • *n* фактор (m), коефициент (m) • *adj* съдействащ
coercer • *v* принуждавам, заставям
coerción • *n* принуда, насилие, принуда (f)
coetáneo • *adj* съвременен
coexistencia • *n* съвместно съществуване (n)
cofia • *n* боне (n), шапка (f), капак (m)
cofre • *n* каса (f), сейф (m), капак (m), капак (m)
cofrecito • *n* касетка (f), ковчеже (n)

coger • *v* пробождам, ебá, шѝбам, чýкам, взéмам, взѝмам, взéма, хващам, задържам
cogitar • *v* размислям, размишлявам
cognado • *adj* родствен, сроден
cognición • *n* познание (n), знание (n)
cognomen • *n* прякор (m)
cohabitación • *n* съжителство (n)
cohechar • *v* подкупвам
cohecho • *n* пóдкуп (m), рушвéт (m), подкупване (n), рушветчийство (n)
coherente • *adj* кохерентен, свързан, съгласуван, ясен, последователен
cohesivo • *adj* свързващ, зацепващ
coima • *n* пóдкуп (m), рушвéт (m)
coincidencia • *n* съвпадение (n)
coincidir • *v* съвпадам, съответствам, хармонирам, съгласявам, несъвместим съм, съответствувам, съгласувам се
cojín • *n* възглавница (f)
cojinete • *n* лáгер (m)
cojo • *adj* куц
cojones • *n* ташак (m)
cojudo • *n* жребéц (m)
col • *n* зеле (n)
cola • *n* опáшка (f), лепило (n), кóла (f)
colada • *n* прáне (n)
colador • *n* решето (n), гевгир (m), решето (n), сито (n)
colapso • *n* срутване (n)
colcha • *n* одея́ло (n), корица (f)
colchón • *n* буфер (m), матрáк (m), дюшéк (m)
colección • *n* избор, асортимент, сортиране, сбор (m), събиране (n), сбирка (f), колекция (f)
coleccionar • *v* колекционирам
coleccionista • *n* събирач (m), колекционер (m)
colectivización • *n* колективизáция (f)
colectivo • *adj* събирателен
colega • *n* пич, колéга (m), колéжка (f), колега (m)
colegir • *v* правя извод
cólera • *n* гняв
colérico • *adj* раздразнителен, сприхав
colgar • *v* вися́
cólico • *n* колика (f), колика
coliflor • *n* карнабит (m), карфиол (m)
colilla • *n* угарка (f), фас (m)
colimba • *n* наборник (m)
colimbo • *n* гмурец (m)
colina • *n* хълм (m)
colindante • *adj* близък, съседен, допиращ се
colindar • *v* гранича, допирам се
colision • *n* трясък (m)
colisión • *n* сблъскване (n)
colitis • *n* диария (f)
collage • *n* колáж (m)
collar • *n* огърлица (f), нашийник (m), огърлица (f), колиé (n), гердáн (m)
colmena • *n* кошер (m)
colmo • *n* връхна точка
colocar • *v* слагам
colofonia • *n* колофон (m)
coloide • *n* колоид (m)
colombina • *n* кандилка, близалка (f)
colon • *n* колон (m)
colona • *n* колонист (m)
colonia • *n* колóния (f), колóния (f)
colonial • *adj* колониален
colonización • *n* колонизáция (f)
colonizador • *n* колонист (m)
colono • *n* колонист (m)
coloquial • *adj* разговорен (m)
coloquio • *n* разговор, събеседване
color • *adj* блед, безцветен • *n* цвят (m)
colorado • *adj* червéн (m)
colorar • *v* оцветявам
colorear • *v* узрявам, зрея, оцветявам
colorete • *n* руж (m)
colorido • *adj* шарен
colosal • *adj* огромен, колосален
coloso • *n* колос
columna • *n* колона (f), графа (f)
columnata • *n* колонада (f)
colusión • *n* тайно споразумение, конспирация
colza • *n* рапица (f)
coma • *n* запетáя (f), кóма (f)
comadreja • *n* опосум
comadrona • *n* акушéрка (f)
comandante • *n* командир (m), началник (m)
combadura • *n* изпъкналост (f)
combar • *v* издувам се
combate • *n* сбиване (n), стълкновение (n), свада (f)
combatiente • *n* борец (m)
combatir • *v* бия се, боря се, сражавам се
combativo • *adj* воинствен
combinación • *n* съединение (n), обединение (n)
combinar • *v* обединявам, комбинирам, смесвам, съчетавам
combustible • *n* гориво (n), горивен материал • *adj* запалим, възпламеним
combustión • *n* изгаряне (n), горене

comedia | completar

(n)
comedia • *n* коме́дия *(f)*
comendación • *n* препоръка *(f)*
comensal • *n* паразит
comentar • *v* коментирам
comentario • *n* коментар, бележка *(f)*
comenzar • *v* запо́чвам, по́чвам, по́чна, започвам , почвам , почна , започвам
comer • *v* ям, храня́ се
comercial • *adj* комерсиален, търговски • *n* реклама *(f)*
comerciante • *n* предприема́ч *(m)*
comerciar • *v* търгувам
comercio • *n* търго́вия *(f)*, магази́н *(m)*
comestible • *adj* ядлив, ядлив , годен за ядене
cometa • *n* хвърчило *(n)*, коме́та *(f)*
cometer • *v* извършвам
comezón • *n* сърбеж
comible • *adj* ядлив
cómic • *n* ко́микс *(m)*
cómico • *adj* смешен, забавен
comida • *n* обя́д *(m)*, храна́ *(f)*, я́дене *(n)*
comienzo • *n* нача́ло *(n)*, начало *(n)*
comilón • *n* лакомник *(m)*, лакомник *(m)*, чревоугодник *(m)*
comilona • *n* пир *(m)*, пиршество *(n)*
comino • *n* кимион *(m)*
comisión • *n* комисия *(f)*, комисионна *(f)*
comiso • *n* конфиска́ция *(f)*
comité • *n* комитет *(m)* , комисия *(f)* , съвет *(m)*, борд *(m)*
como • *conj* защото • *adv* като́ • *prep* като́
cómo • *adv* как
cómoda • *n* скрин *(m)*, тоалетка *(f)*
comodidad • *n* удо́бство *(n)*, улеснение *(n)*
cómodo • *adj* удо́бен, улесняващ
compactar • *v* сбивам, сгъстявам
compacto • *adj* плътен, компактен
compadecer • *v* съчувствам
compadre • *n* пич
compañera • *n* друга́р *(m)*, друга́рка *(f)*, придружител *(m)*, компаньон *(m)*
compañero • *n* другар *(m)*, компаньон *(m)*, друга́р *(m)*, друга́рка *(f)*, партньор *(m)* , коле́га *(m)*, коле́жка *(f)*, придружител *(m)*
compañía • *n* компа́ния *(f)*, о́бщество *(n)*
comparable • *adj* сравним
comparación • *n* сравне́ние *(n)*, схо́дство *(n)*

comparar • *v* сверявам, сравня́вам, сравня́
comparativo • *adj* сравнителен, относителен • *n* сравнителна степен
comparecer • *v* явявам се
compartimiento • *n* купе *(n)*, отделение *(n)*
compasión • *n* състрадание *(n)*, съчувствие *(n)*, милосърдие *(n)*
compasivo • *adj* състрадателен, милостив
compatible • *adj* съвместим
compatriota • *n* съотечественик *(m)*, земля́к *(m)*
compeler • *v* принуждавам, заставям, насилвам
compendiar • *v* съкращавам, скъсявам
compendio • *n* резюме *(n)*, конспект *(m)*
compensación • *n* клиринг *(m)*, обезщетение, компенсация
competencia • *n* състеза́ние *(n)*, съревнова́ние *(n)*, способност *(f)*, умение *(n)*, вещина *(f)*, ко́нкурс *(m)*, компетентност, правомощие, меродавност *(f)*
competente • *adj* компетентен, вещ, способен
competentes • *adj* вещ, способен, компетентен
competición • *n* съпе́рничество *(n)*, конкуре́нция *(f)*, състеза́ние *(n)*, ко́нкурс *(m)*
competidor • *n* състезател
competir • *v* състезавам се, съревновавам се, съперничa
compilación • *n* събиране *(n)*, съставяне *(n)*, сбо́рник *(m)*
compilar • *v* събирам, съставям, компилирам
complacer • *v* доставям удоволствие
complaciente • *adj* внимателен, любезен
complejidad • *n* сложност *(f)*, обърканост *(f)*
complejo • *n* компле́кс, комплекс *(m)*, комплекс • *adj* сложен, съставен
complementar • *v* допълвам
complementario • *adj* допълнителен
complementarse • *v* допълвам
complemento • *n* допълнение, принадлежност, допълнение *(n)*, добавка *(f)*
completamente • *adv* напълно, изця́ло, съвсем
completar • *v* изпълнявам , завър-

швам, допълвам
completas • *n* вечерня
completitud • *n* цялостност , завършеност
completo • *adj* завършен, пълен, абсолютен, пълен *(m)*, цял, цялостен
complexo • *adj* комплексен
complicación • *n* усложнение *(n)*
complicado • *adj* сложен, объркан, труден, съставен
complicar • *v* усложнявам
cómplice • *adj* съучастнически • *n* съучастник *(m)*, съучастник
componente • *n* съставна част *(f)*, компонент *(m)*
comportamiento • *n* държание *(n)*, поведение *(n)*, обноски, държание *(n)*, поведение *(n)*
comportar • *v* държа се, постъпвам
comportarse • *v* държа се добре, държа се, постъпвам
composición • *n* състав *(m)*, структура *(f)*, композиция *(f)*
compositor • *n* композитор *(m)*
compositora • *n* композитор *(m)*
compost • *n* компост *(m)*
compostura • *n* спокойствие *(n)*, хладнокръвие *(n)*, самообладание *(n)*
compota • *n* компот
comprador • *n* купувач *(m)*
comprar • *v* купувам
comprender • *v* схващам, долавям, разбирам, отчитам, усещам, различавам, разбирам , състоя се, обхващам, съдържам, проумявам
comprensible • *adj* разбираем
comprensión • *n* разбиране, схващане *(n)*
comprimir • *v* сбивам, сгъстявам, компримирам
comprimirse • *v* сбивам се, сгъстявам се
comprobar • *v* сверявам, проверявам
comprometerse • *v* постигам компромис
comprometido • *adj* сгоден
compromiso • *n* обвързване *(n)*, ангажимент *(m)*, компромис *(m)* , обещание *(n)*
compuerta • *n* шлюз *(m)*
compuesto • *adj* съставен, сложен • *n* съчетание *(n)*
compulsión • *n* порив, принуда *(f)*
compulsivo • *adj* принудителен
compunción • *n* угризение *(n)*
computador • *n* компютър *(m)*, изчислител *(m)*

computadora • *n* компютър *(m)*
computar • *v* пресмятам, изчислявам
comulgar • *v* причастявам се
común • *adj* общ *(m)*, обикновен, делничен, обикновен *(m)*, разпространен
comunicación • *n* общуване *(n)*
comunicado • *n* експедиция *(f)*, съобщение *(n)* • *adj* зает
comunicar • *v* общувам, предавам
comunicativo • *adj* общителен *(m)*
comunidad • *n* общество *(n)*
comunión • *n* единение *(n)*
comunismo • *n* комунизъм *(m)*
comunista • *adj* комунистически • *n* комунист *(m)*, комунистка *(f)*, комунисти
comúnmente • *adv* обичайно
con • *prep* с
concavidad • *n* вдлъбнатост *(f)*, вдлъбната повърхност
concebible • *adj* мислим, разбираем, възможен
concebir • *v* зачевам, замислям, пораждам, забременявам , забременея , измислям, изобретявам, схващам, разбирам
conceder • *v* дарявам , отстъпвам, предоставям, позволявам, давам
concejo • *n* съвет *(m)*
concentración • *n* сгъстяване *(n)*, концентриране, концентрация *(f)*
concentrado • *n* концентрат *(m)*
concentrar • *v* концентрирам, насочвам към общ център
concentrarse • *v* съсредоточавам се, съсредоточавам
concéntrico • *adj* концентричен
concepción • *n* зачеване *(n)*
concepto • *n* понятие *(n)*, представа *(f)*
concerniente • *prep* относно
concertación • *n* съгласие *(n)*
concertar • *v* замислям
concesión • *n* претенция *(f)*
concesionario • *n* търговец *(m)*
concha • *n* путка *(f)*, пичка *(f)*, минджа, слива *(f)*, раковина *(f)*
conciencia • *n* съвест *(f)* , сьзнание *(n)*, сьзнание *(n)*, сьзнателност *(f)*
concienzudo • *adj* добросъвестен
concierto • *n* хармония *(f)*, концерт *(m)*, съгласие *(n)*
conciliar • *v* успокоявам, умиротворявам
conciso • *adj* сбит, кратък, стегнат
concluir • *v* приключвам, закривам, свършвам, привършвам

conclusión • *n* заключение *(n)*, край *(m)*, завършване *(n)*, приключване *(n)*, завършек *(m)*, закриване *(n)*, извод *(m)*, резултат *(m)*
conclusiones • *n* заключение
concluyente • *adj* окончателен, заключителен
concomitante • *adj* съпътстващ, придружаващ, свързан
concordancia • *n* съгласуване
concordar • *v* съответствам, съгласувам
concordia • *n* съгласие, съглашение, съгласие *(n)*
concreción • *n* слепване, срастване
concretizar • *v* конкретизирам се
concreto • *adj* конкретен, определен, реален, действителен, бетонен • *n* бетон *(m)*
concubina • *n* наложница *(f)*
concuñado • *n* баджанак *(m)*, зет *(m)*
concupiscencia • *n* похот *(m)*, похотливост *(f)*
concupiscente • *adj* похотлив
concurrir • *v* съответствувам, съгласувам се
concursante • *n* състезател, съперник
concurso • *n* състезание *(n)*, конкурс *(m)*
concusión • *n* сътресение *(n)*
condado • *n* графство *(m)*, окръг *(m)*, графство *(n)*
conde • *n* граф *(m)*, княз *(m)*
condecoración • *n* орден *(m)*
condena • *n* присъда *(f)*, присъда *(f)*, осъждане *(n)*
condenación • *n* осъждане *(n)*, порицание *(n)*
condenar • *v* осъждам, проклинам, обричам, осъждам
condensación • *n* сгъстяване *(n)*, уплътняване *(n)*, втечняване *(n)*
condensador • *n* кондензатор *(m)*
condensar • *v* съкращавам, скъсявам, втечнявам се, сгъстявам, концентрирам, втечнявам
condesa • *n* графиня *(f)*
condescender • *v* трая, понасям
condición • *n* условие *(n)*, състояние *(n)*
condicional • *n* условно наклонение *(n)* • *adj* условен
condimento • *n* подправка *(f)*
condón • *n* кондом *(m)*, презерватив *(m)*
condonar • *v* прощавам, опрощавам
cóndor • *n* кондор *(m)*

condoro • *n* груба грешка *(f)*, пропуск *(m)*
conducción • *n* водене *(n)*, провеждане *(n)*
conducir • *v* провеждам, отвеждам, държа се, гоня, карам, ръководя
conducta • *n* поведение *(n)*, държание *(n)*, поведение *(n)*, обноски, държание *(n)*
conductividad • *n* проводимост *(f)*, електропроводност *(f)*
conductivo • *adj* проводим, проводящ
conducto • *n* тръба *(f)*, тръбопровод *(m)*, канал *(m)*, тръба *(f)*
conductor • *n* водач *(m)*, шофьор *(m)*, проводник *(m)*
conductora • *n* водач *(m)*, шофьор *(m)*
conectar • *v* свързвам, съединявам
conejo • *n* заек *(m)*
conexión • *n* свързване *(n)*, съединение *(n)*
confección • *n* сладкиш, бонбон
confeccionar • *v* шия
confederación • *n* конфедерация *(f)*
conferencia • *n* конференция *(f)*, конгрес *(m)*, лекция *(f)*, беседа *(f)*
conferir • *v* дарявам, удостоявам, давам титла
confesante • *n* изповедник *(m)*
confesar • *v* признавам, признавам
confesión • *n* изповед *(f)*, признание, признание *(n)*
confesionario • *n* изповедалня *(f)*
confiado • *adj* сигурен, уверен
confianza • *n* безопасност *(f)*, самоувереност
confiar • *v* вярвам, доверявам
confidencia • *n* вяра *(f)*, доверие *(n)*, поверително съобщение
confidencial • *adj* таен, поверителен
confidente • *n* довереник *(m)*, верен приятел
configuración • *n* конфигурация *(f)*
confín • *n* граници, предел
confinar • *v* ограничавам
confirmación • *n* потвърждение *(n)*, конфирмация *(f)*
confirmar • *v* потвърждавам, утвърждавам
confiscación • *n* конфискация *(f)*
confiscar • *v* конфискувам
confite • *n* бонбон *(m)*
confitería • *n* сладкарство *(n)*
conflagración • *n* голям пожар *(m)*, пожар *(m)*
conflicto • *n* стълкновение *(n)*, конфликт *(m)*

conformar • *v* съгласявам се мълчаливо, съгласувам се
conformidad • *n* съгласие, съответствие, съответствие *(n)*
confortable • *adj* удобен, комфортен
confortar • *v* утешавам, успокоявам
confundir • *v* обърквам, разстройвам, смущавам, засрамвам, развалям, вмирисвам, слисвам
confundirse • *v* обърквам
confusión • *n* объркване *(n)*, бъркотия *(f)*
confuso • *adj* разбъркан, разстроен, объркан, безсмислен
congelado • *adj* замразен, замръзнал, леден
congelamiento • *n* измръзване *(n)*, измръзнало място *(n)*
congelar • *v* замразявам
congénito • *adj* вроден, по рождение
congestión • *n* натрупване *(n)*, задръстване *(n)*
congestionar • *v* преча, задръствам
conglomeración • *n* конгломерат *(m)*
conglomerado • *adj* съставен
congoja • *n* мъчение, страдание, терзание
congorocho • *n* стоножка *(f)*
congregación • *n* паство *(n)*, паство *(n)*
congregar • *v* струпвам
congregarse • *v* събирам се, струпвам се
congruente • *adj* конгруентен, съвпадащ
cónico • *adj* коничен, конусовиден
conjetura • *n* предположение *(n)*, догадка *(f)*, предположение *(n)*
conjeturar • *v* предполагам
conjugación • *n* спрягане *(n)*, спрежение *(n)*
conjugar • *v* спрягам
conjunción • *n* съюз *(m)*, съединение *(n)*, свързване *(n)*
conjuntivo • *adj* свързващ, съединителен
conjunto • *n* агрегат, съвкупност, ансамбъл *(m)*, сбирка *(f)*, колекция *(f)* • *adj* общ, сумарен
conmemoración • *n* напомняне *(n)*
conmiseración • *n* съчувствие, милосърдие *(n)*
conmoción • *n* турбуленция *(f)*, суматоха *(f)*
conmovedor • *adj* трогателен
conmover • *v* засягам, вълнувам
connotación • *n* допълнително значение

connotar • *v* означавам
cono • *n* шишарка *(f)*, конична повърхност, конус *(m)*
conocer • *v* знáя
conocida • *n* познайник
conocido • *n* познат *(m)*, познайник
conocimiento • *n* знáние *(n)*, познанство
conquista • *n* завоевание *(n)*
conquistador • *n* завоевáтел *(m)*
conquistar • *v* завоювам, покорявам
consagrar • *v* освещавам
consciente • *adj* осведомен, наясно, в съзнание
conscripción • *n* набор *(m)*
conscripto • *n* наборник *(m)*
consecuencia • *n* последица *(f)*, резултат *(m)*, следствие *(n)*
consecuente • *adj* следващ като резултат
consecuentemente • *adv* следователно
consecutivo • *adj* пореден, последователен
conseguido • *adj* успешен
conseguir • *v* постигам, достигам, добивам, осъществявам, реализирам
consejo • *n* съвет *(m)*, препоръка *(f)*, съвет *(m)*, борд *(m)*, съвет *(m)*, предложение *(n)*
consenso • *n* съглáсие *(n)*, единодушие *(n)*, консенсус *(m)*, съгласие *(n)*, разрешение *(n)*
consentir • *v* приемам, приемам, съгласявам се, глезя, угаждам, трая, понасям, съгласен съм
conservador • *adj* умерен, внимателен, консервативен
conservar • *v* защитавам, опазвам
considerable • *adj* забележим, чувствителен, важен, значителен, голям
consideración • *n* обмисляне *(n)*, загриженост *(f)*
considerado • *adj* внимателен, деликатен
considerar • *v* обмислям, замислям, считам за
consigna • *n* пратка *(f)*
consignar • *v* изпращам, предавам, предназначавам, поверявам
consignatario • *n* получател *(m)*
consistencia • *n* постоянство *(n)*, устойчивост *(f)*
consistente • *adj* последователен, постоянен
consola • *n* подпора *(f)*, конзола *(f)*
consolación • *n* утеха *(f)*, утешение *(n)*
consolador • *n* изкуствен пенис *(m)*,

дѝлдо (n) , фалос
consolar • v утешавам
consolidar • v обединявам, укрепвам, заздравявам
consonante • n съгласна (f) • adj съзвучен, хармоничен
conspícuo • adj очевиден, забележим, биещ на очи
conspiración • n заговор (m) , съзаклятие (n) , конспирация (f)
constancia • n постоянство (n), устойчивост (f)
constante • adj равен, еднообразен, постоянен, неизменен, непрекъснат • n постоянна величина (f), константа (f)
constelación • n съзве́здие (n)
consternación • n страх (m), смут (m), смайване (n), ужас (m)
consternado • v плаша, ужасявам
consternar • v плаша, ужасявам
constipación • n просту́да (f)
constitución • n телосложение (n), конститу́ция (f), конституция (f)
constituciones • n конститу́ция (f), конституция (f)
constreñimiento • n принуда (f)
constreñir • v принуждавам, насилвам
constricción • n свиване (n), стягане (n)
construcción • n строи́телство (n), граде́ж (m), изгра́ждане (n), стро́ителство (n)
construir • v строя́, градя́, сглобявам, монтирам
consuelo • n утеха (f), утешение (n)
consulado • n ко́нсулство (n)
consulta • n обсъждане (n), съвещание (n), консултация
consultar • v беседвам, обсъждам, съвещавам се, съветвам се
consultivo • adj съвещателен, консултативен
consumado • adj съвършен, опитен
consumar • v консумирам, завършвам, довеждам докрай
consumidor • n потребител (m)
consumo • n консумиране (f), изразходване (n), консумация (f)
contabilidad • n счетоводство
contable • n счетоводи́тел (m), счетоводи́телка (f)
contacto • n допир (m)
contador • n брояч (m) , счетоводи́тел (m), счетоводи́телка (f), брояч (m)
contagio • n инфе́кция (f), зара́зна бо́лест (f)
contagioso • adj заразителен, заразен
contaminación • n замърсяване (n)
contaminar • v опетнявам, осквернявам
contar • v броя́
contemplar • v обмислям, гледам, виждам
contemporáneo • adj едновременен, съвременен , едновременен, модерен
contemporario • adj едновременен, съвременен , модерен
contender • v съпернича, състезавам се, боря се, сражавам се
contenedor • n контейнер (m)
contener • v съдържам, побирам, контролирам, сдържам, въздържам
contenido • n съдържание (n)
contentar • v задоволявам
contento • adj радостен, доволен, щастлив, щастли́в
conteo • n брой (m)
contestación • n о́тговор (m)
contestar • v отговарям, отвръщам
contexto • n контекст (m) , обстановка (f) , ситуация (f)
contienda • n състеза́ние (n), съревнова́ние, спор (m)
contigüidad • n допир
contiguo • adj допиращ се, граничещ, близък, съседен
continental • adj европейски, континентален
continente • n контине́нт (m)
contingencia • n непредвидимост (f)
continuación • n продължение (n), удължение (n)
continuar • v трая, оставам, запазвам се, продължавам, простирам се
continuidad • n непрекъснатост (f)
continuo • adj непрекъснат
contorno • n очертание (n)
contorsión • n кривене (n) , изкривяване (n)
contorsionar • v изкривявам
contra • prep обратно на, про́тив (m), на фона на
contrabalancear • v уравновесявам
contracción • n контракция (f), свиване (n), скъсяване (n), съкращение (n)
contracorriente • n вихър (m), вихрушка (f)
contradecir • v противореча, противопоставям се, опровергавам, отричам
contradicción • n противоречие (n)
contradictorio • adj противоре́чащ

contraer • *v* свивам се, съкращавам се, хващам
contraerse • *v* свивам се
contrafuerte • *n* контрафорс *(m)*, рид
contrahacer • *v* подправям, фалшифицирам
contrahecho • *adj* подправен, фалшив
contrahechura • *n* фалшификация *(f)*
contramaestre • *n* боцман
contrario • *adj* противоположен, враждебен, противопоставящ се
contraseña • *n* парóла *(f)*
contraste • *n* контраст *(m)*
contratar • *v* договарям се, наемам, давам работа, наемам
contratista • *n* предприемач *(m)*
contrato • *n* договор *(m)*, договор
contravenir • *v* опълчвам се, отивам против
contribución • *n* принос *(m)*, участие *(n)*
contribuir • *v* допринасям
contrincante • *n* съперник *(m)*, конкурент *(m)*
contrito • *adj* разкаян
control • *n* сдържаност *(f)*, самообладание *(n)*, власт *(f)*, управление *(n)*
controlador • *n* драйвър *(m)*
controlar • *v* контролúрам, управлявам, контролирам
controversia • *n* спор *(m)*, дискусия *(f)*
controversial • *adj* спорен
controvertido • *adj* спорен, спорен
contumacia • *n* упорство *(n)*, неподчинение *(n)*
contumelia • *n* обúда *(f)*, оскърблéние *(n)*
contusión • *n* натъртване *(n)*
convencedor • *adj* състоятелен, достоверен
convencer • *v* убеждавам
convención • *n* споразумение *(n)*, конвенция *(f)*, събрание *(n)*, конгрес *(m)*
convencional • *adj* обикновен, традиционен, стандартен
conveniencia • *n* удобство *(n)*, улеснение *(n)*
conveniente • *adj* желателен, препоръчителен, удóбен, улесняващ, желан
convenio • *n* конвенция *(f)*, съгласие, договор *(m)*, договор
convenir • *v* събирам се, срещам се
converger • *v* схождам се, събирам се, приближавам се, сливам се
conversación • *n* разговор, събеседване, разговор *(m)*, разговор *(m)*, разговóр *(m)*, диалóг *(m)*, беседа *(f)*
conversar • *v* разговарям, беседвам, разисквам, обсъждам, говоря
conversión • *n* обръщане *(n)*, превръщане *(n)*
convertible • *adj* обратим, конвертируем • *n* кабрио *(n)*
convertir • *v* превръщам се, превръщам, обръщам се, ставам, случвам се, обръщам
convexo • *adj* изпъкнал
convidar • *v* каня, покáнвам
convocar • *v* вúкам, повúквам
convocatoria • *n* призúв *(m)*, повикване *(n)*
convulción • *n* припадък *(m)*
convulsión • *n* конвýлсия *(f)*, гърчене *(n)*
convulsionar • *v* треса се, получавам конвулсии
coñас • *n* конякúк *(m)*, ракия *(f)*, брéнди *(n)*
coño • *n* пýтка *(f)*, пúчка *(f)*, минджа, слúва *(f)*, вулва *(f)*
cooperación • *n* сътрудничество *(n)*
cooperar • *v* сътруднича
cooperativa • *n* кооперáция *(f)*, кооперативú *(m)*
cooperativo • *adj* съвмéстен
coordenada • *n* координата *(f)*
coordinación • *n* съгласуване *(n)*, координация *(f)*
coordinar • *v* съгласувам, координирам
copa • *n* купа *(f)*, питиé *(n)*, чáша *(f)*, люспа *(f)*, чашка *(f)*, алкохолна напитка, бокал *(m)*, чаша със столче *(f)*
copera • *n* виночерпец *(f)*
copero • *n* виночерпец *(m)*
copete • *n* алкохолна напитка
copia • *n* копие *(n)*
copiar • *v* копирам, подражавам
copión • *n* имитатор *(m)*, подражател *(m)*
copiona • *n* имитатор *(m)*, подражател *(m)*
copioso • *adj* изобилен, обилен, изобилен
copo • *n* люспа *(f)*
copucha • *n* клюка *(f)*, сплетня *(f)*
copuchento • *n* клюкар *(m)*
coque • *n* кокс *(m)*
coqueta • *n* кокетка *(f)*
coquetear • *v* флиртувам
coqueteo • *n* флирт *(m)*
coqueto • *n* кокетка *(f)*
coraje • *n* смéлост *(f)*, хрáброст *(f)*, ку-

ра́ж (m)
corajina • n фасон (m) , тръшкане (n)
corajudo • adj хра́бър, смел
coral • n корал (m)
coraza • n ризница (f), кираса (f), защитна обвивка
corazón • n сърце́ (n), гръд (f)
corazonada • n усещане (n)
corbata • n вратовръ̀зка (f)
corchete • n тока (f), закопчалка (f)
corcho • n канелка (f), запушалка (f)
cordel • n нишка (f)
cordero • n а́гне (n)
cordial • n сироп (m) • adj сърдечен, приветлив, учтив , внимателен , вежлив , дружелюбен, приятелски, топъл, задушевен
cordón • n връв (m) , канап (m) , шелф (m)
cordonera • n връ̀зка (f)
cormorán • n дяволица (f), голям корморан (m)
cornamenta • n еленов рог (m), рог (m)
córnea • n роговица (f)
cornear • v пробождам
corneja • n вра́на (f)
cornejo • n кучешки дрян (m)
corneta • n корна (f), рупор (m)
cornisa • n корниз (m)
cornucopia • n рог на изоби́лието (m)
cornudo • n рогоносец (m)
coro • n коледна песен, хор (m) , хор (m)
corolario • n извод (m), следствие (n)
corona • n корона (f), коро́на (f)
coronación • n коронация (f)
coronar • v коронясвам
coronel • n полковник (m)
coronilla • n те́ме (n)
coronta • n кочан (m)
corpiño • n сутие́н (m)
corporación • n корпорация (f)
corporal • adj телесен, телесен , плътски
corpóreo • adj веществен, материален
corpúsculo • n телце (n), частица (f)
corral • n кошара (f)
correa • n кола́н (m), по́яс (m), ремък (m)
corrección • n поправка (f), корекция (f), корекция (f)
correctamente • adv вярно, правилно
correctivo • adj изправителен
correcto • adj ве́рен, пра́вилен, точен , прецизен
corredor • n посредник (m), брокер (m), коридор (m) , проход

corregir • v поправям, кориги́рам, коригирам, подобрявам
correlación • n съотношение (n), корелация (f)
correr • v тека́, бя́гам, ти́чам, противам • n бя́гане (n), ти́чане
correrse • v свъ̀ршвам
corresponder • v отговарям, съответствувам
corresponderse • v кореспондирам
correspondiente • adj съответстващ, съответен, подходящ
corriente • n струя (f), ток (m), течение (n), поток (m)
corroboración • n потвърждаване
corroborar • v поддържам, потвърждавам, подкрепям
corroer • v кородирам, еродирам, разяждам
corromper • v развалям, развращавам
corrosivo • adj разяждащ, корозионен
corrugar • v нагъвам, надиплям
corrupción • n коры́пция (f)
corrupto • adj покварен, развален
corsé • n корсе́т (m)
cortada • adj разкъсан
cortado • adj прекъснат
cortador • n резач (m)
cortante • adj рязък, безцеремонен
cortar • v накълцвам, цепя, сека, отсичам, режа, изрязвам, ре́жа, разсичам
corte • n затъмнение, изключване, прекъсване, двор (m), съд (m), разрез (m), рязане (n), кройка (f)
cortejo • n уха́жване (n)
cortés • adj учтив , внимателен , вежлив , почетен
cortesano • n придворен (m)
cortesía • n учти́вост (f), ве́жливост (f)
corteza • n кора́ (f), кора (f), кора (f)
cortina • n перде́ (n), заве́са (f)
corto • adj къс, кратък, кра́тък, къс (m), кра́тък, сбит, тъп
cortón • n фасон (m) , тръшкане (n)
corva • n чупка (f)
corvino • adj гарванов
cosa • n вещ (f) , нещо (n)
cosecha • n жътва (f)
cosechar • v жъна
coseno • n косинус (m)
coser • v ши́я
cosmético • adj козметичен
cósmico • adj космически
cosmos • n вселе́на (f), ко́смос (m)
costa • n бряг (m), морски бряг, крайбрежие
costado • n хълбок (m)

44

costar • *v* струвам
costilla • *n* ребро́ *(n)*
costo • *n* цена *(f)*, загуби
costosamente • *adj* скъп , ценен
costoso • *adj* скъп *(m)*, скъп *(m)*
costra • *n* кора *(f)*
costumbre • *n* оби́чай *(m)*, приви́чка *(f)*, на́вик *(m)*, на́вик *(m)*, споразумение *(n)*, конвенция *(f)*
cotejar • *v* маркирам, отбелязвам
cotejo • *n* проверка *(f)*
cotidianamente • *adv* всекидневно, ежедневно
cotidiano • *adj* всекидневен *(m)*, ежедневен *(m)*, катадне́вен
cotilla • *n* клюкар *(m)*
cotillear • *v* раздрънквам, клюкарствам
cotilleo • *n* клюка *(f)*, сплетня *(f)*
cotorra • *n* папага́л *(m)*
cotorrear • *v* бъбря, дърдоря
cotorreo • *n* дърдорене *(n)*
cototo • *n* издутина *(f)*, цицина *(f)*
cotufas • *n* пуканки
có́yac • *n* близалка *(f)*
coyote • *n* койот *(m)*
coyuyo • *n* цикада *(f)*, жътвар *(m)*
cráneo • *n* че́реп *(m)*
crayón • *n* пастел *(m)*
creación • *n* творе́ние *(n)*
creador • *n* създател *(m)*
crear • *v* създавам
creativo • *adj* творчески, съзидателен
crecer • *v* раста́
creciente • *n* полумесец *(m)*
crecimiento • *n* расте́ж *(m)*, прираст, увеличение
credencial • *n* препоръки
crédito • *n* кредит *(m)*, вяра *(f)*, доверие *(n)*
credo • *n* вероизповедание *(n)* , верую *(n)* , кредо *(n)*, верую *(n)*
creencia • *n* догма *(f)* , догма *(f)*, ве́ра *(f)*, дове́рие *(n)*
creer • *v* ве́рвам, вярвам, смятам, мисля, считам, убеждавам се
creíble • *adj* заслужаващ доверие, правдоподобен
creído • *adj* арогантен, надменен, високомерен
crema • *n* каймак *(m)*, сметана *(f)*, крем *(m)*, мази́ло *(n)*, мехле́м *(m)*, кайма́к *(m)*
cremación • *n* изгаряне *(n)*, кремация *(f)*
crematorio • *n* кремато́риум *(m)*
cremesín • *n* пурпур *(m)* • *adj* пурпурен
crep • *n* палачи́нка *(f)*
crepe • *n* палачи́нка *(f)*
crepitar • *v* пращя, пукам
crepúsculo • *n* здрач *(m)*, сумрак *(m)* , свечеряване *(n)*, сумрак *(m)*, здрач *(m)*, полумрак *(m)*
crescendo • *n* кресчендо
crespo • *adj* къдрав , вълнист
cresta • *n* гребен *(m)*
creta • *n* кре́да *(f)*
creyente • *n* вя́рващ *(m)*
creyón • *n* пастел *(m)*
criado • *n* слуга́ *(m)*
criar • *v* развъждам, отглеждам, грижа се за, пораждам
criatura • *n* естество́ *(n)*, създа́ние *(n)*, твар *(f)*
criba • *n* решето *(n)* , сито *(n)*
cricket • *n* крикет *(m)*
crimen • *n* углавно престъпление *(n)*
criminal • *n* престъпник *(m)*, престъпник *(m)*
crin • *n* грива *(f)*
críptico • *adj* загадъчен, шифрован, таен
criptografía • *n* криптография *(f)*
criptón • *n* крипто́н *(m)*
críquet • *n* крикет *(m)*
crisálida • *n* какавида *(f)*
crisantemo • *n* хризантема *(f)*
crisis • *n* пристъп *(m)*, кри́за *(f)*
crisma • *n* ми́ро *(n)*, еле́й *(m)*
crisol • *n* тигел *(m)*
crispar • *v* треса се, получавам конвулсии
crispetas • *n* пуканки
cristal • *n* стъкло́ *(n)*, криста́л *(m)*, криста́л *(m)*
cristalino • *adj* кристален
cristalización • *n* кристализация
criterio • *n* критерий *(m)* , мерило *(n)*
crítica • *n* критика *(f)* • *adj* придиращ
criticar • *v* оценявам, критикувам, заклеймявам
crítico • *adj* придиращ • *n* критик *(m)*
criticón • *adj* придирчив, заядлив, критичен
croar • *v* квакам
croche • *n* съединител *(m)*, амбриаж *(m)*
croco • *n* шафран *(m)*, минзухар *(m)*
crol • *n* кро́ул *(m)*
cromático • *adj* цветен , хроматичен
cromo • *n* хром *(m)*
crónica • *n* летопис *(m)*, хроника *(f)* • *adj* хроничен, привичен, дълготраен,

продължителен
crónico • *adj* хроничен, привичен, дълготраен, продължителен
cronometrar • *v* измервам време
croquis • *n* рисунка *(f)*, чертеж *(m)*
cruce • *n* кръстовище *(n)*, кръстопът *(m)*, кръстоска *(f)*, пресичане *(n)*, пресечка *(f)*
crucero • *n* пътуване по море
crucial • *adj* решителен, критичен
crucificar • *v* разпъвам на кръст
crucifijo • *n* разпятие *(n)*
cruda • *n* махмурлук *(m)*
crudo • *adj* долнокачествен
cruel • *adj* жесток, безчувствен, безсърдечен
crueldad • *n* жестокост *(f)*, жестокост *(f)*
cruento • *adj* кървав, кървящ, окървавен, кървав
crujido • *n* пращене *(n)*, пукане, скърцане *(n)*, скрибуцане *(n)*
crujir • *v* хрускам
crúor • *n* съсирена кръв *(f)*, кръв *(f)*
crupier • *n* раздавач *(m)*
crustáceo • *n* ракообразно *(n)*
cruz • *n* кръст *(m)*
cruzada • *n* кръстоносен поход
cruzar • *v* препятствам, противодействам, пресичам, кръстосвам
cuache • *n* близнак *(m)*
cuaderno • *n* тетрадка *(f)*, бележник *(m)*, тефтер *(m)*
cuadra • *n* пресечка *(f)*, квартал *(m)*, каре *(n)*
cuadrado • *adj* квадратен *(m)* • *n* квадрат *(m)*, квадрат *(m)*
cuadragésimo • *adj* четиресетият
cuadrícula • *n* мрежа *(f)*, растер *(m)*
cuadro • *n* кадър *(m)*, квадрат *(m)*
cuajada • *n* извара *(f)*
cuajar • *v* пресичам се, съсирвам се
cuajarón • *n* съсирек *(m)*
cuál • *pron* какво, що
cuan • *adv* как
cuán • *adv* как
cuando • *adv* кога • *pron* кога • *conj* кога
cuantioso • *adj* обилен, изобилен
cuarentavo • *n* една четиридесета
cuarta • *adj* четвърти *(m)* • *n* кварта *(f)*
cuartel • *n* казарма *(f)*, четвърт *(f)*
cuarto • *adj* четвърти *(m)* • *n* стая *(f)*, спалня, четвърт *(f)*
cuarzo • *n* кварц *(m)*
cuásar • *n* квазар *(m)*
cuate • *n* близнак *(m)*

cuatro • *n* четворка *(f)*
cuba • *n* буре *(n)*, бъчва *(f)*
cubeta • *n* кофа *(f)*, ведро *(n)*
cúbico • *adj* кубичен, кубичен
cubierta • *n* палуба *(f)*, капак *(m)*, похлупак *(m)*, подвързия *(f)*, гума *(f)*, автомобилна гума *(f)*, покритие *(n)* • *adj* коричен
cubierto • *n* прибори • *adj* покрит, закрит
cubil • *n* бърлога *(f)*, леговище *(n)*
cubismo • *n* кубизъм *(m)*
cubito • *n* кубче *(n)*
cubo • *n* куб *(m)*, кубче *(n)*, кофа *(f)*, ведро *(n)*
cubrefuego • *n* полицейски час
cubrir • *v* покривам, намазвам, скривам, възкачвам
cuca • *n* путка *(f)*, пичка *(f)*, минджа, слива *(f)*
cucaracha • *n* хлебарка *(f)*
cuchara • *n* лъжица *(f)*
cucharón • *n* черпак *(m)*
cuchi • *n* свиня *(f)*
cuchilla • *n* сатър *(m)*, острие *(n)*
cuchillo • *n* нож *(m)*
cuclillo • *n* обикновена кукувица *(f)*
cuco • *n* кукумявка *(f)*, обикновена кукувица *(f)*
cuecha • *n* пън
cuecho • *n* клюка *(f)*, сплетня *(f)*
cuello • *n* яка *(f)*, шия *(f)*, врат *(m)*
cuenca • *n* басейн *(m)*
cuenta • *n* сметка *(f)*, сметка *(f)*, топче, мънисто *(n)*, смятане *(n)*
cuerda • *n* тетива *(f)*, нишка *(f)*, швартово въже, връв *(m)*, канап *(m)*, въже *(n)*, хорда *(f)*
cuerno • *n* еленов рог *(m)*, рог *(m)*
cuero • *n* кожа *(f)*
cuerpo • *n* труп *(m)*, тяло *(n)*
cuervo • *n* врана *(f)*, гарван *(m)*
cuestión • *n* уловка *(f)*, въпрос *(m)*, питане *(n)*, запитване *(n)*
cuestionar • *v* споря, оспорвам
cueva • *n* пещера *(f)*
cuidado • *n* предпазливост *(f)*, благоразумие *(n)*, грижа *(f)*, отговорност *(m)*
cuidadosamente • *adv* грижливо, внимателно, предпазливо
cuidadoso • *adj* старателен, акуратен, грижлив, внимателен
cuidar • *v* грижа се
culear • *v* еба, шибам, чукам
culebra • *n* змия, змия *(f)*
culo • *n* гъз *(m)*, дупе *(n)*, задник *(m)*

culpa • *n* вина *(f)*, вина *(f)* , винá
culpable • *n* обвиняем *(m)*, подсъдим *(m)* • *adj* виновен
culpar • *v* виня, обвинявам, критикувам
cultivable • *adj* орна
cultivación • *n* обработка, отглеждане
cultivar • *v* отглеждам
cultivo • *n* посев *(m)*, култура *(f)*, обработка, отглеждане, култура *(f)*
culto • *n* секта *(f)*
cultura • *n* култýра *(f)*
cultural • *adj* културен
cumpleaños • *n* рождéн ден *(m)*
cumplido • *adj* съвършен • *n* похвала *(f)*, любезност *(f)*, комплимент *(m)*
cumplimiento • *n* съгласие *(n)*
cumplir • *v* извършвам, изпълнявам, изпълнявам , спазвам, съблюдавам, съгласявам се, съобразявам се
cumulativo • *adj* съвкупен, кумулативен
cúmulo • *n* рой *(m)*, буца *(f)*
cuna • *n* дéтско кревáтче *(n)*, детско креватче *(n)* , люлка *(f)*
cuncuna • *n* гъсéница *(f)*
cuneta • *n* канавка *(f)*, траншея *(f)*
cuña • *n* щампа *(f)*, клин *(m)*
cuñado • *n* зет *(m)*, шурей *(m)*, девер *(m)*
cuota • *n* хонорар *(m)*, възнаграждение *(n)*
cuprita • *n* куприт *(m)*

cúpula • *n* купол *(m)*, кýпол *(m)*, свод *(m)*
cura • *n* лечение *(n)*, лекарство *(n)*, превръзка *(f)*, свещéник *(m)*, поп *(m)*
curación • *n* лечение *(n)*, лекарство *(n)*
curador • *n* опекун *(m)*, попечител *(m)*
curar • *v* избелвам, обезцветявам, лекýвам, церя́
cúrcuma • *n* куркума *(f)*
curio • *n* кю́рий *(m)*
curiosidad • *n* любопитство *(n)* , любознателност *(f)*
curioso • *adj* любопитен, любознателен, странен, куриозен, интригуващ *(m)*
curita • *n* превръзка *(f)*
currículo • *n* учебен план *(m)*, програма *(f)*
curro • *n* рáбота *(f)*, занаят *(m)*
curry • *n* къри *(n)*
curso • *n* курс *(m)*, ход *(m)*, течение *(n)*
curva • *n* кръг *(m)*, дъга *(f)* , чупка *(f)*, крива *(f)*, извивка *(f)*
curvar • *v* извивам, изкривявам, превивам, извивам се, извия се
curvas • *n* извивки
curvidad • *n* извивка *(f)*
cuspidado • *adj* островръх
cúspide • *n* връхна точка, връх
cusuco • *n* броненосец
cutáneo • *adj* кожен
cuto • *n* свиня́ *(f)*

D

dacha • *n* дача *(f)*
dactilar • *adj* пръстов, на пръстите
dado • *n* зар *(m)*
daga • *n* кама *(f)*
dalia • *n* далия *(f)*, гергина *(f)*
dama • *n* шашки
damajuana • *n* дамаджана *(f)*
damas • *n* дáма *(f)*
damasco • *n* дамаска *(f)*, кайсия *(f)*
damno • *n* щета *(f)*
dandi • *n* конте , франт *(m)*
danta • *n* тапир
danto • *n* тапир
danza • *n* танц *(m)*
danzar • *v* танцýвам, изпълня́вам, представям
dañar • *v* повреждам
dañino • *adj* вреден, увреждащ
daño • *n* вреда *(f)*, щета *(f)*, беля *(f)*

dar • *v* улучвам, ýдрям, би́я, дáвам, дам
dardo • *n* стреличка *(f)*
data • *n* дáта *(f)*
dátil • *n* фурмá *(f)*, фи́ник *(m)*
dato • *n* дáнни, данна *(f)*, изходна величина
de • *prep* из , от
deambular • *v* вървя бавно, разхождам се бавно • *n* бавна разходка *(f)*
deán • *n* главен свещеник
debate • *n* разискване *(n)*, дискусия *(f)*, спор *(m)*, дебáти
debatir • *v* беседвам, обсъждам, съвещавам се, споря, дебатирам, дискутирам
deber • *n* дълг *(m)* • *v* тря́бва
deberes • *n* домáшна рабóта *(f)*
debidamente • *adv* съответно, надлеж-

но
debil • *adj* мек, нежен, ласкав
débil • *adj* слаб, немощен, хилав
debilitado • *adj* скопен, кастриран
debilitar • *v* обезсилвам, омаломощавам
década • *n* десетилетие *(n)*, десятка *(f)*, декада *(f)*
decadencia • *n* упáдък *(m)*, декадéнтство *(n)*
decadente • *adj* упадъчен
decágono • *n* десетоъгълник *(m)*
decano • *n* декан *(m)*
decapitación • *n* обезглавяване *(n)*
decapitar • *v* обезглавя́вам, обезглавявам
decatlón • *n* десетобой *(m)*
decencia • *n* благоприличие
decenio • *n* десетилетие *(n)*
decente • *adj* приличен, благоприличен, значителен
decepción • *n* разочаровáние *(n)*
decidido • *adj* решителен
decidir • *v* решáвам, решá, разрешáвам
deciduo • *adj* листопаден
décima • *adj* десéти *(m)*
décimo • *adj* десéти *(m)*
decimocuarta • *n* четиринадесети *(m)* • *adj* четиринадесет
decimocuarto • *n* четиринадесети *(m)* • *adj* четиринадесет
decimonovena • *adj* деветнадесети
decimonoveno • *adj* деветнадесети
decimoquinta • *adj* петнадесети
decimoquinto • *adj* петнадесети
decimotercera • *adj* тринадесети
decimotercero • *adj* тринадесети
decir • *v* чета се , казвам
decisión • *n* избор *(m)*, решение *(n)*
decisivo • *adj* решаващ, убедителен, решителен
declamar • *v* декламирам, рецитирам
declaración • *n* твърдение, уверение, заявяване *(n)*, деклариране *(n)*, сметка *(f)*, заявление *(n)*, декларация *(f)*
declarar • *v* декларирам
declinación • *n* склонение *(n)*
declinar • *v* склам
declive • *n* влошаване *(n)*
decodificar • *v* дешифрирам
decolorar • *v* избелвам, обезцветявам
decomisar • *v* конфискувам
decomiso • *n* конфискáция *(f)*
decoración • *n* украса, украшение, декорация
decorar • *v* украсявам , декорирам

decorativo • *adj* декоративен
decoro • *adj* пристоен, благоприличен • *n* благоприличие *(n)*
decrépito • *adj* грохнал, вехт
decretar • *v* присъждам
dedal • *n* напръстник *(m)*
dedicación • *n* привързаност, вярност, посвещение *(n)*
dedicar • *v* посвещавам, отдавам
dedo • *n* пръст *(m)*, напръстник *(m)*
deducir • *v* заключавам
defecto • *n* недостатък *(m)* , повреда , дефект *(m)*
defectuoso • *adj* повреден, неизправен, погрешен, неправилен, лош
defender • *v* защитáвам, браня́
defensa • *n* защи́та, застъпничество *(n)*, отбрáна, отбранителни съоръжени, защитник, защи́та *(f)*, отбрáна *(f)*
deferencia • *n* почит *(n)*
deferir • *v* отстъпвам
deficiencia • *n* недостиг *(m)*, дефицит *(m)*
deficiente • *adj* несъвършен, с недостатъци, слаб, недостатъчен, недостигащ
definición • *n* определéние *(n)*, дефини́ция *(f)*
definido • *adj* несъмнен
definir • *v* дефинирам, формулирам, изразявам, очертавам, обозначавам, определям
definirse • *v* определям
definitivo • *adj* експлицитен, решителен
deflación • *n* дефлация *(f)*
deformación • *n* деформация *(m)*, обезобразяване *(n)*
deformar • *v* деформирам се, деформирам се
defraudador • *n* измамник *(m)*, мошеник *(m)*
defraudar • *v* измамвам
deglutir • *v* гълтам
degollador • *n* главорез *(m)*
degradar • *v* унижáвам, понижáвам, упадам, деградирам, разлагам се, понижавам, унижавам, разжалвам
deidad • *n* божество *(n)* , божественост *(f)*
deificación • *n* боготворене
deificar • *v* обожествявам, боготворя
deísmo • *n* деизъм *(m)*
dejar • *v* завещáвам, изхвърлям, позволя́вам, давáм
delantal • *n* прести́лка *(f)*
delectación • *n* наслада *(f)*, удовол-

ствие *(n)*
delegada • *n* делегат *(m)*, представител *(m)*
delegado • *n* делегат *(m)*, представител *(m)*, представител *(m)* , заместник *(m)*
delegar • *v* предавам, прехвърлям
deleite • *n* наслада *(f)*, удоволствие *(n)*
deletéreo • *adj* вреден
delfín • *n* делфин *(m)*
delgado • *adj* мършав
deliberado • *adj* умишлен , преднамерен
deliberar • *v* обмислям
delicadamente • *adv* предпазливо, внимателно
delicadeza • *n* изтънченост *(f)*, деликатност *(f)*
delicado • *adj* неловък, неудобен
delicia • *n* наслада *(f)*, удоволствие *(n)*
delicioso • *adj* възхитителен, вкусен
delimitar • *v* обозначавам
delincuente • *n* престъпник *(m)*, нарушител *(m)*, виновник *(m)*
delinear • *v* очертавам
delirante • *adj* бълнуващ
delirio • *n* делир , заблуда *(f)*, заблуждение *(n)*
delito • *n* престъпление *(n)*, углавно престъпление *(n)*
delta • *n* делта *(f)* , делта *(f)*
demacrado • *adj* мрачен, запуснат, измъчен, изтощен
demagogo • *n* демагог
demanda • *n* рекламация *(f)*, търсене *(n)*
demandante • *n* тъжител *(m)*
demandar • *v* искам, изисквам, правя реламация
demarcación • *n* разграничение *(n)*
demarcar • *n* разграничаване *(n)* • *v* обозначавам
demencia • *n* слабоумие *(n)*
democracia • *n* демокрация *(f)*
demoler • *v* събарям, разрушавам
demoníaco • *adj* демоничен
demonio • *n* демон *(m)*
demonología • *n* демонология *(f)*
demora • *n* отлагане *(n)*, забавяне *(n)*, закъснение *(n)*
demorar • *v* отлагам, забавям
demosofía • *n* фолклор *(m)*
demostración • *n* демонстрация *(f)*
demostrar • *v* показвам, демонстрирам
demudar • *v* променям се, изменям, променям

denigración • *n* очерняне *(n)*, почерняне *(n)*
denigrar • *v* очерням, омаловажавам, подценявам
denominación • *n* наричане *(n)* , именуване *(n)* , име *(n)* , название *(n)* , секта *(f)* , стойност *(f)*
denominador • *n* знаменател *(m)*
denominar • *v* наричам, именувам, назовавам, обвинявам
denotar • *v* означавам
densidad • *n* плътност *(f)*
denso • *adj* гъст , непрозрачен
dentadura • *n* захапка *(f)*
dental • *adj* зъбен
dentífrico • *n* паста за зъби *(f)*
dentista • *n* зъболекар *(m)*
denunciar • *v* обвинявам , обвинявам
departamento • *n* апартамент *(m)*
dependencia • *n* зависимост *(f)*, доверие *(n)*, зависимост
dependiente • *adj* зависим, подчинен • *n* протеже *(n)*
deplorable • *adj* плачевен, за оплакване
deplorar • *v* оплаквам, съжалявам
deportación • *n* изселване *(n)*, депортиране *(n)*
deportar • *v* изселвам, изгонвам
deporte • *n* спорт
deportista • *n* атлет, спортист
depositar • *v* внасям, влагам
depósito • *n* влог *(m)*
depravación • *n* поквара *(f)*, поквареност *(f)*, разврат *(m)*
depreciación • *n* обезценяване *(n)* , девалвация *(f)*
depresión • *n* падина *(f)*, униние *(n)*, депресия *(f)*, икономическа криза *(f)*
deprimente • *adj* тягостен, угнетителен
deprimido • *adj* унил, потиснат
deprimir • *v* обезсърчавам, угнетявам
derecha • *n* дясно, десен • *adj* десен
derecho • *adj* прав, десен • *n* право *(n)*, права
derivación • *n* диференциране, етимология
derivada • *n* производна *(f)*
derivado • *n* производно, производно *(n)*
derivar • *v* произхождам, дрейфувам, добивам
dermatológico • *adj* кожен
derogar • *v* отменям, анулирам
derogatorio • *adj* пренебрежителен, подценяващ

derramar • *v* капя
derrape • *n* течение *(n)*, дрейф *(m)*
derretimiento • *n* стопяване *(n)*, разтопяване *(n)*
derrochar • *v* прахосвам
derrota • *n* поражение *(n)*, унищожение *(n)*
derrotado • *adj* съсипан
derrotar • *v* разбивам, побеждавам, надвивам, вземам връх над
derrotismo • *n* дефетизъм *(m)*
derrumbarse • *v* срутвам се
derviche • *n* дервиш *(m)*
desabrido • *adj* мек, нежен, ласкав
desacato • *n* неуважение *(n)*
desacoplar • *v* отделям, откачам, отцепвам
desacreditar • *v* дискредитирам
desactivar • *v* изключвам
desafiar • *v* предизвиквам, игнорирам, пренебрегвам, повиквам, поканвам
desafilar • *v* притъпявам
desafío • *n* предизвикателство *(n)*, предизвикване *(n)*, непокорство *(n)*, предизвикателство *(n)*
desagradable • *adj* отвратителен, лош, неприятен, противен
desagradar • *v* не харесвам
desagravio • *n* изкупване, компенсация
desaguar • *v* отводнявам, пресушавам
desagüe • *n* канал *(m)*, водосток, утечка *(f)*, разход *(m)*
desahuciar • *v* изгонвам, изселвам
desahucio • *n* изгонване *(n)*, изселване *(n)*
desalentar • *v* разубеждавам, разубеждавам
desaliento • *n* униние *(n)*
desalojo • *n* изгонване *(n)*, изселване *(n)*
desanimado • *adj* вял, обезсърчен
desánimo • *n* униние *(n)*
desaparecer • *v* изчезвам, изчезна, смалявам се, свивам се
desaparición • *n* изчезване *(n)*
desaprobación • *n* неодобрение *(n)*, порицание *(n)*
desarmar • *v* обезоръжавам
desarrollar • *v* развивам се, разработвам
desarrollo • *n* развитие *(n)*, напредък *(m)*
desasosiego • *n* вълнение, възбуда, бъркане, агитация
desastre • *n* злополука *(f)*, катастрофа *(f)*
desastroso • *adj* бедствен, катастрофален
desatender • *n* пренебрежение *(n)*, незачитане *(n)*
desaventajado • *adj* неизгоден, неблагоприятен
desayunar • *v* закусвам
desayuno • *n* закуска *(f)*
desazón • *n* отвращение *(n)*
descabezar • *v* обезглавявам
descache • *n* груба грешка *(f)*, пропуск *(m)*
descalificación • *n* дисквалификация *(f)*
descalificar • *v* дисквалифицирам, лишавам от права
descamar • *v* люся се
descansar • *v* почивам
descapotable • *n* кабрио *(n)*
descarado • *adj* явен, очевиден, вопиющ
descarapelar • *v* люся се
descargar • *v* стрелям, освобождавам, изпускам
descargo • *v* разреждам
descaro • *n* нахалство *(n)*
descarrilar • *v* дерайлирам
descartar • *v* захвърлям, изхвърлям
descender • *v* спадам, понижавам се, слизам, спускам се, потапям се
descendiente • *n* потомък *(m)*, потомък *(m)*
descenso • *n* слизане *(n)*, спускане *(n)*, понижение *(n)*
descifrar • *v* разчитам, дешифрирам
descolar • *v* подрязвам
descomponer • *v* разглобявам
descomponerse • *v* разлагам се
descomposición • *n* разлагане *(n)*, гниене *(n)*
descompostura • *n* повреда *(f)*, авария *(f)*, счупване *(n)*
descompuesto • *adj* разбит, повреден
desconcertante • *adj* объркващ, разстройващ
desconcertar • *v* обърквам, разстройвам, смущавам, озадачавам
desconchar • *v* отчупвам
desconcharse • *v* нащърбвам се
desconectado • *adj* откъснат, изключен, прекъснат
desconfiado • *adj* недоверчив, подозрителен
desconfianza • *n* недоверие *(n)*, съмнение *(n)*
desconfiar • *v* съмнявам се

desconocida • *n* чужденéц *(m)*, чужденкá *(f)*
desconocido • *n* чужденéц *(m)*, чужденкá *(f)*
desconsiderado • *adj* безчувствен, безсърдечен
desconsolado • *adj* тъжен, печален, неутешим
descontento • *n* недоволник *(m)*, недоволство *(n)*
descorazonado • *adj* загубил надежда, паднал духом, съсипан
descorazonamiento • *n* отчаяние, безнадеждност
descorazonar • *v* сплашвам, обезсърчавам, обезкуражавам
descortés • *adj* неучтив, невъзпитан
descortezar • *v* обелвам кора на
descreer • *v* дискредитирам, не вярвам, скептичен съм
describir • *v* описвам, очертавам
descripción • *n* описание *(n)*
descubrimiento • *n* откритие *(n)*, намиране *(n)*, откриване *(n)*
descubrir • *v* откривам, разкривам, намирам, откривам
descuento • *n* отбив *(m)*, отстъпка *(f)*, обезщетение
descuidado • *adj* невнимателен, безгрижен
descuidar • *n* пренебрежение *(n)*, незачитане *(n)*
desde • *prep* от
desdén • *n* презрение *(n)*, пренебрежение *(n)*, презрение *(n)*, пренебрежение *(n)*
desdentado • *adj* беззъб
desdeñable • *adj* презрян, жалък
desdeñar • *v* презирам, презирам
desdeñoso • *adj* презрителен, пренебрежителен
deseable • *adj* желан, желателен
desear • *v* желáя, искам, жадувам, жадýвам
desechable • *adj* за еднократна употреба, за еднократна употреба
desechar • *v* захвърлям, изхвърлям
desecrar • *v* оскверня́вам
desemejante • *adj* различен, неприличащ
desempleado • *adj* безработен
desempleo • *n* безрабóтица *(f)*
desempolvar • *v* бърша прах
desenfreno • *n* безредици
desenfundar • *v* тегля, дърпам, изтеглям
desenterrar • *v* изравям, ексхумирам

desentrañar • *v* изкормвам
desenvainar • *v* тегля, дърпам, изтеглям
deseo • *n* апетит *(m)*, желáние *(n)*, жадуване *(n)*, желание *(n)*, желáние
deseoso • *adj* горящ от желание
desertar • *v* дезертирам, дезертирам
desertor • *n* дезертьор *(m)*
desesperación • *n* отчáяние *(n)*, безнадéждност *(f)*, отчаяние *(n)*, отчаяние, безнадеждност
desesperado • *adj* отчаян
desesperanza • *n* отчаяние, безнадеждност
desesperar • *v* отчайвам се
desfachatez • *n* нахалство *(n)*, безочливост *(f)*
desfalco • *n* злоупотреба *(f)*
desfallecer • *v* отслабвам, отпускам се
desfavorable • *adj* неблагоприятен
desfigurar • *v* обезобразявам
desfilar • *v* дефилирам
desfile • *n* парáд *(m)*
desflorar • *v* лишавам от девственост
desglose • *n* анализ *(m)*, разчленяване *(n)*
desgracia • *n* позор *(m)*, безчестие *(n)*, зло, напаст
desgraciado • *n* копеле
deshacerse • *v* отстранявам, избавям се от
deshecho • *adj* объркан
deshonesto • *adj* нечестен, непочтен
deshonrar • *v* позоря
deshonroso • *adj* срамен, позорен
deshuesar • *v* обезкостявам
desierto • *adj* безлюден, необитаван, пуст • *n* пустúня *(f)*
designar • *v* назначавам, определям, предназначавам, означавам, обозначавам, именувам
desinfección • *n* дезинфекция *(f)*, обеззаразяване *(n)*
desinfectar • *v* дезинфекцирам, обеззаразявам
desinformar • *v* дезинформúрам
desintegrar • *v* разлагам се, разпадам се
desistir • *v* спирам
desliz • *n* груба грешка *(f)*, пропуск *(m)*, гаф *(m)*, грешка *(f)*
deslizar • *v* плъзгам се, нося се леко
deslumbrar • *v* заслепявам
desmantelar • *v* разглобявам
desmañado • *adj* несръчен, непохватен, тромав

51

desmarcar • *v* отделям се, откъсвам се
desmayar • *v* припадам
desmayo • *n* шок (*m*), припадък (*m*), припадане (*n*)
desmemoriada • *adj* забравящ, разсеян
desmemoriado • *adj* забравящ, разсеян
desmentir • *v* опровергавам
desmenuzable • *adj* ронлив, трошлив
desmenuzar • *v* роня, троша
desmenuzarse • *v* разпадам се, раздробявам се
desmigajar • *v* роня, троша
desmigajarse • *v* разпадам се, раздробявам се
desmonte • *n* сечище (*n*), просека (*f*)
desmoronarse • *v* разпадам се, раздробявам се
desnivel • *n* наклон (*m*)
desnudar • *v* оголвам
desnudez • *n* голотá (*f*)
desnudo • *adj* гол, непокрит, прост, неукрасен, оголен, гол
desobedecer • *v* не се подчинявам
desobediencia • *n* непослушание (*n*), неподчинение (*n*)
desobediente • *adj* непослу́шен, непоко́рен
desobstruir • *v* разчиствам
desocupado • *adj* незает, неизползван
desodorante • *n* дезодорант (*m*)
desolado • *adj* гол, открит, безлюден, необитаван, пуст, безнадежден, безутешен
desollar • *v* одирам
desorden • *n* безредици, бъркотия (*f*), безпорядък (*m*), врява (*f*), бъркотия (*f*), безредие (*n*), безпорядък (*m*)
desordenado • *adj* разбъркан, неподреден
desorganización • *n* безредие (*n*)
despachar • *v* бързам, пращам
despacho • *n* експедиция (*f*)
despacio • *adv* ти́хо, бáвно
despectivo • *adj* неодобрителен
despedida • *n* сбогуване (*n*)
despedir • *v* уволнявам, освобождавам, изпускам
despejado • *adj* свободен, хубав, ясен
despejar • *v* разчиствам
despejarse • *v* освобождавам се
despeje • *n* пречистване (*n*), разчистване (*n*)
despellejar • *v* одирам
despensa • *n* килер (*m*)
desperdicios • *n* боклу́к (*m*), отпáдък (*m*), смет (*m*)
desperfecto • *n* недостатък (*m*), дефект (*m*)
despertad • *n* просвещение (*n*)
despertador • *n* будилник (*m*)
despertar • *v* събуждам, будя
despertarse • *v* събуждам се
despiadado • *adj* безмилостен (*m*)
despierto • *adj* буден • *n* просвещение (*n*)
desplazamiento • *n* изместване (*n*), отместване (*n*), преместване (*n*)
desplegar • *v* разгръщам
desplomarse • *v* срутвам се, просвам се
despojar • *v* ограбвам, грабя, плячкосвам, отнемам, лишавам от
desposeer • *v* отнемам, лишавам от
despótico • *adj* деспотичен
despotismo • *n* деспотизъм (*m*)
despotricar • *v* говоря празни приказки
despreciable • *adj* презрян, жалък, достоен за презрение, отвратителен, противен
despreciar • *v* презирам, пренебрегвам
desprecio • *n* презрение (*n*), пренебрежение (*n*), презрение (*n*), пренебрежение (*n*)
despreocupación • *n* безгрижност (*f*), безгрижие (*n*)
despreocupado • *adj* небрежен, немарлив
desprolijo • *adj* недоизкусурен
desproporcionado • *adj* непропорционален, несъответен
desproveer • *v* лишавам, отнемам
después • *conj* след като • *adv* след това, впоследствие • *prep* след, подир, зад
desquiciado • *adj* побъркан
desrabar • *v* подрязвам
desrabotar • *v* подрязвам
destapar • *v* намирам
destape • *n* разкритие (*n*)
desterrado • *n* изгнаник (*m*), заточеник (*m*)
desterrar • *v* заточавам
destete • *n* аблактация (*f*)
destierro • *n* изгнание (*n*), заточение
destilación • *n* дестилация (*f*)
destilado • *n* дестилат (*m*)
destilar • *v* смесвам, забърквам
destinar • *v* слагам настрана
destinatario • *n* получател (*m*)
destino • *n* съдба (*f*), у́част (*f*), орис (*f*),

местоназначе́ние *(n)*
destituir • *v* уволнявам
destornillador • *n* отвертка
destreza • *n* сръчност *(f)*, ловкост *(f)*
destripar • *v* изкормвам
destrozado • *adj* съсипан, объркан
destrozar • *v* унищожа́вам
destructivo • *adj* разрушителен
destruir • *v* унищожавам
desultorio • *adj* безреден, безсистемен, разхвърлян
desunir • *v* разделям
desuso • *n* излизане от употреба, суспендиране, неупотреба, отживялост
desván • *n* тава̀н *(m)*, манса̀рда *(f)*
desvanecerse • *v* изчезвам бързо, изчезвам
desventaja • *n* пречка *(f)*, затруднение *(n)*, неизгодно положение, пречка *(f)*, неудобство *(n)*
desventajoso • *adj* неизгоден, неблагоприятен
desvergüenza • *n* нахалство *(n)*, безочливост *(f)*
desvestir • *v* събличам
desviación • *n* отклонение *(n)*
desviar • *v* карам да заобиколи, отклонявам, отвличам, отклонявам се
desviarse • *v* отклонявам, отклонявам се
desvío • *n* отклонение *(n)*, заобикаляне *(n)*, обиколка *(f)*
desvirgar • *v* лишавам от девственост
detalle • *n* детайлност *(f)*, детайл *(m)*, подробност *(f)*
detección • *n* откриване, разкриване
detectar • *v* откривам, намирам
detective • *n* детекти́в *(m)*, разузнавач *(m)*
detener • *v* арестувам, аресту́вам, задържам
detenido • *n* задържан *(m)*, арестант *(m)*
detergente • *n* препарат за почистване *(m)*
deterioración • *n* разваляне, влошаване
deteriorar • *v* разлагам се, развалям се, руша, разрушавам, развалям, влошавам
deteriorarse • *v* руша се, разнебитвам се
deterioro • *n* разваляне, влошаване
determinación • *n* определяне *(n)*
determinado • *adj* решителен, определен, установен, ограничен
determinante • *n* детерминанта *(f)*

determinar • *v* установявам, убеждавам се, решавам, изчислявам, опреде́лям, облагам, определям, установя́вам
detestable • *adj* отвратителен
detestar • *v* отвращавам се, гнуся се, гнуся се от, ненавиждам, мразя
detonación • *n* взрив *(m)*, експлозия *(f)*
detrás • *prep* зад , назад • *adj* зад
detrimento • *n* вреда *(f)*
deuda • *n* дълг *(m)*, задължение *(n)*
deuterio • *n* деуте́рий *(m)*
devaluación • *n* обезценяване *(n)*, девалвация *(f)*
devastación • *n* опустошение *(n)*
devastado • *adj* пуст, безнадежден, безутешен
devastar • *v* опустошавам
devoción • *n* привързаност, вярност, преданост, набожност
devolver • *v* повръ̀щам, бълва́м
devorar • *v* поглъщам, ям лакомо
devueltas • *n* ресто *(n)*
dewberry • *n* полска къпина
dextrorso • *adv* по посока на часовниковата стрелка
día • *n* деноно́щие *(n)*, ден *(m)*, денонощие *(n)*, ден *(m)*
diabetes • *n* диабет *(m)*
diablillo • *n* демон *(m)*
diablo • *n* сатана, демон *(m)*, дя́вол *(m)*, гя́вол *(m)*, злодей *(m)*
diablura • *n* беля *(f)*
diabólico • *adj* зъл, демоничен, дяволски, сатанински
diácono • *n* дя́кон *(m)*
diáfano • *adj* прозрачен
diafragma • *n* диафра́гма *(f)*, бленда *(f)*
diagnóstico • *adj* диагности́чен
diagonal • *n* диагонал *(m)* • *adj* диагона́лен, кос
diagrama • *n* план *(m)*, скица *(f)*, диаграма *(f)*
dialecto • *n* диале́кт *(m)*
diálogo • *n* разгово́р *(m)*, диало́г *(m)*, бесе́да *(f)*
diamante • *n* диама́нт *(m)*, бриля́нт *(m)*
diametral • *adj* диаметрален
diana • *n* център на мишена *(m)*
diariamente • *adv* всекидневно, ежедневно
diario • *n* дневни́к *(m)*, ежедневник *(m)* • *adj* всекидневен *(m)*, ежедневен *(m)*, катадне́вен

diarrea • *n* диария *(f)*
diáspora • *n* диаспора
dibujar • *n* рисуване *(n)*, чертане *(n)* • *v* рисувам, нарисувам
dibujo • *n* рисунка *(f)*, чертеж *(m)*
dicción • *n* дикция *(f)*
diccionario • *n* речник *(m)*, словар *(m)*
dicha • *n* блаженство *(n)*
dicho • *n* пословица, поговорка
dichosamente • *adv* за щастие
dicotomía • *n* разполовяване *(n)*
dictado • *n* диктовка *(f)*
dictador • *n* диктатор *(m)*
dictadora • *n* диктатор *(m)*
dictadura • *n* диктатура *(f)*
dictar • *v* диктувам
diente • *n* зъб *(m)*, зъбец *(m)*, скилидка *(f)*
diéresis • *n* умлаут *(m)*
diestra • *adj* десен
diestro • *adj* сръчен, изкусен, ловък, умел, находчив, способен, умел, годен
dieta • *n* диета *(f)*, храна *(f)*, диета *(f)*
difamación • *n* клевета *(f)*, хула *(f)*
difamador • *adj* клеветнически
difamar • *v* клеветя, позоря, хуля
difamatorio • *adj* клеветнически
diferencia • *n* разлика *(f)*, несъгласие *(n)*, разногласие *(n)*, различие *(n)*
diferenciación • *n* видоизменение *(n)*, диференциране *(n)*
diferencial • *n* диференциал *(m)* • *adj* диференциален, отличителен
diferente • *adj* друг, различен, различен
diferentemente • *adv* различно, другояче
diferir • *v* отлагам, отсрочвам, различавам
difícil • *adj* труден, мъчен, тежък
dificultad • *n* пречка *(f)*, затруднение *(n)*, препятствие *(n)*, трудност *(f)*, мъчнотия *(f)*
difracción • *n* дифракция *(f)*
difunto • *adj* умрял, покоен • *n* покойник *(m)*
difuso • *adj* дифузен, разсеян
diga • *interj* ало
dígame • *interj* ало
digerir • *v* смилам
digestión • *n* храносмилане *(n)*
digestivo • *adj* храносмилателен
digital • *adj* цифров, дигитален, пръстов, на пръстите
dígito • *n* цифра *(f)*
dignidad • *n* достойнство *(n)*

digno • *adj* достоен, величествен
digresión • *n* отклонение *(n)*
dilatar • *v* разширявам, разтварям
dilatarse • *v* разширявам се, разпростирам се
dilema • *n* дилема *(f)*
diletantismo • *n* дилетантизъм *(m)*
diligencia • *n* старание *(n)*, прилежание *(n)*, трудолюбие *(n)*
diligente • *adj* усърден, прилежен, старателен
dilución • *n* разреждане *(n)*
diluir • *v* разреждам, разводнявам
diluvio • *n* потоп *(m)*, изобилие *(n)*
dimensión • *n* размер *(m)*
diminuir • *v* намалявам
diminutivo • *adj* умалителен • *n* умалително име *(n)*
diminuto • *adj* мъничък, миниатюрен, мъничък
dina • *n* дина
dinámica • *n* динамика *(f)*
dinámico • *adj* динамичен, енергичен, променлив
dinamita • *n* динамит *(m)*
dinastía • *n* династия *(f)*
dinero • *n* пари
dinosaurio • *n* динозавър *(m)*
diócesis • *n* епархия *(f)*
dios • *n* божество *(n)*, бог *(m)*
diosa • *n* божество *(n)*, богиня *(f)*
diploma • *n* научна степен, диплома *(f)*
diplomacia • *n* дипломация *(f)*, такт *(m)*
diplomática • *n* дипломат *(m)*
diplomático • *n* дипломат *(m)* • *adj* дипломатичен, дипломатически
diptongo • *n* дифтонг *(m)*
diputar • *v* делегирам, упълномощавам
dique • *n* дига *(f)*
dirección • *n* управление *(n)*, ръководство *(n)*, адрес *(m)*, посока *(f)*, направление *(n)*, власт *(f)*, управление *(n)*
directamente • *adv* директно
directo • *adj* пряк, непосредствен
director • *n* диригент *(m)*, ръководител *(m)*, директор, режисьор *(m)*, редактор *(m)*
directora • *n* ръководител *(m)*, директор, режисьор *(m)*, редактор *(m)*
directorio • *n* указател *(m)*
dirigible • *n* въздушен кораб
dirigir • *v* адресирам, ръководя, управлявам, разпореждам се, целя се, прицелвам се, дирижирам

discapacidad • *n* недъгавост
discapacitado • *adj* инвалиден
discernir • *v* разпознавам, различавам, забелязвам
disciplina • *n* дисциплѝна (f)
discípulo • *n* ученик (m)
disco • *n* диск (m), мятане на диск (n), плоча (f), диск (m)
discoide • *adj* дисковиден
discontinuo • *adj* прекъснат
discordia • *n* несъгласие (n), разногласие (n), раздор (m)
discrepancia • *n* несъответствие (n), несъгласие (n), противоречие (n), несъвместимост (f)
discrepar • *v* не се съгласявам
discreto • *adj* дискретен, тактичен, отделен
discriminación • *n* дискриминация (f)
disculpa • *n* оправдание (n), извинение (n)
discúlpame • *interj* извинете, извинявай, съжалявам, пардон
disculparse • *v* извинявам се
discurso • *n* разговор (m), говор (m), доклад (m), лекция (f)
discusión • *n* спор, дискусия, разискване (n), обсъждане (n), кавга (f)
discutible • *adj* спорен, дискусионен
discutidor • *adj* спорен, дискусионен
discutir • *v* разисквам, обсъждам
disecar • *v* правя дисекция
disección • *n* дисекция (f)
diseccionar • *v* правя дисекция
disensión • *n* несъгласие (n)
disentir • *v* не се съгласявам
diseñador • *n* дизайнер (m)
diseñadora • *n* дизайнер (m)
diseñar • *v* замислям, проектирам
diseño • *n* план (m), конструкция (f), дизайн (m)
disforia • *n* дисфория
disfraz • *n* дегизиране (n)
disfrazar • *v* маскирам
disfrutar • *v* радвам се, изпитвам удоволствие
disgregar • *v* разлагам
disgusto • *n* досада (f), раздразнение (n), разочарование (n), огорчение (n)
disidente • *n* дисидент (m), дисидентка (f)
disimular • *v* прикривам, преструвам се, лицемеря
disipar • *v* разсейвам, разпръсквам
disminución • *n* намаляване (n), намаление (n)
disminuir • *v* намалявам се, намалявам, намалявам, смалявам се, свивам се
disnea • *n* затруднено дишане (n)
disolución • *n* скъсване на отношения, разврат (m)
disoluto • *adj* разпуснат, развратен
disolvente • *n* разтворител (m)
disolver • *v* разпускам, разтварям се, разтварям
dispar • *adj* несравним, несъизмерим
disparar • *v* стрелям, стрелям, изстрелвам
disparate • *n* абсурдност (f)
disparo • *n* изстрел (m), стрелба (f)
dispendioso • *adj* скъп (m)
dispersar • *v* разпилявам, разпръсквам, разсейвам
displicencia • *n* хладност (f), нелюбезност (f)
disponer • *v* нареждам, подреждам, систематизирам
disponible • *adj* годен, полезен, наличен, разполагаем
disposición • *n* подредба, устройство
dispositivo • *n* устройство (n), приспособление (n), прибор, устройство
disprosio • *n* диспросий
disputa • *n* спор
disputar • *n* спор (m), полемика (f)
disquete • *n* дискета (f)
distancia • *n* разстояние (n), дистанция (f)
distanciar • *v* отделям се, откъсвам се
distante • *adj* сдържан, резервиран, страничен, далечен, отдалечен • *adv* настрани, отделно
distinguir • *v* различавам
distinguirse • *v* отличавам се
distinto • *adj* ясен, отчетлив, отделен, различен, друг, различен, особен
distorsión • *n* изкривяване (n), измятане (n), деформация (f)
distorsionar • *v* изкривявам, деформирам, изопачавам
distracción • *n* отвличане (n), отклоняване, развлечение (n), отвличане, разсейване (n)
distraer • *v* отвличам, разсейвам, забавлявам, развличам
distraído • *adj* отсъстващ
distribución • *n* разпределение (n), разпределяне (n), разпределение, отпускане
distribuir • *v* раздавам, разпределям, разпръсквам
distrito • *n* окръг (m), околия (f)
disturbio • *n* безредици, смущение

(n), смут (m)
disuadir • v разубеждавам, възпирам
DIU • n спирала (f)
diurno • adj дневен
diversidad • n разнообразие (n)
diversión • n забава, веселие, развлечение
diverso • adj разнообразен
divertido • adj смешен, забавен, развлекателен, занимателен
divertimiento • n забавление (n)
divertir • v забавлявам, разсмивам
dividendo • n дивидент (m), делимо (n)
dividir • v деля
divinación • n предсказване (n)
divinidad • n божество (n), божественост (f), прогноза (f), гадаене (n), врачуване (n), божество (n)
divino • adj небесен, божествен, богоподобен
divisa • n девиз (m)
divisible • adj делим
división • n деление (n), делене (n), разделяне (n)
divisor • n делител (m)
divorciar • v развеждам
divorcio • n развод (m)
divulgar • v откривам, издавам
djinn • n джин (m)
doblado • adj удвоен, сгънат на две
dobladura • n гънка (f), дипла (f)
doblamiento • n сгъване (n)
doblar • v удвоявам, извивам, превивам, сгъвам, прегъвам, покланям се, поклоня се, сгъвам на две, контрирам, извивам, свивам, извия, свия
doblarse • v извивам се
doble • adj двоен, двоен, двойно, двуличен, двойнствен, кичест • n двойно (n), двойник (m)
doblegar • v подчинявам
doblete • n чифт (m)
doblez • n гънка (f), дипла (f), извивка (f)
dobra • n добра
docena • n дузина (f)
docente • n учител (m), преподавател (m)
dócil • adj податлив, послушен, схватлив, възприемчив
doctor • n доктор (m)
doctora • n доктор (m)
doctrina • n вяра (f), верую (n), учение (n), доктрина
documentación • n документация (f)
documental • adj документален • n документален филм (m)
documentar • v документирам
documentario • adj документален
documento • n документ (m)
dodo • n додо (m)
dogma • n доктрина (f), догма (f), догма, догма (f)
dogmatismo • n догматизъм (m)
dogo • n булдог (m)
dólar • n долар (m)
dolencia • n болест (f), болка (f)
doler • v боли
dolor • n болка (f), скръб (f), печал (f), жалост (f), горест (f)
dolorido • adj болезнен (m)
doloroso • adj скръбен, печален
domesticación • n опитомяване (n)
domesticar • v опитомявам
doméstico • n слуга (m)
domicilio • n жилище (n), резиденция (f), местожителство (n)
dominar • v господствам, преобладавам
dominio • n имение (n), доминион (m), област (f), интервал на съществуване
don • n дарба, талант (m)
dona • n поничка (f)
donación • n дарение (n), дар (m), подаряване (n)
donar • v давам, дам
donativo • n дарение (n), дар (m), подаряване (n)
doncel • n девственик (m), девственица (f), девица (f)
doncella • n госпожица (f), девойка (f), девица (f), девственица (f), девица (f), девственик (m)
donde • conj къде, откъде
dónde • adv къде • conj къде, откъде
dondequiera • adv навсякъде, където и да е
dorado • adj златен, златен, златист (m), златист
dormido • adj заспал, спящ
dormir • v спя
dormitar • v дремя
dormitorio • n спалня, общежитие (n), обща спалня (f)
dorso • n гръб (m), гръб (m)
dos • n двойка (f)
dosel • n балдахин (m)
dosier • n досие (n)
dosis • n доза (f), доза (f)
dotación • n дар (m)
dotar • v снабдявам, надарявам
dote • n зестра (f), дар (m)

dracma • *n* драхма *(f)*
draga • *n* драга *(f)*
dragadro • *n* драга *(f)*
dragar • *v* драгирам, изгребвам
dragatro • *n* драга *(f)*
dragón • *n* дракон *(m)*, змей *(m)*, драгун *(m)*
dramático • *adj* драматичен
dramatización • *n* драматизация *(f)*
drástico • *adj* драстичен
drenar • *v* изтичам, оттичам се
driblar • *v* дриблирам
dril • *n* мандрил *(m)*
droga • *n* дрога *(f)*, наркотик *(m)*
drogadicto • *n* наркоман
drogar • *v* дрогирам се, взимам наркотици
dromedario • *n* камила *(f)*, едногърба камила *(f)*
dronte • *n* додо *(m)*
dubéri • *n* полска къпина
ducado • *n* херцогство *(n)*, княжество *(n)*
ducha • *n* душ *(m)*, душ *(m)*
ductilidad • *n* разтегливост *(f)*
duda • *n* съмнение *(f)*
dudar • *v* колебая се, двоумя се, чудя се, съмнявам се
dudoso • *adj* невероятен, съмнителен
duelar • *v* дуелирам се
duelo • *n* тежка загуба *(f)*, дуел *(m)*, двубой *(m)*
duende • *n* джудже *(n)*, гном *(m)*, гоблин *(m)*, таласъм *(m)*
dueto • *n* дует *(m)*
dugongo • *n* дюгон *(m)*

dulce • *n* мек бонбон *(m)*, бонбон *(m)*, десерт *(m)* • *adj* мелодичен, приятен, сладък, сладък
dulcémele • *n* цимбал
dulzura • *n* благост *(f)*, кротост *(f)*
duma • *n* дума *(f)*
duna • *n* дюна *(f)*
dúo • *n* дует *(m)*
duodécima • *adj* дванадесети
duodécimo • *adj* дванадесети
duodeno • *n* дванадесетопръстник *(m)*
dúplex • *adj* двупосочен
duplicación • *n* удвояване, вадене на копия
duplicar • *v* удвоявам, копирам, правя копие
duplicidad • *n* двойственост *(f)*, двуличие *(n)*
duque • *n* херцог *(m)*, дук *(m)*, херцог *(m)*
duquesa • *n* херцогиня *(f)*, дукеса *(f)*
durabilidad • *n* трайност *(f)*
durable • *adj* траен, устойчив
duración • *n* продължителност *(f)*, времетраене *(n)*
duradero • *adj* траен, устойчив
durante • *prep* в продължение на, по време на
durar • *v* трая, продължавам
duraznero • *n* праскова *(f)*
durazno • *n* праскова *(f)*
durián • *n* дуриан *(m)*
duro • *adj* строг, суров, твърд, твърдо сварен
dux • *n* дож

E

e • *conj* и
ebanista • *n* дърводелец *(m)*
ébano • *n* абанос, абанос *(m)*
ebrio • *adj* опиянен, въодушевен, пиян
echar • *v* уволнявам
eclipsar • *v* затъмнявам, засенчвам, помрачавам
eclipse • *n* затъмнение *(n)*
eco • *n* ехо *(n)*, отзвук *(m)*
ecología • *n* екология *(f)*
economía • *n* икономика *(f)*, стопанство *(n)*
económico • *adj* икономически, стопански
ecosistema • *n* екосистема *(f)*, околна среда *(f)*
ecuación • *n* уравнение *(n)*
ecuador • *n* екватор *(m)*
ecuanimidad • *n* хладнокръвие *(n)*, самообладание *(n)*
ecuestre • *adj* конен
edad • *n* епоха *(f)*, възраст *(m)*, възраст *(m)*
edema • *n* оток *(m)*
edición • *n* издание *(n)*, тираж *(m)*
edicto • *n* декрет *(m)*, указ *(m)*
edificación • *n* строителство *(n)*, градеж *(m)*, изграждане *(n)*
edificar • *v* строя, градя
edificio • *n* здание *(n)*, постройка *(f)*, сграда *(f)*, къща *(f)*, дом *(m)*

editar • *v* редактирам
editor • *n* редактор *(m)*
editorial • *n* редакционна статия *(f)* • *adj* редакционен
educación • *n* образование *(n)*
educado • *adj* учтив
educar • *v* обучавам, образовам, тренирам
educir • *v* извличам, заключавам
efectivo • *adj* реален, действителен, ефективен, фактически • *n* налични пари, пари
efecto • *n* резултат *(m)*, следствие *(n)*, ефект *(m)*
efectos • *n* ефект *(m)*
efectuar • *v* извършвам, осъществявам
efervescencia • *n* кипене *(n)*, шупване *(n)*
efervescente • *adj* искрящ, пенлив, възбуден, ентусиазиран
eficacia • *n* действеност *(f)*
eficaz • *adj* ефективен, резултатен
eficiencia • *n* ефективност *(f)*
eficiente • *adj* ефективен, резултатен
efímero • *adj* краткотраен, мимолетен
efluvio • *n* изпарение *(n)*
égida • *n* Егида, закрила, покровителство
ego • *n* самонадеяност *(f)*
egoísmo • *n* егоизъм *(m)*
egresado • *n* възпитаник
eider • *n* гага *(f)*
eidético • *adj* кристално ясен
einstenio • *n* айнщайний
eje • *n* ос, вал, ок
ejecución • *n* изпълнение *(n)*, екзекуция *(f)*, изпълнение *(n)*
ejecutar • *v* екзекутирам, изпълнявам, извършвам, изпълнявам, представям
ejecutivo • *adj* изпълнителен
ejemplar • *n* брой *(m)*, екземпляр *(m)*, пример *(m)* • *adj* примерен
ejemplo • *n* пример *(m)*
ejercer • *v* упражнявам
ejercicio • *n* тренировка *(f)*, упражнение *(n)*
ejercitar • *v* упражнявам се, тренирам
ejército • *n* армия *(f)*, войска *(f)*
él • *pron* той
elaborar • *v* изпипвам, доразвивам
elasticidad • *n* еластичност *(f)*
elástico • *adj* еластичен, еластичен
elección • *n* избор *(m)*, избор, избиране *(n)*
elecciones • *n* гласуване *(n)*

elector • *n* избирател *(m)*
electoral • *adj* избирателен
electricidad • *n* електричество *(n)*
electricista • *n* електротехник *(m)*
eléctrico • *adj* електрически
electrificación • *n* наелектризиране *(n)*
electrizante • *adj* наелектризиращ
electromagnetismo • *n* електромагнетизъм *(m)*
electrón • *n* електрон *(m)*
electrónica • *n* електроника *(f)*
elefante • *n* слон *(m)*
elefantiasis • *n* слонска болест *(f)*
elegante • *adj* елегантен, моден, елегантен, изискан
elegía • *n* елегия *(f)*
elegible • *adj* приемлив, подходящ
elegir • *v* решавам, избирам
elemento • *n* елемент *(m)*, стихия *(f)*
elevación • *n* издигане *(n)*, стръмнина, стръмност
elevado • *adj* висок
elevador • *n* асансьор *(m)*
elevar • *v* издигам
eliminar • *v* премахвам, елиминирам
elipse • *n* елипса *(f)*
elíptico • *adj* елиптичен
ella • *pron* тя
ellas • *pron* те
ello • *pron* него, го *(n)*, на него, нему, му *(n)*, нея, я *(f)*, на нея, ней, й *(f)*
ellos • *pron* те
elocuencia • *n* красноречие *(n)*
elocuente • *adj* членоразделен, красноречив
elogiar • *v* възхвалявам
elogio • *n* възхвала *(f)*, хвалебствие *(n)*
eludir • *v* избягвам, заобикалям, избягвам, отбягвам
elusivo • *adj* неуловим, изплъзващ се
emancipación • *n* еманципация *(f)*
emancipar • *v* еманципирам
emasculación • *n* скопяване, кастриране *(n)*
emasculado • *adj* скопен, кастриран
emascular • *v* обезсилвам, скопявам, кастрирам
embadurnar • *v* цапам, мажа
embajada • *n* посолство *(n)*
embajador • *n* посланик *(m)*, пратеник *(m)*
embajadora • *n* посланик *(m)*, пратеник *(m)*
embalar • *v* балирам
embalsadero • *n* тресавище *(n)*, блато *(n)*

embalsamar • *v* балсамирам
embalsar • *v* заприщвам
embalse • *n* язовир *(m)*, тресáвище *(n)*, блáто *(n)*
embarazada • *adj* брéеменна
embarazado • *adj* брéеменна
embarazo • *n* брéменност *(f)*
embarazoso • *adj* неловък, неудобен
embarcadero • *n* прúстан *(m)*, кей *(m)*
embarcar • *v* качвам се на борда
embargar • *v* взимам обратно
embargo • *n* ембарго *(n)*
embarrancar • *v* засядам
embeber • *v* закрепвам, поставям в
embelesado • *adj* омагьосан
embellecer • *v* разкрасявам, разхубавявам, украсявам
emblemático • *adj* символичен
embolia • *n* емболия *(f)*
emborronar • *v* зацапвам, опетнявам
emboscada • *n* засада *(f)*, клопка *(f)*
emboscar • *v* причаквам, нападам от засада, устройвам засада
embotar • *v* притъпявам
embotellar • *v* бутилирам
embozo • *n* покривало *(n)*
embragar • *v* зацепвам
embrague • *n* съединител *(m)*, амбриаж *(m)*
embrión • *n* зародиш *(m)*, ембрион *(m)*
embrujar • *v* омайвам, очаровам
embudo • *n* фýния *(f)*
embustero • *adj* нечестен, непочтен • *n* лъжéц *(m)*
embutido • *n* нáденица *(f)*
embutir • *v* закрепвам, поставям в
emergencia • *n* поява *(f)*, спешен случай *(m)*
emerger • *v* изплувам, появявам се, излизам
eminente • *adj* виден, изтъкнат
emir • *n* емúр *(m)*
emisión • *n* емисия *(f)*, радиопредаване *(n)*
emitir • *v* изпускам, излъчвам
emoción • *n* чувство *(n)*, емоция *(f)*, чýвство *(n)*, емóция *(f)*
emocionado • *adj* развълнуван, възбуден
emocional • *adj* чувствен, емоционален
emocionante • *adj* вълнуващ, интересен
emocionar • *v* вълнувам
emolumento • *n* заплата *(f)*, възнаграждение *(n)*
emotivo • *adj* емоционален
empalar • *v* набивам на кол
empanar • *v* панирам
empanizar • *v* панирам
empapar • *v* намокрям, напоявам
empaparotar • *v* смайвам, поразявам
empaque • *n* щáйга *(f)*
empaquetadura • *n* уплътнение *(n)*, набивка *(f)*
empaquetar • *v* опаковам
empastar • *v* свързвам
empatar • *v* завършвам наравно
empate • *n* равенство *(n)*
empatía • *n* съпричастие *(n)*
empático • *adj* съпричастен
empeño • *n* усилие *(n)*, старание *(n)*
empeorar • *v* влошавам, утежнявам
emperador • *n* цар *(m)*, император *(m)*
empezar • *v* започвам, пóчвам, пóчна, започвам, почвам, почна, започвам
empírico • *adj* опитен, емпиричен
empleada • *n* домашна помощница, служещ *(m)*
empleado • *n* слугá *(m)*, служещ *(m)*
empleador • *n* работодател *(m)*
emplear • *v* употребявам, прилагам, наемам, давам работа
empleo • *n* служба *(f)*, рáбота *(f)*, занаят *(m)*
empoderar • *v* упълномощавам
empollón • *adj* книжовен
emponzoñar • *v* тровя, отравям
empotrado • *n* гардерóб *(m)*
empotrar • *v* закрепвам, поставям в
emprendedor • *n* предприемáч *(m)*
emprender • *v* справям се
emprendimiento • *n* предприемчивост *(f)*
empresa • *n* предприятие *(n)*, предприемчивост *(f)*, корпорáция *(f)*, компáния *(f)*, фúрма *(f)*
empresario • *n* бизнесмéн *(m)*
empujar • *v* бутам, блъскам, вдигам, издигам, покачвам
empuje • *n* повдигане *(n)*, подпомагане *(n)*, инициатúва *(f)*
emú • *n* ему
emulsión • *n* емулсия *(f)*
en • *prep* в, на, при, до
enaguas • *n* полá *(f)*
enajenar • *v* очаровам, отчуждавам
enamorada • *n* любóвник *(m)*, любóвница *(f)*
enamorado • *n* гáдже *(n)*, приятел *(m)*, момчé *(n)*, любим *(m)*, любима *(f)*, любóвник *(m)*, любóвница *(f)*
enano • *n* мъниче *(n)*, джýдже *(n)*,

encallado · encaño

гном (m), джу́дже (n), джудже (n) • adj дребен
encallado • adv заседнал
encallar • v засядам
encandilar • v замайвам, зашеметявам, заслепявам
encantador • adj чаровен, очарователен, съблазнителен, привлекателен, обожаем • n магьосник (m)
encantadora • n магьосник (m)
encantamiento • n очарование (n), омагьосване (n)
encantar • v очаровам, завладявам, омагьосвам
encanto • n чар (m), обаяние (n), привлека́телност (f)
encarar • v излизам насреща
encarcelar • v опандизвам
encargar • v поръчвам
encarnación • n въплъщение (n), олицетворение (n)
encarnar • v въплъщавам, олицетворявам
encefalitis • n енцефалит (m)
encendedor • n запа́лка (f)
encender • v запалвам, паля
encerado • n дъска́ (f), че́рна дъска́ (f)
encerrar • v опасвам, окръжавам
enchuecar • v извивам
encía • n венѐц (m)
enciclopedia • n енциклопе́дия (f)
encierro • n ограденo мястo (n), приложение (n)
encima • prep над, отгоре на, по-високо от
encinta • adj бре́еменна
enclave • n анклав (m)
encoger • v свивам се
encogerse • v свивам се, треперя, свивам, стоя приведен, навеждам се
encojaperros • n бабини зъби
encomiable • adj препоръчителен, похвален
encomio • n възхвала (f), препоръка (f)
encontrar • v срѐщам, нами́рам, убеждавам се
encontrarse • v сре́щам
encorvar • v извивам, изкривявам
encrucijada • n кръсто́вище (n), кръстопът (m)
encuadernador • n книговезец (m)
encubierto • adj скрит, прикрит, потаен
endeble • adj слаб, хилав, немощен
endilgar • v натрапвам
endiosar • v обожествявам, боготворя

endivia • n градинска жлъчка (f)
endosar • v джиросвам
enebro • n хвойна (f)
eneldo • n ко́пър (m)
enema • n клизма (f)
enemigo • n враг (m), неприя́тел (m), противник (m), душманин (m) • adj вражески
enemistad • n вражда (f), враждебност (f), кръвна вражда (f), вражда (f)
energía • n сила (f), ене́ргия (f), енергия (f)
enérgico • adj енергичен, активен, жив, енергичен, самоуверен, настоятелен, напорист, игрив, скоклив, жив, оживен • adv бързо
energúmeno • n фанатик (m), обладан от зъл дух (m)
enervar • v обезсилвам, омаломощавам
enfadado • adj ядо́сан, разгне́вен, сърди́т
enfado • n гняв, яд
énfasis • n акцент (m), подчертаване (n), ударение (n)
enfático • adj подчертан
enfatizar • v подчертавам, изтъквам
enfermedad • n болест (f), болка (f), болка, болест, бо́лест (f), заболя́ване (n), болест (f)
enfermera • n медици́нска сестра́ (f)
enfermero • n медици́нска сестра́ (f)
enfermo • adj бо́лен
enfocar • v фокусирам, съсредоточавам се, концентрирам се
enfoque • n подход, фокус (m), приближаване
enfrentamiento • n схватка (f)
enfrentar • v стоя срещу, осмелявам се, имам работа с, противостоя, изправям се пред, излизам насреща
enfrentarse • v излизам насреща
enfrente • prep про́тив (m)
enfriamiento • n охлаждане (n)
enfriar • v охлаждам
enfurecer • v разярявам, вбесявам
engalanar • v украсявам, окичвам
engalgar • v запирам, слагам клин
engañado • n лековерник (m), будала (m)
engañador • adj измамен, заблуждаващ
engañar • v мамя, измамвам, заблуждавам, баламосвам
engañifa • n измама (f)
engaño • n измама (f), лъжа (f), изма́ма (f), лъжа́ (f), заблужде́ние (n),

заблу́да *(f)*, илю́зия *(f)*, измама *(f)*
engañoso • *adj* измамен, заблуждаващ
engatusar • *v* придумвам, уговарям, склонявам
engendrar • *v* пораждам, предизвиквам
englobar • *v* включвам, съдържам
engordar • *v* угоявам, надебелявам
engranaje • *n* зъбно колело *(n)*
engreimiento • *n* самонадеяност *(f)*
engrillar • *v* оковавам
engrupido • *n* лековерник *(m)*, будала *(m)*
engullir • *v* плюскам, нагъвам, гълтам
enharinar • *v* набрашнявам
enhebrar • *v* вдявам, вдяна, промушвам, промуша
enhorabuena • *interj* поздравле́ния
enigma • *n* мистерия *(f)*
enigmático • *adj* загадъчен, мистериозен
enjambre • *n* рой *(m)*
enjugar • *v* бърша
enlace • *n* линк *(m)*
enlatar • *v* консервирам, консервирам
enlistar • *v* вербувам
enlosar • *v* настилам с плочки
enlozado • *n* емайл *(m)*
enmarcar • *v* рамкирам
enmasillar • *v* калафатя
enmendar • *v* кориги́рам
enmienda • *n* корекция, поправка
ennegrecer • *v* почерням
enojadizo • *adj* заядлив, придирчив
enojado • *adj* ядо́сан, разгне́вен, сърди́т
enojar • *v* ядосвам, разгневявам
enojo • *n* гняв, яд
enorme • *adj* грамаден, огромен
enredadera • *n* пълзящо растение
enredar • *v* вплитам, оплитам
enredarse • *v* оплитам се
enriquecer • *v* обогатявам
enrocarse • *v* правя рокада
enrojecerse • *v* изчервявам се
enrolar • *v* записвам, регистрирам
ensalada • *n* сала́та *(f)*
ensamblaje • *n* механизъм, агрегат
ensamblar • *v* сглобявам, монтирам
ensangrentado • *adj* кървав, окървавен, кървящ
ensangrentar • *v* окървавявам, изцапвам с кръв
ensañar • *v* разярявам, вбесявам

ensayar • *v* изпитвам, правя анализ
ensayo • *n* опит, проба, опит *(m)*, проба *(f)*, изпитание *(n)*, опит *(m)*, проба *(f)*, изпробване *(n)*, анализ, есе *(n)*, съчинение *(n)*
ensenada • *n* заливче *(n)*, бухта *(f)*
enseña • *n* флаг *(m)*, знаме *(n)*
enseñar • *v* у́ча
enseres • *n* прибор, устройство, приспособление, уред
ensordecedor • *adj* оглушителен
ensordecer • *v* оглушавам
ensuciar • *v* цапам, опетнявам, осквернявам
ensueño • *n* измислица *(f)*
entender • *v* схващам, долавям, разбирам
entendimiento • *n* разбиране, схващане *(n)*
entérico • *adj* чревен
entero • *n* цяло число *(n)*, жребе́ц *(m)* • *adj* цял, непокъ́тнат, цял *(m)*, цяла *(f)*, цяло *(n)*, цял, цялостен
enterrar • *v* заравям, погребвам
entierro • *n* погребение, погребе́ние *(n)*
entomología • *n* ентомология *(f)*
entonación • *n* интона́ция *(f)*
entonces • *adv* тогава
entornado • *adv* открехнат
entorno • *n* окръжение *(n)*
entrada • *n* вход *(m)*, влизане *(n)*, вестибю́л *(m)*, статия *(f)*, биле́т *(m)*, влизане *(n)*, вход *(m)*, достъп *(m)*, вход *(m)*, достъп, вход
entrañas • *n* вътрешности
entrar • *v* вли́зам, вля́за
entre • *prep* сред, между, между́, помежду
entreabierto • *adv* открехнат
entrega • *n* доставка *(f)*
entregado • *adj* предан, посветен
entregar • *v* доставям, да́вам, дам
entrenador • *n* треньор *(m)*
entrenadora • *n* треньор *(m)*
entrenamiento • *n* обязване *(n)*
entrenar • *v* тренирам, обучавам се
entrepierna • *n* чатал *(m)*
entretejer • *v* тъка
entretener • *v* забавлявам, отвличам, развличам
entretenido • *adj* забавен, развлекателен
entretenimiento • *n* забавле́ние *(n)*, развлече́ние *(n)*
entrevista • *n* интервю́ *(n)*
entucar • *v* еба́

enturbiar • *v* развалям, вмирисвам
entusiasmado • *adj* нетърпелив, силно желаещ, страстен, възторжен, развълнуван, възбуден
entusiasmo • *n* въодушевление *(n)*, възбуда *(f)*, вълнение *(n)*
entusiasta • *adj* игрив, скоклив
entusiástico • *adj* страстен, възторжен
envejecer • *v* състарявам
envejecerse • *v* остарявам
envenenar • *v* тровя, отравям
envés • *n* опако
enviar • *v* изпращам
envidia • *n* завист *(f)*
envidiable • *adj* завиден
envidiar • *v* завиждам
envidioso • *adj* завистлив
envilecer • *v* понижавам, унижавам
envío • *n* експедиция *(f)*
envuelto • *prep* сред, между
enzima • *n* ензим *(m)*
eón • *n* вечност
epiciclo • *n* епицикъл
epidérmico • *adj* кожен
epidídimo • *n* надсеменник *(m)*
epifanía • *n* богоявление *(n)*
episodio • *n* епизод *(m)*
epístola • *n* послание *(n)*
epitafio • *n* надгробен надпис *(m)*
epitelio • *n* епителна тъкан *(f)*
epíteto • *n* епитет *(m)*
epítome • *n* въплъщение *(n)*, резюме *(n)*
época • *n* ера, епоха *(f)*
epónimo • *n* епоним *(m)*
equidad • *n* справедливост *(f)*, безпристрастие *(n)*, равноправие *(n)*, равенство *(n)*, еднаквост *(f)*
equidistante • *adj* равноотстоящ
equilátero • *adj* равностранен
equilibrio • *n* балансираност *(f)*, равновесие *(n)*, равновесие *(n)*, равновесие *(n)*
equimosis • *n* синина *(f)*
equino • *adj* конски
equinoccio • *n* равноденствие *(n)*
equinodermo • *n* иглокожо *(n)*
equipaje • *n* багаж *(m)*
equipamiento • *n* снаряжение *(n)*, оборудване
equipar • *v* оборудвам
equipo • *n* снаряжение *(n)*, оборудване, апарат, приспособление *(n)*
equitativamente • *adv* поравно, справедливо
equitativo • *adj* справедлив
equivalente • *adj* равностоен, еквивалентен • *n* еквивалент *(m)*
equivocación • *n* грешка *(f)*
equivocado • *adj* грешен
equivocar • *v* греша, лъжа
era • *n* ера
erbio • *n* ербий *(m)*
erección • *n* ерекция *(f)*
eres • *v* си
erizo • *n* таралеж, еж *(m)*
ermitaño • *n* отшелник *(m)*
erosión • *n* ерозия *(f)*, абразия *(f)*, разяждане *(n)*
erosionar • *v* еродирам, разяждам
erótico • *adj* еротичен
errante • *adj* блуждаещ
errar • *v* нося се, греша, лъжа
errático • *adj* непостоянен, изменчив
erróneo • *adj* погрешен, измамен, грешен, неправилен
error • *n* грешка *(f)*, грешка *(f)*, груба грешка *(f)*, пропуск *(m)*, отклонение *(n)* • *v* показвам грешка
errores • *v* показвам грешка
eructar • *v* оригвам се
eructo • *n* оригване *(n)*
erudición • *n* ерудиция
erupción • *n* изригване *(n)*
es • *v* е • *n* ас *(m)*
ésa • *pron* това
esbozo • *n* скица *(f)*
escabroso • *adj* скалист
escalada • *n* ескалация *(f)*
escalador • *n* катерач *(m)*, алпинист *(m)*
escalar • *v* качвам се, изкачвам се
escalera • *n* стълба *(f)*, стълбище *(n)*
escalón • *n* ешелон *(m)*
escalonar • *v* ешелонирам
escama • *n* люспа *(f)*
escándalo • *n* суетене *(n)*, шетня *(f)*
escandaloso • *adj* шумен, буен, срамен, позорен
escandio • *n* скандий *(m)*
escáner • *n* скенер *(m)*
escapada • *n* лудория *(f)*, приключение *(n)*, бягство *(n)*
escapar • *v* заминавам, отървавам се, избягвам, изплъзвам се
escaparate • *n* гардероб *(m)*
escapatorio • *n* бягство *(n)*
escape • *n* бягство *(n)*
escarabajo • *n* бръмбар *(m)*
escaramuza • *n* схватка *(f)*
escarapela • *n* кокарда *(f)*
escarbadientes • *n* клечка *(f)*
escarcha • *n* слана *(f)*, скреж *(m)*
escarchar • *v* попарвам, заскрежавам

escarificador • *n* брана *(f)*
escarola • *n* градинска жлъчка *(f)*
escarpa • *n* тротоар *(m)*
escarpado • *adj* скалист
escasez • *n* недоимък *(m)*
escaso • *adj* рядък
escayola • *n* гипс *(m)*
esclarecer • *v* изяснявам
esclava • *n* роб *(m)*, робиня *(f)*
esclavo • *n* роб *(m)*, робиня *(f)*
esclusa • *n* шлюз *(m)*
escoba • *n* метла *(f)*
escobilla • *n* четка *(f)*, четка *(f)*
escobillón • *n* метла *(f)*
escocer • *v* противрам
escocimiento • *n* ожулване *(n)*, протриване *(n)*
escoger • *v* решавам, избирам, подбирам
escolarizar • *v* обучавам
escolta • *n* ескорт *(m)*, конвой *(m)*
escoltar • *v* ескортирам, охранявам
escombros • *n* отломки, развалини
esconder • *v* навеждам се, скривам, покривам, крия, скривам
escondrijo • *n* укритие *(n)*
escopeta • *n* пушка *(f)*
escoplo • *n* длето *(n)*, длъто *(n)*
escoria • *n* шлака *(f)*
escoriar • *v* изтърквам, изтривам, износвам, ожулвам, протривам
escozor • *n* сърбеж
escribano • *n* жълта овесарка
escribiente • *n* чиновник *(m)*
escribir • *v* пиша, творя, създавам
escrito • *n* писмо
escritor • *n* писател *(m)*, автор *(m)*, творец *(m)*
escritora • *n* писател *(m)*, автор *(m)*, творец *(m)*
escritorio • *n* писалище *(n)*, бюро *(n)*
escritura • *n* акт *(m)*, документ *(m)*
escuadra • *n* триъгълник *(m)*, линеал *(m)*
escuchar • *v* ослушвам се, ослушам се, вслушвам се, вслушам се, слушам, послушвам, послушам
escudero • *n* оръженосец *(m)*, оръженосец *(m)*, рицарски кандидат *(m)*
escudo • *n* щит *(m)*
escuela • *n* школа *(f)*, училище *(n)*
esculpir • *v* дялам
escuna • *n* шхуна *(f)*
escupida • *n* слюнка *(f)*, плюнка *(f)*
escupidera • *n* плювалник *(m)*
escurridor • *n* решето *(n)*, гевгир *(m)*
ése • *pron* това

esencia • *n* есенция *(f)*, екстракт *(m)*, мирис *(m)*, миризма *(f)*, същност *(f)*, същина *(f)*, същество *(n)*, същина *(f)*, същност *(f)*, парфюм *(m)*, аромат *(m)*
esfera • *n* кълбо *(n)*, сфера *(f)*, сфера *(f)*
esfinge • *n* сфинкс *(m)*
esfínter • *n* сфинктер *(m)*
esforzar • *v* опитвам се, старая се, напрягам
esfuerzo • *n* усилие *(n)*, старание *(n)*
esgrima • *n* фехтовка *(f)*
esgrimir • *v* размахвам заплашително
eslora • *n* дължина *(f)*
esloti • *n* злоти *(m)*
esmaltado • *n* глеч *(f)*
esmaltar • *v* емайлирам
esmalte • *n* емайл *(m)*, глеч *(f)*, глазура *(f)*
esmeralda • *adj* изумруден • *n* изумруд *(m)*
esmero • *n* старание *(n)*, прилежание *(n)*, грижа *(f)*, отговорност *(m)*
eso • *pron* него, го *(n)*, на него, нему, му *(n)*, нея, я *(f)*, на нея, ней, й *(f)*
esotérico • *adj* езотеричен
espacio • *n* интервал *(m)*, шпация *(f)*, луфт *(m)*, пространство *(n)*
espacio-tiempo • *n* пространство-време
espacioso • *adj* просторен, обемист
espada • *n* меч *(m)*
espagueti • *n* жабар *(m)*
espalda • *n* гръб *(m)*
espantado • *adj* ужасен, слисан
espanto • *n* страх *(m)*, смут *(m)*
espantoso • *adj* ужасен, страхотен
espárrago • *n* аспержа *(f)*, аспарагус *(m)*
específicamente • *adv* на име
especificar • *v* определям
específico • *adj* конкретен, определен
espectáculo • *n* излагане *(n)*, показ *(m)*, забава *(f)*, представление *(n)*
espectro • *n* дух *(m)*, призрак *(m)*
especulación • *n* догадка *(f)*, предположение *(n)*
espejismo • *n* измислица *(f)*, мираж *(m)*
espejo • *n* огледало *(n)*
espejuelos • *n* очила
espeluznante • *adj* предизвикващ тръпки
esperanza • *n* временно бездействие, изчакване, надежда *(f)*
esperanzador • *adj* окуражаващ

esperar • *v* чакам, очаквам, чакам, очаквам, очаквам, очаквам, надявам се
esperma • *n* сперма *(f)* , восък *(m)*
espeso • *adj* гъст , дебел , гъст *(m)*
espía • *n* шпионин
espiga • *n* шпонка, шпилка, щифт, дюбел, клас *(m)*
espigar • *v* баберкувам
espina • *n* костица *(f)*
espinaca • *n* спанак *(m)*
espinazo • *n* гръбначен стълб *(m)*, гръбначни стълбове
espinilla • *n* пъпка *(f)*, пъпчица *(f)*, пищял *(m)*
espino • *n* глог *(m)*
espionaje • *n* шпионаж *(m)*
espiral • *n* спирала *(f)* , намотка *(f)*, навивка *(f)*
espirar • *v* издишвам
espíritu • *n* дух *(m)*, призрак *(m)*
espoleta • *n* запалка *(f)*
espolvorear • *v* поръсвам
esponja • *n* сюнгер *(m)*, гъба *(f)*
esponjoso • *adj* пенлив, пенест
esponsales • *n* годеж *(m)*
esposa • *n* жена *(f)*, съпруга *(f)*
esposar • *v* слагам белезници
esposas • *n* белезници
esposo • *n* мъж *(m)*, съпруг *(m)*
espuma • *n* пяна *(f)*, пяна *(f)*
espumar • *v* разпенвам
espumoso • *adj* пенлив, пенест
espurio • *adj* фалшив
esqueleto • *n* телосложение *(n)*, скелет *(m)*, щайга *(f)*
esquema • *n* рисунка *(f)*, чертеж *(m)*
esquí • *n* ска *(f)*, ски
esquilar • *v* оскубвам
esquilmar • *v* оскубвам
esquina • *n* ъгъл *(m)*
esquites • *n* пуканки
esquivar • *v* избягвам, отбягвам , избягвам , отбягвам
esquizofrenia • *n* шизофрения *(f)*
está • *v* е
estable • *adj* стабилен
establecer • *v* установявам, убеждавам се, основавам, затвърждавам
establecimiento • *n* основаване *(n)*, учреждение *(n)*
establo • *n* конюшня *(m)*, обор *(m)*, мандра *(f)*, хамбар, плевня
estaca • *n* кол *(m)*
estación • *n* сезон, станция *(f)*, гара *(f)*
estadio • *n* стадион *(m)*, арена *(f)*
estadística • *n* статистика *(f)*

estado • *n* държава *(f)*
estafa • *n* измама *(f)*
estafeta • *n* куриер *(m)*, пратеник *(m)*
estallido • *n* взрив *(m)*, избухване *(n)*, трясък *(m)*, пукване *(n)*
estallo • *n* взрив *(m)*, избухване *(n)*
estancamiento • *n* безизходица *(f)* , застой *(m)*, мъртва точка *(f)*
estandarte • *n* знаме *(n)*, флаг *(m)*
estanque • *n* езерце *(n)*
estantal • *n* контрафорс *(m)*
estante • *n* полица *(f)*
estantería • *n* библиотека *(f)*
estañar • *v* калайдисвам
estaño • *n* калай *(m)*
estar • *v* съм
estatua • *n* статуя *(f)*
este • *n* изток *(m)*
esteganografía • *n* стеганография *(f)*
estelar • *adj* звезден
estepa • *n* степ *(f)*
estéril • *adj* безплоден, ялов, неплодороден
estertoroso • *adj* хрипкав
estética • *n* естетика *(f)*
estético • *adj* естетичен, изящен
estetoscopio • *n* стетоскоп *(m)*
estiércol • *n* оборски тор *(m)*, тор *(m)*
estima • *n* уважение *(n)*, почит *(f)*
estimación • *n* пресмятане *(n)*, приблизителна оценка *(f)*
estimado • *adj* уважаем
estimar • *v* оценявам, пресмятам
estimular • *v* подбуждам, стимулирам
estirpe • *n* произход *(m)*
estival • *adj* летен
esto • *pron* ето, това
estofar • *v* задушавам
estómago • *n* стомах *(m)*
estoque • *n* гладиола *(f)*
estorbo • *n* смущение *(n)*, смут *(m)*
estornino • *n* скорец *(m)*
estornudar • *v* кихам, кихна
éstos • *pron* тия , тези
estrafalario • *adj* странен, особен, чудат
estrangulador • *n* смукач *(m)*
estrangular • *v* задушавам, удушвам
estrechar • *v* приближавам се до
estrecho • *n* пролив *(m)*, проток *(m)* • *adj* тесен
estrella • *n* звезда *(f)*, звезда
estreno • *n* начало *(n)*
estreñimiento • *n* запек *(m)*
estreñir • *v* причинявам запек
estribillo • *n* припев *(m)*, рефрен *(m)*,

поговóрка *(f)*
estribo • *n* межда, граница, допирна точка, контрафорс *(m)*, рид, стрéме *(n)*
estribor • *n* щирборд *(m)*
estro • *n* разгонване *(n)*
estróbilo • *n* шишарка *(f)*
estroncio • *n* стрóнций *(m)*
estropearse • *v* натъртвам се
estructura • *n* структура *(f)*
estruendo • *n* трясък *(m)*
estuario • *n* естуар *(m)*
estudiante • *n* студент *(m)*, студентка *(f)*
estudiar • *v* уча, уча, уча се, изучавам
estudio • *n* учение *(n)*, изучаване *(n)*
estudioso • *adj* книжовен
estufa • *n* пéчка *(f)*
estupefacción • *n* страх *(m)*, смут *(m)*
estupendo • *adj* отличен
estúpid • *adj* тъп
estúpido • *adj* глупав *(m)*, тъп, глупав, тъп • *n* глупак *(m)*, тъпак
estupor • *n* ступор *(m)*
estupro • *n* изнасúлване *(n)*
esturión • *n* есетра *(f)*
esvástica • *n* свастика *(f)*
et • *n* амперсанд *(m)*
etano • *n* етáн *(m)*
éter • *n* етéр *(m)*
etéreo • *adj* ефирен, странен
eternal • *adj* вечен
eternidad • *n* вечност *(f)*, вечност
eterno • *adj* вечен
ética • *n* éтика *(f)*
etimología • *n* етимолóгия *(f)*
étnico • *adj* етнически
eucalipto • *n* евкалипт
eufemismo • *n* евфемúзъм *(m)*
eufonía • *n* благозвучие *(n)*
eufónico • *adj* благозвучен
euforia • *n* въодушевление *(f)*, блаженство *(n)*
eufuismo • *n* евфуизъм *(m)*
eunuco • *n* скопец *(m)*, евнух *(m)*
eureka • *interj* еврика
europio • *n* еврóпий *(m)*
eutanasia • *n* евтаназия *(f)*
evacuar • *v* евакуирам
evadir • *v* избягвам, измъквам се, заминавам тайно, отбягвам, изплъзвам се
evaluación • *n* оцéнка *(f)*, прецéнка *(f)*, оценка *(f)*, оценяване *(n)*, оценка *(f)*
evaluar • *v* оценявам
evangelio • *n* евáнгелие
evaporación • *n* изпарение *(n)*

evaporar • *v* изпарявам
evasión • *n* избягване *(n)*, извъртане *(n)*
evento • *n* събúтие *(n)*, събúтие *(n)*
evidencia • *n* доказателство *(n)*
evidenciar • *v* доказвам
evidente • *adj* очевиден, явен, вопиющ
eviscerar • *v* изкормвам
evitar • *v* избягвам, заобикалям, изключвам, не давам възможност, отбягвам, страня от, отблъсквам, отбивам, възпирам
evocar • *v* извличам, предизвиквам, събуждам
evolución • *n* промяна *(f)*, изменéние *(n)*, еволюция *(f)*, развúтие *(n)*
evolucionar • *v* напредвам
exacerbación • *n* влошаване *(n)*
exacerbar • *v* влошавам
exactamente • *adv* точно
exactitud • *n* акуратност *(f)*, точност *(f)*, прецизност *(f)*
exacto • *adj* верен, точен, прецизен, акуратен
exageración • *n* преувеличение *(n)*
exagerar • *v* преувеличавам
exaltar • *v* величая, възхвалявам, издигам
exalumno • *n* възпитаник
examen • *n* проверка *(f)*, преглед *(m)*, úзпит *(m)*
examinación • *n* преглед *(m)*, úзпит *(m)*
examinar • *v* проверявам, изследвам, проучвам, изпитвам, изучавам
exánime • *adj* безжизнен
exasperar • *v* ядосвам, раздразвам, разгневявам
excavación • *n* изкопаване *(n)*, разкопки
excavadora • *n* бáгер *(m)*, екскавáтор *(m)*
excavar • *v* копая, разкопавам, ровя, рúя, дълбая
exceder • *v* надвишавам, надхвърлям
excelencia • *n* превъзходство *(n)*
excelente • *adj* отличен, превъзходен
excéntrico • *adj* ексцентричен, чудат
excepción • *n* изключение *(n)*
excepcional • *adj* изключителен, отличен
excepto • *prep* освен, освен, с изключение на
exceptuar • *v* изключвам
excesivo • *adj* прекален
exceso • *adj* допълнителен, извънре-

ден
excitable • *adj* възбудим, раздразнителен
excitado • *adj* възбуден
excitar • *v* възбуждам
exclamación • *n* възклицание *(n)*
exclamar • *v* възкликвам
excluir • *v* изключвам
exclusión • *n* изключване *(n)*
excomulgar • *v* отлъчвам от църквата
excomunión • *n* отлъчване от църквата
excoriar • *v* одирам, обелвам
excreción • *n* отделяне *(n)*
excremento • *n* оборски тор *(m)*, тор *(m)*, изпражнение *(n)*, фекалии, екскременти
excretar • *v* отделям
excretorio • *adj* отделителен
exculpar • *v* освобождавам, (от задължение), плащам, дълг
excursión • *n* екскурзия *(f)*
excusa • *n* оправдание *(n)*, извинение *(n)*, оправдание *(n)*
excusado • *n* тоалетна *(f)*
excusar • *v* прощавам
execrable • *adj* долен
exención • *n* отказ *(m)*
exento • *adj* освободен, свободен
exfoliación • *n* цепимост *(f)*
exfoliar • *v* лющя, ексфолирам
exhalar • *v* издишвам
exhaustivo • *adj* изчерпателен
exhausto • *adj* изтощен
exhibición • *n* показване *(n)*
exhibicionismo • *n* ексхибиционизъм *(m)*
exhibicionista • *n* ексхибиционист *(m)*
exhibir • *v* откривам, разкривам, показвам
exhortar • *v* увещавам
exhumación • *n* изравяне *(n)* , ексхумация *(f)*
exhumar • *v* изравям , ексхумирам
exigente • *adj* взискателен, тежък, труден, обременяващ, придирчив, капризен
exigir • *v* искам, изисквам
exiliado • *n* изгнаник *(m)*, заточеник *(m)*
exiliar • *v* заточавам
exilio • *n* прогонване, изгнание, заточение, изгнание *(n)*
eximir • *v* оправдавам
existencia • *n* съществуване *(n)*, битие *(n)*, съществуване *(n)*

existencialismo • *n* екзистенциализъм *(m)*
existente • *adj* реален, действителен, съществуващ, настоящ, съществуващ
existir • *v* съм, съществувам
éxito • *n* хит *(m)*, шлагер *(m)*, постижение *(n)* , успех
exitoso • *adj* успешен
éxodo • *n* изселване *(n)*
exonerar • *v* опрощавам, оправдавам
exorbitante • *adj* прекален
exordio • *n* начало *(n)*, увод *(m)*, въведение *(n)*
exótico • *adj* екзотичен
expansión • *n* разширение *(n)*, разширяване *(n)*
expatriado • *n* изгнаник *(m)*
expatriar • *v* заточавам
expatriarse • *v* изселвам се
expectación • *n* чакане *(n)*, очакване *(n)*
expectante • *adj* чакащ, очакващ
expectativa • *n* временно бездействие, изчакване
expedición • *n* експедиция *(f)*
expeler • *v* изхвърлям
experiencia • *n* преживяване *(n)*, опит *(m)*
experimental • *adj* опитен, експериментален
experimentar • *v* експериментирам, изпитвам, преживявам
experimento • *n* опит *(m)*, експеримент *(m)*, изпитание *(n)* , опит *(m)* , проба *(f)* , изпробване *(n)*
experta • *n* специалист, познавач
experto • *adj* умел, вещ, опитен • *n* специалист, познавач
expiación • *n* изкупване *(n)*, изкупление
expiar • *v* изкупвам
explicación • *n* обяснение *(n)*
explicar • *v* обяснявам, давам обяснения
explícito • *adj* изричен
exploración • *n* изследване *(n)*
explorador • *n* изследовател *(m)*
explorar • *v* изследвам
explosión • *n* взрив *(m)*, експлозия *(f)*
explosionar • *v* избухвам, експлодирам
explosivo • *adj* избухлив
explotación • *n* експлоатация *(f)*
explotar • *v* използвам, експлоатирам, взривявам, избухвам, експлодирам
exponente • *n* експонента *(f)*

exponer • *v* откривам, разкривам, експонирам, излагам, обяснявам, проявявам
exportar • *v* изнасям, експортирам
exposición • *n* изложба (*f*), излагане (*n*), показ (*m*), излагане (*n*), изложба (*f*), излагáне (*n*)
expósito • *n* подхвърлено дете (*n*)
expresar • *v* изразявам, предавам, изразя
expresión • *n* изразяване (*n*), изражение на лицето, израз (*m*), изражение (*n*)
expresionismo • *n* експресионúзъм (*m*)
expresivo • *adj* жив, весел, буден, лесно запомнящ се, изразителен
exprimir • *v* изстисквам
expropiación • *n* отчуждаване (*n*)
expropiar • *v* отчуждавам
expulsar • *v* изхвърлям, изключвам
expulsión • *n* отстраняване (*n*), изгонване (*n*)
exquisitez • *n* лакомство (*n*), деликатес (*m*)
exquisito • *adj* изискан, изящен, отбран
éxtasis • *n* екстаз (*m*), захлас (*m*), унес (*m*), екстази (*n*), екстаз (*m*), възторг (*m*)
extender • *v* удължавам, разделям
extensión • *n* приложéние (*n*), размер (*m*), протежение (*n*)
extenso • *adj* обширен, просторен
exterior • *adj* външен • *n* външност (*f*)
exterminar • *v* изтребвам
externo • *adj* външен
extinción • *n* загасване (*n*), потушаване (*n*)
extinguidor • *n* пожарогасител (*m*)
extinguir • *v* гася, потушавам
extinto • *adj* измрял, изгаснал
extintor • *n* пожарогасител (*m*)
extirpar • *v* изкоренявам, унищожавам
extorsión • *n* изнудване (*n*)
extorsionar • *v* изтръгвам

extra • *adj* допълнителен
extracto • *n* есéнция (*f*), екстрáкт (*m*), откъс (*m*), извадка (*f*), абстракт, резюме, извадка, екстракт (*m*), извлечение (*n*)
extradición • *n* екстрадиране (*n*), екстрадиция (*f*)
extraer • *v* вадя, изваждам
extrajudicial • *adj* извънсъдебен
extramuros • *n* предградие (*n*)
extranjera • *n* чужденéц (*m*), чужденкá (*f*)
extranjero • *n* чужденéц (*m*), чужденкá (*f*) • *adj* чуждестрáнен (*m*)
extrano • *adj* странен
extrañisimo • *adj* странен, особен, чудат
extraño • *adj* външен, чужд, чужд (*m*), странен, куриозен, особен, чудат, внушаващ суеверен страх, странен, особен, странен (*m*), чудат (*m*), особен (*m*), стрáнен
extraordinario • *adj* преувеличен, необикновен
extraterrestre • *n* извънземен
extravagante • *adj* ярък, цветист, пищен, екстравагантен (*m*)
extremadamente • *adv* крайно, особено
extremidad • *n* израстък, край (*m*), крайник (*m*)
extremismo • *n* екстремизъм (*m*)
extremista • *n* маргинали
extremo • *adj* последен, краен, най-далечен
extrínseco • *adj* външен, несвойствен
extrusión • *n* изтикване (*n*), избутване (*n*)
exuberancia • *n* изобилие (*n*)
exuberante • *adj* ярък, цветист, пищен
exudar • *v* отделям се, изпотявам се
exultación • *n* ликуване (*n*)
exultante • *adj* ликуващ
exultar • *v* ликувам
eyaculación • *n* еякулация (*f*)
eyacular • *v* еякулúрам

F

fábrica • *n* фáбрика (*f*), завóд (*m*)
fabricación • *n* производство (*n*), фабрикуване (*n*)
fabro • *n* ковач (*m*), ковачка (*f*)
fábula • *n* бáсня (*f*), прúтча (*f*)

fabuloso • *adj* преувеличен, легендарен, баснословен, чудесен
facción • *n* лáгер (*m*), фракция (*f*), клика (*f*)
faceta • *n* стена (*f*), фасета (*f*)

faceto • *adj* забавен
facial • *adj* лицев
fácil • *adj* лéсен, лесен, без усилия
facilidad • *n* леснина *(f)*, лекота *(f)*
facilitar • *v* улеснявам, благоприятствам
fácilmente • *adv* лесно
factibilidad • *n* осъществимост *(f)*, изпълнимост *(f)*
factible • *adj* изпълним, осъществим
fáctico • *adj* фактѝчески, действѝтелен
factual • *adj* фактѝчески, действѝтелен
factura • *n* сметка *(f)*, фактура *(f)*
facultad • *n* колéж *(m)*, университéт *(m)*, факултет *(m)*, способност *(f)*, умение *(n)*
fagot • *n* фагот *(m)*
faisán • *n* фазан *(m)*
faja • *n* колáн *(m)*, пóяс *(m)*
fajo • *n* вързоп *(m)*, пáчка *(f)*
falacia • *n* софизъм *(n)*
falange • *n* фаланга *(f)*
falcón • *n* сóкол *(m)*
falda • *n* полá *(f)*
falible • *adj* склонен да греши
falla • *n* пукнатина *(f)*, цепнатина *(f)*, недостатък *(m)*, повреда, дефект *(m)*
fallar • *v* присъждам
fallecido • *adj* умрял, покоен
fallecimiento • *n* смърт *(f)*, кончина *(f)*
fallo • *n* неуспех *(m)*, несполука *(f)*
falsear • *v* подправям, фалшифицирам
falsedad • *n* лъжá *(f)*, фалш *(m)*, фалшификат *(m)*
falsificación • *n* фалшификат *(m)*, фалшификация *(f)*
falsificado • *adj* фалшив, фиктивен, лъжлив
falsificador • *n* фалшификатор *(m)*
falsificadora • *n* фалшификатор *(m)*
falsificar • *v* подправям, фалшифицирам
falso • *adj* фалшив, фиктивен, лъжлив, грешен, подправен, фалшифициран, фалшив, грешен
falta • *n* фаул *(m)*, липса, нýжда *(f)*, лѝпса *(f)*, отсъствие *(n)*
fama • *n* ѝме *(n)*, слава *(f)*, известност *(f)*
familia • *n* група *(f)*, домакинство *(n)*, семéйство *(n)*, рода *(f)*, семéйство *(n)*, род *(m)*, семейство *(n)*, линия *(f)*
familiar • *n* семеен • *adj* семéен, разговорен *(m)*

familiaridad • *n* близки отношения
familiarizar • *v* запознавам, популяризирам
famoso • *adj* прочут, известен
fandango • *n* суетене *(n)*, шетня *(f)*
fanfarria • *n* фанфар *(m)*
fanfarronada • *n* самохвалство *(n)*
fanfarronear • *v* хваля се, перча се
fango • *n* кал *(m)*, тиня *(f)*
fantasma • *n* дух *(m)*, призрак *(m)*
fantasmal • *adj* призрачен
fantástico • *adj* баснословен, нереален, фантастичен, чуден
faraón • *n* фараóн *(m)*
farfulla • *n* безсмислица *(f)*, непонятен говор
farfullar • *v* бръщолевя
farmacéutica • *n* фармацéвт *(m)*, аптекар *(m)*
farmacéutico • *n* фармацéвт *(m)*, аптекар *(m)*
farmacia • *n* аптéка *(f)*, дрогéрия *(f)*
farmacología • *n* фармакология *(f)*
faro • *n* фар *(m)*, опосум
farol • *n* блъф *(m)*, блъфиране *(n)*, улична лампа *(f)*
fárrago • *n* смесица *(f)*, бъркотия *(f)*
farro • *n* двузърнест лимец *(m)*
farsa • *n* фарс *(f)*
fascinación • *n* привлекáтелност *(f)*
fascinante • *adj* очаровáтелен, интригуващ *(m)*
fascinar • *v* завладявам
fascismo • *n* фашизъм *(m)*, нацизъм *(m)*
fase • *n* фáза *(f)*
fastidiar • *v* дразня, безпокоя
fastidio • *n* дразнéне *(n)*, закачане *(n)*
fastidioso • *adj* тежък, труден, обременяващ
fatal • *adj* съдбоносен, фатален, смъртоносен
fatiga • *n* умора *(f)*, изтощение *(n)*
fatuo • *adj* глýпав, безсмѝслен
fauna • *n* фауна *(f)*
favor • *n* услуга *(f)*
favorable • *adj* съдействащ, спомагащ, благоприятен
fax • *n* факс *(m)*
fayenza • *n* фаянс *(f)*
faz • *n* стена *(f)*, лицé *(n)*
fe • *n* вяра *(f)*
feble • *adj* слаб
febril • *adj* трескав
feca • *n* кафé *(n)*
fecha • *n* дáта *(f)*, врéме *(n)*
fechado • *adj* датиран

fechar • *v* датирам
fecundación • *n* опрашване *(n)*
fecundar • *v* правя плодовит, оплождам
fecundo • *adj* плодовит
federación • *n* федерация *(f)*
federal • *adj* съюзен, федерален
felación • *n* фелацио, минет *(m)*
felicidad • *n* веселост *(f)*, щастие *(n)*, радост *(f)*
felicitación • *interj* поздравления • *n* поздравление *(n)*, честитка *(f)*
felicitar • *v* хваля, правя комплимент, поздравявам, честитя
felina • *n* котка *(f)*
felino • *n* котка *(f)* • *adj* котешки
feliz • *adj* щастлив, весел, безгрижен
fellatio • *n* фелацио, минет *(m)*
felonía • *n* углавно престъпление *(n)*
felpa • *n* плюш *(m)*
felpudo • *n* изтривалка *(f)*
femenil • *adj* женски
femenino • *adj* женски *(m)*, женска *(f)*, женски, женствен • *n* женски род *(m)*
feminismo • *n* феминизъм *(m)*
femoral • *adj* бедрен
fénix • *n* феникс *(m)*
fenogreco • *n* сминдух *(m)*
feo • *adj* грозен
féretro • *n* ковчег *(m)*
feria • *n* панаир *(m)*
ferino • *adj* див, неопитомен
fermentación • *n* ферментация *(f)*
fermentando • *v* приготвям
fermentar • *v* ферментирам, смесвам, забърквам, кипя
fermio • *n* фермий *(m)*
feroz • *adj* заплашителен, див, свиреп, жесток, буен, яростен, неопитомен
férreo • *adj* железен *(m)*
ferri • *n* ферибот *(m)*
ferrocarril • *n* железопътна линия *(f)*, железница *(f)*
ferry • *n* ферибот *(m)*
fértil • *adj* богат, плодороден, плодороден, плодовит, плодотворен
fertilización • *n* оплождане *(n)*
fertilizante • *n* изкуствен тор *(m)*, тор *(m)*
fertilizar • *v* торя, наторявам
ferviente • *adj* пламенен, страстен, ревностен, усърден
fervor • *n* плам, жар, страст, усърдие, набожност
festejar • *v* празнувам
festín • *n* пир *(m)*, пиршество *(n)*
festival • *n* празненство *(n)*, фестивал *(m)*
festividad • *n* празник *(m)*, празнуване *(n)*, честване *(n)*
festivo • *adj* шарен
festón • *n* фестон
fetiche • *n* муска *(f)*, амулет *(m)*, фетиш *(m)*, кумир *(m)*
fetidez • *n* смрад *(m)*, воня *(f)*
fétido • *adj* вонящ, зловонен
feto • *n* зародиш *(m)*
feúcho • *adj* ярък, крещящ, безвкусен
feudal • *adj* феодален
feudo • *n* феодално владение *(n)*
fiable • *adj* надежден, сигурен
fianza • *n* гаранция, залог
fiasco • *n* провал *(m)*, фиаско *(m)*
fibrilación • *n* фибрилация *(f)*
fibroso • *adj* влакнест, нишковиден
ficción • *n* измислица *(f)*, белетристика *(f)*
ficha • *n* чип *(m)*, жетон *(m)*
fichero • *n* папка *(f)*, файл *(m)*
ficticio • *adj* измислен, въображаем
fidedigno • *adj* авторитетен, достоверен
fidelidad • *n* вярност, преданост, лоялност, вярност, преданост *(f)*, точност *(f)*, прецизност *(f)*
fideo • *n* юфка
fiduciaria • *n* опекун *(m)*, попечител *(m)*
fiduciario • *n* опекун *(m)*, попечител *(m)* • *adj* доверен
fiebre • *n* температура *(f)*
fiel • *adj* верен, предан
fielmente • *adv* вярно, точно
fieltro • *n* филц *(m)*
fiero • *adj* заплашителен, жесток, свиреп, див, неопитомен
fiesta • *n* празник *(m)*, събиране *(n)*, събрание *(n)*, пир *(m)*, пиршество *(n)*, тържество *(n)*, празненство *(n)*
figura • *n* личност *(f)*, фигура *(f)*
figurado • *adj* преносен, метафоричен
figurativo • *adj* преносен, метафоричен
fijar • *v* прикрепям, закрепвам, установявам
fila • *n* опашка *(f)*, колона *(f)*
filamento • *n* нишка *(f)*, жичка *(f)*
filasa • *n* лен *(m)*
filatelia • *n* филателия *(f)*
filfa • *n* клевета *(f)*, измислица *(f)*
filiación • *n* сдружаване
filigrana • *n* филигран *(m)*
filmar • *v* заснемам филм

filo • *n* резец *(m)*, нож *(m)*
filoa • *n* палачи́нка *(f)*
filología • *n* филоло́гия *(f)*
filoso • *adj* о́стър
filósofa • *n* филосо́ф *(m)*
filosofía • *n* филосо́фия *(f)*
filósofo • *n* филосо́ф *(m)*
filtrar • *v* филтри́рам
filtrarse • *v* филтри́рам се
filtro • *n* фи́лтър *(m)*
fin • *n* край *(m)*, фина́л *(m)*, край *(m)*, завършек *(m)*, закриване *(n)*
final • *n* заключителен изпит *(m)*, фина́л *(m)*, финал *(m)* • *adj* последен, заключителен
finalizar • *v* завършвам, финиширам, приключвам, закривам
finalmente • *adv* накрая
financiar • *v* финансирам
financiero • *adj* финансов, паричен
finca • *n* имение *(n)*, фе́рма *(f)*, чифли́к *(m)*
fineza • *n* изтънченост *(f)*, деликатност *(f)*
fingido • *adj* измислен, престорен
fingir • *v* преструвам се, имитирам, симулирам
finir • *v* завършвам
finito • *adj* кра́ен,ograни́чен
fino • *adj* ситен, тъ́нък
finta • *n* финт *(m)*
firma • *n* по́дпис *(m)*
firmamento • *n* небе́ *(n)*, небосвод *(m)*
firme • *adj* твърд, неподатлив, непреклонен, самоуверен, настоятелен, напорист
firmemente • *adv* твърдо, решително
físico • *n* физик *(m)*
fisión • *n* разцепване *(n)*, делене *(n)*
flácido • *adj* мек, отпуснат
flaco • *n* пич • *adj* мъ́ршав, слаб
flagelar • *v* бичувам
flagelo • *n* камшиче *(n)*, бич *(m)*
flagrante • *adj* явен, очебиен, скандален, очевиден, вопиющ
flama • *n* пла́мък *(m)*
flamenco • *n* фламинго *(n)*
flanco • *n* фланг *(m)*, страна *(f)*
flap • *n* задкрилка *(f)*, елерон *(m)*
flaquear • *v* отслабвам, отпускам се
flauta • *n* фле́йта *(f)*
flecha • *n* стре́лка *(f)*, стрела́ *(f)*
fleco • *n* бретон *(m)*, перчем *(m)*
flemón • *n* абсцес, цирей
flequillo • *n* бретон *(m)*, перчем *(m)*
flete • *n* фрахт *(m)*
flexibilidad • *n* приспособимост

flexible • *adj* гъвкав, приспособяващ се
flexión • *n* склонение *(n)*
flirt • *n* флирт *(m)*
flirtear • *v* флиртувам
flirteo • *n* флирт *(m)*
flojo • *adj* отпуснат, увиснал, ленив, слаб, рохкав, сипкав
flor • *n* флош, цвят
floración • *n* цъфтеж *(m)*
floral • *adj* цветен
florecer • *v* цъфтя, цъфвам, напъпвам
floreciente • *adj* цъфтящ, разцъфнал
floreo • *n* завъртулка *(f)*
florero • *n* ваза *(f)*
floresta • *n* гора́ *(f)*, лес *(m)*
florete • *n* рапира *(f)*
florista • *n* цветар *(m)*, цветарка *(f)*
floritura • *n* завъртулка *(f)*
flota • *n* флота *(f)*
flotante • *adj* плаваш
flotar • *v* плавам, държа се на повърхността, нося се
fluctuación • *n* колебание *(n)*, флуктуация *(f)*
fluida • *adj* свободен
fluido • *adj* свободен, течен, течлив • *n* флуид *(m)*
fluir • *v* тека, лея се, тека́
flujo • *n* поток *(m)*, прилив *(m)*, поток *(m)*, течение *(n)*, поток *(f)*
flúor • *n* флуо́р *(m)*
fluvial • *adj* речен
fobia • *n* фо́бия *(f)*
foca • *n* тюлен *(m)*
foco • *n* ръчно фенерче *(n)*, фокус *(m)*
fofa • *adj* пухкав
fofo • *adj* мек, отпуснат, пухкав
fogonazo • *n* ярък пламък, буен огън
folclor • *n* фолклор *(m)*
folclore • *n* фолклор *(m)*
folio • *n* фолио
follaje • *n* шума *(f)*, листак *(m)*
follar • *v* еба́, ши́бам, чу́кам
follarse • *v* еба́, ши́бам, чу́кам
folleto • *n* кни́жка *(f)*, брошура *(f)*, листо́вка *(f)*
fomentar • *v* отглеждам
fondeadero • *n* котвостоянка
fondo • *n* фонд *(m)*, капитал *(m)*, дъно́ *(n)*, фон, заден план • *adj* дълбок
forastero • *adj* чуждестра́нен *(m)*
fórceps • *n* щипци
forja • *n* огнище на ковачница *(n)*, ковачница *(f)*, леярна *(f)*
forjador • *n* ковач *(m)*, ковачка *(f)*
forjadora • *n* ковач *(m)*, ковачка *(f)*

forjadura • *n* коване *(n)*
forma • *n* форма *(f)*, формуляр *(m)*
formal • *adj* формен, формален
formalista • *adj* книжен
formalmente • *adv* формално, официално
formar • *v* оформям
formatear • *v* форматирам
formato • *n* формат *(m)*, формат *(m)*
formidable • *adj* чудéсен, отлѝчен
formón • *n* длетó *(n)*, длътó *(n)*
fórmula • *n* формула *(f)*, формула
formulación • *n* формулиране *(n)*, изразяване *(n)*, редакция *(f)*
formular • *v* формулирам, изразявам
formulario • *n* формуляр *(m)*
foro • *n* форум *(m)*
forraje • *n* фураж *(m)*
fortalecer • *v* укрепявам
fortaleza • *n* крéпост *(f)*, форт *(m)*
fortificación • *n* укрепления, аванпост *(m)*, укрепване *(n)*, усилване *(n)*
fortuito • *adj* случаен
fortuna • *n* късмет, шанс, щастие *(n)*, сполука *(f)*, съдба *(f)*
forzar • *v* принуждавам, заставям, насилвам
fosa • *n* ров *(m)*, гроб *(m)*, ѝма *(f)*
fosforera • *n* запáлка *(f)*
fósforo • *n* кибрит *(m)*, фóсфор *(m)*
fósil • *n* вкаменелост *(f)*
foso • *n* ров *(m)*
foto • *n* фотогрáфия *(f)*
fotocopia • *n* ксерокóпия *(f)*
fotocopiar • *v* копѝрам
fotografía • *n* фотогрáфия *(f)*
fotógrafo • *n* фотогрáф *(m)*
fotograma • *n* кадър *(m)*
fotón • *n* фотóн *(m)*
fotosíntesis • *n* фотосинтеза *(f)*
fotuto • *n* корна *(f)*, рупор *(m)*
fracasado • *n* неудачник *(m)*
fracasar • *v* провалям се, претърпявам неуспех, не успявам, не сполучвам
fracaso • *n* провал *(m)*, неуспех *(m)*, несполука *(f)*, фиаско *(m)*
fracción • *n* част *(f)*, частица *(f)*, дроб *(f)*
fractura • *n* счупване *(n)*, фрактура *(f)*
fracturado • *adj* счупен
fragancia • *n* благоухáние *(n)*, ухáние *(n)*, аромáт *(m)*
fragante • *adj* ароматен, благоуханен
fragata • *n* фрегата *(f)*
frágil • *adj* крехък, чуплив, трошлив, ронлив

fragilidad • *n* чупливост *(f)*, трошливост *(f)*, изтънченост *(f)*, деликатност *(f)*
fragmentar • *v* фрагментирам, раздробявам
fragmento • *n* извадка *(f)*, извлечение *(n)*, треска *(f)*, отломка *(f)*, счупено парче *(n)*, къс *(m)*, парче *(n)*, отломък *(m)*, фрагмент *(m)*
fragua • *n* огнище на ковачница *(n)*, ковачница *(f)*
fraile • *n* монах *(m)*
frambuesa • *n* малѝна *(f)*
frambueso • *n* малина *(f)*
francamente • *adv* справедливо, безпристрастно
francio • *n* фрáнций *(m)*
franco • *adj* искрен, честен, откровен
franela • *n* фланела *(f)*
franja • *n* ивица, лента, колан
frasco • *n* бутѝлка *(f)*
frasear • *v* изразявам
frasquera • *n* плоска бутилка *(f)*
fraternal • *adj* братски
fraternidad • *n* братство *(n)*
fraternizar • *v* побратимявам се
fraude • *n* измама *(f)*, лъжа *(f)*, измама *(f)*, измами
fraudulento • *adj* измамнически, мошенически *(m)*
frazada • *n* одеяло *(n)*
frecuencia • *n* честота *(f)*, честота *(f)*
frecuentar • *v* посещавам често
frecuente • *adj* чест
frecuentemente • *adv* чèсто, често
freidora • *n* тиган *(m)*
freír • *v* пържа
freírse • *v* пържа се
frenar • *v* спирам
frenesí • *n* порив *(m)*
frenético • *adj* неистов, обезумял
freno • *n* спирáчка *(f)*
frente • *n* чело *(n)*, фронт *(m)*, челò *(n)* • *prep* на фона на
fresa • *n* ѝгода *(f)*
fresco • *adj* свеж, пресен, свеж, прохладен, непочтителен • *n* хлад *(m)*, мраз *(m)*, фреско *(n)*, фреска *(f)*
fresno • *n* ясен
friabilidad • *n* ронливост *(f)*, трошливост *(f)*
friable • *adj* крехък, чуплив, трошлив, ронлив
frialdad • *n* хлад *(m)*, студ *(m)*, хладност *(f)*, нелюбезност *(f)*
fricción • *n* търкане *(n)*, триене *(n)*
friera • *n* измръзване, измръзнало мя-

сто
frígido • *adj* фригиден, студен, мразовит
frigorífico • *n* хладилник *(m)*
frijol • *n* боб *(m)*, фасул *(m)*
frío • *adj* студен, студен, мразовит, фригиден, неприветлив, хладен, студен, отблъскващ • *n* студ *(m)*, студенина *(f)*, хлад *(m)*, студ *(m)*, хладилник *(m)*
frisa • *n* одеяло *(n)*
friso • *n* фриз *(m)*
frita • *n* глазура *(f)*
frivolidad • *n* лекомислена постъпка *(f)*
frívolo • *adj* лекомислен, несериозен, повърхностен
fronda • *n* съставен лист *(m)*
frontal • *adj* челен
frontera • *n* разграничение *(n)*, граница *(f)*, граница *(f)*, граница *(f)*
fructífero • *adj* плодовит, плодотворен
fructificar • *v* нося плод
fructosa • *n* фруктоза *(f)*, плодова захар *(f)*
frugal • *adj* пестелив, икономичен
frustración • *n* разочарование *(n)*
frustrar • *v* обезкуражавам
fruta • *n* плод *(m)*, овошка *(f)*
frutilla • *n* ягода *(f)*
fruto • *n* плод *(m)*, овошка *(f)*
fuego • *n* пожар *(m)*, огън *(m)*, огън *(m)*
fuelle • *n* духало *(n)*, вентилатор *(m)*, духало
fuente • *n* шрифт *(m)*, фонтан *(m)*, шадраван *(m)*, първоизточник *(m)*, извор *(m)*
fuerte • *n* сила *(f)*, силна страна *(f)*, форт *(m)* • *adj* гръмък, силен
fuerza • *n* сила *(f)*, мощ *(f)*, сила *(f)*, сила
fuga • *n* фуга *(f)*, бягство *(n)*
fugar • *v* измъквам се, заминавам тайно
fugarse • *v* укривам се, отървавам се
fugaz • *adj* преходен, бързо преминаващ, мимолетен, краткотраен
fugitivo • *adj* бегъл • *n* беглец *(m)*
fulana • *n* курва *(f)*, блудница *(f)*

fulcro • *n* опорна точка *(f)*
fulgir • *v* грея, светя
fulgurar • *v* грея, светя
fulmar • *n* полярен буревестник *(m)*
fumar • *v* пуша
fumigar • *v* опушвам
funccionar • *v* функционирам
función • *n* функция *(f)*
funcional • *adj* функционален
funcionar • *v* функционирам
funda • *n* торба, чанта, плик, чувал
fundación • *n* основаване *(n)*, фондация *(f)*
fundador • *n* основател *(m)*, учредител *(m)*
fundamental • *adj* фундаментален
fundería • *n* отливане *(n)*, леярна *(f)*
fundible • *adj* леснотопим
fundición • *n* отливане *(n)*, леярна *(f)*, стопяване *(n)*, разтопяване *(n)*
fundillos • *n* гащи
fundir • *v* стапям
funeral • *n* погребение *(n)* • *adj* погребален
funesto • *adj* зловещ
fungible • *adj* взаимозаменим
fungir • *v* функционирам
funk • *n* фънк *(m)*
furgón • *n* снаряжение *(n)*, оборудване *(n)*, фургон *(m)*
furgoneta • *n* фургон *(m)*
furia • *n* ярост *(f)*, бяс *(m)*
furioso • *adj* буен, яростен, бесен
furor • *n* ярост *(f)*, бяс *(m)*
furtivo • *adj* скрит, прикрит
furúnculo • *n* цирей *(m)*
fusible • *n* бушон *(m)* • *adj* леснотопим
fusiforme • *adj* вретеновиден
fusil • *n* пушка *(f)*
fusión • *n* ядрен синтез *(m)*, сливане *(n)*
fusta • *n* бич *(m)*
futbol • *n* футбол *(m)*, футбол *(m)*
fútbol • *n* футбол *(m)*, футбол *(m)*
fútil • *adj* безполезен, напразен, безуспешен
futilidad • *n* безполезност
futuro • *adj* бъдещ • *n* бъдеще *(n)*

G

gabán • *n* палто *(n)*, сако *(n)*
gabinete • *n* кабинéт *(m)*
gaceta • *n* вестник *(m)*
gachas • *n* кáша *(f)*
gadolinio • *n* гадолúний *(m)*
gafas • *n* очилá • *adj* очилáт
gaita • *n* гáйда *(f)*
gajo • *n* клин *(m)*
gala • *adj* празничен, тържествен • *n* тържество *(n)*, празненство *(n)*
galáctico • *adj* галактичен
galante • *adj* елегантен
galantear • *v* флиртувам
galanteo • *n* флирт *(m)*
galardón • *n* награда, аколада *(f)*
galardonar • *v* награждавам
galas • *n* облекло, носия
galaxia • *n* галáктика *(f)*
galena • *n* галенит *(m)*
galera • *n* галера *(f)*
galeria • *n* галéрия *(f)*
galería • *n* галерия *(f)*, пасаж *(m)*, пасаж *(m)*
galga • *n* измерителен уред *(m)*
galimatías • *n* технически жаргон *(m)*
galio • *n* гáлий *(m)*
gallardo • *adj* храбър, доблестен
gallina • *n* пиле *(n)*, ярка *(f)*, страхлúвец *(m)*, кокóшка *(f)*, пилешко *(n)*, мижитурка *(f)*, страхливец *(m)*
gallito • *n* петле *(n)*
gallitos • *n* пуканки
gallo • *n* петле *(n)*, петéл *(m)*
galón • *n* лéнта *(f)*, галон *(m)*
galopar • *v* галопирам • *n* бяг *(m)*
galope • *n* галоп *(m)*
galpón • *n* хамбар, плевня
galvánico • *adj* галваничен
gama • *n* маса, множество, гама *(f)*, палитра *(f)*
gamba • *n* скарúда *(f)*
gamberra • *n* хулиган *(m)*
gamberro • *n* хулиган *(m)*
gambeta • *n* дрибъл *(m)*
gambetear • *v* дриблирам
gamo • *n* самец *(m)*, мъжкар *(m)*
gamuza • *n* дива коза *(f)*
gana • *n* желание *(n)*
ganado • *n* ѐдър рогàт добúтък *(m)*, говéдо *(n)*
ganador • *n* победител *(m)*
ganadora • *n* победител *(m)*
ganancia • *n* печелене *(n)*, печалба *(f)*, усилване *(n)*
ganar • *v* печеля, напълнявам, заработвам, придобивам
ganas • *n* апетúт *(m)*

gancho • *n* чавка *(f)*, кука *(f)*
gandul • *n* хайлазин *(m)*
ganga • *n* сделка, пазарлък, разпродажба *(f)*
gangrena • *n* гангрéна *(f)*
gangster • *n* гангстер
gángster • *n* гангстер
ganso • *n* гъсок *(m)*, гъска *(f)*, гъсóк *(m)*
gánster • *n* гангстер
garabato • *n* драскулка *(f)*
garaje • *n* сервúз *(m)*, гарáж *(m)*
garantizar • *v* осигурявам
garbanzo • *n* нахут *(m)*, леблебия *(f)*
garceta • *n* бяла чапла *(f)*
garchar • *v* ебá, шúбам, чýкам
gardenia • *n* гардения *(f)*
garfio • *n* кука *(f)*
garganta • *n* гърло *(n)*, гръклян *(m)*, гуша *(f)*, пропаст *(f)*, бездна *(f)*, гърло *(n)*, пролом *(m)*, клисура *(f)*
gargarizar • *v* правя гаргара
garompa • *n* пéнис *(m)*, кур *(m)*, хуй *(m)*, пúшка *(f)*
garra • *n* лáпа *(f)*, нóкът *(m)*, нóкът *(m)*
garrafa • *n* гарáфа *(f)*
garrafal • *n* груба грешка *(f)*, пропуск *(m)*
garrapata • *n* кърлеж *(m)*
gárrido • *adj* ярък, крещящ, показен
garrote • *n* сопа *(f)*, тояга *(f)*, къса сопа
garrulidad • *n* бъбривост *(f)*
gárrulo • *adj* бъбрив, приказлив, многословен
garúa • *n* ситен дъжд
garza • *n* бяла чапла *(f)*, чапла *(f)*
garzón • *n* кéлнер *(m)*
gas • *n* газ *(m)*
gasa • *n* марля *(f)*, газ *(m)*
gasificar • *v* газифицирам, превръщам в газ
gasolina • *n* бензúн *(m)*
gastado • *adj* изтъркан, банален, шаблонен
gasterópodo • *n* коремоного *(n)*
gástrico • *adj* стомашен
gastritis • *n* гастрит *(m)*
gastronomía • *n* гастрономия *(f)*, кулинария *(f)*
gastrónomo • *n* чревоугодник *(m)*
gata • *n* кóтка *(f)*, кóтак *(m)*, котарáк *(m)*
gatear • *v* лазя, пълзя́, лáзя
gato • *n* кóтка *(f)*, кóтак *(m)*, котарáк *(m)*, котарак *(m)*
gaucho • *n* каубóй
gaveta • *n* чекмедже *(n)*
gavilán • *n* я́стреб *(m)*

gaviota • *n* чайка *(f)*
gay • *n* гей *(m)*, хомосексуалист *(m)*
gayo • *adj* шарен
gayumbos • *n* гащи
gc-gc • *adj* изкуфял
geco • *n* гекон *(m)*
géiser • *n* гейзер *(m)*
gel • *n* гел *(m)*
gélido • *adj* леден
gelificarse • *v* желирам
gema • *n* скъпоценен камък *(m)* , диамант *(m)*, брилянт *(m)*
gemelo • *n* близнак *(m)*, копче за ръкавели *(n)*
gemelos • *n* бинокъл
geminación • *n* удвояване *(n)*
genealogía • *n* родословие *(n)* , родословие *(n)*
genealogista • *n* генеалог *(m)*
generación • *n* създаване *(n)*, образуване *(n)*, поколение, поколение *(n)*
generador • *n* генератор *(m)*
general • *n* генерал *(m)* • *adj* общ, всеобщ, цялостен, всеобхватен, всестранен
generalísimo • *n* генералисимус *(m)*
generalmente • *adv* общо взето, обикновено
generar • *v* създавам, пораждам
genérico • *adj* обширен, неспецифичен
género • *n* плат *(m)*, тъкан *(f)*, жанр *(m)*, вид *(m)*, род *(m)*, пол *(m)*, пол *(m)*
géneros • *n* товар *(m)*
generosidad • *n* щедрост *(f)*, благородство *(n)*
generoso • *adj* обилен, богат, щедър, великодушен, благороден
génesis • *n* произход *(m)*
genético • *adj* генетичен
genetivo • *n* родителен падеж *(m)*
genia • *n* гений *(m)*
genial • *adj* отличен , умен
genio • *n* джин *(m)* , гений *(m)* , гениалност *(f)* • *adj* нестабилен, разклатен
genitivo • *adj* родителен
genocidio • *n* геноцид *(m)*
gente • *n* хòра, люде
genuflexión • *n* коленичене *(n)*
genuino • *adj* истински, оригинален, автентичен
geodesia • *n* геодезия *(f)*
geofísica • *n* геофизика *(f)*
geografía • *n* география *(f)*
geología • *n* геология *(f)*
geometría • *n* геометрия *(f)*
geranio • *n* здравец *(m)*, здравец, мушкато *(n)*
gerbillo • *n* пясъчна мишка *(f)*
germanio • *n* германий *(m)*
germen • *n* ембрион *(m)*, зародиш *(m)*, микроб *(m)*
germinación • *n* покълване *(n)*, поникване *(n)*
germinal • *adj* зародишен, зачатъчен
germinar • *v* покълвам, пониквам
gesticulación • *n* жестикулиране *(n)*, ръкомахане *(n)*
gestionar • *v* подавам
gesto • *n* гримаса *(f)*, òбраз *(m)*, жест *(m)*
gibón • *n* гибон *(m)*
gigante • *adj* гигантски, колосален, огромен • *n* великан *(m)*
gigantesco • *adj* гигантски, колосален, огромен, надут, надменен, громаден
gigoló • *n* жиголо *(m)*
gilí • *adj* глупав *(m)* , тъп
gimnasia • *n* гимнастика *(f)*
gimnasio • *n* гимнастически салон *(m)*
ginebra • *n* джин *(m)*
ginebro • *n* хвойна *(f)*
ginecología • *n* гинекология *(f)*
ginseng • *n* женшен *(m)*
gis • *n* тебешир *(m)*, креда *(f)*
gitana • *n* циганин *(m)* , циганка *(f)*
gitano • *n* циганин *(m)* , циганка *(f)*
glaciar • *n* ледник *(m)*, глетчер *(m)*
glándula • *n* жлеза *(f)*
glandular • *adj* жлезист
glasé • *n* глазура *(f)*
glaseado • *n* глазура *(f)*
glauco • *adj* сивозеленикав
glenar • *v* баберкувам
glicólisis • *n* глюкоза *(f)*
glifo • *n* символ *(m)*, глиф *(m)*
globo • *n* глобус *(m)*, балон *(m)* , земно кълбо *(n)*
gloria • *n* великолепие *(n)*
glorioso • *adj* славен, прославен
glosa • *n* бележка в полето *(f)*
glosario • *n* речник *(m)*, речниково гнездо *(n)*
glotón • *adj* ненаситен *(m)*, чревоугоднически *(m)* • *n* росомаха *(f)*, лакомец *(m)*, лакомник *(m)*, лакомник *(m)*, чревоугодник *(m)*
glotonería • *n* лакомия *(f)*, ненаситност *(f)*
gluglú • *v* крякам
glúteo • *n* бўза *(f)*
gnomo • *n* джудже *(n)*, гном *(m)*
gobernador • *n* губернатор *(m)*
gobernadora • *n* губернатор *(m)*

gobernar • *v* управлявам
gobierno • *n* правителство *(n)*
gocho • *n* свиня *(f)*
gol • *n* гол *(m)*, гол *(m)*
golero • *n* вратар
goleta • *n* шхуна *(f)*
golf • *n* голф *(m)*
golfa • *n* кучка *(f)*, курва *(f)*, развратница *(f)*, курва *(f)*, блудница *(f)*
golfo • *n* сводник *(m)* , залив *(m)*
golondrina • *n* лястовица *(f)*
golosina • *n* лакомство *(n)*, деликатес *(m)*
goloso • *n* чревоугодник *(m)*, лакомник *(m)* • *adj* ненаситен *(m)*, чревоугоднически *(m)*
golpe • *n* удар *(m)*, удар *(m)*
golpear • *v* улучвам, удрям, бия
golpes • *n* побой
goma • *n* лепило *(n)* , гума *(f)*, автомобилна гума *(f)*, кондом *(m)*, презерватив *(m)*, махмурлук *(m)*
gomoso • *adj* еластичен
góndola • *n* гондола *(f)*
gong • *n* гонг *(m)*
gongo • *n* гонг *(m)*
gonorrea • *n* гонорея *(f)*, трипер *(m)*
gordito • *adj* пухкав
gordo • *adj* дебел
gorila • *n* горила *(f)*
gorjeo • *n* ромон, ромолене
gorra • *n* боне *(n)*, шапка *(f)*, капак *(m)*
gorrino • *n* свиня *(f)*
gorro • *n* шапка *(f)*, капак *(m)*
gota • *n* капчица, капка *(f)*, подагра *(f)*
gotear • *v* капя, църцоря, изкапвам
goteo • *n* система *(f)*, капка *(f)*
gotita • *n* капчица *(f)*
gourmet • *n* чревоугодник *(m)*
gozar • *v* радвам се, изпитвам удоволствие
gozo • *n* радост *(f)*, наслада *(f)*, удоволствие *(n)*
grabado • *n* гравиране *(n)*
grabar • *v* гравирам
gracia • *n* грация *(f)*, елегантност *(f)*, благоволение *(n)*
gracias • *interj* благодаря , мерси
grácil • *adj* грациозен, елегантен
gracioso • *adj* смешен, забавен, мил
grada • *n* брана *(f)*
grado • *n* градус *(m)*, градус *(f)*, степен *(f)*
graduable • *adj* нагласяем, регулируем
graduación • *n* абсолвиране *(n)*, градуиране *(n)*
graduada • *n* абсолвент *(m)*
graduado • *n* абсолвент *(m)*
graduados • *n* абсолвент *(m)*
gradual • *adj* постепенен
gradualmente • *adv* постепенно
graduarse • *v* завършвам университет
gráfico • *adj* нагледен, графичен, изобразителен • *n* графика *(f)*, диаграма *(f)*
grafito • *n* графит *(m)*
grafo • *n* граф *(m)*
graja • *n* посевна врана *(f)*, полска врана *(f)*
grajilla • *n* чавка *(f)*, сойка *(f)*
grama • *n* трева *(f)*, поляна *(f)*
gramática • *n* граматика *(f)*, граматика *(f)*
gramo • *n* грам *(m)*
gramola • *n* грамофон *(m)*
gran • *adj* голям
granada • *n* граната *(f)*, нар *(m)*
granado • *n* нар *(m)*
granate • *n* тъмно червен *(m)*, гранат *(m)*
grande • *n* гранд *(m)* • *adj* голям, величествен, импозантен, голям, велик
grandilocuente • *adj* надут, високопарен
grandílocuo • *adj* надут, високопарен
grandioso • *adj* грандиозен, внушителен, помпозен, претенциозен
granero • *n* хамбар *(m)*, хамбар, плевня
granito • *n* гранит *(m)*
granizo • *n* градушка *(f)*
granja • *n* ферма *(f)*, чифлик *(m)*, мандра *(f)*
granjear • *v* заслужавам
granjera • *n* фермер *(m)* , земеделец *(m)*
granjero • *n* фермер *(m)* , земеделец *(m)*
grano • *n* гран *(m)*, зърно, зърно *(n)* , зърно *(n)*, зрънце *(n)*
granular • *v* раздробявам, гранулирам
grasa • *n* мазнина, лой *(m)*, тлъстина *(f)*, мазнина *(f)*
gratis • *adv* безплатно
grato • *adj* приятен
grava • *n* чакъл *(m)*
gravar • *v* натоварвам, обременявам, определям, (данък)
grave • *adj* остър, нисък
gravidez • *n* бременност *(f)*
gravilla • *n* чакъл *(m)*
graznar • *v* грача

graznido • *n* гракене (n), грак (m)
gremio • *n* търговия (f)
gresca • *n* свада (f), караница (f)
grey • *n* паство (n)
grieta • *n* пукнатина (f), цепнатина (f)
grifo • *n* грифон (m)
grillo • *n* щурец (m)
grillos • *n* букаи, окови
gríngolas • *n* наочници
gripa • *n* грип (m), инфлуенца (f), простуда (f)
gripe • *n* грип (m), инфлуенца (f), грип (m), инфлуенца (f), простуда (f)
gris • *adj* сив
grisú • *n* рудничен газ (m), газ-гризу (m)
gritar • *v* викам, крещя, викам, рева
grito • *n* крясък, рев, вик (m), крясък (m), вик
grosella • *n* френско грозде (n), цариградско грозде (m)
grosero • *adj* дързък, самонадеян, долнокачествен, груб, необработен, неприличен, непристоен
grotesco • *adj* странен
grúa • *n* кран
grueso • *n* главна част (f) • *adj* дебел, дебел, охранен
grulla • *n* жерав (m)
grumete • *n* екипаж (m)
grumo • *n* бучка, капчица, топчица, буца (f)
grupo • *n* група, оркестър, група (f), банда (f), компания (f), кръг (m), кръжец (m)
guacal • *n* щайга (f)
guacho • *n* близнак (m)
guadaña • *n* коса (f)
guadañar • *v* кося
guagua • *n* автобус (m), бебе (n)
guajolote • *n* пуйка (f)
guamil • *n* угар (m)
guanajo • *n* пуйка (f)
guante • *n* ръкавица (f)
guapa • *n* красавица • *adj* красив, прекрасен
guapo • *adj* елегантен, красив, прекрасен • *n* красавец
guarda • *n* спътник, съпроводител, кондуктор (m)
guardabarros • *n* калник (m)

guardabosque • *n* лесничей (m)
guardacaza • *n* лесничей (m)
guardaespaldas • *n* телохранител (m)
guardameta • *n* вратар
guardar • *v* запомням
guares • *n* близнак (m)
guarida • *n* укритие (n), бърлога (f), леговище (n)
guarnecer • *v* украсявам, гарнирам
guarnición • *n* украса (f), гарнитура (f), гарнизон (m)
guarra • *n* курва (f), блудница (f)
guarro • *adj* циничен, неприличен, циничен, непристоен • *n* свиня (f)
guayabo • *n* махмурлук (m)
gubia • *n* кръстат секач (m)
guepardo • *n* гепард (m)
guerra • *n* война (f)
guerrear • *v* започвам война, воювам, водя война
guerrero • *n* борец (m), боец (m)
guerrillero • *n* партизанин (m)
gueto • *n* еврейски квартал (m)
güey • *n* пич
guiar • *v* карам, водя, водя
guincho • *n* орел рибар
guinda • *n* череша (f), вишна (f), черешов (m)
guineo • *n* банан (m)
guiñar • *v* мигам, премигвам, примигвам
guirnalda • *n* гирлянда (f), гирлянда (f), венец (m)
guisante • *n* грах (m)
guisar • *v* задушавам
güisqui • *n* уиски (n)
guita • *n* мангизи
guitarra • *n* китара (f)
guiverno • *n* дракон (m), змей (m)
gul • *n* вампир (m)
gula • *n* лакомия (f), ненаситност (f)
gulasch • *n* гулаш (m)
gurre • *n* броненосец
gusano • *n* негодник (m), жалко същество (n), червей (m)
gustar • *v* харесвам, обичам, вкусвам, опитвам
gusto • *n* вкус (m), вкус (m)
gustos • *n* вкус (m)
gustoso • *adj* вкусен, сладък

H

haba • *n* боб *(m)*, фасу́л *(m)*
habado • *adj* пъстър, петнист
haber • *v* съм
habichuela • *n* боб *(m)*, фасу́л *(m)*
hábil • *adj* полезен *(m)*, сръчен, изкусен, умел, вещ, опитен, ловък, находчив, способен, умел, годен
habilidad • *n* вещина, кадърност, ловкост, интелигентност *(f)*, способност *(f)*
habilidoso • *adj* ловък, сръчен, умел, изкусен, находчив
habiloso • *adj* ловък, сръчен, умел, изкусен, находчив
habitación • *n* ста́я *(f)*, спа́лня
habitante • *n* жи́тел *(m)*, обита́тел *(m)*
habitar • *v* живе́я, обита́вам, пребивавам, оставам
hábito • *n* на́вик *(m)*
habituación • *n* оби́чай *(m)*, приви́чка *(f)*, на́вик *(m)*
habituar • *v* свиквам
habla • *n* говор *(m)*, реч *(f)*
hablar • *v* обаждам се, звъня, гово́ря, говоря
hacer • *v* пра́вя, ставам, случвам се, извършвам
hachazo • *n* махмурлук *(m)*
hachís • *n* хашиш *(m)*
hacker • *n* хакер *(m)*
hada • *n* фея *(f)*
hafnio • *n* ха́фний *(m)*
hajj • *n* хадж *(m)*
halagar • *v* лаская
halcón • *n* со́кол *(m)*
hálito • *n* полъх *(m)*, повей *(m)*
hallar • *v* нами́рам
hallazgo • *n* откритие *(n)*, находка *(f)*
haltera • *n* щанга *(f)*
hamaca • *n* хамак *(m)*
hambre • *n* глад *(m)*, глад *(m)*
hambriento • *adj* гла́ден
hambrón • *n* лакомник *(m)*, чревоугодник *(m)*
hambruna • *n* глад *(m)*, оскъдица *(f)*, глад *(m)*
hamburguesa • *n* ха́мбургер *(m)*
hámster • *n* хомя́к *(m)*, ха́мстер *(m)*
handball • *n* хандбал *(m)*
hangover • *n* махмурлук *(m)*
haragán • *n* хайлазин *(m)* • *adj* ленив
harina • *n* брашно́ *(n)*
hartarse • *v* тъпча се, ям лакомо
hasta • *prep* до
hastial • *n* фронтон *(m)*
hato • *n* стадо *(m)*, ста́до *(n)*, табу́н *(m)*
hay • *v* е

haya • *n* бук *(m)*
haz • *n* вързоп *(m)*, сноп *(m)*
hazaña • *n* подвиг *(m)*, подвиг *(m)*
hebilla • *n* тока *(f)*, закопчалка *(f)*, тока *(f)*, катарама *(f)*
heces • *n* фека́лии, екскреме́нти, изпражнение, утайка *(f)*
hechizar • *v* завладявам, омайвам, омагьосвам
hecho • *n* документ, действие *(n)*, постъпка *(f)*, факт *(m)*
hechura • *n* сладкиш, бонбон
hectárea • *n* некта́р *(m)*
heder • *v* смърдя́
hedor • *n* смрад *(m)*, воня *(f)*
helada • *n* мраз *(m)*, мраз *(m)*
heladera • *n* хлади́лник *(m)*
helar • *v* замразявам, замръзвам
helecho • *n* орлова папрат, папрат *(f)*
helero • *n* ледни́к *(m)*, гле́тчер *(m)*
hélice • *n* перка, намо́тка *(f)*, нави́вка *(f)*, спирала *(f)*
helicóptero • *n* хелико́птер *(m)*, вертоле́т *(m)*
helio • *n* хе́лий *(m)*
hembra • *adj* же́нски *(m)*, же́нска *(f)* • *n* же́нска *(f)*
hemorragia • *n* кръвотечение *(n)*, кръвоизлив *(m)*
hendidura • *n* цепнатина *(f)*, цепка *(f)*
heno • *n* се́но *(n)*
heráldica • *n* хералдика *(f)*
herbario • *n* хербарий *(m)*
hercio • *n* херц *(m)*
heredad • *n* наследство *(n)*
heredar • *v* завеща́вам
herejía • *n* ерес *(f)*
herencia • *n* наследство *(n)*
herida • *n* щета *(f)*, ра́на *(f)*
hermana • *n* сестра́ *(f)*
hermandad • *n* братство, братство *(f)*
hermano • *n* брат *(m)*
hermosa • *adj* краси́в, прекра́сен
hermoso • *adj* краси́в, прекра́сен
héroe • *n* геро́й *(m)*, геройня *(f)*, юна́к *(m)*
heroína • *n* героиня *(f)*
herrador • *n* налбантин *(m)*
herradora • *n* налбантин *(m)*
herradura • *n* подкова *(f)*
herramienta • *n* оръдие *(n)*, сечиво *(n)*, инструме́нт *(m)*, сре́дство *(n)*
herrera • *n* ковач *(m)*
herrero • *n* ковач *(m)*
herrumbre • *n* ръжда́ *(f)*
hertz • *n* херц *(m)*
hervir • *v* кипя, варя • *n* точка на ки-

heterogéneo • *adj* несравним, несъизмерим
hetman • *n* хе́тман *(m)*
hexágono • *n* шестоъгълник *(m)*
hez • *n* утайка *(f)*
hibernar • *v* зимен сън *(m)*
hibris • *n* високомерие *(n)*, арогантност *(f)*
hidrato • *n* хидрат *(m)*
hidrógeno • *n* водоро́д *(m)*
hidropesía • *n* воднянка *(f)*, оток *(m)*
hiel • *n* жлъчка *(f)* , жлъч *(f)*
hielera • *n* хладилна чанта
hielo • *n* лед *(m)*
hiena • *n* хиена *(f)*
hierba • *n* трева́ *(f)*
hierro • *n* желязо *(n)*
hígado • *n* че́рен дроб
higiene • *n* хигие́на *(f)*
higo • *n* смокиня *(f)*
higuera • *n* смокиня *(f)*
hija • *n* дете́ *(n)*, ро́жба *(f)*, дъщеря́ *(f)*
hijo • *n* дете́ *(n)*, ро́жба *(f)*, син *(m)*
hilado • *n* прежда *(f)*
hilar • *v* преда
hilo • *n* жи́ца *(f)*, жица *(f)*, ни́шка *(f)*, коне́ц *(m)*, връв *(m)* , канап *(m)* , прежда *(f)*
himno • *n* химн *(m)*
hinchar • *v* подувам, подпухвам
hincharse • *v* издувам се
hinojo • *n* див копър *(m)*, сминд *(m)*, коля́но *(n)*
hipar • *v* хъ̀лцам
hipérbola • *n* хипербола *(f)*
hiperenlace • *n* линк *(m)*
hipervínculo • *n* линк *(m)*
hipódromo • *n* хиподрум *(m)*
hipopótamo • *n* хипопота́м *(m)*
hipoteca • *n* ипоте́ка *(f)*
hipotecar • *v* ипотеки́рам
hipótesis • *n* условие *(n)*, предположение *(n)*, ако и но
hirudíneo • *n* пия́вица *(f)*
hirviendo • *adj* врящ, кипящ, врял • *v* приготвям
historia • *n* исто́рия *(f)* , история *(f)*
historial • *n* история *(f)*
histórico • *adj* истори́чески
hobby • *n* хоби *(n)*
hockey • *n* хокей *(m)*
hogar • *n* дом *(m)*
hogareños • *n* домакинство *(n)*
hoja • *n* лист *(m)*, острие *(n)*
hojuela • *n* палачи́нка *(f)*, люспа *(f)*
hola • *interj* а́ло, здрасти , здраве́й, здраве́йте, здра́сти

holgado • *adj* безформен, провиснал
holgazán • *n* хайлазин *(m)*
holmio • *n* хо́лмий *(m)*
hombre • *n* мъж *(m)*, чове́к *(m)*, хо́ра, лю́де
hombro • *n* ра́мо *(n)*
homeopatía • *n* хомеопатия *(f)*
homofobia • *n* хомофо́бия *(f)*
homogéneo • *adj* еднороден
homosexual • *n* хомосексуали́ст *(m)*, гей *(m)* • *adj* хомосексуа́лен *(m)*
homosexualidad • *n* хомосексуалност *(f)*
hondo • *adj* дълбок
hongo • *n* гъба *(f)*, гъ́ба *(f)*, печу́рка *(f)*
honor • *n* чест *(f)*
honorario • *n* хонорар *(m)*, възнаграждение *(n)*
hooligan • *n* хулиган *(m)*
hora • *n* час *(m)*
horario • *n* разписа́ние *(n)*, програ́ма *(f)*
horca • *n* бесилка *(f)*, вила *(f)* , вила *(f)*, бесило *(n)*
horizontal • *adj* хоризонтален *(m)*
horizonte • *n* хоризо́нт *(m)*
hormiga • *n* мра́вка *(f)*
hormigón • *n* бето́н *(m)* • *adj* бетонен
hormigonar • *v* бетонирам
hormiguero • *n* мравуняк *(m)*
hormona • *n* хормоп *(m)*
hornacina • *n* ни́ша *(f)*
hornada • *n* фурна
hornear • *v* пека́
hornillo • *n* пе́чка *(f)*
horno • *n* фу́рна *(f)*, пека́рна *(f)*, хлеба́рница *(f)*, пещ *(f)*, пе́чка *(f)*
horqueta • *n* разклон *(m)*
horquilla • *n* вилка *(f)*
horripilante • *adj* ужасен, страхотен
horrorizado • *adj* ужасен, слисан
hortaliza • *n* зеленчук *(m)*
hortera • *adj* ярък, крещящ, безвкусен
hospedaje • *n* квартира, жилище
hospital • *n* бо́лница *(f)*
hostilidad • *n* кръвна вражда *(f)* , вражда *(f)* , враждебност *(f)*, антагонизъм *(m)*
hotel • *n* хотел *(m)*
hoy • *adv* сега́, понастоящем, днес, дне́ска • *n* днес , днеска
hoyo • *n* ду́пка *(f)*, яма *(f)*
hoyuelo • *n* трапчинка *(f)*, падина *(f)*
hoz • *n* сърп *(m)*
huaso • *n* каубо́й
hueco • *n* ни́ша *(f)*, ду́пка *(f)*, я́ма *(f)*

huelga • *n* стачка *(f)*
huérfana • *n* сирак *(m)*, сиротá *(f)*
huérfano • *n* сирак *(m)*, сиротá *(f)*
huerta • *n* овощна градúна *(f)*
hueso • *n* кост *(f)* , кокал *(m)* , кост *(f)*
huésped • *n* гост *(m)*
huéspedes • *n* домакинство *(n)*
huesudo • *adj* кокалест, костен
huevas • *n* хайвер *(m)*
huevo • *n* яйцé *(n)*, черупка *(f)*, кур *(m)*, хуй *(m)*, яйце *(n)*
huevos • *n* ташак *(m)*, топки
huir • *v* бягам, избягвам, укривам се
humana • *n* човéк *(m)*, хора
humanidad • *n* човéчество *(n)*
humanismo • *n* хуманизъм *(m)*
humano • *n* човéк *(m)*, хóра, лю́де, хора
humear • *v* димя, пуша
humectar • *v* навлажнявам
humedad • *n* влага *(f)*, влажност *(f)*, влажност *(f)*
humedecer • *v* навлажнявам, овлажнявам

húmedo • *adj* влажен , влажен, усоен
humilde • *adj* нисък, смирéн, скрóмен
humillación • *n* унижение, понижение
humillar • *v* унижáвам, понижáвам
humillarse • *v* угóднича
humo • *n* пушек *(m)*, дим *(m)*, изпарение *(n)*
humor • *n* настроение *(n)* , разположение *(n)*
hundir • *v* гмуркам се, потапям се, потапям, потопявам
huracán • *n* урагáн *(m)*
huraño • *adj* далечен, отдалечен
hurgar • *v* пипам
hurón • *n* пор *(m)*
hurra • *n* одобрително възклицание
hurtar • *v* крада, задигам
hurto • *n* кражба *(f)*
huso • *n* вретено *(n)*
hybris • *n* високомерие *(n)*, арогантност *(f)*

I

ibex • *n* козирог
íbice • *n* козирог
iceberg • *n* айсберг *(m)*
ictericia • *n* жълтеница *(f)*
ictiología • *n* ихтиология *(f)*
idea • *n* предстáва *(f)*, идéя *(f)*, мúсъл *(f)*, усещане *(n)*
ideal • *n* идеáл *(m)*
ídem • *n* същото, горното
idioma • *n* езúк *(m)*
idiota • *n* идиóт *(m)*, абдáл *(m)*
idolatría • *n* идолопоклóнничество *(n)*
iglesia • *n* църквá *(f)*, черквá *(f)*, църква *(f)*
ignífugo • *adj* огнеупорен
ignominioso • *adj* срамен, позорен
ignorancia • *n* невéжество *(n)*, незнáние *(n)*, невéдение *(n)*
ignorar • *v* пренебрегвам, игнорирам
igual • *adj* равен, еднакъв
igualar • *v* равнявам се, изравнявам
igualdad • *n* равноправие *(n)*
igualmente • *adv* еднакво, по равно
ilimitado • *adj* безграничен
iluminar • *v* грея, светя, осветявам
ilusión • *n* заблýда *(f)*, илю́зия *(f)*
ilusionado • *adj* нетърпелúв, сúлно желáещ
imagen • *n* картúна *(f)*, úмидж *(m)*
imaginable • *adj* мислим, разбираем, възможен
imaginado • *adj* нереален, фантастичен
imaginar • *v* измислям
imán • *n* имáм *(m)*, магнит *(m)* , магнúт *(m)*
imbécil • *n* абдáл *(m)*, глупáк *(m)*
imitar • *v* подражавам, копирам
impaciente • *adj* нетърпелúв, сúлно желáещ
imparcial • *adj* безкористен
impávido • *adj* безстрашен , неустрашим
impecable • *adj* бездефектен, безупречен, безпогрешен
impedir • *v* спъвам, ограничавам, изключвам, не давам възможност, препречвам
impenetrable • *adj* твърд, неподатлив, непреклонен
imperfección • *n* недостатък *(m)*, дефект *(m)*
imperfecto • *adj* погрешен, неправилен
imperio • *n* импéрия *(f)*

impermeable • *n* дъждобра́н (*m*)
impertérrito • *adj* неустрашим
impertinencia • *n* фамилиарност (*f*)
implemento • *n* приспособление, уред, прибор
implorar • *v* умолявам
imponer • *v* нареждам, предписвам, определям, (данък)
importancia • *n* отноше́ние (*n*), важност (*f*)
importante • *adj* ва́жен
importar • *v* интересувам се, имам значение
impreciso • *adj* неясен, неясен
impresora • *n* при́нтер (*m*)
imprevisto • *adj* случаен
improvisar • *v* импровизирам
imprudente • *adj* неразу́мен, глу́пав
impuesto • *n* нало́г (*m*), да́нък (*m*)
impugnar • *v* споря, оспорвам, отричам, противореча
impulsar • *v* вдигам, издигам, покачвам
impulso • *n* повдигане (*n*), подпомагане (*n*)
impurificar • *v* опетнявам, осквернявам
imputar • *v* приписвам
inaccesible • *adj* недостъпен (*m*), неналичен (*m*)
inadecuadamente • *adv* неправилно, криво
inanimado • *adj* безжизнен
inapropiado • *adj* неподходящ
inasequible • *adj* недостъпен (*m*), неналичен (*m*)
incapacidad • *n* неправоспособност
incauto • *n* лековерник (*m*), будала (*m*)
incendio • *n* пожа́р (*m*)
incensario • *n* кади́лница (*f*)
incertidumbre • *n* съмне́ние (*n*)
incesto • *n* кръвосмеше́ние (*n*)
incidente • *n* прекъсване (*n*), разрив (*m*)
incidir • *v* ре́жа
incienso • *n* тамя́н (*m*)
incitante • *adj* привлекателен, съблазнителен
incitar • *v* подбуждам, подстрекавам, примамвам, съблазнявам
inclinación • *n* влечение (*n*), предразположение (*n*), склонност (*f*), накло́н (*m*)
inclinar • *v* покла́ням се, поклоня́ се
inclinarse • *v* свивам, свивам се, стоя приведен

incondicional • *adj* неоспорим
inconstante • *adj* непостоя́нен, проме́нлив, отмятащ се, непостоянен, изменчив
incorporarse • *v* сливам се, обединявам се
incorrecto • *adj* грешен
incrédulo • *adj* невярващ
increíble • *adj* легендарен
incrementar • *v* нара́ствам, увеличавам, прибавям
íncubo • *n* инкуб
inculcar • *v* набивам
incumbencia • *n* отноше́ние (*n*)
incursión • *n* набе́г (*m*)
indecente • *adj* неприличен, непристоен
indecisión • *n* нерешителност (*f*), колебливост (*f*)
indeciso • *adj* нерешителен (*m*), колеблив (*m*)
indefenso • *adj* беззащи́тен
independencia • *n* незави́симост (*f*)
indicado • *adj* подходящ
índice • *n* показа́лец (*m*), и́ндекс (*m*)
indicio • *n* улика (*f*), указание (*n*)
indiferente • *adj* небрежен, апатичен, безстрастен, равнодушен
indígena • *adj* коренен, местен, туземен • *n* абориге́н (*m*), туземец (*m*)
indigencia • *n* мизерия (*f*)
indigente • *adj* беден
indio • *n* и́ндий (*m*)
industria • *n* проми́шленост (*f*), инду́стрия (*f*)
ineptitud • *n* абсурдност (*f*)
inestable • *adj* прекъснат, на пресекулки
infancia • *n* детство (*n*), де́тство (*n*)
infanta • *n* принце́са (*f*)
infante • *n* дете́ (*n*)
infantil • *adj* детински
infarto • *n* инфаркт (*m*)
infección • *n* инфекция (*f*), инфекция (*f*), зараза (*f*)
infelicidad • *n* скръб (*f*), печа́л (*f*), жа́лост (*f*), го́рест (*f*)
inferir • *v* заключавам
infértil • *adj* безплоден, ялов, неплодороден
infinitivo • *n* инфинити́в (*m*)
inflación • *n* инфла́ция (*f*)
inflado • *adj* подут, подпухнал
inflar • *v* подувам, подпухвам, издувам се, надувам, издувам
inflexible • *adj* твърд, неподатлив, непреклонен

inflorescencia • *n* съцве́тие *(n)*
influencia • *n* влия́ние *(n)*, надмощие, господство
información • *n* информа́ция *(f)*
informal • *adj* неофициален
informar • *v* уведомявам, известявам, съобщавам
ingeniero • *n* инжене́р *(m)*
ingenioso • *adj* изобретателен
ingenuo • *adj* наивен
ingresar • *v* внасям, влагам
ingurgitar • *v* гъ́лтам
inhalagüeño • *adj* отвратителен
inherente • *adj* придружаващ, свързан
iniciado • *n* начинаещ *(m)* , новак *(m)*
iniciar • *v* запо́чвам, по́чвам, по́чна, започвам
iniciativa • *n* инициати́ва *(f)*
inicio • *n* нача́ло *(n)*, начало *(n)*
injertar • *v* присаждам, ашладисвам
injerto • *n* калем *(m)*, присад *(m)*
injuria • *n* оби́да *(f)*, оскърбле́ние *(n)*
inmaterial • *adj* нематериален *(m)*
inmediatamente • *adv* веднага, незабавно
inmigración • *n* имигра́ция *(f)*
inmigrante • *n* имигра́нт *(m)*, имигра́нтка *(f)*
inmiscuirse • *v* навлизам незаконно
inmovilizar • *v* хващам със скоба
inmundo • *adj* мръсен, кирлив, мръсен, замърсен
innombrable • *adj* неизброим , безброен
inocente • *adj* неопетнен, невинен
inodoro • *n* тоале́тна *(f)*
inquieto • *adj* тревожен, загрижен, разтревожен, обезпокоен
inquietud • *n* си́лно жела́ние *(n)*
inscripción • *n* надпис *(m)*
insecto • *n* насеко́мо *(n)*, инсе́кт *(m)*
insensible • *adj* безчувствен, безсърдечен
insignia • *n* отличителен знак *(m)*
insignificante • *adj* непохватен, недодялан
insípido • *adj* блудкав
insolente • *adj* дъ́рзък, непочтителен
insolvencia • *n* неплатежоспособност *(f)*
insomnio • *n* безсъ́ние *(n)*
insondable • *adj* бездънен
inspección • *n* проверка *(f)*
inspeccionar • *v* проверявам, тъ́рся
inspector • *n* конду́ктор *(m)*
inspiración • *n* вдъхновение *(n)*, вдъхновение
instalación • *n* приспособления, оборудване *(n)*
institutriz • *n* гувернантка *(f)*
instruir • *v* образовам, обучавам, тренирам
instrumental • *adj* творителен
instrumento • *n* приспособление, уред, прибор, оръдие *(n)* , сечиво *(n)*
insubordinado • *adj* упорит, непокорен
insulina • *n* инсули́н *(m)*
insurgente • *n* мете́жник *(m)*, въста́ник *(m)*
insurrección • *n* въста́ние *(n)*
intelectual • *adj* у́мен
inteligencia • *n* интелиге́нция *(f)*, интелигентност *(f)*, способност *(f)*
inteligente • *adj* у́мен, умен
inteliguentsia • *n* интелиге́нция *(f)*
intelligentsia • *n* интелиге́нция *(f)*
intención • *n* намерение, намерение *(n)* • *adj* задълбочен
intencional • *adj* преднамерен , умишлен
intendente • *n* кмет *(m)*
intenso • *adj* тъмен, наситен
intentar • *v* постаравам се, пробвам, опитвам
intento • *n* опит, проба
intercambiar • *v* разменям, сменям, разменям си
intercambio • *n* смяна *(f)*, размяна *(f)*
intercross • *n* лакрос *(m)*
interés • *n* ли́хва *(f)*, интере́с *(m)*
interesante • *adj* интересен
interesar • *v* интересувам се
interiores • *n* гащи
interjección • *n* междуме́тие *(n)*
intermediario • *n* посредник *(m)*, брокер *(m)*
internacional • *adj* международен
interpretar • *v* разчитам, изпълня́вам, представям
intérprete • *n* преводач *(m)*, преводачка *(f)*
interrupción • *n* прекъсване *(n)*, разрив *(m)*
intestino • *n* черво
intimidad • *n* интимност *(f)*
intimidar • *v* сплашвам, заплашвам, укротявам
íntimo • *adj* бли́зък
intitular • *v* озаглавявам
intolerante • *adj* нетърпи́м
intratable • *adj* заядлив, придирчив
intrépido • *adj* безстрашен , неустра-

intrigante ... jinete

шим , рискован, авантюристичен, смел , храбър
intrigante • *adj* интригуващ *(m)*
intuición • *n* усещане *(n)*, предчувствие *(n)*
inundación • *n* наводнение *(n)* , наводнéние *(n)*
inusual • *adj* странен, особен
inútil • *adj* безполезен, напразен, безуспешен, безполезен
inutilizar • *v* правя неспособен
invalidar • *v* отменям, анулирам
invención • *n* изобретение *(n)* , фалшификат *(m)*
inventar • *v* измислям, изобретявам
inventor • *n* изобретател *(m)*
inventora • *n* изобретател *(m)*
inventos • *n* глупости
inventriz • *n* изобретател *(m)*
invernadero • *n* парнѝк *(m)*
investigar • *v* ровя се
invierno • *n* зѝма *(f)*
invisible • *adj* невидим *(m)*
invitar • *v* кáня, покáнвам
involuntario • *adj* неволен *(m)*, неволно
ionosfera • *n* йоносфера *(f)*
ir • *v* отѝвам, хóдя, вървя̀, я́здя
ira • *n* гняв, яд

iridio • *n* ирѝдий *(m)*
irrebatible • *adj* убедителен
irreflexivo • *adj* стремителен
irrefutable • *adj* убедителен
irregular • *adj* непостоянен, изменчив, прекъснат, на пресекулки
irrespetar • *v* не уважавам
irrespeto • *n* неуважение *(n)*
irrespetuoso • *adj* неуважителен
irresponsable • *adj* невнимателен, безгрижен
irrisión • *n* присмиване *(n)*, осмиване *(n)*
irritación • *n* досáда *(f)*, раздразнéние *(n)*, ожулване *(n)*, противиране *(n)*
irritar • *v* противам, ядосвам
irrumpir • *v* щурмувам
irse • *v* напускам, тръгвам, отивам си
isla • *n* óстров *(m)*
isomorfismo • *n* изоморфѝзъм *(m)*
isótopo • *n* изотоп *(m)*
istmo • *n* провлак *(m)*
iterbio • *n* итербий *(m)*
itinerario • *n* разписáние *(n)*, прогрáма *(f)*
itrio • *n* итрий *(m)*
izquierda • *n* левица • *adj* ляв
izquierdo • *adj* ляв

J

jaba • *n* торба, чанта, плик, чувал
jabón • *n* сапỳн *(m)*
jácena • *n* трегер *(m)*
jacinto • *n* зюмбюл *(m)*, хиацинт *(m)*
jacket • *n* яке *(n)*
jactancia • *n* самохвалство *(n)*
jactancioso • *adj* самохвален
jactarse • *v* хваля се, перча се
jadear • *v* задъхвам се, дишам тежко
jaiba • *n* мóрски рак *(m)*, рак *(m)*
jalar • *v* скъсвам, ебá, шѝбам, чỳкам, дърпам, влека, влача
jaleo • *n* шум, врява, суетене *(n)*, шетня *(f)*
jamás • *adv* когато и да е, нѝкога, нѝвга, така и
jambar • *v* поглъщам, ям лакомо
jamón • *n* шỳнка *(f)*
jaque • *n* шах *(m)*
jaqueca • *n* главобóлие *(n)*
jarabe • *n* сироп *(m)*
jarana • *n* китáра *(f)*
jardín • *n* градѝна *(f)*

jardines • *n* парк *(m)*
jarina • *n* ситен дъжд
jarro • *n* гарафа *(f)*, чáша *(f)*
jarrón • *n* ваза *(f)*
jaula • *n* клéтка *(f)*, кáфез *(m)*
jaulón • *n* щáйга *(f)*
jazz • *n* джаз *(m)*
jefa • *n* шеф *(m)*, работодател *(m)*
jefe • *n* вожд *(m)*, основен, главен, шеф *(m)*, работодател *(m)*, начáлник *(m)*, ръководѝтел *(m)*
jengibre • *n* джинджифил *(m)*
jenízaro • *n* еничар *(m)*, яничар *(m)*
jeque • *n* шейх *(m)*
jerga • *n* жаргóн *(m)*, технически жаргон *(m)*
jerigonza • *n* бръщолевене
jersey • *n* пулóвер *(m)*
jeta • *n* мутра *(f)*
jibia • *n* сепия *(f)*
jícara • *n* кратуна *(f)*
jimagua • *n* близнáк *(m)*
jinete • *n* ездач *(m)*

82

jinn • *n* джин *(m)*
jira • *n* пикник *(m)*
jirafa • *n* жираф *(m)*, жирафа *(f)*
joder • *v* прецаквам , еба, шибам, чукам, развалям
jofaina • *n* кана *(f)*
joto • *adj* хомосексуален *(m)* • *n* педал *(m)*, педераст *(m)*
joule • *n* джаул *(m)*
joven • *adj* млад • *n* млад човек *(m)*, младеж *(m)*, момък *(m)*, юноша *(m)*
joya • *n* скъпоценен камък *(m)*
joyero • *n* касетка *(f)*, ковчеже *(n)*
jubilación • *n* пенсиониране
júbilo • *n* радост *(f)*
jubiloso • *adj* ликуващ
jubón • *n* корсаж *(m)* , жакет *(m)*
judía • *n* боб *(m)*, фасул *(m)*
judo • *n* джудо
juego • *n* игра *(f)*, мач *(m)*
juez • *n* съдия *(f)*
jugador • *n* комарджия *(m)*
jugar • *v* играя комар
jugo • *n* сок *(m)*
juguete • *n* играчка *(f)*
juguetear • *v* лудувам • *n* лудория *(f)*
jugueteo • *n* веселие *(n)*, веселба *(f)*

juguetón • *adj* игрив , скоклив
juicio • *n* съд *(m)* , процес *(m)*
juicioso • *adj* мъдър
julay • *adj* хомосексуален *(m)*
julio • *n* джаул *(m)*
junípero • *n* хвойна *(f)*
junta • *n* уплътнение *(n)*, набивка *(f)*, хунта *(f)* , познанство, съвет *(m)*, борд *(m)*
juntar • *v* свиквам, събирам се, обединявам, комбинирам, съединявам, събирам, събера, натрупвам, приближавам се до, свързвам , закрепвам , съчетавам
juntarse • *v* сливам се, обединявам се
junto • *adv* заедно
juramento • *n* клетва *(f)*
jurar • *v* заклевам се , псувам
justo • *adj* справедлив, прав, верен, правилен, точен , прецизен
juventud • *n* младост *(f)*, младини, младеж *(f)*
juzgado • *n* съд *(m)*
juzgar • *v* отсъждам, присъждам, решавам дело, решавам, изчислявам, оценявам

K

kan • *n* кан *(m)*, хан *(m)*
kilogramo • *n* килограм *(m)*
kimono • *n* кимоно *(n)*
kínder • *n* детска градина *(f)*
kiosco • *n* будка
kipá • *n* ермолка *(f)*

kiwi • *n* киви
koljós • *n* колхоз *(m)*
kosher • *adj* кашер
kumis • *n* кумис *(m)*
kvas • *n* квас *(m)*

L

la • *pron* него, го *(n)*, на него, нему, му *(n)*, нея, я *(f)*, на нея, ней, й *(f)*
laberintitis • *n* лабиринтит *(m)*
labio • *n* устна *(f)*
labios • *n* устни
laboratorio • *n* лаборатория *(f)*
labrar • *v* изработвам на ръка
labro • *n* устна *(f)*
laburo • *n* работа *(f)*, занаят *(m)*
lacayo • *n* любимец
lacrimar • *v* плача
lacrosse • *n* лакрос *(m)*
lácteo • *adj* млечен
lácteos • *n* млечни произведения

lactosa • *n* лактоза
ladearse • *v* наклонявам се
ladeo • *n* вираж *(m)*
ladilla • *n* срамна въшка *(f)*
lado • *n* страна *(f)*, ръб *(m)*
ladrar • *v* лая
ladrido • *n* лай *(m)*
ladrillo • *n* тухла *(f)*
ladrón • *n* крадец *(m)*, крадец *(m)*, разбойник *(m)*
ladrona • *n* крадец *(m)*, разбойник *(m)*
lagarto • *n* гущер *(m)*
lago • *n* езеро *(n)*
lágrima • *n* сълза *(f)*

lagrimar • *v* плача
laguna • *n* езерце *(n)*
lama • *n* слуз *(m)*, лама *(m)*
lamentable • *adj* за оплакване
lamentar • *v* оплаквам
lámina • *n* плоча
laminilla • *n* ламела *(f)*
lámpara • *n* лампа *(f)*
lampazo • *n* репей *(m)*
lana • *n* мангизи, пари, вълна *(f)*, прежда, пари, руно *(n)*
lanceta • *n* ланцет *(m)*
lancha • *n* корабна лодка *(f)*
langosta • *n* скакалец *(m)*, омар *(m)*
langostino • *n* скарида *(f)*
lantano • *n* лантан *(m)*
lanza • *n* копие *(m)*
lanzallamas • *n* огнехвъргачка *(f)*
lanzar • *v* хвърлям, запращам, хвърлям
lanzarse • *v* втурвам се, спринтирам
lapaizo • *n* репей *(m)*
lapicera • *n* писалка *(f)*
lápiz • *n* молив *(m)*
largo • *adj* дълъг *(m)* • *n* дължина *(f)*
larguero • *n* напречна греда *(f)*
largueza • *n* щедрост *(f)*
laringe • *n* гръклян *(m)*, ларинкс *(m)*
láser • *n* лазер *(m)*
lástima • *n* милосърдие *(n)*
lastre • *n* баласт
lata • *n* консервна кутия *(f)*, кутия *(f)*, досада *(f)*, раздразнение *(n)*, консерва , гюм *(m)*
latente • *adj* спящ, латентен, неактивен
latido • *n* туптене
látigo • *n* бич *(m)*
latitud • *n* ширина *(f)*
latón • *n* месинг *(m)*, пиринч *(m)*
laúd • *n* лютня *(f)*
laudo • *n* отсъждане, решение
laurel • *n* лавър *(m)*
laurencio • *n* лавренций *(m)*
lava • *n* лава *(f)*
lavado • *n* пране *(n)*
lavamanos • *n* умивалник *(m)*
lavandería • *n* пералня *(f)*
lavandina • *n* белина *(f)*
lavaplatos • *n* съдомияна машина *(f)*, съдомиялня *(f)*
lavar • *v* изчиствам, почиствам, мия
lavavajillas • *n* съдомияна машина *(f)*, съдомиялня *(f)*
lawrencio • *n* лавренций *(m)*
lazar • *v* целя се, прицелвам се
lazo • *n* лента *(f)*, бухта *(f)*, навито въже, панделка *(f)*
le • *pron* него, го *(n)*, на него, нему, му *(n)*, нея, я *(f)*, на нея, ней, й *(f)*
leal • *adj* верен , предан
lealtad • *n* вярност, преданост, лоялност
lección • *n* урок *(m)*
lechera • *n* буталка *(f)*
lechería • *n* мандра, млекарница *(f)*
lecho • *n* легло *(n)*
lechón • *n* прасенце *(n)*, прасе *(n)*
lechosa • *n* папая *(f)*
lechuga • *n* маруля
lechuza • *n* кукумявка *(f)*, хвърчило *(n)*
leer • *v* чета, прочета, прочитам
legal • *adj* съдебен
legalista • *n* адвокат *(m)*
légamo • *n* слуз *(m)*
legar • *v* завещавам
legítimo • *adj* истински, оригинален, автентичен
legua • *n* левга *(f)*
legumbre • *n* зеленчук *(m)*
lejano • *adj* далечен
lejía • *n* луга *(f)*, белина *(f)*
lejos • *adv* далеч, далече, по-далеч
lema • *n* девиз *(m)*
lengua • *n* език *(m)*
lenguado • *n* камбала *(f)*
lenguaje • *n* език *(m)*
lentamente • *adv* бавно
lente • *n* леща *(f)*
lenteja • *n* леща
lentes • *n* очила
lento • *adj* бавен
leña • *n* дърва за горене, дърва
león • *n* лъв *(m)*
leona • *n* лъвица *(f)*
leopardo • *n* леопард *(m)*
les • *pron* вас , ви , вам
lesbiana • *adj* лесбийски • *n* лесбийка *(f)*
leseras • *n* глупости, безсмислици
lesión • *n* щета *(f)*
lesiones • *n* побой
lesna • *n* шило *(n)*
letal • *adj* убийствен, смъртоносен
letra • *n* буква *(f)*
lev • *n* лев *(m)*
leva • *n* набор *(m)*
levadura • *n* квас *(m)*, мая *(f)*
levantamiento • *n* въстание *(n)*
levantar • *v* издигам, строя, съставям
levante • *n* изток *(m)*
leviatán • *n* левиатан *(m)*
ley • *n* закон, постановление, закон

(m)
leyenda • *n* надпис *(m)*, легенда *(f)*
lezna • *n* шило *(n)*
liar • *v* свързвам, връзвам
libélula • *n* водно конче *(n)*
liberación • *n* освобождение *(n)*, бягство *(n)*
liberar • *v* освобождавам, избавям, освобождавам, освободя
liberarse • *v* отървавам се
libertad • *n* свобода *(f)*, волност *(f)*
libertinaje • *n* разврат *(m)*
libidinoso • *adj* похотлив
libra • *n* фунт *(m)*
librar • *v* измъквам, освобождавам
libre • *adj* свободен, безплатен, свободен, незает, неизползван • *n* такси *(f)*
libremente • *adv* свободно
librería • *n* книжарница *(f)*
librero • *n* библиотека *(f)*
libresco • *adj* книжен
libreto • *n* либрето *(n)*, книжка *(f)*, брошура *(f)*
libro • *n* книга *(f)*
licántropo • *n* върколак
licencia • *n* лицензия *(f)*
licenciar • *v* уволнявам
licitación • *n* оферта *(f)*
licor • *n* ликьор *(m)*
licuado • *n* млечен шейк *(m)*
liebre • *n* заек *(m)*
liendre • *n* гнида *(f)*
lienzo • *n* платно за рисуване *(n)*, платно *(n)*
liga • *n* жартиера *(f)*
ligar • *v* запасвам, флиртувам
ligero • *adj* лек
lighter • *n* запалка *(f)*
ligón • *n* кокетка *(f)*
ligona • *n* кокетка *(f)*
lima • *n* пила *(f)*
limaco • *n* гол охлюв *(m)*
limar • *v* пиля
limitación • *n* принуда *(f)*
limitado • *adj* краен, ограничен, тъп
limitar • *v* ограничавам, ограничавам, ограничавам, принуждавам, насилвам, контролирам
límite • *n* граница, граница *(f)*, ограничение *(n)*, предел *(m)*, предел *(m)*, граница *(f)*
limón • *n* лимон *(m)*
limosna • *n* милостиня *(f)*
limpiar • *v* изчиствам, почиствам, бърша, чистя
limpieza • *n* пречистване *(n)*, чистота *(f)*

limpio • *adj* чист, чист
linaje • *n* произход *(m)*
lince • *n* рис *(m)*
linda • *adj* красив, прекрасен
lindar • *v* гранича, допирам се
lindo • *adj* мил, миловиден
línea • *n* опашка *(f)*
lingüística • *n* лингвистика *(f)*, езикознание *(n)*
lino • *n* лен *(m)*
linterna • *n* ръчно фенерче *(n)*
liquen • *n* лишей *(m)*
liquidación • *n* разпродажба *(f)*
líquido • *n* течност *(f)*
lirio • *n* ирис *(m)*, перуника *(f)*
lirón • *n* сънливец
lisiado • *n* инвалид *(m)*
liso • *adj* гладък
lisonjeador • *n* ласкател *(m)*
lisonjear • *v* придумвам, лаская, превъзнасям
lisonjero • *adj* мил, приятен, хвалебствен, ласкателен • *n* ласкател *(m)*
lista • *n* ивица, списък *(m)*
listeza • *n* интелигентност *(f)*, способност *(f)*
listo • *adj* способен, даровит, умен, сготвен, умен
literario • *adj* литературен, книжен
literatura • *n* литература *(f)*
litio • *n* литий *(m)*
litoral • *n* морски бряг, крайбрежие
liturgia • *n* литургия *(f)*
liviano • *adj* лек
llaga • *n* рана *(f)*, рана *(f)*
llama • *adv* пламвам, лумвам • *n* ярък пламък, буен огън, пламък *(m)*
llamada • *n* разговор *(m)*, връзка *(f)*
llamar • *v* викам, повиквам, обаждам се, звъня, наричам се, наричам, назовавам
llamarada • *n* ярък пламък, буен огън
llamarse • *v* казвам се, наричам
llamativo • *adj* ярък, крещящ, безвкусен
llameante • *adj* пламтящ
llanero • *n* каубой
llano • *adj* плосък, равен, гладък, плосък
llanta • *n* гума *(f)*, автомобилна гума *(f)*
llanto • *n* плач
llanura • *n* равнина *(f)*
llave • *n* ключ *(m)*
llegada • *n* пристигане *(n)*
llegar • *v* достигам, стигам, пристигам

llenar • *v* запълвам
lleno • *adj* пълен *(m)*, сит, нахранен, интересен, колоритен, цветист
llevar • *v* донàсям, довèждам, нóся, возя, карам, нося, пренасям, водя , нося́, мотивирам
llorar • *v* плáча, плача
llovizna • *n* ситен дъжд
lloviznar • *v* ръмя
lluvia • *n* дъжд *(m)*
lo • *pron* него, го *(n)*, на него, нему, му *(n)*, нея, я *(f)*, на нея, ней, ѝ *(f)*
loable • *adj* препоръчителен, похвален, възхитителен
loar • *v* възхвалявам
loba • *n* кучка *(f)*
lobisón • *n* върколак
lobo • *n* вълк *(m)*
lóbrego • *adj* тъмен, мрачен
locho • *adj* ленив
loco • *adj* побъркан, ненормален
locomotora • *n* локомотив *(m)* , локомотѝв *(m)*
locuacidad • *n* непочтителност *(f)*, бъбривост *(f)*
locura • *n* слабоумие *(n)* , душевна
lodo • *n* кал *(m)*, тиня *(f)*
loess • *n* льос *(m)*
logrado • *adj* съвършен
lograr • *v* постигам, достигам, осъществявам, реализирам
logro • *n* постижение *(n)* , постижение, изпълнение
lola • *n* момиче *(f)*, девóйка *(f)*, момá *(f)*
lolo • *n* хлапé *(n)*
loma • *n* хъ̀лм *(m)*
lombriz • *n* червей *(m)*
lomo • *n* гръб *(m)*
lona • *n* платнище *(n)*, брезент *(m)*

longitud • *n* дължинá *(f)*, дължина *(f)*
lora • *n* бъбрица *(f)*, кречетало *(n)*
loro • *n* бъбрица *(f)*, кречетало *(n)*, папагáл *(m)*
losa • *n* плочка *(f)*
lota • *n* налим *(m)*, михалица *(f)*
lote • *n* партида, порция
loza • *n* съдове, порцелан *(m)*, глинени изделия, фаянс *(m)*
lubina • *n* костур *(m)*
lucha • *n* бой *(m)*, сражéние *(n)*, борба *(f)* , битка *(f)* , бѝтка *(f)*
luchador • *n* борец *(m)*
luchar • *v* боря, бия, боря , бия , сражавам се
luciérnaga • *n* светулка *(f)*
lucio • *adj* светъл, ярък • *n* щука *(f)*
lucir • *v* парадирам, светя́, сия́я
ludo • *n* игрá
lugar • *n* мя́сто *(n)*, пространство *(n)* • *adv* другаде
lugareño • *n* жѝтел *(m)*, обитáтел *(m)*
lúgubre • *adj* скръбен, печален, мрачен, намусен
lumbre • *n* пожáр *(m)*
luminoso • *adj* светъл, ярък, свéтъл
luna • *n* лунá *(f)*
lunar • *n* бéнка *(f)*
lupanar • *n* бордéй *(m)*, бардáк *(m)*, публѝчен дом *(m)*
lúpulo • *n* хмел *(m)*
lustre • *n* бля́сък *(m)*
lustroso • *adj* лъскав, полиран
lutecio • *n* лутеций *(m)*
luto • *n* тежка загуба *(f)*
lutria • *n* вѝдра *(f)*
lux • *n* лукс *(m)*
luz • *n* миза, светлинá

M

maca • *n* недостатък *(m)*
macana • *n* кур *(m)* , хуй *(m)*
macanas • *n* глупости, безсмислици
macarra • *n* главорез *(m)* , разбойник *(m)*
maceta • *n* главá *(f)*
machacar • *v* раздробявам, натъртвам
machete • *n* пищов *(m)*
macho • *n* самец *(m)*, мъжкар *(m)*, самец *(m)*, мъжкар *(m)*, мъж *(m)*, мъжка птица • *adj* мъжки *(m)*
machón • *n* контрафорс *(m)*

macizo • *adj* плътен, компактен
macoca • *n* цѝца *(f)*
madrastra • *n* мáщеха *(f)*
madre • *n* мáйка *(f)*
madriguera • *n* бърлога *(f)* , леговище *(n)* , дупка *(f)*, дупка *(f)* , дупка в земята *(f)*
madrugada • *n* зора *(f)*, разсъмване *(n)*, сỳтрин *(m)*, ỳтро *(n)*
madurar • *v* узрявам, зрея
mae • *n* пич *(m)*
maestra • *n* учител *(m)* , преподавател

(m)
maestre • *n* капита́н *(m)*
maestro • *n* оригина́л *(m)*, учител *(m)* , преподавател *(m)* , ма́йстор *(m)*
mafia • *n* мафия *(f)*
magacín • *n* списа́ние *(n)*, журна́л *(m)*
mágico • *adj* магичен
magma • *n* ма́гма *(f)*
magnesio • *n* магне́зий *(m)*
magnicidio • *n* тероризъм, политическо убийство
magnitud • *n* магнитуд *(m)*
mago • *n* вълше́бник *(m)*, чароде́й *(m)*, маг *(m)*, магьосник *(m)*, вещер *(m)*, вълшебник *(m)*, чародей *(m)*
maguey • *n* агаве, столетник
magullar • *v* натъртвам
magullarse • *v* натъртвам се
majestuoso • *adj* ца́рствен, вели́чествен
mal • *adv* зле • *n* зло *(n)* • *adj* зле, нестабилен, разклатен, лош *(m)*, зъл
malabarismo • *n* жонглиране
malagua • *n* меду́за *(f)*
malamente • *adv* зле
malcriar • *v* глезя, угаждам
maldad • *n* беля *(f)*
maldecir • *v* проклинам , псувам , проклинам, ругая , кълна
maldición • *n* псувня *(f)* , клетва *(f)* , проклятие *(n)* , зло, напаст
malditamente • *adv* ужасно
maldito • *adj* прокълнат • *n* проклятие *(n)*, проклятие *(n)*
malecón • *n* при́стан *(m)*, кей *(m)*
maleducado • *adj* непослушен *(m)*, груб
maléfico • *adj* вреден *(m)* , лош *(m)*, зъл
maleta • *n* калъф *(m)*, куфар *(m)*, голям, кожен
malévolo • *adj* лош *(m)*, зъл
malgrado • *prep* въпреки
malhumorado • *adj* ки́сел
malicioso • *adj* злобен
maligno • *adj* злобен , злостен
Maligno • *adj* страшен , ужасен
malo • *adj* лош, зъл, зъл, лош *(m)*
malrepresentar • *v* давам невярна представа за
malvado • *adj* зъл, жесток, брутален, лош *(m)*, зъл • *n* злодей *(m)*
malvavisco • *n* лечебна ружа *(f)*
malversar • *v* злоупотребявам
mamá • *n* ма̀ма *(f)*, ма́ма *(f)*
mamada • *n* фелацио, минет *(m)*
mamar • *v* духам

mamboretá • *n* богомолка *(f)*
mamífero • *n* боза́йник *(m)*
mamón • *n* папа́я *(f)*
mamparo • *n* преграда *(f)*
mamut • *n* маму́т *(m)*
manada • *n* стадо *(m)* , ста́до *(n)*, табу́н *(m)*
manantial • *n* извор *(m)*
mancebía • *n* борде́й *(m)*, барда́к *(m)*, публи́чен дом *(m)*
mancebo • *n* млад чове́к *(m)*, младе́ж *(m)*, мо́мък *(m)*, ю́ноша *(m)*
mancha • *n* петно *(n)*, обезцветяване на кожата, недостатък *(m)*
manchar • *v* цапам, мажа, петня, позоря, зацапвам, опетнявам
mancuerna • *n* гира *(f)*
mandado • *n* неприя́тна рабо́та
mandamiento • *n* за́повед *(f)*, декре́т *(m)*
mandar • *v* нареждам, предписвам, разпореждам се, изпращам
mandarina • *n* мандари́на *(f)*
mandatario • *n* опекун *(m)*, попечител *(m)*
mandato • *n* заповед *(f)*, нареждане *(n)*
mandíbula • *n* челюст *(f)*
mandil • *n* прести́лка *(f)*
manea • *n* букаи
manecilla • *n* стрелка *(f)*
manejar • *v* справям се, карам, ръководя
manejo • *n* власт *(f)*, управление *(n)*
maneto • *n* срамна въшка *(f)*
manga • *n* ръка́в *(m)*, ма́нго *(n)*
manganeso • *n* манга́н *(m)*
mango • *n* ма́нго *(n)*
mangó • *n* ма́нго *(n)*
mangosta • *n* мангу́ст *(m)*
mangual • *n* млатило *(n)*
manguera • *n* марку́ч *(m)*
maní • *n* фъстък *(m)*
maniático • *n* чудак *(m)* • *adj* изтънчен
manicomio • *n* лудница *(f)*
manicura • *n* маникю́р *(m)*
manifestación • *n* демонстрация *(f)* , богоявление *(n)*
manifestar • *v* показвам, проявявам
manifiesto • *adj* явен, очевиден
manija • *n* тока *(f)*, закопчалка *(f)*
maniquí • *n* манекен *(m)*
manitas • *n* момче за всичко *(n)*
manivela • *n* коляно *(n)*, манивела *(f)*
manjar • *n* мек бонбон *(m)*, лакомство *(n)*, деликатес *(m)*
mano • *n* ръка *(f)* , пич, пръст *(m)*

manojo • *n* китка *(f)*, връзка *(f)*, грозд *(m)*
mansamente • *adv* тихо, нежно, внимателно
manta • *n* одеяло *(n)*
manteca • *n* мас *(f)* , масло *(n)*
mantel • *n* покривка *(f)*
mantequera • *n* буталка *(f)*
mantequilla • *n* масло *(n)*
mantis • *n* богомолка *(f)*
manto • *n* мантия *(f)*
mantodeo • *n* богомолка *(f)*
manual • *adj* ръчен *(m)*
manufactura • *n* производство *(n)*, фабрикуване *(n)*
manzana • *n* пресечка *(f)*, квартал *(m)*, каре *(n)*, ябълка *(f)*
mañana • *n* утро *(n)* , сутрин *(m)*, утро *(n)*, утре *(n)* • *adv* утре
mañoso • *adj* нестабилен, разклатен, заядлив, придирчив
mapa • *n* карта *(f)*
mapache • *n* енот *(m)*
maquiavélico • *adj* пресметлив
máquina • *n* машина *(f)*, кола *(f)*, автомобил *(m)*
maquinar • *v* завещавам
mar • *n* море *(n)*
mara • *n* банда *(f)*
maratón • *n* маратон *(m)*
maravilla • *n* чудо *(n)*
maravilloso • *adj* чудесен
marca • *n* недостатък *(m)*, белег *(m)*, марка *(f)*
marcar • *v* означавам
marcha • *n* зъбна предавка *(f)*, марш *(m)*, предаване *(n)*, трансмисия *(f)*
marco • *n* обстановка *(f)* , ситуация *(f)* , рамка *(f)*
marea • *n* отлив *(m)*, прилив *(m)* , отлив *(m)*
mareado • *adj* замаян, болен
mareador • *adj* шеметен
mareo • *n* замайване *(n)*, замаяност *(f)*
marero • *n* гангстер
margarina • *n* маргарин *(m)*
marica • *adj* хомосексуален *(m)* • *n* педераст *(m)*
maricón • *adj* хомосексуален *(m)* • *n* педал *(m)*, педераст *(m)*
marido • *n* мъж *(m)*, съпруг *(m)*
mariguana • *n* марихуана *(f)*
marihuana • *n* марихуана *(f)*, коноп *(m)*
marinera • *n* моряк *(m)*, матрос *(m)*
marinero • *n* моряк *(m)*, моряк *(m)*, матрос *(m)*

mariposa • *n* пеперуда *(f)*
mariposón • *n* кокетка *(f)*
marisma • *n* блато *(n)*, мочурище *(n)*, тресавище *(n)*
marlo • *n* кочан *(m)*
marmota • *n* мармот
marote • *n* глава *(f)*
marqués • *n* маркиз *(m)*
marquesa • *n* маркиза *(f)*
marranito • *n* мокрица *(f)*
marrano • *n* свиня *(f)*
marrón • *n* кафяв цвят *(m)*, кафяво, кестеняв • *adj* кафяв, кестеняв, кестењаст *(m)*
marta • *n* балка *(f)*
martillo • *n* чук *(m)*
marzoleto • *n* глог *(m)*
más • *adv* освен това, нещо повече, по, по, повече, иначе
masa • *n* обем *(m)*, големина *(f)*, маса *(f)*, тесто *(n)*
masacrar • *v* убивам
masacre • *n* клане *(n)*, сеч *(f)*
masaje • *n* масаж *(m)*
masajista • *n* масажист *(m)*
mascar • *v* дъвча
máscara • *n* маска *(f)*
masculino • *adj* мъжки *(m)*, мъжки
mascullar • *v* бръщолевя
masiva • *adj* обемист, масивен
masivo • *adj* обемист, масивен
máster • *n* майстор *(m)*
masticar • *v* дъвча
mástil • *n* мачта *(f)*
mastuerzo • *n* кресон
masturbación • *n* мастурбация *(f)*
mata • *n* растение *(n)*
matadero • *n* кланица *(f)*
matado • *adj* книжовен
matanza • *n* клане *(n)*
matar • *v* убивам
matasiete • *n* хулиган *(m)*, побойник *(m)*
mate • *adj* матов • *n* мат *(m)*
matemáticas • *n* математика *(f)*
mateo • *adj* книжовен
material • *n* материал *(m)*, приспособления, оборудване *(n)*
matón • *n* хулиган *(m)*, побойник *(m)*, главорез *(m)* , разбойник *(m)* , главорез *(m)*
matorral • *n* гъсталак *(m)*
matraca • *n* подкуп *(m)*, рушвет *(m)*
matraz • *n* колба *(f)*
matricaria • *n* моминска вратига *(f)*
matrimonio • *n* брак *(m)*, женитба *(f)*
matriz • *n* мрежа *(f)*, растер *(m)*, матка

(f), утрóба *(f)*
matrona • *n* акушéрка *(f)*
mayal • *n* цеп *(m)*
mayordomo • *n* иконом *(m)*
mayoría • *n* пълнолéтие
mayúscula • *adj* главен
maza • *n* къса сопа
mazacote • *n* бучка, капчица, топчица, буца *(f)*
mazar • *v* натъртвам
mazmorra • *n* донжон *(m)*
mazorca • *n* кочан *(m)*
me • *pron* сéбе си, се, менé, ме
mecánica • *n* механика *(f)*
mecanismo • *n* устрóйство *(n)*, приспособлéние *(n)*
mecate • *n* нишка *(f)*
mecer • *v* прегръщам
mecha • *n* фитúл *(m)*, фитил *(f)*
mechero • *n* запáлка *(f)*
medalla • *n* медал *(m)* , значка
médano • *n* дюна *(f)*
media • *n* средно число
medialuna • *n* полумесец *(m)*
medianoche • *n* полунощ *(f)*
mediar • *v* центрирам
médica • *n* дóктор *(m)*, лекар *(m)*
medicamento • *n* лекáрство *(n)*
medicina • *n* лекáрство *(n)*, медицúна *(f)*
médico • *n* дóктор *(m)*, лекар *(m)*
medida • *n* мярка *(f)*, размер *(m)*, шаблóн *(m)*
medio • *adj* среден • *n* окръжение *(n)*
medioambiente • *n* околна среда *(f)*
medir • *v* измервам скорост
medusa • *n* медýза *(f)*
mejilla • *n* бýза *(f)*, странá *(f)*
mejor • *adj* най-добър, по-добър • *adv* най-добре, по-добре
mejora • *n* подобряване, подобрение, повишение *(n)*, подобрение, напредък
mejorar • *v* подобрявам, поправям, подобрявам се, угоявам, усъвършенствам
mejores • *adv* по-добре
mejoría • *n* подобряване
melancólico • *adj* унил, потиснат, мрачен, намусен
melena • *n* грива *(f)*
mellar • *v* притъпявам
mellizo • *n* близнáк *(m)*
melocotón • *n* прáскова *(f)*
melocotonero • *n* прáскова *(f)*
melodía • *n* мелодия *(f)*
melodrama • *n* мелодрама *(f)*

melón • *n* цúца *(f)*, пъпеш *(m)*
meme • *n* мем *(m)*
memoria • *n* пáмет *(f)*
memorizar • *v* запаметявам
mena • *n* руда *(f)*
mencionado • *adj* гореспоменат
mendelevio • *n* менделéвий *(m)*
mendigar • *v* прося, изпросвам
mendigo • *n* просяк, беднáк *(m)*, сиромах
menguar • *v* смалявам се, свивам се
menospreciar • *v* омаловажавам, презирам, пренебрегвам
mensaje • *n* съобщéние *(n)*
mensajero • *n* куриер *(m)*, пратеник *(m)*
mensario • *n* покривка *(f)*
menso • *adj* тъп, глупав, глупав *(m)* , тъп
menstruación • *n* менструáция *(f)*
menta • *n* мéнта *(f)*
mente • *n* мисъл *(f)*, разум *(m)*, акъл *(m)*, ум *(m)*
mentir • *v* лъжá
mentira • *adj* фалшив • *n* фалшификат *(m)*, лъжá *(f)*
mentirosa • *n* лъжéц *(m)*
mentiroso • *adj* нечестен , непочтен • *n* лъжéц *(m)*
mentón • *n* брадá *(f)*
menú • *n* меню *(n)*
mercado • *n* пазáр *(m)*
merced • *n* благоволение *(n)*
mercurio • *n* живак *(m)*
merecedor • *adj* заслужаващ
merecer • *v* заслужавам
merecido • *n* заслужено *(n)*
meridional • *adj* южен *(m)*, южен *(m)*
meritar • *v* заслужавам
mérito • *n* дължимо *(n)*, полагаемо
mermelada • *n* конфитюр *(m)*
mes • *n* мéсец *(m)*
mesa • *n* маса *(f)*
mesera • *n* келнерка *(f)*
mesero • *n* кéлнер *(m)*
mesonero • *n* кéлнер *(m)*
meta • *n* край *(m)*, финáл *(m)*, цел *(f)*
metafísica • *n* метафизика *(f)*
metal • *n* метáл *(m)*
metalúrgico • *n* металург *(m)*
metalurgista • *n* металург *(m)*
meteorito • *n* метеорúт *(m)*
meteoro • *n* метеор *(m)*
metido • *n* пристрастен *(m)*
método • *n* мéтод *(m)*
metralla • *n* картéч *(m)*
metro • *n* метро *(n)*

mezcla • *n* смес *(f)*, смесица *(f)*
mezclar • *v* забърквам, разбърквам, смесвам, съчетавам, размесвам
mezclilla • *n* деним *(m)*
mezquita • *n* джамия *(f)*
mico • *n* маймуна *(f)*, маймун *(m)*
micólogo • *n* миколог *(m)*
micro • *n* автобус *(m)*, автобус *(m)*
microbio • *n* микроб *(m)*
micrófono • *n* микрофон *(m)*
microonda • *n* микровълна *(f)*
microorganismo • *n* микроорганизъм *(m)*
miedo • *n* фобия *(f)*, страх *(m)*
miedoso • *adj* уплашен, страхлив
miel • *n* мед *(m)*
miembro • *n* израстък, пенис *(m)*, кур *(m)*, хуй *(m)*, пишка *(f)*
mierda • *n* лайно *(n)*, лайно *(n)*, говно *(n)*
mies • *n* сноп *(m)*
miga • *n* среда *(f)*, троха *(f)*
mijo • *n* просо *(n)*
mil • *n* хилядарка *(f)*
milagro • *n* чудо *(n)*
milano • *n* каня *(f)*
mildiu • *n* плесен *(f)*
milenio • *n* хилядолетие *(n)*
milicia • *n* милиция *(f)*
militar • *adj* военен
milla • *n* миля *(f)*
millo • *n* пуканки
millonario • *n* милионер *(m)*
milpiés • *n* стоножка *(f)*
mimar • *v* глезя, угаждам
mina • *n* мина *(f)*, рудник *(m)*, рудница *(f)*
minarete • *n* минаре *(n)*
mineral • *n* руда *(f)*
mineralogía • *n* минералогия *(f)*
minimizar • *v* омаловажавам
mínimo • *n* банан *(m)*, малко количество *(n)*, минимално количество *(n)* • *adj* най-малък
ministerio • *n* министерство *(m)*
minuciosamente • *adv* грижливо, внимателно
minúsculo • *adj* мъничък
minuto • *n* минута *(f)*
mío • *pron* мой, мой
miopía • *n* късогледство
mirar • *v* гледам, излизам насреща, поглеждам, преглеждам бегло, гледам, наблюдавам, гледам, виждам
mirlo • *n* дрозд *(m)*, кос
miseria • *n* нещастие *(n)*, страдание *(n)*

misericordia • *n* милосърдие *(n)*
misil • *n* ракета *(f)*
misión • *n* мисия *(f)*
misionario • *n* мисионер *(m)*
misionera • *n* мисионер *(m)*
misionero • *n* мисионер *(m)*
misterio • *n* мистерия *(f)*
misterioso • *adj* тайнствен, езотеричен, странен, внушаващ суеверен страх, тайнствен
misto • *n* кибрит *(m)*
mitad • *n* половина *(f)*
mitigar • *v* облекчавам, смекчавам, успокоявам
mito • *n* мит *(m)*
mitocondria • *n* митохондрия *(f)*
mitología • *n* митология *(f)*
mitote • *n* клюка *(f)*, сплетня *(f)*
mitzli • *n* пума *(f)*
mobiliario • *n* мебел *(m)*
mochila • *n* раница *(f)*
mochuelo • *n* кукумявка *(f)*
moco • *n* сопол *(m)*, слуз *(f)*, слуз *(m)*
moda • *n* мода *(f)*
modelo • *n* план *(m)*, конструкция *(f)*, дизайн *(m)*, шарка *(f)*, десен *(m)*
módem • *n* модем *(m)*
moderar • *v* смекчавам
moderno • *adj* модерен
modesto • *adj* мек, смирен, скромен
modificación • *n* приспособяване, адаптация, пригаждане, свикване, промяна *(f)*, изменение *(n)*, нагласяване *(n)*, приспособяване *(n)*, настройка *(f)*
modificar • *v* променям, изменям, изменям, променям
modista • *n* абаджия *(m)*, абаджийка *(f)*
modisto • *n* абаджия *(m)*, абаджийка *(f)*
mofador • *adj* насмешлив, подигравателен
mofar • *v* надсмивам се, подигравам се
mofletudo • *adj* пълен
moho • *n* плесен *(f)*, ръжда *(f)*
mojado • *adj* мокър, влажен
mojar • *v* топвам
molde • *n* калъп *(m)*
moldear • *v* отливам
mole • *adj* отпуснат
molécula • *n* молекула *(f)*
moler • *v* раздробявам
molestar • *v* боли, безпокои, безпокоя, смущавам, дразня, досаждам
molibdeno • *n* молибден *(m)*

molino • *n* мелница *(f)*
molleja • *n* воденичка *(f)*
momia • *n* мумия *(f)*
monarca • *n* монарх *(m)*
monarquía • *n* монархия *(f)*
monasterio • *n* манастир *(m)*
moneda • *n* валута *(f)*, монета *(f)*
monedero • *n* портмоне *(n)*
monitor • *n* монитор *(m)*
monje • *n* монах *(m)*, калугер *(m)*
mono • *n* маймуна *(f)*, маймун *(m)*
monopatín • *n* скейтборд
monopolizar • *v* монополизирам
monoteísmo • *n* монотеизъм *(m)*
monserga • *n* глупости, безсмислици, безсмислица *(f)* , непонятен говор
montado • *adv* с разкрачени крака, яхнал
montaje • *n* редактиране *(n)*
montaña • *n* планина *(f)*
montañero • *n* грубиян *(m)*
montar • *v* сглобявам, монтирам
montaraz • *adj* див *(m)*
monto • *n* сума, сбор
montón • *n* навалица *(f)* , куп *(m)*
monumento • *n* паметник *(m)*, монумент *(m)*
moño • *n* лента *(f)*, кок *(m)*
moqueta • *n* килим *(m)*
mora • *n* неустойка *(f)*, неизпълнение *(n)*, къпина *(f)*
morada • *n* жилище, жилище *(n)*
morado • *adj* виолетов *(m)*, пурпурен *(m)*, морав *(m)*
moral • *n* черница *(f)*
morar • *v* живея, обитавам, живея, пребивавам, оставам
moratón • *n* синка *(f)*, натъртено място
mordaz • *adj* рязък, язвителен
mordaza • *n* стяга *(f)*, скоба *(f)*
morder • *v* отхапвам, хапя, захапвам
mordida • *n* подкуп *(m)*, рушвет *(m)*, ухапване *(n)*
moreno • *n* кафяв цвят *(m)*, кафяво
moretón • *n* синка *(f)*, натъртено място
morfema • *n* морфема *(f)*
morgue • *n* морга *(f)*
moribundo • *n* умиращи • *adj* умиращ
morir • *v* умирам, умря, издъхвам, умирам
morocho • *n* близнак *(m)*
morriña • *n* носталгия *(f)*
morrocoy • *n* костенурка *(f)*

morsa • *n* морж *(m)*
mortal • *adj* убийствен, смъртоносен
mortero • *n* хоросан *(m)*, хаван *(m)*, минохвъргачка *(f)*
mortífero • *adj* убийствен, смъртоносен
mortificar • *v* огорчавам, досаждам
morueco • *n* овен *(m)*
mosaico • *n* мозайка *(f)*
mosca • *n* мангизи, муха *(f)*, блесна *(f)*
moscarda • *n* муха месарка *(f)*
moscardón • *n* муха месарка *(f)*, земна пчела *(f)*
mosco • *n* комар *(m)*, муха *(f)*
mosquito • *n* комар *(m)*, комар *(m)*
mostacho • *n* мустак *(m)*
mostaza • *n* горчица *(f)*
mostrador • *n* гише *(n)*
mostrar • *v* показвам , покажа
mota • *n* петно *(n)*, точица *(m)*
mote • *n* девиз *(m)*
moteado • *adj* пъстър, петнист
motear • *v* изпъстрям, изпъстрям се
motín • *n* бунт *(m)*
motivar • *v* провокирам, правя, мотивирам
moto • *n* мотоциклет *(m)*
motocicleta • *n* мотоциклет *(m)*, мотопед *(m)*
motoneta • *n* мотопед *(m)*
motor • *n* мотор *(m)*, двигател *(m)*, мотор *(m)*, двигател *(m)*
mouse • *n* мишка *(f)*
mover • *v* помръдвам се, помръдвам
movilización • *n* мобилизация *(f)*
movimiento • *n* движение *(n)*
moza • *n* млад човек *(m)*
mozo • *n* слуга *(m)*, млад човек *(m)*, младеж *(m)*, момък *(m)*, юноша *(m)*, келнер *(m)*
muca • *n* опосум
muchacha • *n* мацка *(f)*, момиче *(f)*, девойка *(f)*, мома *(f)*, юноша, девойка, момиче *(n)*
muchacho • *n* хлапе *(n)*, юноша, девойка, момче *(n)*
muchedumbre • *n* навалица *(f)*
mudar • *v* изменям, променям
mudo • *adj* ням • *n* глухоням
mueble • *n* мебел *(m)*
mueca • *n* гримаса *(f)*, образ *(m)*
muecín • *n* мюезин *(m)*
muelle • *adj* мек • *n* пружина *(f)*, пристан *(m)*, кей *(m)*, кей *(m)*
muerte • *n* смърт *(f)*, контра *(f)*
muerto • *adj* умрял, покоен, мъртъв • *n* мор

muertos • *n* мъртвите
muffin • *n* мъфин *(m)*
muflón • *n* муфлон
mugre • *n* петно *(n)*, мръсотия *(f)*
mugriento • *adj* мръсен, кирлив
mugroso • *adj* мръсен, кирлив
mujer • *n* женá *(f)*, съпрýга *(f)*
mujerzuela • *n* кýрва *(f)*, блуднѝца *(f)*
mulá • *n* моллá *(m)*
mulato • *n* чернилка
muleta • *n* патерица *(f)*, опора *(f)*, подставка *(f)*
mulita • *n* броненосец
multa • *n* квитанция *(m)*, глоба *(f)*
multar • *v* глобявам
multicultural • *adj* междукултурен *(m)*
multitud • *n* тълпа *(f)*, навалица *(f)*, куп *(m)*
mundo • *n* свят *(m)*

munición • *n* мунѝции, боеприпáси
muñeca • *n* китка *(f)*, кýкла *(f)*
muralla • *n* стенá *(f)*
murciélago • *n* прилеп
murmullo • *n* бръмчене *(n)*
murmurar • *v* ромоля
muro • *n* стенá *(f)*
musaraña • *n* земеровка *(f)*
músculo • *n* мýскул *(m)*
museo • *n* музéй *(m)*
musgo • *n* мъх *(m)*
música • *n* мýзика *(f)*
musical • *n* мюзикъл *(m)*
músico • *n* музикант *(m)*
muslo • *n* бедрó *(n)*
mutable • *adj* променлив *(m)*
mutación • *n* промя́на *(f)*, изменéние *(n)*
muy • *adv* мнóго

N

nabo • *n* ря́па *(f)*
nácar • *n* седеф *(m)*
nacer • *v* възниквам, появявам се
nacimiento • *n* раждане *(n)*, раждáне *(n)*, раждане *(n)*
nación • *n* нáция *(f)*, нарóд *(m)*
nacional • *adj* местен, национален, народен
nacionalidad • *n* национáлност *(f)*, граждáнство *(n)*
nacionalismo • *n* национализъм *(m)*
nada • *pron* нищо
nadar • *v* плувам
nafta • *n* бензѝн *(m)*
nailon • *n* найлон *(m)*
nalga • *n* бут *(m)*, бýза *(f)*
nalgas • *n* зáдник *(m)*, гъз *(m)*, дýпе *(n)*
nana • *n* приспивна песен *(f)*
napalm • *n* напáлм *(m)*
naranja • *n* оранжев, портокáл *(m)* • *adj* портокáлов, орáнжев
narciso • *n* нарцис *(m)*
narina • *n* нóздра *(f)*, нóздря *(f)*
nariz • *n* нос *(m)*
narval • *n* нарвал
nasalización • *n* назализация *(f)*
nata • *n* каймак *(m)*, сметана *(f)*
natalicio • *n* рождéн ден *(m)*
natalidad • *n* раждаемост *(f)*
naturaleza • *n* прирóда *(f)*, околна среда *(f)*
náufrago • *n* корабокрушенец *(m)*

nauseabundo • *adj* отвратителен, противен
navaja • *n* бръснáч *(m)*
nave • *n* кóраб *(m)*, парахóд *(m)*, неф *(m)*, плавателен съд
neandertal • *n* неандерталец
nebulosa • *n* мъглявина *(f)*
necio • *n* абдáл *(m)*, глупáк *(m)* • *adj* неразýмен, глýпав
necromancia • *n* некромантия
nefelibata • *n* мечтáтел *(m)*
negación • *n* отричане *(n)*
negar • *v* отрѝчам, опровергáвам, провалям се, откáзвам
negligente • *adj* невнимателен, безгрижен
negocio • *n* работа, дело, магазѝн *(m)*, сделка *(f)*
negra • *n* нéгър *(m)*, нéгърка *(f)*, негъркá *(f)*, четвъртина нота
negrita • *adj* черен, получерен
negro • *n* нéгър *(m)*, нéгърка *(f)*, чернилка, черно • *adj* чéрен
nena • *n* момиче *(f)*, девóйка *(f)*, момá *(f)*
nene • *n* бéбе *(n)*
neodimio • *n* неодѝм *(m)*
neón • *n* неóн *(m)*
nepotismo • *n* шуробадженащина *(f)*
neptunio • *n* нептýний *(m)*
nervio • *n* нерв *(m)*
nervioso • *adj* нервен

neumático • *n* гу́ма *(f)*, автомоби́лна гу́ма *(f)*
neurología • *n* неврология *(f)*
neurosis • *n* невро́за *(f)*
neutro • *adj* среден
nevera • *n* хлади́лник *(m)*
newton • *n* нютон *(m)*
nicho • *n* ни́ша *(f)*
nidada • *n* люпило *(n)*
nido • *n* гнездо́ *(n)*
niebla • *n* мъгла́ *(f)*
nieta • *n* вну́чка *(f)*
nieto • *n* внук *(m)*, вну́чка *(f)*
nieve • *n* сняг *(m)*
nigromancia • *n* некромантия
nihilismo • *n* нихилизъм
nilón • *n* найлон *(m)*
ningunear • *v* не уважавам
ninguno • *pron* нито един *(m)*
niña • *adj* момичешки • *n* дете́ *(n)*, моми́че *(f)*, девойка *(f)*, мома́ *(f)*, бе́бе *(n)*
niñera • *n* бава́чка *(f)*
niñez • *n* детство *(n)*
niño • *n* дете́ *(n)*, бе́бе *(n)*, момче *(n)*
niños • *adj* детски
niobio • *n* нио́бий *(m)*
niple • *n* бо́зка *(f)*
níquel • *n* ни́кел *(m)*
nítido • *adj* несъмнен, ясен, определен
nitrógeno • *n* азо́т *(m)*
nivel • *n* либела *(f)*, нивелир *(m)*, ниво *(n)*, ниво́ *(n)*
nivelado • *adj* равен
no • *adv* не • *n* не
nobelio • *n* нобе́лий *(m)*
nobleza • *n* аристокрация *(f)*
noche • *n* нощ *(f)*
nocturno • *adj* но́щен
nombramiento • *n* назначе́ние *(n)*
nombrar • *v* именувам, назовавам, избирам, предназначавам, назначавам, определям, наричам, утвърждавам, обвинявам
nombre • *n* съществи́телно и́ме *(n)*, и́ме *(n)*
nomeolvides • *n* незабравка *(f)*

nonagésimo • *adj* деветдесети
noray • *n* вързало *(n)*, кнехт *(m)*
nordeste • *n* северои́зток *(m)*
noreste • *n* северои́зток *(m)*
norma • *n* но́рма *(f)*
noroeste • *n* северозапад *(m)*
norte • *n* север
nosotras • *pron* ни́е
nosotros • *pron* ни́е
nostalgia • *n* носталгия *(f)*
notario • *n* адвока́т *(m)*, нота́риус *(m)*
noticias • *n* нови́ни, изве́стия, ве́сти, но́вости
notificar • *v* съобща́вам, известя́вам
novato • *n* начинаещ *(m)*, новак *(m)*
novela • *n* рома́н *(m)*
novelado • *adj* измислен, въображаем
noveno • *adj* деве́ти *(m)*
novia • *n* гадже *(n)*, га́дже *(n)*, прия́телка *(f)*, бу́лка *(f)*, младоже́нка *(f)*, годени́ца *(f)*
novillo • *n* вол *(m)*
novio • *n* гадже *(n)*, гадже, жени́х *(m)*, младоженец *(m)*, га́дже *(n)*, прия́тел *(m)*, момче́ *(n)*
nube • *n* о́блак *(m)*, облак *(m)*
nublado • *adj* о́блачен, заоблачен
nuca • *n* ши́я *(f)*, врат *(m)*, тил *(m)*
nuclear • *adj* ядрен
nucléolo • *n* ядърце
nudo • *n* въ́зел *(m)*
nuera • *n* снаха́ *(f)*
nuevamente • *adv* отново, пак, нано́во
nuevo • *adj* свеж, нов *(m)*
nuez • *n* орех *(m)*
numerador • *n* числи́тел *(m)*
número • *n* число́ *(n)*, брой *(m)*, числи́телно и́ме *(n)*, числи́телно *(n)*, но́мер *(m)*
nunca • *adv* ни́кога, ни́вга, така и
nupcias • *n* сва́тба *(f)*, бракосъчета́ние *(n)*
nutria • *n* ви́дра *(f)*
nutrición • *n* хранене *(n)*
nylon • *n* найлон *(m)*

Ñ

ñafle • *n* кур *(m)*, хуй *(m)*
ñiqueñaque • *n* остатъци, отпадъци

ñoqui • *n* кне́дла *(f)*

O

o • *conj* или, йли
obediencia • *n* подчинéние (n), покóрство (n)
obediente • *adj* податлив
obesidad • *n* затлъстяване, дебелина (f)
obispo • *n* епископ (m), владика (m)
objecto • *n* предмéт (m), обéкт (m)
objetivo • *n* намерение, цел, прицел
objeto • *n* предмéт (m), обéкт (m)
obligación • *n* облигáция (f), дълг (m)
obligar • *v* принуждавам, заставям, насилвам
obligatorio • *adj* задължителен
obnubilar • *v* смайвам, поразявам, заслепявам
oboe • *n* обой (m)
obra • *n* действие (n), постъпка (f), произведéние (n), изработка (f)
obras • *n* укреплéние (n)
obrero • *n* работник (m), работничка (f)
obsceno • *adj* неприличен, непристоен, циничен, непристоен
observador • *n* зрител, очевидец
observar • *v* разглеждам, гледам, виждам
observatorio • *n* обсерватóрия (f)
obsoleto • *adj* отживял, старомоден
obstáculo • *n* окови
obstetra • *n* акушéрка (f)
obstinado • *adj* твърд, неподатлив, непреклонен, инат
obstrucción • *n* пречка (f), препятствие (n)
obstruer • *v* задръствам
obstruir • *v* препречвам, преча, задръствам
obtener • *v* добивам, придобивам
obtuso • *adj* тъп, глупав
obvio • *adj* несъмнен, явен, очевиден, вопиющ
oca • *n* гъска (f), гъсóк (m)
ocasional • *adj* случаен, инцидентен
ocaso • *n* здрач (m), сумрак (m), привечер (f)
occidental • *adj* западен
océano • *n* океáн (m)
ocio • *n* свободно време (n)
ocioso • *adj* незает
ocre • *adj* жълт
octágono • *n* осмоъгълник (m)
octava • *adj* осми (m)
octavo • *adj* осми (m)
octogésimo • *adj* осемдесети
ocultar • *v* скривам, покривам, крйя, скривáм

ocultismo • *n* окултизъм (m)
oculto • *n* окултизъм (m)
ocupación • *n* окупáция (f)
ocupado • *adj* деен, зает
ocupar • *v* обръщам внимание, грижа се, прислужвам
ocuparse • *v* справям се
ocurrir • *v* се случи
ocurrírsele • *v* изчислявам
oda • *n* стихотворéние (n), поéма (f)
odiar • *v* мрáзя, ненавйждам
odio • *n* отвращение, омрáза (f), ненáвист (f)
odiosa • *adj* отвратителен
odioso • *adj* отвратителен
odontólogo • *n* зъболéкар (m)
oeste • *n* запад (m)
ofender • *v* оскърбявам
ofensa • *n* обйда (f), оскърблéние (n)
ofensiva • *adj* оскърбителен, обиден
ofensivo • *adj* отблъскващ, оскърбителен, обиден
oferta • *n* разпродажба (f)
ofertar • *v* предлагам цена
oficina • *n* кантóра (f), бюрó (n), óфис (m), агенция
oficinista • *n* чиновник (m)
oficio • *n* занаят (m), професия (f)
ofrecer • *v* предлагáм, предлагам цена
ofuscar • *v* обърквам, смущавам
ohmio • *n* ом (m)
oíble • *adj* чуваем, доловим
oído • *n* слух (m), слух (m), ухó (n)
oigo • *interj* áло
oír • *v* чýвам, чýя, слýшам
ojal • *n* илик (m)
ojear • *v* поглеждам, преглеждам бегло
ojo • *n* окó (n), ухо (n)
ola • *n* огромна вълна
oleada • *n* огромна вълна
óleo • *n* óлио (n)
oliva • *n* маслйна (f)
olivo • *n* маслйна
olmo • *n* бряст (m)
olor • *n* миризма (f)
olote • *n* кочан (m)
olvidadiza • *adj* забравящ, разсеян
olvidadizo • *adj* забравящ, разсеян
olvidar • *v* забравям, забрáвя, забравям
omatidio • *n* фасета (f)
ombligo • *n* пъп (m)
omega • *n* омега (f)
ominoso • *adj* зловещ, злокобен
ómnibus • *n* автóбус (m)

omnipotente • *adj* всесилен, всемогъщ
omnipresente • *adj* вездесъщ
omnisciente • *adj* всезнаещ
omniscio • *adj* всезнаещ
onde • *adv* накъде, накъдето
ondear • *v* пърхам, плющя
onomatopeya • *n* ономатопея *(f)*, ономатопея *(f)*
opaco • *adj* матов
opción • *n* избор *(m)*
ópera • *n* óпера *(f)*
operación • *n* операция *(f)*, действие *(n)*, действие *(n)*, операция *(f)*
opereta • *n* оперéта *(f)*
opinión • *n* мнение *(n)*, възглед *(m)*, схващане *(n)*
oponerse • *v* споря, оспорвам
oportunidad • *n* възмóжност *(f)*, шанс *(m)*
oportuno • *adj* уместен, подходящ
optar • *v* кандидатствам
opuesto • *adj* обратен, противополóжен
oración • *n* молитва *(f)*, молба *(f)*, изречéние *(n)*, фрáза
órbita • *n* орбита *(f)*
orden • *n* заповед *(f)*, нареждане *(n)*, диктат *(m)*, нареждане, заповед, ред *(m)*
ordenador • *n* компютър *(m)*
ordenar • *v* нареждам, предписвам, запопвам, сортирам, подреждам, командвам
orégano • *n* сушен риган *(n)*, риган
oreja • *n* ухó *(n)*, ушнá мúда *(f)*
orfanato • *n* сиропитáлище *(n)*
orfebre • *n* златар *(m)*
organismo • *n* организъм *(m)*, организъм *(m)*
organización • *n* организáция *(f)*, власт *(f)*, управление *(n)*
orgasmo • *n* оргáзъм *(m)*
orgulloso • *adj* горд
oriental • *adj* източен
oriente • *n* изток *(m)*
origen • *n* произход *(m)*
original • *adj* изобретателен
orilla • *n* бряг *(m)*, ръб *(m)*
orín • *n* ръждá *(f)*

orina • *n* урúна *(f)*
orla • *n* бордюр *(m)*
orlar • *v* поръбвам
ornar • *v* украсявам, окичвам
ornitorrinco • *n* птицечовка *(f)*
oro • *adj* златен, златен • *n* злáто *(n)*, злато *(n)*
orquesta • *n* оркестър *(m)*
ortejo • *n* пръст *(m)*, пръст на крак *(m)*
ortiga • *n* коприва *(f)*
ortoclasa • *n* ортоклаз
ortografía • *n* правопúс *(m)*, ортогрáфия *(f)*
ortosa • *n* ортоклаз
oruga • *n* гъсеница *(f)*
os • *pron* вас, ви, вам
osadía • *n* смелост *(f)*, безстрашие *(n)*
osado • *adj* смел, безстрашен, дързък, авантюристичен
osamenta • *n* телосложение *(n)*
oscuridad • *n* невидение *(n)*, незнание *(n)*, мрак *(m)*, тъмнина *(f)*, мрак *(m)*, тъмнина *(f)*
oscuro • *adj* унил, меланхоличен, тъмен, тъмен, мрачен, тъмен, наситен, тъмен
osmio • *n* óсмий *(m)*
oso • *n* мечóк *(m)*, мéчка *(f)*
ostensible • *adj* привиден, явен, очевиден, вопиющ
ostentación • *n* самохвалство *(n)*
ostentar • *v* хваля се, парадирам
otoño • *n* éсен *(f)*
otra • *interj* бис • *adj* друг
otras • *adj* друг
otro • *adj* друг
otrora • *adv* преди, в миналото, някога
otros • *adj* друг
ovario • *n* яйчник *(m)*
oveja • *n* овцá *(f)*
ovejero • *n* пастúр *(m)*
óvulo • *n* яйцеклетка *(f)*
oxidación • *n* изгаряне *(n)*
óxido • *n* ръждá *(f)*
oxígeno • *n* кислорóд *(m)*
oyente • *n* слушател *(m)*
ozono • *n* озóн *(m)*

P

pabellón • *n* пристройка *(f)*
pachá • *n* паша *(m)*
paciente • *adj* търпелив
pacífico • *adj* тих
paco • *n* полицай *(m)*, ченге *(n)*
pacto • *n* договор *(m)*
padrastro • *n* втори баща *(m)*
padre • *n* родител *(m)*, баща *(m)*, татко *(m)*
padrillo • *n* жребец *(m)*
padrino • *n* кръстник *(m)*
pagar • *v* плащам, платя
página • *n* страница *(f)*
pago • *n* плащане *(n)*
pagoda • *n* пагода *(f)*
país • *n* страна *(f)*, земя *(f)*, родина *(f)*, държава *(f)*
paisaje • *n* ландшафт *(m)*
paisana • *n* съотечественик *(m)*, земляк *(m)*
paisanas • *n* съотечественик *(m)*, земляк *(m)*
paisano • *n* съотечественик *(m)*, земляк *(m)*
paisanos • *n* съотечественик *(m)*, земляк *(m)*
paja • *n* мастурбация *(f)*, слама *(f)*
pajar • *n* купа *(f)*, купа сено *(f)*
pajarera • *n* волиера, птичарник
pajarito • *n* птиченце *(n)*
pájaro • *n* птица *(f)*
pajarón • *n* мечтател *(m)*
pala • *n* лопата *(f)*, перо *(n)*
palabra • *n* дума *(f)*, слово *(n)*
palacio • *n* дворец *(m)*
paladar • *n* небце *(n)*
paladio • *n* паладий *(m)*
palanca • *n* кози крак *(m)*
paliar • *v* облекчавам, смекчавам
palidecer • *v* бледнея, избледнявам, избледнея
pálido • *adj* блед, безцветен, блед *(m)*
palillo • *n* клечка *(f)*, пръчица за ядене *(f)*
palio • *n* балдахин *(m)*
palma • *n* длан *(f)*
palmar • *v* умирам
palmarla • *v* умирам
palo • *n* палка *(f)*, пръчка *(f)*
paloma • *n* гълъб *(m)*, гълъб *(m)*, кур *(m)*, хуй *(m)*
palomo • *n* гълъб *(m)*
paltó • *n* палто *(n)*, сако *(n)*
pambol • *n* футбол *(m)*, футбол *(m)*
pampelmusa • *n* помело *(n)*
pamporcino • *n* циклама *(f)*
pan • *n* хляб *(m)*

pana • *n* рипсено кадифе *(n)*, повреда *(f)*, авария *(f)*, счупване *(n)*
panadería • *n* фурна *(f)*, пекарна *(f)*, хлебарница *(f)*
panadero • *n* пекар *(m)*, хлебар *(m)*
panal • *n* пчелна пита *(f)*, пита *(f)*
pancake • *n* палачинка *(f)*
pancarta • *n* плакат *(m)*, транспарант *(m)*
páncreas • *n* панкреас *(m)*
pandero • *n* хвърчило *(n)*
pandilla • *n* банда *(f)*, компания *(f)*
pandillero • *n* гангстер
pandorga • *n* хвърчило *(n)*
panfleto • *n* листовка *(f)*
pánico • *n* паника
panne • *n* повреда *(f)*, авария *(f)*, счупване *(n)*
panocha • *n* путка *(f)*
panoli • *n* абдал *(m)*
panqueca • *n* палачинка *(f)*
panqueque • *n* палачинка *(f)*
pantalla • *n* обица *(f)*, абажур, екран *(m)*, маскиране *(n)*
pantalón • *n* панталòни, панталòн *(m)*
pantaloncillos • *n* гащи
pantalones • *n* панталòни, панталòн *(m)*
pantano • *n* тресавище *(n)*, блато *(n)*, блато *(n)*, мочурище *(n)*, тресавище *(n)*
pantanoso • *adj* мочурлив, блатист
pantorrilla • *n* прасец *(m)*
panza • *n* корем *(m)*, шкембе, тумбак *(m)*
pañal • *n* пелена *(f)*
pañuelo • *n* носна кърпа *(f)*, кърпичка *(f)*
papa • *n* картоф
papá • *n* татко *(m)*
papagayo • *n* хвърчило *(n)*, папагал *(m)*
papalote • *n* хвърчило *(n)*
papaya • *n* папая *(f)*
papel • *n* роля *(f)*, хартия *(f)*
papelote • *n* хвърчило *(n)*
papirola • *n* пенис *(m)*, кур *(m)*, хуй *(m)*, пишка *(f)*
papirote • *n* щракване с пръсти *(n)*
paquete • *n* пакетче *(n)*
par • *n* чифт *(m)*, брат *(m)* • *adj* четен
para • *adj* детски
paracaídas • *n* парашут *(m)*
parada • *n* спирка *(f)*, парад *(m)*
paradero • *n* спирка *(f)*, местонахождение *(n)*
parado • *adj* безработен

paradoja • *n* парадокс *(m)*
paraguas • *n* чадър *(m)*
paraíso • *n* небе *(n)*, рай *(m)*, небеса
paranoia • *n* параноя *(f)*
parapeto • *n* перваз *(m)*
parar • *v* спирам, задържам, спирам, спра
pararse • *v* отказвам, не работя
parásito • *n* паразит *(m)*
parasol • *n* чадър *(m)*
parce • *n* пич
parcial • *adj* предубеден, пристрастен
pardo • *n* кафяв цвят *(m)*, кафяво, сиво-кафяв • *adj* сиво-кафяв, кафяв
parecerse • *v* събирам се, приближавам се, сливам се
parecido • *adj* подобен
pared • *n* стена *(f)*
pareja • *n* двойка *(f)*, чифт *(m)*
parejo • *adj* гладък, плосък
paréntesis • *n* скоба
parida • *n* абсурдност *(f)*
paridad • *n* равенство *(n)*
parir • *v* раждам
parlamento • *n* парламент *(m)*
parlotear • *v* бъбря, дърдоря, бърборя
parloteo • *n* бърборене, дърдорене *(n)*
paro • *n* безработица *(f)*, спиране, задържане
parpadear • *v* мигам, премигвам, блещукам, мъждукам
parpadeo • *n* блещукане *(n)*, мъждукане *(n)*
párpado • *n* клепка *(f)*, клепач *(m)*
parque • *n* парк *(m)*
parra • *n* лоза *(f)*, лоза *(f)*
párrafo • *n* параграф *(m)*
parrilla • *n* мрежа
párroco • *n* свещеник *(m)*, поп *(m)*
parte • *n* квитанция *(m)*, част *(f)* • *adv* другаде
partera • *n* акушерка *(f)*
participación • *n* участие *(n)*
participante • *n* участник *(m)*
participar • *v* участвам, участвувам, вземам участие, взема участие
partícula • *n* частица *(f)*
partida • *n* заминаване *(n)*, тръгване *(n)*, смърт *(f)*, напускане *(n)*
partidario • *n* алебарда *(f)*
partido • *n* партия *(f)*, мач *(m)*
partir • *v* напускам, тръгвам, отивам си
parto • *n* раждане *(n)*, раждане *(n)*
parvulario • *n* детска градина *(f)*
pasaboca • *n* аперитив *(m)*, мезе

pasado • *n* минало *(n)*
pasaje • *n* извадка *(f)*, извлечение *(n)*, билет *(m)*
pasajero • *n* пътник *(m)*, пасажер *(m)*, пасажерка *(f)*, пътница *(f)*
pasapalo • *n* аперитив *(m)*, мезе
pasaporte • *n* паспорт *(m)*
pasar • *v* отказвам се, се случи, пресичам, промушвам, промуша, промъквам, промъкна
pasarse • *v* дезертирам
pasatiempo • *n* хоби, хоби *(n)*
pasillo • *n* коридор *(m)*
pasión • *n* страст *(f)*
pasmado • *adj* ужасен, слисан
pasmar • *v* смайвам, слисвам, удивлявам, изумявам, учудвам, поразявам
paso • *n* пролив *(m)*, проток *(m)*, стъпало *(n)*, стъпка *(f)*, крачка *(f)*
pasta • *n* книжни пари, мангизи, пари, тесто *(n)*, пари
pastel • *n* торта *(f)* • *adj* рус
pasto • *n* трева *(f)*, поляна *(f)*
pastor • *n* пастир *(m)*
pata • *n* патица *(f)*, крак *(f)*, лапа *(f)*
pataleta • *n* фасон *(m)*, тръшкане *(n)*
patata • *n* картоф
paternidad • *n* бащинство *(n)*
patíbulo • *n* бесилка *(f)*, бесило *(n)*
patilla • *n* диня *(f)*
patín • *n* борд *(m)*, фланец *(m)*
patio • *n* двор *(m)*, двор *(m)*, двор *(m)*
patito • *n* пате *(n)*
pato • *n* патица *(f)*, патка *(f)*, паток *(m)*, патешко месо *(n)*, паток *(m)*
patoso • *adj* тромав, несръчен
patriarca • *n* баща *(m)*, патриарх *(m)*
patriota • *n* родолюбец *(f)*, патриот *(m)*
patrocinar • *v* финансирам
paulatinamente • *adv* постепенно
paulatino • *adj* постепенен
paupérrimo • *n* бедняк *(m)*, сиромах *(m)*
pava • *n* угарка *(f)*, фас *(m)*, бретон *(m)*, перчем *(m)*
pavo • *n* пуйка *(f)*, долар *(m)*
pavor • *n* фобия *(f)*, страхопочитание, благоговение
pavorreal • *n* паун *(m)*
pavos • *n* долар *(m)*
payasa • *n* шут *(m)*, палячо *(n)*, клоун *(m)*
payaso • *n* шут *(m)*, палячо *(n)*, клоун *(m)*
paz • *n* мир *(m)*, спокойствие *(n)*
peca • *n* луничка *(f)*

pecado • *n* грях *(m)*
pecador • *n* грешник *(m)* , грешница *(f)*
pecadora • *n* грешник *(m)* , грешница *(f)*
pecar • *v* грешá
pecera • *n* аквáриум *(m)*
pechera • *n* гърди, пазва *(f)*
pecho • *n* гърдá *(f)*, гръд *(f)*, гърдú, гръден кош, гръден кош *(m)*
pechuga • *n* гърди
peculado • *n* злоупотреба *(f)*
pedal • *n* педал *(m)*
pedante • *adj* книжен
pedazo • *n* парче *(n)*, част *(f)*
pederasta • *n* педераст *(m)*
pederastia • *n* педерастия *(f)*
pedernal • *n* кремък *(m)*, камъче *(n)*
pedigrí • *n* родословие *(n)*
pedir • *v* мóля, úскам
pedo • *n* пръдня *(f)* • *adj* пиян
pedorrear • *v* пърдя
pedrisco • *n* градýшка *(f)*
peer • *v* пърдя
pega • *n* уловка *(f)*, рáбота *(f)*, занаят *(m)*
pegadillo • *n* репей *(m)*
pegadizo • *adj* лесно запомнящ се
pegamento • *n* цимент *(m)*, лепило *(n)*
pegar • *v* улучвам, ýдрям, бúя, лепя , прикрепям, закрепвам
pegarse • *v* прилепвам, прилепвам се
peinar • *v* реша, сресвам, претърсвам, прочесвам
peinarse • *v* реша, сресвам
pejiguero • *adj* придирчив, заядлив, критичен
pelado • *n* хлапé *(n)* • *adj* разорен, циничен, непристоен
pelaje • *n* козина *(f)*
peldaño • *n* стъпало *(n)*
pelea • *n* спор, дискусия, кръвна вражда *(f)* , вражда *(f)* , кавгá *(f)*, уличен скандал, шумна кавга, меле *(n)*, бой *(m)*
pelear • *v* боря, бия
peleón • *n* хулиган *(m)*, побойник *(m)*
pelícano • *n* пеликан *(m)*
película • *n* филм *(m)*, слой *(m)*, лéнта *(f)*
peligrado • *adj* застрашен
peligro • *n* опáсност *(f)*
peligroso • *adj* опáсен, рискóван
pelo • *n* коса *(f)* , козина *(f)*
pelota • *n* тóпка *(f)*
pelotas • *n* ташак *(m)*, топки
peloton • *n* взвод *(m)*

peluca • *n* перука *(f)*
peludo • *adj* мъхнат, пухкав
peluquera • *n* фризьóр *(m)*, фризьóрка *(f)*
peluquería • *n* бръснарница *(f)*
peluquero • *n* бръснар *(m)*, фризьор *(m)*, фризьорка *(f)*, фризьóр *(m)*, фризьóрка *(f)*
pelvis • *n* таз *(m)*
pena • *n* присъда *(f)* , скръб *(f)*, печáл *(f)*, жáлост *(f)*, гóрест *(f)*
pendejo • *n* глупáк *(m)* • *adj* глупав *(m)* , тъп
pendenciero • *n* хулиган *(m)*, побойник *(m)* • *adj* свадлив
pender • *v* вися
pendiente • *n* наклон, отстъп, обицá *(f)*
pendular • *adj* непостоянен, променлив, отмятащ се
pene • *n* пéнис *(m)*, кур *(m)*, хуй *(m)*, пúшка *(f)*
penicilina • *n* пеницилин *(m)*
península • *n* полуóстров *(m)*
penitenciaría • *n* затвóр *(m)*, дрангóлник *(m)*, тъмнúца *(f)*, тюрмá *(f)*, зандáн *(m)*
penoso • *adj* тежък, труден, обременяващ
pensable • *adj* мислим, разбираем, възможен
pensamiento • *n* размисъл *(m)* , мисъл *(f)* , идея *(f)*
pensar • *v* мисля
pensión • *n* издръжка *(f)*
penuria • *n* нýжда *(f)*, лúпса *(f)*, отсъствие *(n)*
peón • *n* фигýра *(f)*, пешка *(f)*
peonía • *n* божýр *(m)*
pepinillo • *n* корнишон *(m)*
pepino • *n* крáставица *(f)*
pepita • *n* къс самородно злато
pequeñito • *adj* мъничък
pequeño • *adj* мáлък
pera • *n* брадá *(f)*, крýша *(f)*
peral • *n* крýша *(f)*
peralte • *n* вираж *(m)*
perca • *n* костур *(m)*
percebe • *n* морски жълъд *(m)*
percha • *n* закачалка *(f)*
percibir • *v* схващам, долавям, съзирам
percutor • *n* ýдарник *(m)*, петлé *(n)*
perder • *v* гýбя, лишавам се от, загýбвам, загýбя, гýбя, загубвам
perdición • *n* зло, напаст
perdiz • *n* яребица *(f)*

perdóname • *interj* извинéте, извинявай, съжалявам, пардóн
perdonar • *v* прощавам, прощáвам, простя́, опрощавам
perdonavidas • *n* хулиган *(m)*, побойник *(m)*
perdurable • *adj* траен, устойчив
perdurar • *v* издържам
perejil • *n* магданóз *(m)*
perennifolio • *adj* вечнозелен
pereza • *n* лени́вец *(m)*, мързел *(m)*
perezoso • *n* лени́вец *(m)* • *adj* ленив
perfecto • *adj* бездефектен, безупречен, съвършен, безпогрешен
perforar • *v* пробивам, сондирам
perfumar • *v* парфюмирам
perfume • *n* парфю́м *(m)*
pericia • *n* ловкост *(f)*, умение *(n)*
periferia • *n* покрайнини
perifolio • *n* кервел
perifollo • *n* кервел
perilla • *n* козя брадичка *(f)*
periné • *n* перинеум
perineo • *n* перинеум
periódico • *n* вéстник *(m)*
periodismo • *n* журнали́стика *(f)*
periodista • *n* журнали́ст *(m)*, журнали́стка *(f)*
periodo • *n* менструáция *(f)*
peristalsis • *n* перисталтика
perjudicar • *v* петня, позоря
perla • *n* би́сер *(m)*, пéрла *(f)*, маргари́т *(m)*
permanecer • *v* запазвам се, търпя
permiso • *n* разрешéние *(n)*, позволéние *(n)*, лицéнзия *(f)*
permitir • *v* позволявам, разрешавам, позволя́вам, давáм, подкрепям, насърчавам
pernicioso • *adj* пагубен, гибелен
pero • *conj* но
perpendicular • *adj* перпендикулярен, прав
perpetrador • *n* извършител *(m)*, виновник *(m)*
perra • *n* кучка *(f)*, курва *(f)*, развратница *(f)*
perrera • *n* бретон *(m)*, перчем *(m)*
perrito • *n* кученце *(n)*
perro • *n* куче *(n)*, пес *(m)*, псе *(n)* • *adj* отвратителен, противен
persecución • *n* лов *(m)*, гонитба *(f)*
perseguidora • *n* махмурлук *(m)*
perseguir • *v* гоня, преследвам
perseverante • *adj* твърдоглав
persiana • *n* щори, жалузи
persignarse • *v* кръстя се, прекръствам

persona • *n* човéк *(m)*, род *(m)*
personaje • *n* герой *(m)*, действащо лице
personificar • *v* въплъщавам, олицетворявам
perspicacia • *n* проницателност, прозорливост, проницателност
perspicaz • *adj* интензивен, хитър, проницателен
persuadir • *v* разубеждавам, убеждавам
persuasivo • *adj* състоятелен, достоверен
pertenecer • *v* принадлежа, членувам, принадлежá
pertinente • *adj* приложим, уместен, подходящ
perturbación • *n* смущение *(n)*, смут *(m)*, безредие *(n)*, бъротия *(f)*
perturbado • *adj* объркан
perturbar • *v* безпокоя, смущавам, вълнувам, възбуждам
perverso • *adj* лош *(m)*, зъл
pesado • *adj* тéжък *(m)*, тежък, труден, обременяващ, обременителен
pésame • *n* съболезнования
pesar • *v* претеглям, тежа • *n* скръб *(f)*, печáл *(f)*, жáлост *(f)*, гóрест *(f)*
pesas • *n* гира *(f)*
pesca • *n* рибольóв *(m)*, риболов *(m)*
pescado • *n* ри́ба *(f)*
pescador • *n* рибáр *(m)*, риболóвец *(m)*, рибар *(m)*, въдичар
pescadora • *n* въдичар
pescar • *v* ловя риба
pescuezo • *n* ши́я *(f)*, врат *(m)*
pesebre • *n* дéтско кревáтче *(n)*
peso • *n* теглó *(n)*
pespuntar • *v* зад игла
pestaña • *n* борд *(m)*, фланец *(m)*, ръб *(m)*, ми́гла *(f)*, ресни́ца *(f)*
peste • *n* смрад *(m)*, воня *(f)*
peta • *n* костенурка *(f)*
petaca • *n* плоска бутилка *(f)*, хвърчило *(n)*
petardo • *n* пиратка *(f)*, фишек *(m)*, измама *(f)*
petate • *n* блъф *(m)*, блъфиране *(n)*
petirrojo • *n* червеногръдка
pétreo • *adj* каменен *(m)*
petróleo • *n* нáфта *(f)*
pez • *n* ри́ба *(f)*
pezón • *n* бóзка *(f)*
pezuña • *n* копито *(n)*
piano • *n* пиáно *(n)*
pibe • *n* хлапé *(n)*

pica • *n* пика (f)
picada • *n* аперитив (m), мезе
picadera • *n* аперитив (m), мезе
picadillo • *n* кайма (f)
picadito • *n* аперитив (m), мезе
picar • *v* накълцвам, цепя, сека, отсичам, сърбеж, захапвам, кълва, хапя, жиля, щипя
picardía • *n* беля (f)
picaza • *n* сврака (f)
picazón • *n* сърбеж
picha • *n* кур (m), хуй (m), кур (m), хуй (m)
pichar • *v* еба, шибам, чукам
pichel • *n* кана (f)
pichi • *n* кур (m), хуй (m)
pichón • *n* гълъб (m), гълъб (m), пиленце (f)
pichula • *n* кур (m), хуй (m), кур (m), хуй (m)
pícnic • *n* пикник (m)
pico • *n* човка (f), клюн (m), кур (m), хуй (m)
picopando • *n* крайбрежен бекас (m)
picor • *n* сърбеж
picota • *n* позорен стълб (m)
picoteo • *n* аперитив (m), мезе
pie • *n* фут (m), основа (f), стъпало (m)
piedad • *n* милосърдие (n)
piedra • *adj* каменен (m) • *n* скала, камък (m), камъче (n), плочка (f)
piel • *n* кожа (f), кожа (f)
pienso • *n* зоб (m), паша (f), фураж (m)
pierna • *n* крак (f)
pieza • *n* стая (f), спалня, фигура (f)
pífano • *n* пикола (f)
pifia • *n* несхопосана работа
pigmeo • *n* джудже (n), гном (m)
pihuela • *n* букаи, окови
pihuelas • *n* букаи
pija • *n* пенис (m), кур (m), хуй (m), пишка (f), кур (m), хуй (m)
pijama • *n* пижама (f)
pijamas • *n* пижама (f)
pila • *n* батерия (f)
pilar • *n* колона (f), стълб (m)
pileta • *n* умивалник (m)
pillo • *adj* умен
piloto • *n* летец (m)
pimienta • *n* пипер (m)
pimiento • *n* лют червен пипер
pimpollo • *n* фиданка (f)
pincel • *n* четка (f)
pinchar • *v* klikam, кликам, флиртувам
pincho • *n* аперитив (m), мезе

pinga • *n* кур (m), хуй (m)
pingüino • *n* пингвин (m)
pink • *n* розов цвят (m)
pinna • *n* ушна мида (f)
pino • *n* бор (m), мура (f)
pintalabios • *n* червило (n)
pintor • *n* художник (m)
pintora • *n* художник (m)
pintura • *n* боя (f)
pinza • *n* стяга (f), скоба (f), щипка
pinzón • *n* чинка (f)
piña • *n* ананас (m)
piocha • *n* значка, козя брадичка (f)
piojo • *n* въшка (f)
piola • *n* пиратка (f), фишек (m)
pionero • *n* пионер (m)
pipe • *n* пенис (m), кур (m), хуй (m), пишка (f)
pipeta • *n* пипета (f)
pipilacha • *n* водно конче (n)
pipoca • *n* пуканки
piqueo • *n* аперитив (m), мезе
pirámide • *n* пирамида (f)
piraña • *n* пираня (f)
pirata • *n* пират (m)
piratería • *n* пиратство (n)
pirula • *n* пенис (m), кур (m), хуй (m), пишка (f)
piruleta • *n* близалка (f)
pirulí • *n* близалка (f)
pirulo • *n* пенис (m), кур (m), хуй (m), пишка (f), кур (m), хуй (m)
pisco • *n* пуйка (f)
piscucha • *n* хвърчило (n)
piso • *n* под (m), апартамент (m)
pispear • *v* поглеждам, преглеждам бегло
pista • *n* указание (n)
pisto • *n* пари
pistola • *n* пистолет (m)
pita • *n* агаве, столетник
pitar • *v* свиркам
pitero • *n* броненосец
pito • *n* цигара (f), кълвач (m), пенис (m), кур (m), хуй (m), пишка (f), корна (f), рупор (m), свирка (f)
pituso • *adj* мил
pívot • *n* център
pivote • *n* опорна точка (f)
pizarra • *n* дъска (f), шиста (f), черна дъска (f)
pizarrón • *n* дъска (f), черна дъска (f)
pizca • *n* малко количество (n), минимално количество (n)
pizza • *n* пица (f)
placa • *n* чене (n)
placard • *n* гардероб (m)

placer • *n* удоволствие *(n)*, наслада *(f)*
plaga • *n* комáр *(m)*
plancha • *n* ютѝя *(f)*, плоча
planchar • *v* гладя, изглаждам
plancheado • *n* блуминг
planear • *v* планирам
planes • *n* мерки, приготовления
planeta • *n* планéта *(f)*
planetoide • *n* астерóид *(m)*
planicie • *n* равнина *(f)*
planilla • *n* формуляр *(m)*
plano • *adj* равен, изравнен, плóсък, рáвен
planta • *n* растèние *(n)*, табáн *(m)*, фáбрика *(f)*, завóд *(m)*
planteamiento • *n* подход, приближаване
plantígrado • *adj* който ходи на цяло стъпало, плоскостъпен
plantilla • *n* шаблон *(m)*
plata • *n* мангизи, пари, сребро *(n)*, парѝ, сребрó *(n)* • *adj* срéбърен
plataforma • *n* платфóрма *(f)*
plátano • *n* банáн *(m)*
plateado • *adj* срéбърен *(m)*, сребрѝст *(m)* • *n* сребрѝст *(m)*
platería • *n* сребрó *(n)*
platica • *n* платика *(f)*
plática • *n* закачка, задявка
platicar • *v* бъбря
platillo • *n* чинел *(m)*, ястие
platillos • *n* чинел *(m)*
platino • *n* платѝна *(f)*
plato • *n* блюдо *(n)*, ядене *(n)*, блюдо, чинел *(m)*, ястие, чинѝя *(f)*
platos • *n* чинел *(m)*
playa • *n* плаж *(m)*
plaza • *n* пазáр *(m)*, плóщад *(m)*, площáд *(m)*
plegable • *adj* разглобяем, сгъваем
plegado • *adj* огънат
plegar • *v* сгъвам, прегъвам
plenario • *adj* пленарен
pleno • *adj* пълен, абсолютен
pliegue • *n* гънка *(f)*, дипла *(f)*, гънка *(f)*, прегъвка *(f)*
plomo • *n* олово *(n)*
plop • *n* тропот *(m)*
pluma • *n* писáлка *(f)*, перó *(n)*, перò *(n)*
plural • *n* мнóжествено числó *(n)*
plutonio • *n* плутóний *(m)*
población • *n* населéние *(n)*
poblar • *v* обитавам, живея, населявам
pobre • *adj* лош, беден
poceta • *n* тоалéтна *(f)*
pochoclo • *n* пуканки
podar • *v* кося
poder • *n* власт *(f)*, сѝла *(f)* • *v* мóга, умея
poderoso • *adj* мóщен, могѫщ
poema • *n* стихотворéние *(n)*, поéма *(f)*
poesía • *n* стихотворéние *(n)*, поéма *(f)*, поéзия *(f)*
poeta • *n* поéт *(m)*
poetisa • *n* поéт *(m)*, поетéса *(f)*
pogromo • *n* погрóм *(m)*
póker • *n* покер *(m)*
polaina • *n* гета *(f)*, гамаш *(m)*
polarizar • *v* завладявам
polémica • *n* спор *(m)*, дискусия *(f)*
policía • *n* полицáй *(m)*, полѝция *(f)*
policial • *n* полицáй *(m)*
poliedro • *n* полиедър *(m)*, многостен *(m)*
polietileno • *n* полиетилен *(m)*
políglota • *n* полиглот *(m)*
poligloto • *adj* полиглот *(m)*
polígloto • *adj* полиглот *(m)*, полиглот *(m)*
polígono • *n* многоъгълник *(m)*
polilla • *n* молец *(m)*, нощна пеперуда *(f)*
polín • *n* гредá *(f)*
polisón • *n* турнюр *(m)*
Politburó • *n* политбюрó *(n)*
politeísmo • *n* политеизъм *(m)*
política • *n* полѝтика *(f)*, полѝтик *(m)*
político • *n* полѝтик *(m)*
polla • *n* пиле *(n)*, пéнис *(m)*, кур *(m)*, хуй *(m)*, пѝшка *(f)*
pollera • *n* полá *(f)*
pollina • *n* бретон *(m)*, перчем *(m)*
pollito • *n* пиле *(n)*
pollo • *n* пиле *(n)*, ярка *(f)*, пилешко *(n)*
polluela • *n* дърдавец *(m)*
polluelo • *n* пиленце *(f)*
polo • *n* полюс *(m)*
pololo • *n* гáдже *(n)*, приятел *(m)*, момчé *(n)*
polonio • *n* полóний *(m)*
poltergeist • *n* полтъргайст *(m)*
polvo • *n* ебане *(n)*, прах *(m)*, прахче *(n)*
pólvora • *n* барýт *(m)*
pomelo • *n* грейпфрут *(m)*, помело *(n)*
pompa • *n* мехурче *(n)*
pómulo • *n* скула *(f)*
ponderar • *v* питам се
poner • *v* слагам, чета се, мятам
poni • *n* пóни *(m)*

ponqué • *n* торта *(f)*
pop • *n* пуканки
popa • *n* кърма *(f)*
popcorn • *n* пуканки
poporopo • *n* пуканки
póquer • *n* покер *(m)*
por • *prep* по, с , според, по-нататък
porcelana • *n* порцелан *(m)*
porción • *n* порция *(f)* , част *(f)*
porfa • *adv* моля
porfiado • *adj* инат
pornógrafa • *n* порнограф *(m)*
pornografía • *n* порнография *(f)*
pornográfica • *adj* порнографичен
pornográfico • *adj* порнографичен
pornógrafo • *n* порнограф *(m)*
poro • *n* праз *(m)*
poronga • *n* пенис *(m)*, кур *(m)*, хуй *(m)*, пишка *(f)*
pororó • *n* пуканки
poroto • *n* боб *(m)*, фасул *(m)*
porque • *adv* защото, поради • *conj* защото, тъй като, понеже
porqué • *n* причина *(f)*
porquería • *n* мръсотия *(f)*
porra • *n* палка, жезъл, къса сопа
porrígine • *n* пърхот *(m)*
porrista • *n* мажоретка
porro • *n* праз *(m)*
porrón • *n* потапница *(f)*, звънарка *(f)*
portada • *n* подвързия *(f)*
portador • *n* преносител *(m)*
portadora • *n* преносител *(m)*
portalón • *n* трап *(m)*
portar • *v* държа се , нося
portarse • *v* държа се добре
portátil • *n* лаптоп *(m)*
portavoz • *n* защитник, поддръжник
portentoso • *adj* зловещ
portería • *n* врата *(f)*
portero • *n* вратар
portón • *n* врата *(f)*
porvenir • *n* бъдеще *(n)*
posada • *n* хан *(m)*, кръчма *(f)*
posarse • *v* кацам
poseer • *v* владея, имам
posibilidad • *n* възможност *(f)*, шанс *(m)*
positivo • *adj* положителен
positrón • *n* позитрон *(m)*
posmodernismo • *n* постмодернизъм *(m)*
posponer • *v* прекъсвам, правя пауза, отлагам, отсрочвам
postal • *n* пощенска *(f)*, пощенска картичка *(f)*
poste • *n* пенис *(m)*, кур *(m)*, хуй *(m)*, пишка *(f)*, стълб *(m)*
postizo • *adj* изкуствен, фалшив
postmodernidad • *n* постмодернизъм *(m)*
postración • *n* смайване *(n)*, ужас *(m)*
postre • *n* десерт *(m)*
postular • *v* кандидатствам
postura • *n* стойка *(f)*, поза *(f)*
potable • *adj* питеен , годен за пиене
potasio • *n* калий *(m)*
pote • *n* глинен съд, буркан *(m)*
potencia • *n* сила *(f)*
potra • *n* конче *(n)*, жребче *(n)*
potranco • *n* конче *(n)*, жребче *(n)*, жребче *(m)*
potro • *n* жребец *(m)*, конче *(n)*, жребче *(n)*, жребче *(m)*
poza • *n* локва *(f)*
pozal • *n* кофа *(f)*, ведро *(n)*
pozo • *n* кладенец *(m)*
práctico • *adj* полезен *(m)*
prado • *n* ливада *(f)*, поляна *(f)*, лъка *(f)*
praseodimio • *n* празеодим *(m)*
precaución • *n* предпазливост *(f)*, благоразумие *(n)*
preceder • *v* предшествам
precio • *n* цена *(f)*
precioso • *adj* скъпоценен, ценен, скъп, мил, скъп
precipicio • *n* канара *(f)*
precipitación • *n* валеж *(m)*
precipitado • *adj* стремителен
precisar • *v* определям
precisión • *n* акуратност *(f)* , точност *(f)* , прецизност *(f)*
preciso • *adj* точен , прецизен
precoz • *adj* ранен
precursor • *n* предшественик *(m)*, предвестник *(m)*
predador • *n* хищник *(m)*
predecesor • *n* предци
predecir • *v* предвиждам, предсказвам, предсказвам, предричам
predicado • *n* сказуемо *(n)*
predicador • *n* проповедник
predisposición • *n* склонност *(f)*
predominio • *n* надмощие, господство
prefacio • *n* заглавие *(n)*, рубрика *(f)*
preferiblemente • *adv* скоро
preferir • *v* предпочитам
prefijo • *n* представка *(f)* , префикс *(m)*
pregunta • *n* въпрос *(m)*, питане *(n)*, запитване *(n)*
preguntar • *v* питам

preguntarse • v питам се
prematuro • adj ранен, преждевременен
premiar • v награждавам
premio • n награда
prenda • n дреха (f), одежда (f)
prender • v взёмам, взи́мам, взёма, хващам, задържам
preñada • adj брéеменна
preñado • adj брéеменна
preocupación • n бреме (n), загриженост (f), интерес (m), грижа (f)
preocupar • v обезпокоявам
preparar • v подгóтвям
preparativos • n мерки, приготовления
preposición • n предлóг (m)
prepucio • n препуциум (m)
presa • n бент (m), шлюз (m)
presagiar • v предвещавам, предсказвам
presagio • n гадание
prescindible • adj маловажен
presencia • n присъствие, посещение
presentarse • v кандидатствам
presente • n настоя́ще (n), подáрък (m), дар (m)
presentimiento • n усещане (n)
preservativo • n кондóм (m), презервати́в (m)
presidenta • n президéнт (m)
presidente • n президéнт (m), председáтел (m)
presidio • n аванпост (m)
preso • n затворник (m)
préstamo • n заемка (f)
presteza • n живост, пъргавост
presumido • adj арогантен, надменен, високомерен
presumir • v хваля се, перча се, парадирам
presunción • n самохвалство (n), самонадеяност (f), злорадство (n)
presuntuoso • adj дързък, самоуверен
presupuestar • v предвиждам в бюджета, съставям бюджет
presupuesto • adj бюджетен • n бюджет (m), бюджет (m), пресмятане (n), приблизителна оценка (f)
pretender • v стремя се, домогвам се
prevenir • v възпирам
prever • v предвиждам, предугаждам
previamente • adv досега
previsión • n предвиждане (n), предвидливост (f), очакване, предвиждане, избързване, предвкусване
prima • n братовчéд (m), братовчéдка (f)
primavera • n прóлет (m)
primera • adj пръв (m), предишен
primeramente • adv първо
primero • n първенец (m) • adj пръв (m), предишен
primo • n братовчéд (m), братовчéдка (f), първенец (m)
primogénita • n първорóден (m), първенéц (m)
primogénito • n първорóден (m), първенéц (m)
princesa • n принцéса (f)
principado • n княжество
principalmente • adv главно, предимно
príncipe • n княз (m)
principiante • n начинаещ (m), новак (m)
principiar • v започвам
principio • n начáло (n), догма (f), догма
priorizar • v подчертавам, характеризирам
prisión • n затвóр (m), дрангóлник (m), тъмни́ца (f), тюрмá (f), зандáн (m)
prisionero • n затворник (m), плéнник (m)
prismáticos • n бинóкъл
privar • v лишавам, отнемам, лишавам от, ограничавам, лишавам
proa • n нос (m)
probabilidad • n вероя́тност (f)
probable • adj правдоподóбен, вероя́тен
probablemente • adv вероятно
probar • v вкусвам, опитвам
problema • n проблем (m), повреда (f), болест (f), болка (f)
procesador • n процéсор (m)
proceso • n съд (m), процес (m)
procio • n протий (m)
proclamar • v провъзглася́вам
procrear • v пораждам, отглеждам
procurador • n опекун (m), попечител (m)
procurar • v опитвам се, старая се
producir • v провокирам, правя
productivo • adj плодовит, плодотворен
producto • n резултат (m), производство (n), следствие (n), продукт (m), стока (f), произведение (n)
proeza • n подвиг (m), каскада (f)
profanar • v оскверня́вам
profecía • n предвиждане (n), предвидливост (f)

profesión • *n* профе́сия (*f*)
profesor • *n* профе́сор (*m*), учител (*m*), преподавател (*m*)
profesora • *n* профе́сор (*m*), учител (*m*), преподавател (*m*)
profeta • *n* проро́к (*m*), проро́чица (*f*)
profetisa • *n* проро́к (*m*), проро́чица (*f*)
profiláctico • *n* кондо́м (*m*), презервати́в (*m*)
profundidad • *n* дълбочина (*f*)
profundizar • *v* разбирам, проумявам
profundo • *adj* дъ́лбок , дълбо́к
programa • *n* софтуер (*m*), програ́ма (*f*)
progresar • *v* напредвам
progreso • *n* напредък, прогрес, повишение
prohibición • *n* забрана, запрещение, анатема
prohibido • *adj* забранен
prohibir • *v* забраня́вам, забранявам, анатемосвам
prolífico • *adj* плодовит, плодотворен
promecio • *n* проме́тий (*m*)
promediar • *v* центрирам
promedio • *adj* среден • *n* средно число
promesa • *n* обещание (*n*)
promoción • *n* набор (*m*)
promulgar • *v* прокарвам
pronombre • *n* местоиме́ние (*n*)
pronosticar • *v* предви́ждам, предска́звам, предвиждам, предугаждам, предсказвам, предричам
pronóstico • *n* предвиждане (*n*)
pronto • *adv* ско́ро
pronunciación • *n* произноше́ние (*n*), и́зговор (*m*)
pronunciar • *v* произна́сям, произнеса́
propaganda • *n* пропага́нда (*f*)
propano • *n* пропа́н (*m*)
propina • *n* бакшиш (*m*)
propio • *adj* свой, со́бствен, приемлив, подходящ
proporcionar • *v* снабдявам
propuesta • *n* предложение (*n*)
propulsor • *n* перка
prosperar • *v* процъфтявам
prosperidad • *n* богатство (*n*) , богатство, охолство
prostíbulo • *n* борде́й (*m*), барда́к (*m*), публи́чен дом (*m*)
prostitución • *n* проституция (*f*)
prostituta • *n* проститу́тка (*f*), ку́рва (*f*), ку́рва (*f*), блудни́ца (*f*)
protactinio • *n* протакти́ний (*m*)
proteger • *v* прикривам
protesta • *n* протест (*m*)
protestar • *v* подавам жалба
protista • *n* протист (*m*)
protón • *n* протон (*m*)
prototipo • *n* първообраз (*m*) , прототип (*m*)
protuberancia • *n* издатина (*f*), изпъкналост (*f*)
provechoso • *adj* изгоден, благоприятен
provenir • *v* възниквам, появявам се
proverbio • *n* погово́рка (*f*)
provincia • *n* прови́нция (*f*), о́бласт (*f*) • *adj* провинциален
provinciano • *adj* провинциален
provocador • *n* провокатор (*m*) • *adj* свадлив
provocar • *v* извличам
proxeneta • *n* сводник (*m*)
proximidad • *n* близост (*f*)
próximo • *adj* следен, предстоящ, приближаващ се
proyectil • *n* раке́та (*f*), ку́ршум (*m*)
proyecto • *n* проект (*m*)
prueba • *n* изпитание (*n*) , опит (*m*) , проба (*f*) , изпробване (*n*), доказателство (*n*), доказателство (*n*), доказа́телство (*n*)
prusiato • *n* цианид (*m*)
psicóloga • *n* психолог (*m*)
psicología • *n* психоло́гия (*f*)
psicólogo • *n* психолог (*m*)
psiquiatra • *n* психиатър (*m*)
pub • *n* кръ́чма (*f*), пи́вница (*f*)
publicidad • *n* рекла́ма (*f*), рекламна обява (*f*)
público • *n* читатели, пу́блика (*f*), аудито́рия (*f*)
pucho • *n* угарка (*f*), фас (*m*)
pudín • *n* то́рта (*f*)
pudrir • *v* гния, загнивам
pueblo • *n* народ (*m*), на̀ция (*f*), село (*n*) , град (*m*)
puente • *n* мост (*m*), мостик (*m*)
puerco • *n* сви́нско (*n*), свиня (*f*) , свиня́ (*f*)
puercoespín • *n* таралеж (*m*) , мъначка (*f*)
puerro • *n* праз (*m*)
puerta • *n* врата́, порта (*f*), врата́ (*f*), изход (*m*)
puerto • *n* порт (*m*), приста́нище (*n*)
pues • *conj* защото
puesto • *n* аванпост (*m*) , щанд (*m*),

сергия *(f)*
pulcro • *adj* спретнат
pulga • *n* бълха́ *(f)*
pulgada • *n* инч *(m)*, дюйм *(m)*
pulgar • *n* па́лец *(m)*
pulmón • *n* бял дроб *(m)*
pulóver • *n* пуло́вер *(m)*
púlpito • *n* амвон *(m)*
pulpo • *n* октопо́д *(m)*
pulsado • *n* кликване *(n)*
púlsar • *n* пулса́р *(m)*
pulsera • *n* гри́вна *(f)*
pulverizador • *n* пулверизатор
pum • *interj* па
puma • *n* пума *(f)*
pumita • *n* пемза *(f)*
pundonor • *n* благоприличие *(n)*
punición • *n* присъ́да *(f)*
punir • *v* нака́звам, нака́жа
punta • *n* пу́тка *(f)*
puntilloso • *adj* дребнав, придирчив
punto • *n* точка *(f)*, точица *(f)*, то́чка *(f)*
puntuación • *n* пунктуация *(f)*
puntualidad • *n* акуратност *(f)*
punzón • *n* ши́ло *(n)*

Q

quark • *n* кварк *(m)*
que • *conj* че • *pron* който *(m)*, която *(f)*, което *(n)*, когато
qué • *pron* какво́, що
quebrada • *n* разбиване на въ́лни, прибой *(m)*
quebradizo • *adj* крехък, чуплив, трошлив, ронлив
quebrado • *n* дроб *(f)* • *adj* счупен, разорен, банкрут
quebranto • *n* прекъ́сване *(n)*, разрив *(m)*
quedar • *v* търпя, ставам
quehacer • *n* неприя́тна рабо́та
queja • *n* оплакване *(n)*, недоволство *(n)*
quejar • *v* оплаквам
quejarse • *v* оплаквам се, подавам жалба
quemado • *n* горене *(n)*
quemadura • *n* изгаряне *(n)*
quemar • *v* изга́рям, горя́, обгарям, изгарям, пека • *n* изгаряне *(n)*
queque • *n* то́рта *(f)*
queratina • *n* рогово вещество *(n)*
querellante • *n* тъжител *(m)*

puñado • *n* китка *(f)*, връзка *(f)*, грозд *(m)*
puñal • *n* кама *(f)*
puñeta • *adj* тежък, труден, обременяващ
puño • *n* юмрук *(m)*, манше́т *(m)*, ръкавела *(f)*
pupila • *n* зеница *(f)*
pupilo • *n* ученик *(m)*, ученичка *(f)*
pupitre • *n* бюро́ *(n)*, писа́лище *(n)*
purga • *n* чистка *(f)*
purgatorio • *n* чистилище *(n)*
purificar • *v* изчиствам, почиствам, пречиствам
puro • *n* пура *(f)*
pururú • *n* пуканки
pus • *n* гной *(m)*
pusilánime • *n* мижитурка *(f)*
puta • *n* кучка *(f)*, курва *(f)*, развратница *(f)*, ку́рва *(f)*, блудни́ца *(f)*
puto • *n* жиголо *(m)*, кучка *(f)*, курва *(f)*, развратница *(f)*, педал *(m)*, педера́ст *(m)*
puzle • *n* главоблъсканица *(f)*

querer • *v* оби́чам, и́скам, жела́я, обожавам
querida • *n* любим *(m)*, любима *(f)*, любовница
querido • *adj* скъп, любим, любим, мил • *n* любим *(m)*, любима *(f)*
querubín • *n* херуви́м *(m)*
queso • *n* си́рене *(n)*, кашкавал *(m)*
quien • *pron* което *(n)*, който *(m)*, която *(f)*, които, чий
quién • *pron* кой
quiénes • *pron* кой
quiescer • *v* приемам, съгласявам се мълчаливо
quieto • *adj* тих
quilate • *n* карат *(m)*
quilogramo • *n* килогра́м *(m)*
quimera • *n* измислица *(f)*, химера *(f)*
quı́mica • *n* химик *(m)*, хи́мия *(f)*, химия *(f)*
quı́mico • *n* химик *(m)* • *adj* химически
quimono • *n* кимоно *(n)*
quincena • *adv* две седмици
quincuagésimo • *adj* петдесети
quinto • *n* една пета *(f)* • *adj* пе́ти *(m)*

quiosco • *n* будка
quiquiriquí • *interj* кукуригу
quirquincho • *n* броненосец
quisquilloso • *adj* раздразнителен, капризен, свадлив, взискателен, придирчив

quiste • *n* киста *(f)*
quitar • *v* премахвам, отменям
quitina • *n* хитин *(m)*
quizá • *adv* може би , може би
quizás • *adv* може би

R

rábano • *n* репичка , репичка *(f)*
rabia • *n* гняв, яд, ярост *(f)*, бяс *(m)*
rabieta • *n* фасон *(m)* , тръшкане *(n)*
rabipelado • *n* опосум
racimo • *n* китка *(f)*, връзка *(f)*, грозд *(m)*, кичур *(m)*
racismo • *n* расизъм *(m)*
radiactivo • *adj* радиоактивен
radiador • *n* радиатор *(m)*
radical • *n* маргинали
radio • *n* лъч *(m)* , радиус *(m)*, радио *(m)*, радий *(m)* , радио *(n)*
radiólogo • *n* радиолог *(m)*
radón • *n* радон *(m)*
ráfaga • *n* вихрушка *(f)*, взрив *(m)*, избухване *(n)*
raíces • *n* корен *(m)*, корен *(m)*
raíz • *n* корен *(m)*, корен *(m)*
raja • *n* путка *(f)*
rajá • *n* раджа *(m)*
rajado • *adj* разцепен, раздвоен
rajar • *v* скъсвам
rallador • *n* ренде *(n)* , стъргало *(n)*
ralladora • *n* ренде *(n)* , стъргало *(n)*
rama • *n* клон *(m)*
ramera • *n* кучка *(f)*, курва *(f)*, развратница *(f)*, курва *(f)*, блудница *(f)*
ramificación • *n* разклоняване *(n)*, разклонение *(n)*
ramificar • *v* пускам клони, разклонявам се, разклонявам (се)
ramilla • *n* клонка *(f)*, вейка *(f)*
ramita • *n* букет *(m)*, пръчка *(f)* , клонка *(f)*, вейка *(f)*
ramo • *n* букет *(m)*, китка *(f)*, връзка *(f)*, грозд *(m)*, клон *(m)*, дисциплина *(f)*
rampar • *v* пълзя, лазя
rana • *n* жаба *(f)*
ranacuajo • *n* попова лъжичка *(f)*
ranchera • *n* кънтри *(n)*
rangífero • *n* северен елен *(m)*, карибу *(m)*
ranúnculo • *n* лютиче *(n)*
ranura • *n* жлеб *(m)*
rapado • *n* къса подстрижка
rapar • *v* стрижа, бръсна

rapaz • *n* ястреб *(m)*
rápidamente • *adv* бързо *(n)*, бързо *(n)*
rapidez • *n* бързина *(f)*
rápido • *adv* бързо *(n)* , бързо • *adj* бърз , бърз
raposa • *n* опосум
raptar • *v* отвличам, похищавам
rapto • *n* отвличане *(n)* , похищение *(n)* , отвличане *(n)*
raramente • *adv* рядко
raro • *adj* рядък, странен, куриозен, странен, особен, странен *(m)*, чудат *(m)*, особен *(m)*, странен
rascacielos • *n* небостъргач *(m)*
rasgo • *n* черта *(f)*
rasguño • *n* ожулване *(n)*
raspadura • *n* ожулване *(n)*
raspar • *v* изтърквам, изтривам, износвам, ожулвам, противрам , пропадам, скъсвам
rastra • *n* брана *(f)*
rastrillo • *n* гребло *(n)*
rasurar • *v* бръсна
ratera • *n* крадец *(m)*
ratero • *n* крадец *(m)*
rato • *adv* за известно време
ratón • *n* мишка *(f)*, махмурлук *(m)*
ratonera • *n* дупка *(f)* , дупка в земята *(f)*
raya • *n* тире *(n)* , граници, предел, гънка *(f)* , прегъвка *(f)*
rayo • *n* мълния *(f)*, светкавица *(f)*, лъч *(m)*
raza • *n* род *(m)*, произход *(m)*, порода *(f)*
razonable • *adj* значителен, задоволителен, разумен *(m)*
reacción • *n* реакция *(f)* , реакция *(f)*
reacio • *adj* неохотен
reafirmar • *v* защитавам, отстоявам
real • *adj* сегашен, актуален, кралски *(m)* , царски *(m)* , реален, действителен *(m)* реал *(m)*, пари
realidad • *n* действителност *(f)*, реалност *(f)*
realimentación • *n* обратна връзка *(f)*

realismo • *n* реали́зъм *(m)*
realizable • *adj* достижим, постижим
realizado • *adj* съвършен
realizar • *v* осъществявам
realmente • *adv* наистина, всъщност, в действителност
realzar • *v* подобря́вам
reata • *n* кур *(m)*, хуй *(m)*
rebaja • *n* отбив *(m)*, отстъпка *(f)*
rebajamiento • *n* унижение, понижение
rebajar • *v* унижа́вам, понижа́вам
rebaño • *n* стадо *(m)*, ста́до *(n)*, табу́н *(m)*
rebasar • *v* вземам връх над
rebeco • *n* дива коза *(f)*
rebelión • *n* въст въстание, бунт (против прание
reborde • *n* борд *(m)*, фланец *(m)*
rebotar • *v* отскачам
rebote • *n* отскачане *(n)*, подскачане *(n)*
rebozuelo • *n* пачи крак
rebuznar • *v* рева като магаре
rebuzno • *n* магарешки рев
recado • *n* съобще́ние *(n)*
recalcar • *v* набивам
recámara • *n* патро́нник *(m)*, ста́я *(f)*, спа́лня
recambiar • *v* сменям, заменям
recatado • *adj* тих, мълчалив
recelo • *n* недоверие *(n)*, съмнение *(n)*
receloso • *adj* недоверчив, подозрителен
receptivo • *adj* податлив, поддаващ се, послушен
receta • *n* реце́пта *(f)*
rechazar • *v* отказвам, отхвърлям
rechifla • *n* освирскване, дюдюкане
rechiflar • *v* свиркам, освирсквам
recibidor • *n* вестибюл *(m)*
recibir • *v* получа́вам, полу́ча
reciclaje • *n* рециклиране *(n)*
reciente • *adj* неотдавнашен
recinto • *n* оградено място *(n)*
recipiente • *n* съд *(m)*
recíproca • *n* обратна теорема
reclamación • *n* искане *(n)*, претенция *(f)*
reclamar • *v* подавам жалба, изисквам, претендирам
reclamo • *n* рекла́ма *(f)*, рекламна обява *(f)*
recluta • *n* наборник *(m)*
reclutamiento • *n* военна повинност, набор *(m)*
reclutar • *v* вербувам, мобилизирам

recocer • *v* отгрявам, закалявам
recogedor • *n* лопа́тка *(f)*
recoger • *v* изчетквам, съби́рам, събера́, натрупвам, свивам, сгъвам, прибирам
recogida • *n* събиране *(n)*
recolección • *n* събиране *(n)*
recomendable • *adj* желателен, препоръчителен
recomendación • *n* препоръка *(f)*
recomendar • *v* поощрявам
reconocer • *v* признавам
reconocimiento • *n* признание, декларация, потвърждение
recordar • *v* по́мня
recortar • *v* орязвам
recorte • *n* рязане *(n)*, сечене *(n)*
rectangular • *adj* правоъ́гълен
rectángulo • *n* правоъ́гълник
recto • *adj* прав, перпендикулярен
recubrimiento • *n* слой *(m)*, облицовка *(f)*
recuerdo • *n* сувенир *(m)*
recurso • *n* помощ
red • *n* електропреносна мрежа *(f)*, електрическа мрежа *(f)*, мре́жа *(f)*
redacción • *n* съчинение *(n)*, есе *(n)*
redactor • *n* редактор *(m)*
redactora • *n* редактор *(m)*
redención • *n* изкупление *(n)*
redil • *n* кошара *(f)*
redondear • *v* притъпявам се
redondo • *adj* кръгъл
reducción • *n* обезщетение
reducir • *v* обезсърчавам, угнетявам
reemplazar • *v* сменям, заменям
reemplazo • *n* смя́на *(f)*, замя́на *(f)*
referéndum • *n* референ́дум *(m)*
referente • *prep* относно
réferi • *n* съдия *(m)*
referirse • *v* споменавам, загатвам
reflejo • *n* рефлекс *(m)*
reflujo • *n* отлив *(m)*
refrán • *n* пословица, поговорка, погово́рка *(f)*
refrigerador • *n* хлади́лник *(m)*
refrigeradora • *n* хлади́лник *(m)*
refrigerante • *n* охлаждащ агент
refuerzo • *n* опора *(f)*, ръб *(m)*, борд *(m)*
refugiado • *n* бежанец *(m)*
refugio • *n* убежище *(n)*
regadera • *n* душ *(m)*
regalo • *n* пода́ръкъ *(m)*, дар *(m)*
regate • *n* дрибъл *(m)*
regatear • *v* дриблирам, спазарявам се

regazo • *n* скут *(m)*
regente • *n* кмет *(m)*
regio • *adj* кралски *(m)* , царски *(m)*
región • *n* област, район *(m)*
registro • *n* история *(f)*
regla • *n* менструа́ция *(f)*, лини́йка *(f)*, пра́вило *(n)*
regocijar • *v* доставям удоволствие
regocijo • *n* ра́дост *(f)*, ободряване *(n)*, развеселяване *(n)*, наслада *(f)*, удоволствие *(n)*
regodeón • *adj* взискателен, придирчив
regoldar • *v* оригвам се
regüeldo • *n* оригване *(n)*
regulable • *adj* нагласяем, регулируем
regular • *v* нагласявам, приспособявам
rehén • *n* заложник *(m)*
reina • *n* крали́ца *(f)*, цари́ца *(f)*
reinita • *n* пойна птица *(f)*
reino • *n* кра́лство *(n)*
reír • *v* смея се
rejilla • *n* мрежа
relación • *n* познанство, секс *(m)*, полово сноше́ние *(n)*, съвкупле́ние *(n)*
relacionada • *adj* уместен
relacionado • *adj* уместен
relacionar • *v* общувам
relajado • *adj* безгрижен, отпуснат
relamer • *v* злорадствам
relámpago • *n* блясък *(m)*, блясване *(n)*, мъ̀лния *(f)*, светка́вица *(f)*
relevos • *n* щафета *(f)*
relieve • *n* релеф *(m)*
religión • *n* религия *(f)*, вероизповеда́ние *(n)*
relleno • *n* пълнеж *(m)*
reloj • *n* часовник *(m)*, часо́вник *(m)*
reluciente • *adj* лъскав, полиран
relucir • *v* лъщя, блестя
remachar • *v* занитвам
remache • *n* нит *(m)*
rematar • *v* продавам на търг
remate • *n* търг *(m)*, наддаване *(n)*, разпродажба *(f)*
remedar • *v* подражавам
remedio • *n* помощ, лечение *(n)*, лекарство *(n)*
rememorar • *v* предизвиквам, събуждам
remitir • *v* препращам
remo • *n* гребло́ *(n)*, весло́ *(n)*
remolacha • *n* цвекло́ *(n)*, чукунду́р *(m)*, червено́ цвекло́ *(n)*
remolcador • *n* влекач *(m)*

remolino • *n* вихър *(m)*, вихрушка *(f)*
remordimiento • *n* угризение *(n)*
remover • *v* свалям
renacuajo • *n* попова лъжичка *(f)*
rendija • *n* процеп *(m)*
renegar • *v* псувам
rengo • *adj* куц
renio • *n* ре́ний *(m)*
reno • *n* кари́бу *(m)*, се́верен еле́н *(m)*
renombre • *n* и́ме *(n)*
renta • *n* на́ем *(m)*
rentar • *v* нае́мам, нае́ма
renuente • *adj* неохотен
renunciar • *v* отказвам се от, игнорирам, пренебрегвам
reparación • *n* закрепване *(n)*, компенсация
repartir • *v* раздавам, разпределям, разпръсквам
reparto • *n* раздаване *(n)*, разпределение, отпускане
repasar • *v* повта́рям
repentinamente • *adv* внезапно , ненадейно
repentino • *adj* рязък, внезапен
repetición • *n* тренирво́ка *(f)*, строева́ подгото́вка *(f)*
repetir • *v* повта́рям
repollo • *n* зеле *(n)*
reporte • *n* изложе́ние *(n)*, описа́ние *(n)*, основа́ние *(n)*
reposar • *v* почива́м
reposo • *n* почи́вка *(f)*, о́тдих *(m)*
repostar • *v* зареждам
reprender • *v* съветвам, поучавам, гълча, мъмря, ругая
representante • *n* опекун *(m)*, попечител *(m)*, представител *(m)* , заместник *(m)* , защитник, поддръжник
representar • *v* описвам, изобразявам
reprobar • *v* пропадам, скъсвам
reprochar • *v* виня, обвинявам
reptar • *v* пълзя́, ла́зя
reptil • *n* влечу́го *(n)*
república • *n* репу́блика *(f)*
repugnancia • *n* отвращение *(n)* , отвращение
repugnante • *adj* отвратителен, противен
repugnar • *v* отвращавам
repujar • *v* украсявам с релеф
repulsa • *n* отвращение *(n)*
repulsivo • *adj* отвратителен, противен
reputación • *n* и́ме *(n)*, и́мидж *(m)* • *v* позоря, хуля
requerir • *v* мо́ля, и́скам

requetebueno • *adj* отличен
requiebro • *n* флирт *(m)*
resaca • *n* махмурлук *(m)*
reserva • *n* резервáция *(f)*
reservado • *adj* сдържан, резервиран
reservar • *v* запазвам, консервирам, слагам настрана
reservas • *n* резерва *(f)*
resfriado • *n* простýда *(f)*
residencia • *n* жилище, жилище *(n)*, местожи́телство *(n)*
residente • *n* жи́тел *(m)*, обитáтел *(m)*
residir • *v* живéя, обитáвам
resistencia • *n* издръжливост *(f)*, съпротивлéние *(n)*
resistente • *adj* издръжлив
resistir • *v* издържам, понасям
resolver • *v* решáвам, решá, разрешáвам
resorte • *n* пружи́на *(f)*
respetable • *adj* достоен, величествен
respeto • *n* неуважение *(n)*, боязън *(f)*
respiración • *n* вдишване *(n)*, издишване *(n)*, дишане, дишане *(n)*
respirar • *v* ди́шам
respiro • *n* отдих *(m)*
resplandecer • *v* грея, светя, блестя
resplandeciente • *adj* светъл, ярък
responder • *v* отговарям, отвръщам
responsabilidad • *n* брéме *(n)*, отговорност
responsable • *adj* отговорен
respuesta • *n* óтговор *(m)*, решéние *(n)*
restaurante • *n* ресторáнт *(m)*
restorán • *n* ресторáнт *(m)*
restos • *n* отломки, развалини
restricción • *n* принуда *(f)*
restrictivo • *adj* ограничителен
restringir • *v* принуждавам, насилвам
resultado • *n* резултáт *(m)*
resultar • *v* последвам
resumen • *n* абстракт, резюме, извадка, сборник *(m)*, резюме *(n)*, резюме *(n)*
resumir • *v* съкращавам
retama • *n* зановец *(m)*
retar • *v* предизвиквам, повиквам, поканвам
retener • *v* задържам
retenerse • *v* контролирам се
retina • *n* рети́на *(f)*
retirada • *n* пенсиониране
retirar • *v* прекъсвам, преустановявам
reto • *n* предизвикателство *(n)*, предизвикване *(n)*
retocar • *v* превъзнасям

retoñar • *v* напъпвам
retoño • *n* пъпка *(f)*
retozar • *v* лудувам
retransmitir • *v* предавам по радиото
retrasar • *v* отлагам, забавям
retraso • *n* отлагане *(n)*, забавяне *(n)*, закъснение *(n)*
retrato • *n* портрéт *(m)*
retrete • *n* тоалéтна *(f)*
retroacción • *n* обратна връзка *(f)*
retroalimentación • *n* обратна връзка *(f)*
retumbar • *v* буча, боботя
reunión • *n* събрáние *(n)*, заседáние *(n)*, срéща *(f)*
reunir • *v* свиквам, събирам се, съби́рам, съберá, натрупвам, събирам, стичам се
revelación • *n* разкритие *(n)*
revelar • *v* показвам, проявявам, откривам, разкривам, издавам
reventar • *v* пръсвам се, бия, налагам, счупвам, разбивам, пръсвам, взривявам, избухвам, експлодирам
reventón • *n* взрив *(m)*, избухване *(n)*
reverencia • *n* поклóн *(m)*
reverenciar • *v* прославям
reverso • *n* опако
revés • *n* опако
revesa • *n* вихър *(m)*, вихрушка *(f)*
revisor • *n* кондýктор *(m)*
revista • *n* списáние *(n)*, журнáл *(m)*
revivir • *v* съживявам
revocar • *v* отменям, анулирам
revoltijo • *n* врява *(f)*, бъркотия *(f)*
revolución • *n* револю́ция *(f)*
revolver • *v* аларма *(f)*, бия
revólver • *n* револвер *(m)*
revuelta • *n* въст въстание, бунт (против прание)
rey • *n* цар *(m)*, поп *(m)*, цар, крал
reyerta • *v* карам се
reyerto • *v* карам се
reyezuelo • *n* жълтоглаво кралче *(n)*
rezagado • *adj* изостанал
rezar • *v* моля
ribera • *n* бряг *(m)*
ricachón • *n* богаташ *(m)*
rico • *adj* богат, охолен, вкýсен, богáт, слáдък
ridiculizar • *v* осмивам
ridículo • *adj* смехотворен
riel • *n* железопъ́тна ли́ния *(f)*
rienda • *n* пóвод *(m)*, юздá *(f)*
rifa • *n* теглене *(n)*
rifle • *n* пýшка *(f)*
rigorista • *adj* строг, суров

riguroso • *adj* труден, усилен, мъчен, строг, суров
rimbombante • *adj* надут, превзет
rincón • *n* ъгъл *(m)*
rinoceronte • *n* носорог *(m)*
riña • *n* спор, дискусия, кавга *(f)*, сбиване *(n)*, стълкновение *(n)*, свада *(f)*
riñón • *n* бъбрек *(m)*
río • *n* река *(f)*
riqueza • *n* богатство *(n)*
risa • *n* смях *(m)*
risco • *n* канара *(f)*
ritmo • *n* ритъм *(m)*
rito • *n* обред *(m)*, ритуал *(m)*
ritual • *n* ритуал *(m)*, обред *(m)*
rivalidad • *n* кръвна вражда *(f)*, вражда *(f)*
rivalo • *n* съперник *(m)*, съперница *(f)*, противник *(m)*, противница *(f)*
rizado • *adj* къдрав, вълнист
rizo • *n* къдрица *(f)*
róbalo • *n* костур *(m)*
robar • *v* крада
roble • *n* дъб *(m)*
robo • *n* кражба *(f)*
robusto • *adj* як *(m)*
roca • *n* скала, камък *(m)*
rocío • *n* роса *(f)*
rodaballo • *n* калкан *(m)*
rodamiento • *n* лагер *(m)*
rodar • *v* заснемам филм
rodear • *v* обхващам, заобикалям, опасвам, окръжавам
rodeos • *n* увъртане *(n)*, заобикалки
rodete • *n* кок *(m)*
rodilla • *n* коляно *(n)*
rodillo • *n* прът *(m)*, пръчка *(f)*
rodio • *n* родий *(m)*
roedor • *n* гризач *(m)*
roer • *v* гриза
rogar • *v* моля, умолявам
rojo • *n* червен *(m)* • *adj* червен *(m)*
rollo • *n* свитък *(m)*
rombo • *n* ромб *(m)*
romero • *n* розмарин *(m)*
romo • *adj* тъп, притъпен, тъп
rompecabezas • *n* главоблъсканица *(f)*
rompeolas • *n* вълнолом *(m)*
romper • *v* разбивам, пръсвам, взривявам, унищожавам
ron • *n* ром *(m)*
roncar • *v* хъркам
ronzar • *v* хрускам
ropa • *n* облекло *(n)*, дрехи, одежда *(f)*
ropero • *n* гардероб *(m)*, стенен гардероб, килер *(m)*, шкаф *(m)*
rosa • *n* роза *(f)*, розов цвят *(m)*
rosado • *n* розов цвят *(m)* • *adj* розов *(m)*
rosal • *n* роза *(f)*
roscas • *n* пуканки
rosquilla • *n* поничка *(f)*
rostro • *n* изражение на лицето, лице *(n)*
rotación • *n* редуване, смяна
roto • *adj* счупен
rotundo • *adj* категоричен
rúbeo • *adj* червен *(m)*
rubí • *n* рубин *(m)*
rubicundo • *adj* червен *(m)*
rubidio • *n* рубидий *(m)*
rubio • *n* блондин *(m)*, блондинка *(f)* • *adj* рус, светъл
rublo • *n* рубла *(f)*
ruborizarse • *v* изчервявам се
rubro • *adj* червен *(m)*
rudo • *adj* скалист, долнокачествен
rueca • *n* хурка *(f)*
rueda • *n* гума *(f)*, автомобилна гума *(f)*, колело *(n)*
ruedo • *n* маншет *(m)*, ръкавела *(f)*
rufa • *n* автобус *(m)*
rufo • *adj* червен *(m)*
ruido • *n* шум *(m)*, шумотевица *(f)*, дандания *(f)*
ruidoso • *adj* шумен, буен
ruina • *n* отломки, зло, напаст
ruinas • *n* отломки
ruiseñor • *n* славей *(m)*
rumbo • *n* пеленг *(m)*, азимут *(m)*, курс *(m)*
rumiar • *v* преживям, предъвквам
ruptura • *n* прекъсване *(n)*, разрив *(m)*
rústico • *adj* долнокачествен
ruta • *n* път *(m)*
rutenio • *n* рутений *(m)*
rutherfordio • *n* ръдърфордий *(m)*

S

sábana • *n* корица *(f)*
sabañón • *n* измръзване, измръзнало място
sabático • *n* отпуск *(m)*
saber • *v* зная
sabiduría • *n* мъдрост *(f)*
sabio • *adj* мъдър
sabiola • *n* глава *(f)*
sable • *n* абордажна сабя *(f)*
sabroso • *adj* вкусен, сладък
sabueso • *n* ловджийско куче
sacacorchos • *n* тирбушон *(n)*
sacar • *v* вадя, изваждам, тегля, дърпам, изтеглям
sacerdote • *n* свещеник *(m)*, поп *(m)*
sacerdotisa • *n* жрица *(f)*
sachavaca • *n* тапир
saciar • *v* насищам, пресищам
saco • *n* палто *(n)*, сако *(n)*, торба, чанта, плик, чувал, сако *(n)*, жакет *(m)*, чувал *(m)*
sacrificar • *v* изтребвам
sacrificio • *n* жертва *(f)*
sacro • *adj* свят, свещен
sacudir • *v* бия
sagaz • *adj* интензивен, хитър, проницателен
sagrado • *adj* свят, свещен, свят, свещен
sah • *n* шах *(m)*
sahumerio • *n* тамян *(m)*
sahumo • *n* тамян *(m)*
saiga • *n* сайга
sake • *n* саке *(n)*
sal • *n* сол *(f)*
sala • *n* зала, салон, стая *(f)*
saladito • *n* аперитив *(m)*, мезе
salado • *adj* солен
salamandra • *n* саламандър *(m)*, дъждовник *(m)*
salamanquesa • *n* гекон *(m)*
salar • *v* слагам в саламура
salario • *n* заплата *(f)*, заплата *(f)*
salchicha • *n* наденица *(f)*
salchichón • *n* наденица *(f)*
salida • *n* изход *(m)*, заминаване *(n)*, тръгване *(n)*, излизане *(n)*, напускане *(n)*
salir • *v* заминавам, излизам, напускам, тръгвам, отивам си
saliva • *n* слюнка *(f)*, плюнка *(f)*
salivar • *v* лигавя се, текат ми лигите
salmo • *n* псалом *(m)*, псалм *(m)*
salmodiar • *v* напявам
salmón • *n* сьомга *(f)*
salmuera • *n* саламура *(f)*
salobre • *adj* леко солен

salón • *n* зала *(f)*
salpicadero • *n* арматурно табло *(n)*
salpicar • *v* изпръстрям, изпръстрям се
salsa • *n* сос *(m)*, сос *(m)*
saltador • *n* гмуркач *(m)*
saltadora • *n* гмуркач *(m)*
saltamontes • *n* скакалец
saltar • *v* скачам
salterio • *n* цимбал
salto • *n* скок *(m)*
salud • *interj* наздраве • *n* здраве *(n)*
salvación • *n* спасение *(n)*
salvado • *n* трици
salvaje • *adj* див, брутален, безпощаден, див *(m)*, бурен
salvar • *v* изплъзвам се
salvo • *prep* освен, освен, с изключение на
samario • *n* самарий *(m)*
samovar • *n* самовар *(m)*
samurái • *n* самурай *(m)*
sanar • *v* лекувам, церя
sanatorio • *n* санаториум *(m)*
sancionar • *v* утвърждавам
sandez • *n* глупост *(f)*
sandía • *n* диня *(f)*
sangrado • *n* кръвотечение *(n)*, кръвоизлив *(m)*
sangradura • *n* чупка *(f)*
sangrar • *v* тече кръв
sangre • *n* съсирена кръв *(f)*, кръв *(f)*
sangrientamente • *adv* жестоко, кръвожадно
sangriento • *adj* кървав, окървавен, кървав, кървящ, окървавен
sanguijuela • *n* пиявица *(f)*
sanguinario • *adj* кръвожаден
sanguinolento • *adj* кървав, окървавен, кървясал, зачервен (за очи), кървав
sanguja • *n* пиявица *(f)*
sanidad • *n* здраве *(n)*
sanitario • *n* тоалетна *(f)*
sano • *adj* здрав
santa • *n* светец
santateresa • *n* богомолка *(f)*
santiguarse • *v* кръстя се
santo • *n* светец • *adj* свят, свещен
santuario • *n* убежище *(n)*
sapo • *n* краставa жаба *(f)*
sarcasmo • *n* сарказъм *(m)*
sarcástico • *adj* язвителен, жлъчен, хаплив
sarcófago • *n* саркофаг *(m)*
sarda • *n* паламуд *(m)*
sardina • *n* сардина *(f)*
sargento • *n* скоба *(f)*, закопчалка *(f)*
sarrio • *n* дива коза *(f)*

sarro • *n* зъбен камък
sastre • *n* лефер *(m)*, абаджия *(m)*, абаджийка *(f)*
satélite • *n* спътник *(m)*
satisfacción • *n* изпълнение, реализация
satisfacer • *v* облекчавам, смекчавам, успокоявам
satisfecho • *adj* сит, нахранен, доволен, задоволен, спокоен, щастлив
sauce • *n* върба *(f)*
saúco • *n* бъз *(m)*
sauna • *n* сауна *(f)*
savia • *n* мъзга *(f)*, сок *(m)*
saviolo • *n* фиданка *(f)*
saya • *n* пола *(f)*
schnitzel • *n* шницел *(m)*
se • *pron* теб, те, тебе, ти, Вас, Ви, Вам • *v* съм
sebo • *n* лой
seca • *n* суша *(f)*
secadora • *n* сушилня *(f)*
secesión • *n* отцепване *(n)*
seco • *adj* сух, разорен
secretaria • *n* секретар *(m)*, секретарка *(f)*
secretario • *n* секретар *(m)*, секретарка *(f)*, чиновник *(m)*
secreto • *adj* тайнствен, езотеричен, таен *(m)*, тайна *(f)*, тайно *(n)* • *n* тайна *(f)*
secta • *n* култ *(m)*, секта *(f)*, секта *(f)*
secuestrar • *v* отвличам, похищавам
secuestro • *n* отвличане *(n)*, похищение *(n)*
secundario • *adj* помощен, спомагателен
sed • *n* жажда *(f)*
seda • *n* коприна *(f)*, свила *(f)*
sedición • *n* бунт *(m)*
sedicioso • *adj* разколнически, размирен *(m)*
sediento • *adj* жаден
sedimento • *n* утайка
segar • *v* кося, жъна
segregación • *n* отделяне *(n)*, разделяне *(n)*, изолиране *(n)*
seguido • *adv* често
seguidor • *n* последовател *(m)*, преследвач *(m)*
seguir • *v* следвам, продължавам, простирам се
seguirse • *v* последвам
segundo • *adj* втори • *n* секунда *(f)*
seguridad • *n* безопасност *(f)*
seguro • *adj* безопасен
selección • *n* избор *(m)*

seleccionar • *v* избирам, подбирам
selectivo • *adj* взискателен, придирчив
selenio • *n* селен *(m)*
sello • *n* печат *(f)*
selva • *n* гора *(f)*, лес *(m)*
semana • *n* седмица *(f)*
semblante • *n* изражение на лицето
sembrar • *v* сея
semejante • *adj* подобен, сроден, близък
semen • *n* семе *(n)*, сперма *(f)*, семенна течност *(f)*
semental • *n* жребец *(m)*
semi-automática • *n* автомат
semicírculo • *n* полукръг
semilla • *n* семе *(n)*
senado • *n* сенат *(m)*
sencillo • *adj* прост *(m)*, лесен
seno • *n* гърди, пазва *(f)*, гърда *(f)*, гръд *(f)*
sensación • *n* осезание *(n)*, чувство *(n)*, усещане *(n)*
sensible • *adj* забележим, чувствителен
sentar • *v* седя
sentarse • *v* сядам, седна
sentencia • *n* присъда *(f)*, присъда *(f)*, осъждане *(n)*
sentenciar • *v* осъждам, присъждам
sentido • *n* значение *(n)*
sentimiento • *n* чувство *(n)*, емоция *(f)*
sentimientos • *n* чувства, чувства
sentir • *v* усещам, чувствам, опипвам, считам
sentirlo • *v* съчувствам
sentirse • *v* чувствам
señal • *n* захранване *(n)*, знак *(m)*, намек *(m)*, загатване *(n)*
señalamiento • *n* описание *(n)*
señalar • *v* посочвам, означавам
señalización • *n* знак *(m)*
señor • *n* господин *(m)*, господин *(m)*
señora • *n* госпожа *(f)*, мадам *(f)*
señores • *n* господин *(m)*
señorita • *n* госпожица *(f)*, девойка *(f)*, девица *(f)*, госпожица *(f)*, девственик *(m)*, девственица *(f)*
señuelo • *n* примамка, изкуствена птица *(f)*
separadamente • *adv* настрана, отделно
sepia • *n* сепия *(f)*
sepultura • *n* гроб *(m)* • *v* погребвам
sequía • *n* суша *(f)*
séquito • *n* домакинство *(n)*
ser • *v* съм • *n* същество *(n)*, създание

(n), твар *(f)*
sereno • *n* роса́ *(f)* • *adj* покоен, сдържан
serio • *adj* сериозен
serpiente • *n* змия, змия́ *(f)*
serreta • *n* голям потапник *(m)*
servicio • *n* служба *(f)*
servilleta • *n* салфе́тка *(f)*
servir • *v* подхождам, служа , послужа , допринасям , допринеса
sésamo • *n* сусам *(m)*
sesgado • *adj* предубеде́н, пристра́стен
seta • *n* гъ́ба *(f)*, печу́рка *(f)*
seto • *n* ограда *(f)*
seudónimo • *n* псевдоним *(m)*, прозвище *(n)*
severo • *adj* строг , суров , строг, суров, суров *(m)* , строг *(m)* , твъ́рд *(m)*
sexagésimo • *adj* шейсетият
sexismo • *n* сексизъм *(m)*
sexo • *n* пол *(m)*, пол *(m)* , секс *(m)*, полово́ сноше́ние *(n)*, съвкупле́ние *(n)*
sexto • *adj* ше́сти *(m)*
sexual • *adj* похотлив • *n* секс *(m)*, полово́ сноше́ние *(n)*, съвкупле́ние *(n)*
shōgun • *n* шо́гун *(m)*
si • *conj* дали , а́ко
sibarita • *n* чревоугодник *(m)*
sibilancia • *n* хриптене *(n)*
sicario • *n* главорез *(m)*
sicóloga • *n* психолог *(m)*
sicólogo • *n* психолог *(m)*
sidéreo • *adj* звезден
sidra • *n* ябълково вино *(n)*
siempre • *adv* ви́наги, винаги
sien • *n* слепоочие *(n)*
sierpe • *n* змия́ *(f)*
sierra • *n* трио́н *(m)*
sigiloso • *adj* скрит, прикрит
siglo • *n* век *(m)*, столетие *(n)*
significado • *n* значе́ние *(n)*
significar • *v* означа́вам, зна́ча
siguiente • *adj* следващ
silbar • *v* сви́ркам
silbato • *n* свирка *(f)*
silbido • *n* хриптене *(n)*
silenciador • *n* заглуши́тел *(m)*
silencio • *n* тишина́ *(f)*, мълча́ние *(n)*
silencioso • *adj* тих, мълча
silente • *adj* тих
sílex • *n* кремък *(m)*
silicio • *n* сили́ций *(m)*
silla • *n* стол *(m)*
sillar • *n* дялан камък *(m)*
sillón • *n* диван *(m)*, кушетка *(f)*, кре́сло *(n)*, фотьо́йл *(m)*

siluro • *n* сом *(m)*
silvicultura • *n* залесяване *(n)*, лесовъ́дство *(n)*
sima • *n* бездна, пропаст, пропаст *(f)*, бездна *(f)*
simbólico • *adj* символичен
simbolizar • *v* символизирам
símbolo • *n* символ *(m)*
simetría • *n* симе́трия *(f)*
simétrico • *adj* симетричен *(m)*
similar • *adj* подобен , сроден, близък
similarmente • *adv* също така
simio • *n* майму́на *(f)*, майму́н *(m)*
simonía • *n* симония
simple • *adj* сладък, мек, нежен, ласкав, прост *(m)*, ле́сен
simplón • *n* абда́л *(m)*
simulacro • *n* трениро́вка *(f)*, строева́ подгото́вка *(f)*
sin • *prep* без
sinagoga • *n* синагога *(f)*
sinclinal • *n* синклинала
síndico • *n* кмет *(m)*
sinfonía • *n* симфония *(f)*
singular • *n* еди́нствено число́ *(n)*
siniestro • *adj* зловещ, злокобен
sino • *adv* иначе, освен това
sinónimo • *n* сино́ним *(m)*
sinopsis • *n* резюме *(n)*
síntoma • *n* признак *(m)* , симптом *(m)*
sinvergüenza • *n* гад *(f)*
siquiatra • *n* психиатъ́р *(m)*
sirimiri • *n* ситен дъжд
sirope • *n* сироп *(m)*
sirviente • *n* слуга́ *(m)*
sistema • *n* система *(f)*
sitiar • *v* обсаждам, обкръжавам
sitio • *n* мя́сто *(n)*
situación • *n* състоя́ние *(n)*
situar • *v* слагам
smoking • *n* смокинг *(m)*
sobaco • *n* подми́шница *(f)*
soberbia • *n* високомерие, надменност, арогантност
soberbio • *adj* арогантен, надменен, високомерен
sobornar • *v* подкупвам
soborno • *n* по́дкуп *(m)*, рушве́т *(m)*, подкупване *(n)*, рушветчийство *(n)*
sobra • *n* излишък *(m)*
sobrado • *v* останал
sobras • *v* останал
sobre • *prep* освен това, на, над, отгоре на, по-високо от, относно • *n* плик *(m)*
sobrecargado • *adj* ярък, крещящ, безвкусен

sobredicho • *adj* гореспоменат
sobrepasar • *v* надвишавам, надхвърлям, превъзхождам, вземам връх над
sobrepeso • *n* затлъстяване
sobresalir • *v* отличавам се
sobrina • *n* плéменница (*f*)
sobrino • *n* плéменник (*m*)
sobrio • *adj* въздържан, скрóмен
socavar • *v* ровя, изравям
socialismo • *n* социализъм
sociedad • *n* óбщество (*n*)
socorro • *n* пóмощ (*f*)
sodalidad • *n* клуб (*m*)
sodio • *n* нáтрий (*m*)
sofá • *n* дивáн (*m*), кушетка (*f*), дивáн (*m*)
sófbol • *n* софтбóл (*m*)
sofocar • *v* задушавам се, задъхвам се
software • *n* софтуер (*m*)
soga • *n* въжé (*n*)
sois • *v* сте
sol • *n* слънце (*n*)
solamente • *adv* сáмо, едúнствено
soldado • *n* войнúк (*m*), вóин (*m*), солдáт (*m*), конник (*m*)
soldar • *v* запоявам, споявам
soleado • *adj* слънчев
solícito • *adj* внимателен
solicitud • *n* заявление, молба, нареждане, заповед
solo • *adv* сáмо, сам
sólo • *adv* сáмо, едúнствено
solsticio • *n* слънцестоéне (*n*)
soltero • *adj* нежéнен (*m*), неомъжена (*f*)
solterona • *n* стара мома (*f*)
solvente • *adj* платежоспособен
sombra • *n* дух (*m*), призрак (*m*), сянка (*f*)
sombrero • *n* шáпка (*f*)
sombrilla • *n* чадър (*m*)
somnífero • *adj* приспивателен (*m*), сънотворен (*m*), сънлив • *n* приспивателно (*n*)
somnoliento • *adj* сънлив
somos • *v* сме
son • *v* са • *n* звук (*m*)
sonaja • *n* дрънкулка (*f*)
sonajero • *n* дрънкулка (*f*)
sonambulismo • *n* сомнамбулизъм (*m*)
soneto • *n* сонéт (*m*)
sonido • *n* звук (*m*)
sonreír • *v* усмúхвам се, усмúхна се
sonrisa • *n* усмúвка (*f*)
sonrojarse • *v* изчервявам се
soñar • *v* мечтая, сънувам, мечтая

soñoliento • *adj* сънлив
soplanucas • *adj* хомосексуален (*m*)
soplar • *v* дýхам, вéя
soplo • *n* полъх (*m*), повей (*m*)
soporífero • *adj* сънлив
soporífico • *adj* приспивателен (*m*), сънотворен (*m*)
soportable • *adj* търпúм, снóсен, поносúм
soportar • *v* толерирам, издържам, понасям
soporte • *n* опора (*f*), подставка (*f*), подпора (*f*), конзола (*f*)
sor • *n* сестрá (*f*)
sorber • *v* сърбам, смуча
sordo • *adj* глух
sorprendente • *adj* удивителен, смайващ
sorprender • *v* смайвам, слисвам, удивлявам, изумявам, учудвам
sorpresa • *n* смайване, слисване, удивление, изумяване
sorteo • *n* теглене (*n*)
sortija • *n* пръстен (*m*)
sosegar • *v* успокоявам, уталожвам
sosias • *n* двойник (*m*)
sosiego • *n* мир (*m*), спокóйствие (*n*), тишина (*f*), спокойствие (*n*), покой (*m*)
soso • *adj* тъп, скучен
sostén • *n* сутиéн (*m*), опора (*f*)
sostener • *v* държá, държáм, прилепвам, придържам се о, споря, защитавам, отстоявам
sostenibilidad • *n* устойчивост (*f*)
sotana • *n* рáсо (*n*)
sótano • *n* сутерéн (*m*), мазе (*n*), изба (*f*)
soutien • *n* сутиéн (*m*)
sóviet • *n* съвéт (*m*)
sputnik • *n* спътник (*m*), спýтник (*m*)
stand • *n* щанд (*m*), сергия (*f*)
suástica • *n* свастика (*f*)
suave • *adj* приятен, успокояващ, мек, кротък, нежен, ласкав, мъхнат, пухкав • *adv* нежно, внимателно
suavidad • *n* благост (*f*), кротост (*f*)
subasta • *n* търг (*m*), наддаване (*n*)
subastar • *v* продавам на търг
subcutáneo • *adj* подкожен
súbdito • *n* пóданик (*m*)
subgrupo • *n* подгрупа (*f*)
subir • *v* катеря се, изгрявам, изкачвам се, издигам, повишавам, встъпвам, качвам се
súbitamente • *adv* внезапно, ненадейно

súbito • *adj* рязък, внезапен
submarinismo • *n* гмуркане *(n)*
submarinista • *n* гмуркач *(m)*
submarino • *n* подво́дница *(f)*
subproceso • *n* ни́шка *(f)*
subrayar • *v* подчертавам, изтъквам
subscribirse • *v* абонирам
substantivo • *n* съществи́телно и́ме *(n)*
subte • *n* метро *(n)*
subterráneo • *adj* подземен
subtítulo • *n* надписи
subvención • *n* субсидия *(f)*
subyugar • *v* омайвам, очаровам, потискам
suceder • *v* се случи
suceso • *n* съби́тие *(n)*
suciedad • *n* петно *(n)*, мръсотия *(f)*
sucinto • *adj* сбит, кратък, стегнат
sucio • *adj* мръ́сен, изца́пан, циничен, неприличен, мръсен, кирлив, нечестен, мръсен, циничен, непристоен
sucursal • *n* банков клон, клон *(m)*, филиа́л *(m)*
sudar • *v* потя
sudeste • *n* югои́зток *(m)*
sudor • *n* пот *(m)*
suegra • *n* свекъ́рва *(f)*, тъ̀ща *(f)*
suegro • *n* све́към *(m)*, тъст *(m)*
suela • *n* подме́тка *(f)*
sueldo • *n* запла́та *(f)*, заплата *(f)*
suelo • *n* почва *(f)*, пръст *(f)*, земя *(f)*, земя́ *(f)*, по́чва *(f)*, под *(m)*, земя *(f)*
sueño • *n* сън *(m)*, сънища, мечта́ *(f)* • *adj* сънлив
suero • *n* система *(f)*, сурова́тка *(f)*
suerte • *n* случа́йност *(f)*
suéter • *n* пуло́вер *(m)*
suficientemente • *adv* доста́тъчно
sufijo • *n* суфикс *(m)*, наставка *(f)*
sufragar • *v* финансирам
sufrimiento • *n* страдание *(n)*
sufrir • *v* боли́
sugerencia • *n* предложение *(n)*
suicidio • *n* самоуби́йство *(n)*
sujetador • *n* сутие́н *(m)*
sujetar • *v* държа́, държа́м, прилепвам, придържам се о
sujeto • *n* подло́г *(m)*
sultán • *n* султа́н *(m)*
suma • *n* събиране *(n)*, су́ма *(f)*
sumamente • *adv* крайно
sumar • *v* съединявам, прибавям, сумирам
sumergir • *v* гмуркам се, потапям се
suministrar • *v* снабдявам
sumiso • *adj* поко́рен
superar • *v* превъзхождам, вземам връх над
superficial • *adj* козметичен
supermercado • *n* супермаркет *(m)*
supernova • *n* свръхнова *(f)*
superstición • *n* суеверие *(n)*
suplente • *n* представител *(m)*, заместник *(m)*
suplicar • *v* моля, умолявам
suponer • *v* приемам, допускам
suposición • *n* условие *(n)*, предположение *(n)*, ако и но, предположение, допускане, догадка *(f)*
suprimir • *v* према́хвам, отменям
sur • *n* юг *(m)*
surco • *n* бразда́ *(f)*, жлеб *(m)*, бръчка *(f)*
sureño • *adj* ю́жен *(m)*, южен *(m)*
sureste • *n* югои́зток *(m)*
surgimiento • *n* изплуване *(n)*, появяване *(n)*
surgir • *v* излизам, произлизам, възниквам, появявам се
suroeste • *adj* югозападен *(m)* • *n* юго-за́пад *(m)*
surrealismo • *n* сюрреализъм *(m)*
surtido • *n* избор, асортимент, сортиране • *adj* разнороден, смесен, асорти
susceptible • *adj* податлив, поддаващ се, послушен
suscitar • *v* извличам
sushi • *n* су́ши *(n)*
suspender • *v* закривам, пропадам, отлагам, отсрочвам, скъсвам
suspensión • *n* суспендиране
suspenso • *n* временно бездействие, изчакване, суспендиране
suspiro • *n* слух *(m)*, мълва *(f)*
sustantivo • *n* съществи́телно и́ме *(n)*
sustituto • *n* представител *(m)*, заместник *(m)*
susto • *n* уплаха *(f)*
susurrar • *v* ромоля, шептя́, ше́пна
susurro • *n* ше́пот *(m)*
suya • *pron* техен
suyas • *pron* техен
suyo • *pron* техен
suyos • *pron* техен

T

tabaco • *n* тютюн *(m)*
tábano • *n* конска муха *(f)*
tabaquismo • *n* пу́шене *(n)*, тютюнопу́шене *(n)*
taberna • *n* механа *(n)*, кръ́чма *(f)*, пи́вница *(f)*
tabique • *n* стена́ *(f)*
tabla • *n* таблица *(f)*, плоча, дъска́ *(f)*
tablas • *n* пат *(m)*, таблица *(f)*
tablero • *n* дъска́ *(f)*, че́рна дъска́ *(f)*, табло́ *(n)*
tacha • *n* недостатък *(m)*, повреда
taciturno • *adj* мрачен, намусен
taco • *n* щека *(f)*, шпонка, шпилка, щифт, дюбел
tacuacín • *n* опосум
tacuazín • *n* опосум
tahona • *n* фу́рна *(f)*, пека́рна *(f)*, хлеба́рница *(f)*
tahúr • *n* комарджия *(m)*
taiga • *n* тайга́ *(f)*
tajada • *n* сечащ удар
tajador • *n* сатър *(m)*
tajante • *adj* окончателен, безусловен, категоричен
tajar • *v* накълцвам, цепя, сека, отсичам
tajo • *n* мацка *(f)*
talacha • *n* ра́бота *(f)*, занаят *(m)*
taladrador • *n* свредел, бургия
taladradora • *n* свредел *(m)*, бормашина *(f)*
taladro • *n* свредел, бургия, свредел *(m)*, бормашина *(f)*
talar • *n* тога *(f)*
talego • *n* торба, чанта, плик, чувал
talento • *n* дарба, талант *(m)*, талант *(m)*, чувство *(n)*
talentoso • *adj* способен, даровит
talio • *n* таллий *(m)*
tallar • *v* дялам
tallarín • *n* юфка
taller • *n* серви́з *(m)*
talón • *n* пета́ *(f)*, чек *(m)*
talud • *n* рид
también • *adv* също, също така
tambor • *n* бараба́н *(m)*, тъпан *(m)*
tamborear • *v* барабаня
tamiz • *n* решето *(n)*, сито *(n)*
tampoco • *adv* също • *conj* нито
tampón • *n* тампон *(m)*
tan • *adv* така́
tanque • *n* танк *(m)*
tántalo • *n* тантал *(m)*
tapa • *n* капа́к *(m)*, похлупак *(m)*, подвъ́рзия *(f)*, капа́к *(m)*, апериті́в *(m)*, мезе

tapadera • *n* маскиране *(n)*
tapar • *v* задръ́ствам, затва́рям
taparse • *v* задръ́ствам се
tapir • *n* тапир
tapiz • *n* гоблен *(m)*
tapón • *n* канелка *(f)*, запушалка *(f)*
taquilla • *n* гише *(n)*
taquillazo • *n* блокбъ́стър *(m)*
taquillera • *n* блокбъ́стър *(m)*
tarde • *n* ве́чер *(m)*, вечер *(f)*, следо́бед *(m)* • *adj* къ́сен • *adv* къ́сно
tardío • *adj* закъснял, окъснял
tarea • *n* неприя́тна работа, дома́шна рабо́та *(f)*, назначе́ние *(n)*, зада́ча *(f)*, рабо́та *(f)*
tarifa • *n* цена́ на биле́т *(f)*, хонорар *(m)*, възнаграждение *(n)*
tarjeta • *n* ка́рта *(f)*, ка́ртичка *(f)*
tarsero • *n* дългопети
tarsio • *n* дългопети
tarta • *n* то́рта *(f)*
tartamudear • *v* заеквам
tartamudeo • *n* заекване
tasa • *n* нало́г *(m)*, да́нък *(m)*
tasación • *n* оце́нка *(f)*, прецéнка *(f)*
tasar • *v* оценявам
tatú • *n* броненосец
tatuaje • *n* татуировка *(f)*
taxi • *n* такси́ *(f)*
taxímetro • *n* такси́ *(f)*
taza • *n* чаша *(f)*, ча́ша *(f)*
te • *pron* теб, те, тебе, ти, Вас, Ви, Вам
té • *n* чай *(m)*
teatro • *n* теа́тър *(m)*
teca • *n* тик *(m)*, тиково дърво *(n)*
techo • *n* таван *(m)*, тава́н *(m)*, по́крив *(m)*
tecla • *n* кла́виша *(f)*
teclado • *n* клавиату́ра *(f)*
teclear • *v* набирам
tecnecio • *n* технеций *(m)*
técnico • *n* техник *(m)*
tecnología • *n* техноло́гия *(f)*
tecolote • *n* кукумя́вка *(f)*
teda • *n* главня́ *(f)*
tejado • *n* по́крив *(m)*
tejemaneje • *n* измама *(f)*
tejer • *v* плета́, тъка
tejido • *n* плат *(m)*, тъкан *(f)*
tejo • *n* кюлче
tejón • *n* кюлче, я́зовец *(m)*
tela • *n* платно за рисуване *(n)*, платно́ *(n)*, плат *(m)*, тъкан *(f)*, предпазна мрежа, платно́ *(n)*, сукно́ *(n)*
telefonear • *v* обаждам се, звъня
telefonema • *n* разгово́р *(m)*
teléfono • *n* телефо́н *(m)*, телефон *(m)*

telégrafo • *n* телеграф *(m)*
telegrama • *n* телеграма *(f)*, телеграма *(f)*
telencéfalo • *n* главен мозък
telepatía • *n* телепатия *(f)*
telescopio • *n* телескоп *(m)*
televisión • *n* телевизия *(f)*, телевизор *(m)*
televisor • *n* телевизор *(m)*
telón • *n* завеса *(f)*
teluro • *n* телур *(m)*
tema • *n* тема *(f)*, нишка *(f)*
temblor • *n* земетресение *(n)*
temer • *v* опасявам се, страхувам се
temerario • *adj* безразсъден
temeroso • *adj* уплашен, страхлив
temible • *adj* страшен, ужасен
temor • *n* страх *(m)*, боязън *(m)*, боязън *(f)*
témpano • *n* айсберг *(m)*
temperamento • *n* характер *(m)*, нрав *(m)*
temperatura • *n* температура *(f)*
tempestad • *n* буря *(f)*
templar • *v* отгрявам, закалявам
templo • *n* храм *(m)*
temporal • *n* буря *(f)*
temprano • *adj* ранен, преждевременен, ранен • *adv* рано
tenaz • *adj* твърдоглав, издръжлив
tendencioso • *adj* предубеден, пристрастен
tendón • *n* сухожилие *(n)*
tenedor • *n* вилица *(f)*, вилка *(f)*
tener • *v* държа, държам, имам
tenis • *n* тенис *(m)*
tentáculo • *n* пипало *(n)*
tentador • *adj* привлекателен, съблазнителен
tentar • *v* примамвам, съблазнявам
tentativa • *n* усилие *(n)*, старание *(n)*, опит, проба
tenue • *adj* неясен, замъглен, мътен, неотчетлив, мек, нежен, ласкав
teñir • *v* боядисвам, боядисвам, оцветявам
teorema • *n* теорема *(f)*
teoría • *n* догадка *(f)*, предположение *(n)*
teosofía • *n* теософия *(f)*
terbio • *n* тербий *(m)*
tercer • *adj* трети *(m)*
tercera • *n* терца *(f)* • *adj* трети *(m)*
tercero • *n* трети • *adj* трети *(m)*
tercio • *n* третина *(f)*
terco • *adj* инат
terminado • *adj* направен, извършен, завършен, обработен
terminar • *v* завършвам, финиширам, приключвам, закривам
terminarse • *v* завършвам, финиширам
termo • *n* термос *(m)*
termodinámica • *n* топлосила
termómetro • *n* термометър *(m)*, топломер
termosfera • *n* термосфера *(f)*
ternera • *n* теле *(n)*
ternero • *n* теле *(n)*
terraplén • *n* рид
terremoto • *n* земетресение *(n)*
terreno • *n* земя *(f)*, суша *(f)*, област *(f)*
terrible • *adj* ужасен, страшен, страхотен
territorio • *n* територия *(f)*
terrón • *n* кубче *(n)*
terrorismo • *n* тероризъм *(m)*
terrorista • *n* терорист *(m)*, терористка *(f)*
tertulia • *n* кръг *(m)*, кръжец *(m)*
tesoro • *n* съкровище
testa • *n* глава *(f)*
testamento • *n* завещание
testarudo • *adj* инат
testigo • *n* палка, щафета
teta • *n* цица *(f)*, цица *(f)*, гърда *(f)*, гръд *(f)*
tetera • *n* чайник *(m)*
texto • *n* текст *(m)*, учебник *(m)*
tez • *n* тен *(m)*
ti • *pron* теб, те, тебе, ти, Вас, Ви, Вам
tía • *n* леля *(f)*
tibia • *n* пищял *(m)*
tiburón • *n* акула *(f)*
tiempo • *n* време *(n)*, време *(n)* • *adv* за известно време
tienda • *n* магазин *(m)*
tierno • *adj* благороден, мил, драг
tierra • *n* земя *(f)*, суша *(f)*, земя *(f)*, почва *(f)*, пръст *(f)*, земя *(f)*, почва *(f)*, заземяване *(n)*
tieso • *n* труп *(m)*
tifón • *n* тайфун *(m)*
tigre • *n* тигър *(m)*
tigresa • *n* тигрица *(f)*
tijera • *n* ножица *(f)*
tijereta • *n* щипалка *(f)*
tilde • *n* ударение *(n)*
timar • *v* измамвам
timbre • *n* тембър *(m)*
tímido • *adj* свенлив, срамежлив
timo • *n* измама *(f)*
timón • *n* кормило *(n)*
tímpano • *n* тъпанче *(n)*

tina • *n* вана
tinta • *n* мастило
tinte • *n* боя *(f)*
tintero • *n* мастилница *(f)*
tinto • *n* кафе *(n)*
tintorera • *n* бояджия *(m)*
tintorero • *n* бояджия *(m)*
tintura • *n* боя *(f)*
tinturar • *v* боядисвам, боядисвам
tío • *n* пич *(m)*, пич, чичо *(m)*, стрико *(m)*, вуйчо *(m)*, калеко *(m)*, свако *(m)*
tipo • *n* човек *(m)*, момче *(n)*, пич *(m)*, тип *(m)*
tira • *n* ивица
tiradero • *n* бунище *(n)*, отвал *(m)*
tiraje • *n* тираж *(m)*
tiranía • *n* тирания *(f)*
tiranizar • *v* тиранизирам
tirar • *v* стрелям, прецаквам, стрелям, развалям, еба, хвърлям, дърпам, влека, влача
tirarse • *v* еба, шибам, чукам
tirita • *n* превръзка *(f)*
tiro • *n* изстрел *(m)*, теглене, дърпане, стрелба *(f)*
tiroteo • *n* стрелба *(f)*
tísico • *n* туберкулозен *(m)*
titanio • *n* титан *(m)*
titilar • *v* блещукам, мъждукам
titular • *v* определям, предназначавам • *n* титуляр *(m)*
título • *n* акт *(m)*, документ *(m)*, научна степен, надпис *(m)*
tiza • *n* тебешир *(m)*, креда *(f)*
tizón • *n* главня *(f)*
tlacuache • *n* опосум
tmesis • *n* тмезис *(m)*
toalla • *n* кърпа *(f)*, пешкир *(m)*
tobillo • *n* глезен
tobo • *n* кофа *(f)*, ведро *(n)*
tocar • *v* докосвам, докосна, допирам, допра, опипвам
toche • *n* броненосец
tocino • *n* бекон *(m)*, бекон, свиня *(f)*
tocóloga • *n* акушерка *(f)*
tocólogo • *n* акушерка *(f)*
tocón • *n* пън
todo • *n* всичко • *pron* всичко *(n)*
todopoderoso • *adj* всесилен, всемогъщ
todos • *pron* всички, всеки
toga • *n* тога *(f)*
toisón • *n* руно *(n)*, вълна *(f)*
toldo • *n* навес *(m)*, тента *(f)*, балдахин *(m)*
tolerar • *v* толерирам, трая, понасям, подкрепям, насърчавам

tolondro • *n* издутина *(f)*, цицина *(f)*
tomador • *n* пияница *(m)*
tomar • *v* пия, хващам, държа, държам, пия, вземам, взимам, взема
tomate • *n* домат *(m)*
tombo • *n* полицай *(m)*, ченге *(n)*
tonel • *n* буре *(n)*, бъчва *(f)*, бъчва *(f)*, буре *(n)*, каца *(f)*
tonelero • *n* бъчвар *(m)*
tontería • *n* глупост *(f)*, абсурдност *(f)*
tonterías • *n* глупости, глупости, безсмислици
tonto • *adj* неразумен, неразумен, глупав, глупав *(m)* • *n* абдал *(m)*, глупак *(m)*, тъпак *(m)*
topetar • *v* блъскам с глава
tópico • *n* тема *(f)*
topo • *n* къртица *(f)*
torbellino • *n* вихър *(m)*, вихрушка *(f)*
torcedura • *n* извивка *(f)*
torcer • *v* извивам
torcido • *adj* крив, извит, крив, изкривен
tordo • *n* дрозд *(m)* • *adj* пъстър, петнист
torear • *v* закачам се, шегувам се
torio • *n* торий *(m)*
tormenta • *n* буря *(f)*
tornear • *v* стругувам
tornillo • *n* болт *(m)*, винт *(m)*
torno • *n* струг *(m)*
toro • *n* вол *(m)*, бик *(m)*
toronja • *n* грейпфрут *(m)*
torpe • *adj* груб, нетактичен, несръчен, непохватен, тромав
torpeza • *n* несръчност, непохватност, груба грешка *(f)*, пропуск *(m)*
torre • *n* небостъргач *(m)*, кула *(f)*, топ
torso • *n* корпус *(m)*
torta • *n* торта *(f)*
tortita • *n* палачинка *(f)*
tortuga • *n* костенурка *(f)*
tortuoso • *adj* околен, лъкатушен, непряк
tortura • *n* мъчение *(n)*
tos • *n* кашлица *(f)*
tosco • *adj* необмислен, нетактичен, долнокачествен
toser • *v* кашлям
total • *adj* общ, сумарен
totalmente • *adv* напълно, съвсем
totol • *n* пуйка *(f)*
toxicómano • *n* наркоман
traba • *n* уловка *(f)*, окови
trabajador • *n* работник *(m)*, работничка *(f)*
trabajar • *v* работя, трудя

trabajo • *n* рáбота *(f)*, труд *(m)*, рáботно мя́сто *(n)*, занаят *(m)*
tractor • *n* трáктор *(m)*
tradición • *n* традиция *(f)*
tradicional • *adj* традиционен
traducción • *n* прéвод *(m)*
traducir • *v* превéждам
traductor • *n* преводач *(m)*
traductora • *n* преводач *(m)*
traer • *v* донàсям, довèждам, донасям
tráfico • *n* движéние *(n)*
tragaldaba • *n* лакомник *(m)*
tragar • *v* гълтам
tragedia • *n* трагéдия *(f)*
trago • *n* питиé *(n)*, напи́тка *(f)*, глътка *(f)*, алкохолна напитка
tragón • *n* лакомник *(m)*
traición • *n* измяна *(f)*, предателство *(n)*
traicionar • *v* предавáм
traidor • *n* предáтел *(m)*, измéнник *(m)*
traidora • *n* предáтел *(m)*, измéнник *(m)*
traje • *n* носия *(f)*, костюм *(m)*, рóкля *(f)*
tramar • *v* завещавам
tramo • *n* стълбище *(n)*
trampa • *n* уловка *(f)*
tramposo • *n* измамник *(m)*
tranca • *n* пéнис *(m)*, кур *(m)*, хуй *(m)*, пи́шка *(f)*
trancar • *v* залоствам
tranquilo • *adj* послушен, тих, покоен, сдържан
transacción • *n* сделка *(f)*
transbordador • *n* фéрибот *(m)*
transcurrir • *v* изтичам, изминавам
transferir • *v* прехвърлям
transparente • *adj* чист, прозрачен
transportar • *v* нося, пренасям, превозвам
transportista • *n* носач *(m)*, превозвач *(m)*
transversal • *adv* кръстосано, на кръст • *adj* напречен
tranvía • *n* трамвай *(m)*
trapicheado • *adj* фалшив, фиктивен, лъжлив
trapo • *n* парцал *(m)*
tráquea • *n* трахея *(f)*, дихателна тръбá *(f)*
tras • *prep* следващ, зад
trasero • *n* задник *(m)*, зáдник *(m)*, гъз *(m)*, дýпе *(n)* • *adj* заден
trasgo • *n* гоблин *(m)*, таласъм *(m)*
traslación • *n* транслация *(f)*

trasladar • *v* нося, пренасям, превозвам
traste • *n* гриф *(m)*
trastornado • *adj* объркан, объркан
tratar • *v* имам работа с, постаравам се, пробвам, опитвам
trato • *n* сделка, пазарлък, познанство
travesura • *n* лудория *(f)*, приключение *(n)*, беля *(f)*
travieso • *adj* непослушен *(m)*
trayectoria • *n* траектория *(f)*
trébol • *n* детелина *(f)*, спатия *(f)*, трефá *(f)*
tregua • *n* прими́рие *(n)*
tren • *n* влак *(m)*
treno • *n* погребална песен *(f)*
trenza • *n* плитка *(f)*, плитка *(f)*
trenzar • *v* сплитам
trepador • *n* катерач *(m)*, алпинист *(m)*
trepadora • *n* пълзящо растение
triángulo • *n* триъгълник *(m)*
tribu • *n* плéме *(n)*, род *(m)*
tribulación • *n* болка, измъчване, огорчение, изпитание *(n)*, неприятности *(f)*, бреме *(n)*
tribunal • *n* съд *(m)*, трибунáл *(m)*
triciclo • *n* триколка *(f)*
tricotar • *v* плетá
tridente • *n* тризъбец *(m)*
trifulca • *n* уличен скандал, шумна кавга, меле *(n)*, бой *(m)*
trigésima • *adj* тридесети
trigésimo • *adj* тридесети
trigo • *n* пшени́ца *(f)*
trillado • *adj* изтъркан, банален, шаблонен
trilogía • *n* трилогия *(f)*
trincar • *v* арестувам
trinche • *n* вила *(f)*, ви́лица *(f)*, ви́лка *(f)*
trinchera • *n* канавка *(f)*, траншея *(f)*
trineo • *n* шейнá *(f)*, шейни́чка *(f)*
trino • *n* чуруликане *(n)*
tripa • *n* черво
tripulación • *n* екипаж *(m)*
triquitraque • *n* пиратка *(f)*, фишек *(m)*
triste • *adj* тъ̀жен, печáлен, скръбен, печален, унил, потиснат
tristeza • *n* скръб *(f)*, печáл *(f)*, жáлост *(f)*, гóрест *(f)*
tritón • *n* тритóн *(m)*
triturar • *v* раздробявам
triunfador • *adj* успéшен
triunfar • *v* постигам
trocar • *v* разменям, правя бартер
trocha • *n* междурелсие *(n)*

trofeo • n трофéй (m)
troica • n трóйка (f)
trol • n трол (m)
trompa • n хобот (m)
trompeta • n тромпет
tronada • n бýря (f)
tronar • v пропадам, скъсвам
trono • n престол (m)
tropezar • v сблъсквам се, удрям се
tropiezo • n груба грешка (f), пропуск (m)
troquel • n калъп (m)
trozo • n парче (n), част (f)
trucha • adj хомосексуален (m) • n пъстърва (f)
truco • n уловка (f), измама (f)
trueno • n гръм (m)
trueque • n размяна (f) , бартер (m)
truhán • n крадец (m)
truhana • n крадец (m)
truncado • adj подкосен
truncar • v скъсявам, съкращавам, подкосявам
trusa • n гащи
tú • pron ти , Вие , ти

tuberculosis • n туберкулоза (f)
tubo • n лампено шише, тръба (f)
tucúquere • n кукумя́вка (f)
tueco • n пън
tuerca • n гáйка (f)
tulio • n тулий (m)
tulipán • n лале (f)
tumba • n гроб (m)
túmulo • n гробна могила (f)
tumulto • n свада (f), караница (f)
tunco • n свиня́ (f)
tundra • n тýндра (f)
túnel • n тунел (m)
tungsteno • n волфрам (m)
túnica • n рокля (f), туника (f)
tupido • adj непрозрачен
turba • n навалица (f) , торф (m)
turbante • n тюрбáн (m)
turbio • adj мътен, непрозрачен
turca • n кур (m), хуй (m)
turismo • n туризъм (m)
turno • n смяна (f) , редуване (n)
turón • n прът (f)
tusa • n кочан (m)

U

u • conj и́ли
ubre • n ви́ме (n)
último • adj послéден, последен, заключителен
umbral • n праг (m)
undécimo • adj единадесет
ungir • v намазвам, смазвам
únicamente • adv сáмо
único • adj еди́нствен
unicornio • n инорог (m) , единорог (m)
unidad • n единица (f) , еди́нство (n), сплотеност (f)
uniforme • adj равен, еднообразен
uniformemente • adv равно, равномерно
unión • n съединéние (n), свъ́рзване (n), съюз (m)
unir • v обединявам, комбинирам, свързвам , закрепвам , съчетавам
unirse • v сливам се
universidad • n колéж (m), университéт (m)
universo • n вселéна (f)
untar • v цапам, мажа
uña • n нóкът (m)

uranio • n уран (m)
urbe • n град (m)
uréter • n пикочопровод (m)
urgencia • n спешен случай (m)
urgente • adj неотложен, належащ
urna • n ковчег (m)
urogallo • n глухар
urraca • n сойка (f), сврака (f)
usar • v използвам
uso • n използуване (n), употреблéние (n), употрéба (f)
usted • pron теб, те, тебе, ти, Вас, Ви, Вам, ти , Вие
ustedes • pron теб, те, тебе, ти, Вас, Ви, Вам, вас , ви , вам , ти , Вие , вие
usuario • n потреби́тел (m)
usura • n лихва (f)
utensilio • n срéдство (n)
útero • n мáтка (f), утрóба (f)
útil • adj полезен
utilizar • v употребявам, прилагам, използвам
uva • n грозде
úvula • n мъжец (m)
uy • interj ох

V

vaca • *n* кра́ва (f)
vaciar • *v* изпразвам
vacilar • *v* колебая се , двоумя се , чудя се
vacío • *n* вакуум (m) , празнота (f) • *adj* пра́зен
vacuna • *n* ваксина (f)
vacuno • *n* гове́ждо (n)
vadear • *v* прегазвам
vado • *n* брод (m)
vagabundo • *n* безделник (m), нехранимайко (m), бездомник (m) , скитник (m) , клошар (m)
vagina • *n* вагина (f) , влагалище (n)
vago • *adj* неясен , ленив • *n* безделник (m), нехранимайко (m)
vagón • *n* ваго́н (m), вагон (m)
vaivoda • *n* войво́да (m)
vajilla • *n* съдове, чини́я (f)
valentía • *n* мъ́жество (n), реши́телност (f), сме́лост (f), хра́брост (f), кура́ж (m)
valeroso • *adj* хра́бър, смел
valetudinaria • *adj* болнав
valetudinario • *adj* болнав
valiente • *adj* хра́бър, смел, храбър, доблестен
valija • *n* голям, кожен, куфар (m)
valla • *n* ограда (f)
vallado • *n* загражде́ние (n)
valle • *n* доли́на (f), долчи́нка (f), долина (f)
valor • *n* сме́лост (f), хра́брост (f), мъ́жество (n), реши́телност (f), актив, авоари, кура́ж (m)
valoración • *n* оценяване (n), пресмятане (n), оце́нка (f), прецéнка (f), оценка (f)
valorar • *v* оценявам, ценя високо
valuar • *v* оценявам
vampiro • *n* вампи́р (m)
van • *n* фурго́н (m)
vanadio • *n* ванадий (m)
vanagloria • *n* самохвалство (n)
vanagloriarse • *v* хваля се
vándala • *n* хулиган (m)
vandalismo • *n* вандализъм (m)
vándalo • *n* хулиган (m)
vanguardia • *n* преден план (m)
vanidad • *n* самонадеяност (f)
vano • *adj* контешки • *n* конте
vapor • *n* па́ра (f)
vaquero • *n* каубо́й
vara • *n* кло́нка (f), ве́йка (f)

varado • *adv* заседнал
varar • *v* засядам
variable • *adj* променлив, непостоянен
variado • *adj* несравним, несъизмерим
variante • *n* обиколен път (m)
variedad • *n* избор, асортимент, сортиране, род (m), произход (m), порода (f)
variegado • *adj* пъ́стър
varón • *n* мъж (m), момче (n)
vasa • *n* жилище (n)
vaso • *n* ча́ша (f)
vasto • *adj* обширен (m) , огромен (m)
váter • *n* тоале́тна (f)
vaticinar • *v* предсказвам, предричам
vatio • *n* ват (m)
vaya • *interj* ей, хей
vecino • *adj* съседен
vedar • *v* забраня́вам
vega • *n* лива́да (f), поля́на (f), лъка́ (f)
vegetación • *n* растителност (f)
vegetarianismo • *n* вегетариа́нство (n)
vehículo • *n* прево́зно сре́дство (n)
vejiga • *n* мехур (m), торбичка (f)
vela • *n* платно́ (n), свещ (f)
veladura • *n* глеч (f), гланц (m)
velo • *n* покривало (n), забра́дка (f)
velocidad • *v* измервам скорост • *n* скорост (f) , зъбна предавка (f), бързина (f) , скорост (f)
vena • *n* жи́ла (f)
venado • *n* еле́н (m)
vencedor • *n* победител (m)
vencer • *v* разбивам, побеждавам, изтичам, надвивам, вземам връх над
vencimiento • *n* поражение (n), унищожение (n)
venda • *n* бинт (m)
vendaje • *n* бинт (m) , превръзка (f)
vendar • *v* бинтовам, превързвам
vender • *v* прода́вам, прода́м
venderse • *v* продавам се
veneno • *n* отро́ва (f)
veneración • *n* молитви
venganza • *n* мъст (f), отмъще́ние (n)
vengar • *v* отмъщавам
venida • *n* идване (n), пристигане (n), присти́гане (n), поява, идване
venidero • *adj* бъдещ
venir • *v* и́двам, до́йда
venirse • *v* свъ́ршвам
ventaja • *n* предимство (n), преиму́-

щество (n), полза (f), изгода (f), доход (m), благодат (f), преимущество (n)
ventajoso • adj изгоден, благоприятен
ventana • n прозо́рец, прозо́рец (m)
ventilador • n вентила́тор, духало (n), вентилатор (m)
ventilar • v вея, отвявам
ventolera • n вихър (m), буря (f)
venturo • adj предстоящ, приближаващ се
ver • v ви́ждам
verano • n ля́то (n)
verbo • n глагол (m)
verdad • n вярност (f), истина (f)
verdaderamente • adv наистина
verdadero • adj реа́лен, действи́телен, истински, оригинален, автентичен
verde • adj циничен, неприличен, зелéн (m) • n зелéн (m)
verdugo • n пала́ч (m)
verdura • n зеленчук (m)
vereda • n тротоар (m)
verga • n пéнис (m), кур (m), хуй (m), пи́шка (f)
vergar • v еба́, ши́бам, чу́кам
vergonzoso • adj срамен, позорен
vergüenza • n притеснение (n), стеснение (n), срам (m)
verificación • n проверка (f)
verificar • v сверявам
vermellón • n яркочервено; цинобър
vermillo • n яркочервено; цинобър
vermú • n вермут (m)
verraco • n шопар (m)
verruga • n брада́вица (f)
versado • adj сведущ, осведомен, компетентен
vertedero • n бунище (n), отвал (m)
verter • v лея
vértice • n теме (n)
vertiginoso • adj замаян, шеметен
vértigo • n замайване (n), замаяност (f)
vestíbulo • n вестибюл (m)
vestido • n рокля (f), рóкля (f)
vestir • v обли́чам, обли́чам, облека́
vestirse • v обли́чам, облека • n обли́чане (n)
veta • n зърнистост (f), текстура (f)
vetar • v забраня́вам
veterinario • n ветеринарен лекар
vía • n железопъ̀тна ли́ния (f)
viabilidad • n осъществимост (f), изпълнимост (f)
viajar • v пътувам, пътувам, яздя
viaje • n пътуване (n)
víbora • n змия (f), пепелянка (f), змия́ (f), пепелянка

víctima • n же́ртва (f), пострада́ли, жертви
victoria • n победа (f)
vid • n лоза (f)
vida • n живо́т (m)
vidente • adj ясновидски
videocámara • n камера (f)
videocasete • n видеокасета (f)
vidrio • n стъкло́ (n)
vidrioso • adj стъклен, стъкловиден, мътен, безизразен
viejo • adj стар
viento • n вя́тър (m)
vientre • n корем, корéм (m), шкембе, тумба́к (m), корем (m), шкембе (f)
viga • n греда, трегер (m), греда́ (f)
vigésimo • adj двадесети
vigilante • adj бдителен, зорък, внимателен
vigilia • n бдение (n), навечерие (n), възържание
vigorizante • adj свеж
villa • n вила (f)
villano • n негодник (m), мерзавец (m)
vilorta • n лакрос (m)
vinagre • n оцет (m)
vinagrera • n ки́селец (m)
vinagreta • n сос (m)
vinajera • n шишенце (n)
vinazo • n клюка (f), сплетня (f)
vinculación • n свързване (n)
vínculo • n линк (m)
vino • n ви́но (n)
violación • n нарушение (n), изнаси́лване (n)
violar • v наси́лвам, изнаси́лвам
violeta • n виолетов (m)
violín • n цигулка (f), цигулка (f)
violonchelo • n виолончело
virgen • n де́вственик (m), де́вственица (f), деви́ца (f)
virginidad • n де́вственост (f)
virgulto • n фиданка (f)
virtual • adj виртуален
virtud • n добродетел (f)
virus • n ви́рус (m), компю́търен ви́рус (m)
visa • n ви́за (f)
visado • n ви́за (f)
visible • adj видим, забележим, видим (m)
visión • n зре́ние (n), зре́ние (n), ви́зия (f)
visita • n посеще́ние (n), визи́та (f), визи́та (f), посеще́ние (n)

visitar • *v* посещáвам, посетя́, навестя́вам, навестя́
vislumbrar • *v* забелязвам
víspera • *n* навечерие *(n)*
vista • *n* зре́ние *(n)*
vistazo • *n* бегъл поглед *(m)*
vistoso • *adj* ярък, крещящ, безвкусен
vital • *adj* пенлив
vitamina • *n* витамин *(m)*
vitrina • *n* бюфет *(m)* , шкаф *(m)* , витрина *(f)*
vituperar • *v* ругая
viuda • *n* вдовица *(f)*
viudo • *n* вдовец *(m)*
vivaque • *n* бивáк *(m)*
vivaz • *adj* игрив, скоклив
vivencia • *n* опит *(m)*
vívido • *adj* шарен, жив, весел, буден
vivienda • *n* жилище, апартаме́нт *(m)*
viviente • *adj* жив
vivificación • *n* съживяване
vivir • *v* живѐя, изпитвам, преживявам
vivo • *adj* жив, весел, буден
vocablo • *n* ду́ма *(f)*, сло́во *(n)*
vocal • *n* гласна *(f)* • *adj* вокален
vocalizar • *v* произнасям ясно, артикулирам
vocero • *n* защитник, поддръжник
vodka • *n* во́дка *(f)*
voevoda • *n* войво́да *(m)*
voivoda • *n* войво́да *(m)*
volador • *n* хвърчило *(n)*
volante • *n* листовка *(f)*
volantín • *n* хвърчило *(n)*

volcán • *n* вулкан *(m)*
volcánico • *adj* вулканичен *(m)*
volcar • *v* прекатурвам се, преобръщам се, прекатурвам, преобръщам
voltio • *n* волт *(m)*
voluble • *adj* непостоя́нен, проме́нлив, отмятащ се
volumen • *n* сила *(f)* , година *(f)*, обем *(m)*, том *(m)*
voluminoso • *adj* обемист, масивен
voluntad • *n* намерение *(n)*
voluntario • *n* доброво́лец *(m)*
volver • *v* ставам, случвам се, променям
volverse • *v* ставам
vomitar • *v* повръщам, бълвáм
vos • *pron* ти , Вие
vosotras • *pron* вас , ви , вам , вие
vosotros • *pron* теб, те, тебе, ти, Вас, Ви, Вам, вас , ви , вам , ти , Вие , вие
votar • *v* гласувам, гласу́вам
voto • *n* глас *(m)*
voz • *n* глас *(m)*, залог *(m)*
vuelo • *n* поле́т *(m)*, летене *(n)*, полет *(m)*
vuelta • *n* ресто *(n)*
vueltas • *n* ресто *(n)*
vuelto • *n* ресто *(n)*
vulcanización • *n* вулканизация *(f)*
vulgar • *adj* ярък, крещящ, безвкусен • *n* простак , парвеню
vulgaridad • *n* вулгаризъм *(m)*
vulgo • *n* навалица *(f)*
vulva • *n* вулва *(f)*

W

wáter • *n* тоале́тна *(f)*
watercló • *n* тоале́тна *(f)*
watt • *n* ват *(m)*

whisky • *n* уиски *(n)*
wolframio • *n* волфрам *(m)*

X

xenofobia • *n* ксенофобия *(f)*
xenón • *n* ксенон *(m)*
xilófono • *n* ксилофон *(m)*

xilografía • *n* ксилография *(f)*

Y

y • *conj* и
ya • *adv* преди, досега, вече
yacer • *v* лежа́
yarda • *n* ярд *(m)*
yatagán • *n* ятаган *(m)*
yegua • *n* кон *(m)*, коби́ла *(f)*
yelmo • *n* шлем *(m)*, ка́ска *(f)*
yema • *n* пъпка *(f)*, жълтък *(m)*
yermo • *adj* гол, открит
yerno • *n* зет *(m)*
yeso • *n* гипс *(m)*
yesquero • *n* запа́лка *(f)*

yihad • *n* джиха́д *(m)*
yodo • *n* йод *(m)*
yoga • *n* йо́га *(f)*
yogur • *n* ки́село мля́ко *(n)*
yola • *n* шлю́пка *(f)*
yoleta • *n* скиф *(m)*
yuan • *n* юа́н *(m)*
yudo • *n* джудо
yugo • *n* нашийник *(m)*, и́го *(n)*
yunque • *n* наковалня, накова́лня *(f)*
yurta • *n* юрта *(f)*

Z

zacate • *n* поляна *(f)*
zafiro • *n* сапфир *(m)*
zaguán • *n* фоайе *(n)*
zalamería • *n* ласкателство *(n)*
zanahoria • *n* мо́рков *(m)*
zancada • *n* похо́дка *(f)*
zancudo • *n* кома́р *(m)*
zángano • *n* търтей *(m)*
zanja • *n* канавка *(f)*, траншея *(f)*
zapallo • *n* ти́ква *(f)*
zapatera • *n* обущар *(m)*, обуща́р *(m)*
zapatero • *n* обущар *(m)*, обуща́р *(m)*
zapato • *n* обу́вка *(f)*
zar • *n* цар *(m)*
zarcillo • *n* обица́ *(f)*
zarigüeya • *n* опосум
zarpa • *n* ла́па *(f)*
zarza • *n* къпина *(f)*
zarzamora • *n* къпина *(f)*, къпина *(f)*
zinc • *n* цинк *(m)*
zloty • *n* злоти *(m)*
złoty • *n* злоти *(m)*
zoo • *n* зоопа́рк *(m)*, зоологи́ческа гради́на *(f)*

zoología • *n* зоология *(f)*
zoológico • *n* зоопа́рк *(m)*, зоологи́ческа гради́на *(f)*
zorra • *n* кучка *(f)*, кучка *(f)*, курва *(f)*, развратница *(f)*, лиси́ца *(f)*, ку́рва *(f)*, блудни́ца *(f)*
zorro • *n* хитрец *(m)*, лиси́ца *(f)*
zorzal • *n* дрозд *(m)*
zozobra • *n* трево́га *(f)*, безпоко́йство *(n)*
zozobrar • *v* провалям се, претърпявам неуспех, прекатурвам се, преобръщам се, не успявам, не сполучвам, прекатурвам, преобръщам, потапям, потопявам
zueco • *n* гало́ш *(m)*, шушо́н *(m)*
zumbido • *n* бръмчене *(n)*, жужене *(n)*, бръмчене *(n)*
zumo • *n* сок *(m)*
zurcir • *v* замрежвам, закърпвам
zuro • *n* кочан *(m)*
zurriar • *v* бръмча, жужа

BÚLGARO-ESPAÑOL

A

аба • *n* capa
абаджийка • *n* sastre *(f)*, modisto *(m)*, modista *(f)*
абаджия • *n* sastre *(f)*, modisto *(m)*, modista *(f)*
абажур • *n* pantalla *(f)*
абака • *n* abacá *(m)*
абанос • *n* ébano
абаносов • *adj* de ébano
абатство • *n* abadía *(f)*
абдал • *n* tonto *(m)*, ababol, panoli *(m)*, simplón *(m)*, bobo *(m)*, necio *(m)*, imbécil, idiota *(m)*
абдикация • *n* abdicación *(f)*
абдикирам • *v* abdicar
абдукция • *n* abducción *(f)*
аберация • *n* aberración *(f)*
аблактация • *n* destete *(m)*
абонамент • *n* abono *(m)*
абонирам • *v* subscribirse
абориген • *n* aborigen *(f)*, indígena *(f)*
аборт • *n* aborto *(m)*, aborto inducido
абортирам • *v* abortar
абразивен • *adj* abrasivo
абразия • *n* erosión *(f)*
абревиатура • *n* abreviación *(f)*
абсент • *n* ajenjo *(m)*, absintio *(m)*
абсолвент • *n* graduado *(m)*, graduada *(f)*, graduados
абсолвиране • *n* graduación *(f)*
абсолютен • *adj* completo, pleno
абсорбция • *n* absorción *(f)*
абстракт • *n* extracto *(m)*, resumen *(m)*
абстракционизъм • *n* abstraccionismo *(m)*
абстракция • *n* arte abstracto *(m)*, abstracción *(f)*
абстракция • *n* abstracción *(f)*
абсурд • *n* absurdo *(m)*, absurdo
абсурден • *adj* absurdo
абсурдност • *n* absurdo *(m)*, ineptitud *(f)*
абсурдност • *n* tontería *(f)*, disparate *(m)*, parida *(f)*
абсциса • *n* abscisa *(f)*
аванпост • *n* fortificación *(m)*, puesto *(m)*, presidio *(m)*
аванс • *n* avance *(m)*, adelanto *(m)*
авантюра • *n* aventura *(f)*
авантюрист • *n* aventurero *(m)*, aventurera *(f)*
авантюристичен • *adj* intrépido, atrevido, audaz, osado, aventurero
авария • *n* choque *(m)*

авария • *n* accidente *(m)*, pana *(f)*, avería, descompostura *(f)*, panne *(f)*
авеню • *n* avenida
авиация • *n* aviación *(f)*
авиокомпания • *n* aerolínea *(f)*
авион • *n* avión *(m)*, aeroplano *(m)*
авоари • *n* activo *(m)*, bien, valor
автентичен • *adj* verdadero, genuino, auténtico, legítimo
автентичност • *n* autenticidad *(f)*
автобиография • *n* autobiografía *(f)*
автобус • *n* autobús *(m)*
автобус • *n* cazadora *(f)*, autobús *(m)*, bus *(m)*, camión *(m)*, camioneta *(f)*, guagua *(f)*, micro *(f)*, micro *(m)*, ómnibus *(m)*, bondi *(m)*, rufa *(f)*
автомагистрала • *n* autopista *(f)*
автомагистрала • *n* carretera *(f)*
автомат • *n* semi-automática *(f)*
автоматизация • *n* automatización
автоматичен • *adj* automático *(m)*, automático
автомобил • *n* coche *(f)*, coche *(m)*, automóvil *(m)*, carro *(m)*, auto *(m)*, máquina *(m)*
автономен • *adj* autónomo *(m)*
автономия • *n* autonomía *(f)*
автор • *n* escritor *(m)*, escritora *(f)*, autor *(m)*, autora *(f)*
авторитарен • *adj* autoritativo
авторитет • *n* autoridad *(f)*
авторитетен • *adj* fidedigno, autorizado
авторство • *n* autoría
автострада • *n* carretera *(f)*
агаве • *n* maguey *(m)*, agave *(f)*, pita *(f)*
агент • *n* agente *(m)*
агенция • *n* oficina *(f)*, agencia *(f)*
агитатор • *n* agitador *(m)*, agitadora *(f)*
агитация • *n* agitación *(f)*, desasosiego *(m)*
агломерат • *n* aglomeración *(f)*
агне • *n* cordero *(m)*
агностик • *n* agnóstico *(m)*, agnóstica *(f)*
агонизирам • *v* agonizar
агония • *n* angustia *(f)*, agonía *(f)*
агрегат • *n* agregado *(m)*, conjunto *(m)*, ensamblaje *(m)*
агресивен • *adj* agresivo
агресивност • *n* agresividad *(f)*
агресия • *n* agresión *(f)*
агресор • *n* agresor *(m)*, agresora *(f)*

агрономство • *n* agronomía (f)
адаптация • *n* adaptación (f), modificación (f)
адаптор • *n* adaptador (m)
адвокат • *n* abogado (m), abogada (f), notario (m), legalista (m)
адвокатка • *n* abogado (m), abogada (f)
адекватен • *adj* adecuado
адекватност • *n* cantidad suficiente (f)
административен • *adj* administrativo
администрация • *n* administración (f)
адмирал • *n* almirante (m)
адмиралтейство • *n* almirantazgo
адрес • *n* dirección (f)
адресирам • *v* dirigir
аерогара • *n* aeropuerto (m)
аеронавтика • *n* aeronáutica (f)
аеростат • *n* aerostato (m), aeróstato (m)
азалия • *n* azalea (f)
азбест • *n* asbesto (m), amianto (m)
азбестов • *n* asbesto (m), amianto (m)
азбука • *n* alfabeto (m), abecedario (m)
азимут • *n* azimut (m), acimut (m)
азимут • *n* acimut (m), rumbo (m)
азот • *n* nitrógeno (m)
айнштайний • *n* einstenio (m)
айсберг • *n* banquisa (f), iceberg (m), témpano de hielo (m), témpano (m)
академия • *n* academia (f)
акант • *n* acanto (m)
акантус • *n* acanto (m)
акация • *n* acacia (f)
аквамарин • *n* aguamarina (f)
аквариум • *n* acuario (m), pecera (f)
акламирам • *v* aclamar
аклиматизирам • *v* aclimatarse
акне • *n* acné (m)
ако • *conj* si
аколада • *n* galardón, marco de honor (m)
акорд • *n* acorde
акордеон • *n* acordeón (m)
акостирам • *v* atraque
акредитирам • *v* acreditar
акробатика • *n* acrobática (f)
акромегалия • *n* acromegalia (f)
аксиома • *n* axioma (m)
аксиоматичен • *adj* axiomático
акт • *n* acta (f), escritura (f), título (m)
актив • *n* activo (m), bien (m), bien, partida del activo (f), valor
активен • *adj* activo, enérgico
активиране • *n* activación (f)
активист • *n* activista (f)

активистка • *n* activista (f)
активност • *n* actividad (f)
активност • *n* actividad (f)
актиний • *n* actinio (m)
актинометър • *n* actinómetro (m)
актриса • *n* actor (m), actriz (f)
актуален • *adj* actual, real
актьор • *n* actor (m), actriz (f)
акула • *n* tiburón (m)
акупунктура • *n* acupuntura (f)
акуратен • *adj* exacto, cuidadoso
акуратност • *n* puntualidad (f), exactitud, precisión (f)
акустика • *n* acústica (f)
акустичен • *adj* acústico
акушерка • *n* partera (f), comadrona (f), matrona (f), tocólogo (m), tocóloga (f), obstetra (f)
акцент • *n* énfasis (m)
акцент • *n* acento (m)
акцентирам • *v* acentuar
акцентувам • *v* acentuar
акцептиране • *n* aceptación (f)
акъл • *n* mente (f)
алабастър • *n* alabastro (m)
аларма • *v* revolver, agitar, arrebatar
албатрос • *n* albatros (m)
алвеола • *n* alvéolo (m), alveolo (m)
алгебра • *n* álgebra (f)
алгоритъм • *n* algoritmo (m)
алебарда • *n* partidario (m)
алегория • *n* alegoría (f)
алелуя • *interj* aleluya (f)
алея • *n* callejón (m), camino
алигатор • *n* aligátor (m), aligator (m), caimán (m)
алилуя • *interj* aleluya (f)
алифатен • *adj* alifático
алкохол • *n* alcohol (m)
алкохол • *n* alcohol (m)
алкохолен • *adj* alcohólico
алкохолизъм • *n* alcoholismo (m)
алкохолик • *n* alcohólico (m)
алманах • *n* almanaque (m)
ало • *interj* bueno, aló, diga, dígame, hola, oigo
алпинист • *n* trepador (m), escalador (m)
алтернатива • *n* alternativo (m)
алтернативен • *adj* alternativo
алтруист • *n* altruista (f)
алтруистка • *n* altruista (f)
алфа • *n* alfa
алхимик • *n* alquimista (f)
алчен • *adj* ávido, avaricioso, codicioso
алчност • *n* avaricia (f), codicia (f)
амбициозен • *adj* ambicioso

амбиция • *n* aspiración
амбра • *n* ámbar gris *(m)*
амбриаж • *n* cloch *(m)*, cloche *(m)*, clutch *(m)*, croche *(m)*, embrague *(m)*
амброзия • *n* ambrosía *(f)*
амбулаторен • *adj* ambulatorio
амвон • *n* púlpito *(m)*
америций • *n* americio *(m)*
аметист • *n* amatista *(f)*
амид • *n* amida *(f)*
амин • *adv* amén
амнезия • *n* amnesia *(f)*
амнистия • *n* amnistía *(f)*
амоняк • *n* amoníaco *(m)*
амортизация • *n* amortización *(f)*
аморфен • *adj* amorfo
амперметър • *n* amperímetro *(m)*
амперсанд • *n* y comercial *(m)*, et *(f)*
амплитуда • *n* amplitud *(f)*
ампутация • *n* ablación *(f)*
амулет • *n* fetiche *(m)*, amuleto *(m)*
анаграма • *n* anagrama *(m)*
анаконда • *n* anaconda
анализ • *n* análisis *(m)*, ensayo *(m)*, desglose *(m)*
анализирам • *v* analizar
аналитичен • *adj* analítico
аналог • *n* análogo
аналогичен • *adj* análogo
аналогия • *n* analogía *(f)*
ананас • *n* piña *(f)*, ananás *(m)*
анархизъм • *n* anarquismo *(m)*
анархия • *n* anarquía *(f)*
анасон • *n* anís *(m)*
анатема • *n* anatema *(f)*, prohibición *(f)*
анатемосвам • *v* prohibir
анахронизъм • *n* anacronismo *(m)*
ангажимент • *n* compromiso *(m)*
ангажирам • *v* atraer
ангел • *n* ángel *(m)*
ангстрьом • *n* angstrom *(m)*
анекдот • *n* anécdota *(f)*
анексия • *n* anexión *(f)*
анемичен • *adj* anémico
анемия • *n* anemia *(f)*
анемометър • *n* anemómetro *(m)*
анестезиолог • *n* anestesiólogo *(m)*, anestesióloga *(f)*
анимация • *n* animación *(f)*
аниме • *n* anime
анимирам • *v* animar
анихилация • *n* aniquilación *(f)*
анклав • *n* enclave *(m)*
анод • *n* ánodo *(m)*
аномален • *adj* anómalo
аномалия • *n* anomalía *(f)*

анонимен • *adj* anónimo *(m)*
анотация • *n* anotación *(f)*
анотирам • *v* anotar, acotar, apostillar
ансамбъл • *n* conjunto *(n)*
антагонизъм • *n* hostilidad *(f)*, antagonismo *(m)*
антена • *n* antena *(f)*
антибиотик • *n* antibiótico *(m)*
антидепресант • *n* antidepresivo *(m)*
антика • *n* antigüedad *(f)*
антикварен • *adj* antiguo, anticuario
антилопа • *n* antílope *(m)*
антимон • *n* antimonio *(m)*
антиокислител • *n* antioxidante *(m)*
антипатия • *n* aversión *(f)*, antipatía *(f)*
антипатия • *n* aversión *(f)*
антитяло • *n* anticuerpo *(m)*
антифриз • *n* anticongelante *(m)*
античен • *adj* antiguo
античност • *n* antigüedad *(f)*
антоним • *n* antónimo *(m)*
антракс • *n* carbunco *(m)*
антрополог • *n* antropólogo *(m)*, antropóloga *(f)*
антропология • *n* antropología *(f)*
анулирам • *v* abrogar, derogar, anular, cancelar, revocar, invalidar
анулиране • *n* anulación *(f)*
анус • *n* ano *(m)*
аншоа • *n* anchoa *(f)*, boquerón *(m)*
аорта • *n* aorta *(f)*
апандисит • *n* apéndice *(m)*, ciego *(m)*, intestino ciego *(m)*
апарат • *n* equipo *(m)*, aparato *(m)*
апартамент • *n* vivienda, piso *(m)*, apartamento *(m)*, departamento *(m)*
апартейд • *n* apartheid *(m)*
апатит • *n* apatita *(f)*
апатичен • *adj* indiferente, apático
апатия • *n* apatía *(f)*
апел • *n* alegato *(m)*
апендицит • *n* apendicitis *(f)*
аперитив • *n* tapa *(f)*, aperitivo *(m)*, antojito *(m)*, boca *(f)*, bocadito *(m)*, boquita *(f)*, botana *(f)*, pasaboca *(m)*, pasapalo *(m)*, picada *(f)*, picadera *(f)*, picadito *(m)*, picoteo *(m)*, pincho *(m)*, piqueo *(m)*, saladito *(m)*
апетит • *n* apetito *(m)*, deseo *(m)*, ganas
апетитен • *adj* apetitoso, apetecible
аплодирам • *v* aclamar, aplaudir
аплодисменти • *n* aclamación
апокрифен • *adj* apócrifo
апостол • *n* apóstol *(m)*
апостолски • *adj* apostólico
апостроф • *n* apóstrofe *(f)*, apóstrofo

(m)
аптéка • *n* farmacia *(f)*, botica *(f)*
аптекар • *n* farmacéutico *(m)*, farmacéutica *(f)*, apoticario *(m)*, boticario *(m)*
арабеска • *n* arabesco *(m)*
аранжимент • *n* arreglo *(m)*
арбитрáж • *n* arbitraje
арбитър • *n* árbitro *(m)*, árbitra *(f)*
аргóн • *n* argón *(m)*
аргумент • *n* argumento *(m)*
арена • *n* arena *(f)*, estadio *(m)*
арест • *n* arresto *(m)*
арéст • *n* arresto *(m)*
арестант • *n* detenido *(m)*
арестувам • *v* detener, aprehender, arrestar, trincar
арестýвам • *v* detener
арестýване • *n* arresto *(m)*
аристокрация • *n* aristocracia *(f)*, nobleza *(f)*
áрия • *n* aria *(f)*
арка • *n* arco *(m)*
аркада • *n* arcada *(f)*
арматура • *n* carcasa *(f)*
áрмия • *n* ejército *(m)*
арогантен • *adj* arrogante, soberbio, altivo, altanero, creído, presumido
арогантност • *n* arrogancia *(f)*, soberbia *(f)*, altanería *(f)*, altivez *(f)*, hibris, hybris
аромáт • *n* esencia *(f)*, fragancia *(f)*, aroma *(m)*, aroma *(f)*
ароматен • *adj* aromático, fragante
аромáтен • *adj* aromático
арсéн • *n* arsénico *(m)*
артерия • *n* arteria *(f)*
артикулирам • *v* articular, vocalizar
артилерия • *n* artillería *(f)*
артúст • *n* actor *(m)*, actriz *(f)*
артúстка • *n* actor *(m)*, actriz *(f)*
артишóк • *n* alcachofa *(f)*, alcaucil *(m)*, alcacil *(m)*
архаичен • *adj* arcaico
археолог • *n* arqueólogo *(m)*, arqueóloga *(f)*
археология • *n* arqueología *(f)*
архив • *n* archivo *(m)*
архивирам • *v* archivar
архиепúскоп • *n* arzobispo *(m)*
архипелáг • *n* archipiélago *(m)*
архитéкт • *n* arquitecto, arquitecta *(f)*
архитектура • *n* arquitectura *(f)*
архитрав • *n* arquitrabe *(m)*
архонт • *n* arconte *(m)*, arcontisa *(f)*
ас • *n* es *(m)*
асамблея • *n* asamblea *(f)*

асансьóр • *n* ascensor *(m)*, elevador *(m)*
асексуалност • *n* asexualidad *(f)*
асимилация • *n* asimilación *(f)*
асистéнт • *n* asistente *(f)*, ayudante *(m)*
асистирам • *v* asistir
аскет • *n* asceta *(f)*
аскетизъм • *n* ascetismo *(m)*, ascética *(f)*
аскетичен • *adj* austero, ascético
áсо • *n* as *(m)*
асорти • *adj* surtido
асортимент • *n* surtido *(m)*, variedad *(f)*, colección *(f)*
аспарáгус • *n* espárrago *(m)*
аспéржа • *n* espárrago *(m)*
аспирúн • *n* aspirina *(f)*, aspirinar *(f)*
астатúн • *n* astato *(m)*
астерóид • *n* asteroide *(m)*, planetoide *(m)*
áстма • *n* asma *(f)*
астронóмия • *n* astronomía *(f)*
асфáлт • *n* asfalto *(m)*
атака • *n* ataque *(m)*, asalto *(m)*, acometimiento *(m)*
атакувам • *v* atacar, asaltar
атеизъм • *n* ateísmo
атеистичен • *adj* ateo
атлáнт • *n* atlas *(m)*
áтлас • *n* atlas *(m)*
атлет • *n* atleta *(f)*, deportista *(f)*
атлетика • *n* atletismo *(m)*
атлетичен • *adj* atlético *(m)*
атлетски • *adj* atlético *(m)*
атмосфера • *n* aire *(m)*, atmósfera *(f)*, aura *(f)*, ambiente *(m)*, ambiente *(f)*, clima *(m)*
атмосферен • *adj* aéreo *(m)*
атол • *n* atolón *(m)*
áтом • *n* átomo *(m)*
атомен • *adj* atómico
атрофирам • *v* atrofiar
атрофия • *n* atrofia *(f)*
аудиéнция • *n* audiencia *(f)*, audiencia *(f)*
аудиометър • *n* audímetro *(m)*, audiómetro *(m)*
аудитóрия • *n* público *(m)*, audiencia *(f)*
аура • *n* aura
ауспух • *n* tubo de escape *(m)*
афинитéт • *n* afinidad
афиш • *n* cartel *(m)*
афоризъм • *n* aforismo *(m)*
ахат • *n* ágata *(f)*
ацетамид • *n* acetamida *(f)*
ацетат • *n* acetato *(m)*

ацетилен • *n* acetileno *(m)*
ацетилов • *adj* acético
ацетон • *n* acetona *(f)*

ашладисвам • *v* injertar

Б

баба • *n* abuelita *(f)*
баба • *n* abuela *(f)*
баберкувам • *v* espigar, glenar
бабче • *n* abuelita *(f)*
бавачка • *n* niñera *(f)*
бавен • *adj* lento
бавно • *adv* despacio, lentamente
багаж • *n* equipaje *(m)*
багер • *n* excavadora *(f)*
бадем • *n* almendro *(m)*, almendra *(f)*
баджанак • *n* concuñado *(m)*
бадминтон • *n* bádminton *(m)*
база • *n* base *(f)*
базалт • *n* basalto *(m)*
базилика • *n* basílica *(f)*
базилиск • *n* basilisco *(m)*
байонет • *n* bayoneta *(f)*
байпас • *n* baipás *(m)*
байт • *n* byte *(m)*
бак • *n* castillo de proa *(m)*
бакалия • *n* abacería *(f)*, tienda de ultramarinos
бакборд • *n* babor *(m)*
баклава • *n* baclava *(f)*
бактериолог • *n* bacteriólogo *(f)*
бакшиш • *v* dar propina • *n* propina *(f)*
бакър • *n* cobre *(m)*
бал • *n* baile *(m)*
бала • *n* bala *(f)*
балада • *n* balada *(f)*
балалайка • *n* balalaica *(f)*
баламосвам • *v* engañar
баланс • *n* balance *(m)*
балансираност • *n* equilibrio *(m)*
баласт • *n* lastre *(m)*
баластра • *n* balastro *(m)*, balasto *(m)*
балдахин • *n* toldo *(m)*, dosel *(m)*, palio *(m)*
балена • *n* barbas de ballena
балерина • *n* bailarina *(f)*
балет • *n* baile *(m)*, ballet *(m)*
балетист • *n* bailarín *(m)*, bailarina *(f)*, bailador *(m)*
балирам • *v* embalar
балистика • *n* balística *(f)*
балистичен • *adj* balístico
балкон • *n* balcón *(m)*
балон • *n* globo *(m)*

балсам • *n* bálsamo *(m)*
балсамирам • *v* embalsamar
балюстрада • *n* balaustrada *(f)*
бамбук • *n* bambú *(m)*
банален • *adj* gastado, trillado, banal
банан • *n* banana *(f)*, banano *(m)*, cambur *(m)*, guineo *(m)*, mínimo *(m)*, plátano *(m)*, plátano fruta *(m)*
банда • *n* banda *(f)*, grupo *(m)*, pandilla *(f)*, mara *(f)*
банджо • *n* banjo *(m)*
бандит • *n* bandido *(m)*
банер • *n* banner publicitario *(m)*
банка • *n* banco *(m)*, banca *(f)*
банкет • *n* comida festiva *(f)*, banquete *(m)*
банкрут • *adj* quebrado, arruinado • *n* bancarrota *(f)*
баня • *n* cuarto de baño *(m)*, baño, baño *(m)*
бар • *n* barra *(f)*, bar *(m)*
барабан • *n* tambor *(m)*
барабанист • *n* batería *(m)*, baterista *(m)*
барабанчик • *n* batería *(m)*, baterista *(m)*
барабаня • *v* tamborear
баракуда • *n* barracuda *(f)*
бардак • *n* casa de citas *(f)*, burdel *(m)*, lupanar *(m)*, prostíbulo *(m)*, mancebía *(f)*, casa de putas *(f)*
барел • *n* barril *(m)*
барета • *n* boina
бариера • *n* barrera *(f)*, barrera
барий • *n* bario *(m)*
барикада • *n* barricada *(f)*
барка • *n* arca *(f)*
барман • *n* barman *(m)*
барометър • *n* barómetro *(m)*
бартер • *n* trueque
барут • *n* pólvora *(f)*
бас • *n* bajo *(m)*, apuesta
басейн • *n* cuenca *(f)*
баскетбол • *n* baloncesto *(m)*, básquetbol *(m)*
басма • *n* calicó *(m)*
баснословен • *adj* fabuloso, fantástico
басня • *n* fábula *(f)*
бастион • *n* baluarte *(m)*

бастун • *n* barra *(f)*, bastón *(m)*, bastón blanco *(m)*
батарея • *n* batería *(f)*
батéрия • *n* batería *(f)*, pila *(f)*
батик • *n* batik
батискаф • *n* batíscafo *(m)*, batiscafo *(m)*
бахар • *n* pimienta de Jamaica *(f)*
бацúл • *n* bacilo *(m)*
баща • *n* patriarca *(m)*
бащá • *n* padre *(m)*
бащинство • *n* paternidad *(f)*
бдение • *n* vigilia *(f)*
бдителен • *adj* vigilante, alerto
бéбе • *n* guagua *(f)*, niña *(f)*, niño *(m)*, bebé *(m)*, nene *(m)*, bebe *(m)*
беглец • *n* fugitivo *(m)*
бегъл • *adj* fugitivo
беда • *n* adversidad *(f)*
беден • *adj* pobre, indigente
бедняк • *n* paupérrimo
беднякK • *n* mendigo *(m)*
бедрен • *adj* femoral
бедрó • *n* cadera *(f)*, muslo *(m)*
бедствен • *adj* desastroso
бедствие • *n* calamidad *(f)*
бедуúн • *n* beduino *(m)*, beduina *(f)*
бежанец • *n* refugiado *(m)*
бéжов • *adj* beige, beis
без • *prep* sin
безбожен • *adj* ateo
безбожие • *n* ateísmo
безбрáчие • *n* celibato *(m)*
безброен • *adj* innombrable
безветрие • *n* calma *(f)*
безвкусен • *adj* llamativo, vistoso, sobrecargado, vulgar, feúcho, chillón, hortera
безвлáстие • *n* anarquía *(f)*
безводен • *adj* árido
безволевост • *n* abulia *(f)*
безграничен • *adj* ilimitado
безгрижен • *adj* calmado *(m)*, relajado *(m)*, alegre, feliz, descuidado, irresponsable, negligente
безгрижие • *n* despreocupación
безгрижност • *n* despreocupación
безделник • *n* vago *(m)*, vagabundo *(m)*
бездефектен • *adj* impecable, perfecto
бездна • *n* cañón *(m)*, barranca *(f)*, garganta *(f)*, abismo *(m)*, sima *(f)*, barranco *(m)*
бездомник • *n* vagabundo *(m)*
бездънен • *adj* abismal, insondable
безжизнен • *adj* exánime, inanimado
беззащúтен • *adj* indefenso

беззъб • *adj* desdentado
безизразен • *adj* vidrioso
безизходица • *n* un punto muerto *(m)*, estancamiento *(m)*
безименен • *adj* anónimo
безкористен • *adj* imparcial
безлюден • *adj* desolado *(m)*, desierto *(m)*
безмилостен • *adj* despiadado
безнадежден • *adj* desolado *(m)*, devastado *(m)*
безнадеждност • *n* desesperación *(f)*, desesperanza *(f)*, descorazonamiento *(m)*
безнадéждност • *n* desesperación *(f)*
безопасен • *adj* seguro
безопáсност • *n* seguridad *(f)*, confianza
безочливост • *n* desfachatez *(f)*, desvergüenza *(f)*
безплатен • *adj* libre
безплатно • *adv* gratis
безплоден • *adj* estéril, infértil
безпогрешен • *adj* impecable, perfecto
безпокои • *v* molestar
безпокойство • *n* cansón *(n)*
безпокóйство • *n* zozobra *(f)*, ansiedad *(f)*
безпокоя • *v* molestar, perturbar, fastidiar, agobiar
безполезен • *adj* inútil, inútil *(f)*, fútil
безполезност • *n* futilidad *(f)*
безпорядък • *n* desorden, desorden *(m)*
безпощаден • *adj* salvaje
безпристрастие • *n* equidad *(f)*
безпристрастно • *adv* francamente, abiertamente
безработен • *adj* desempleado, cesante, parado *(m)*
безработица • *n* desempleo *(m)*, paro *(m)*
безрадостен • *adj* amargado, alegría
безразсъден • *adj* temerario *(m)*
безреден • *adj* desultorio, caótico
безредие • *n* caos, desorden *(m)*, perturbación, desorganización *(f)*
безрéдие • *n* anarquía *(f)*
безредици • *n* desorden *(m)*, disturbio *(m)*, desenfreno *(m)*
безсистемен • *adj* desultorio
безсмислен • *adj* absurdo, confuso
безсмúслен • *adj* fatuo
безсмислица • *n* monserga *(f)*, algarabía *(f)*, farfulla *(f)*
безсмислици • *n* tonterías, chorradas, babosadas, leseras, macanas, monserga

(f)
безспорно • *adv* ciertamente, sin duda
безстрастен • *adj* indiferente, apático
безстрашен • *adj* intrépido, impávido, sin miedo, atrevido, audaz, osado
безстрашие • *n* audacia *(f)*, osadía *(f)*, atrevimiento *(m)*
безсъние • *n* insomnio *(m)*
безсърдечен • *adj* cruel, insensible, desconsiderado
безупречен • *adj* impecable, perfecto
безусловен • *adj* tajante, absoluto
безуспешен • *adj* inútil, fútil
безутешен • *adj* desolado *(m)*, devastado *(m)*
безформен • *adj* amorfo, holgado, sin forma
безцветен • *adj* en blanco, acromático *(m)*, color, pálido
безцеремонен • *adj* abrupto, brusco, cortante
безцеремо́нен • *adj* brusco
безцеремонно • *adv* abruptamente
безчестие • *n* desgracia *(f)*
безчувствен • *adj* cruel, sin emoción, insensible, desconsiderado
бейзбол • *n* béisbol *(m)*
бекон • *n* tocino *(m)*, bacón *(m)*
белег • *n* cicatriz *(f)*, alforza *(f)*, marca *(f)*
бележка • *n* comentario *(m)*
беле́жник • *n* cuaderno *(m)*
белезни́ци • *n* esposas
белетристика • *n* ficción *(f)*
белина • *n* lejía *(f)*, lavandina *(f)*, blanqueador *(m)*
белтък • *n* albumen *(f)*, albumen *(m)*, clara *(f)*
белуга • *n* beluga
бельо • *n* ropa interior *(m)*
беля • *n* daño *(m)*, travesura *(f)*, diablura *(f)*, maldad *(f)*, picardía *(f)*
бензи́н • *n* gasolina *(f)*, bencina *(f)*, nafta *(f)*
бензо́л • *n* benceno *(m)*
бе́нка • *n* mancha de nacimiento *(f)*, lunar *(m)*, marca de nacimiento *(f)*
бент • *n* presa *(f)*
Берил • *n* berilio *(m)*
бери́лий • *n* berilio *(m)*
бе́рклий • *n* berkelio *(m)*
беседа • *n* conferencia *(f)*
бесе́да • *n* conversación *(f)*, diálogo *(m)*
беседвам • *v* debatir, consultar, conversar
бесен • *adj* furioso
бесилка • *n* horca *(f)*, patíbulo *(m)*,
cadalso *(m)*
бесило • *n* horca *(f)*, patíbulo *(m)*
бето́н • *n* concreto *(m)*, hormigón *(m)*
бетонен • *adj* concreto, hormigón
бетонирам • *v* hormigonar
библиоте́ка • *n* estantería *(f)*, librero *(m)*, biblioteca *(f)*
бива́к • *n* vivaque *(m)*
би́вол • *n* búfalo *(m)*
бивш • *adj* antiguo, anterior
биде • *n* bidé *(m)*
бизнесме́н • *n* hombre de negocios *(m)*, empresario *(m)*
бизон • *n* bisonte
бизо́н • *n* bisonte *(m)*, bisonte
бик • *n* toro *(m)*
бики́ни • *n* biquini *(m)*
биле́т • *n* entrada *(f)*, pasaje *(f)*, billete *(m)*
биля́рд • *n* billar *(m)*
бино́къл • *n* gemelos, binoculares, prismáticos
бинт • *n* venda *(f)*, vendaje *(m)*
бинтовам • *v* vendar
биогра́фия • *n* biografía *(f)*
биология • *n* biología *(f)*
биохи́мия • *n* bioquímica *(f)*
би́ра • *n* cerveza *(f)*, birra *(f)*
бис • *n* bis *(m)* • *interj* bis, otra
бисексуа́лност • *n* bisexualidad *(f)*
би́сер • *n* perla *(f)*
би́смут • *n* bismuto *(m)*
бит • *n* binio *(m)*
битие • *n* existencia *(f)*
битка • *n* lucha *(f)*
би́тка • *n* lucha *(f)*, acción *(f)*, batalla *(f)*
битум • *n* betún
бифтек • *n* bistec, bisté
бифте́к • *n* bistec *(m)*, bife *(m)*
бич • *n* flagelo *(m)*, fusta *(f)*, látigo *(m)*
бичувам • *v* flagelar
бия • *v* apalear, batir, revolver, reventar, arruinar, pelear, luchar, esforzarse con denuedo, sacudir
би́я • *v* golpear, pegar, batir, dar, castigar, aporrear
благ • *adj* benigno
благоволение • *n* gracia *(f)*, merced *(f)*
благоговение • *n* pavor *(m)*
благодарен • *adj* agradecido
благодаря • *interj* gracias
благодаря́ • *v* agradecer
благодат • *n* ventaja *(f)*, bendición *(f)*
благоденствие • *n* bienestar *(m)*
благозвучен • *adj* eufónico *(m)*
благозвучие • *n* eufonía *(f)*
благополучие • *n* bienestar *(m)*

благоприличен • *adj* decente, decoro (*m*)
благоприличие • *n* decencia (*f*), decoro, pundonor
благоприятен • *adj* favorable (*m*), ventajoso, provechoso
благоприятствам • *v* facilitar
благоразумие • *n* precaución (*f*), cuidado (*m*), cautela (*f*)
благороден • *adj* tierno, generoso
благородник • *n* caballero (*m*)
благородство • *n* generosidad (*f*)
благосклонност • *n* buena voluntad (*f*)
благославям • *v* bendecir
благословия • *n* bendición (*f*)
благост • *n* suavidad (*f*), dulzura (*f*)
благотворен • *adj* beneficioso
благотворител • *n* bienhechor (*m*), benefactor (*m*)
благоуханен • *adj* fragante
благоуха́нен • *adj* aromático
благоуха́ние • *n* fragancia (*f*), aroma (*m*), aroma (*f*)
блаженство • *n* euforia (*f*), dicha (*f*), beatitud (*f*)
бланка • *n* espacio en blanco (*m*)
блатист • *adj* pantanoso, cenagoso
блато • *n* pantano (*m*), ciénaga (*f*), marisma (*f*)
бла́то • *n* embalse (*m*), embalsadero (*m*), pantano (*m*), ciénaga (*f*)
блед • *adj* color, pálido
бледнея • *v* palidecer
блеене • *n* balido (*m*)
блейзър • *n* blazer (*m*)
бленда • *n* diafragma (*m*)
блескач • *n* albur (*m*)
блесна́ • *n* mosca (*f*)
блестя • *v* brillar, resplandecer, relucir, centellear
блестящ • *adj* brillante
блещукам • *v* parpadear, titilar
блещукане • *n* parpadeo (*m*)
блея • *v* balar
бли́жен • *adj* cercano, cerca
близалка • *n* chupete (*m*), colombina (*f*), piruleta (*f*), chupachús (*m*), chupeta (*f*), chupetín (*m*), со́yac (*m*), paleta de caramelo (*f*), pirulí (*m*)
близна́к • *n* gemelo (*m*), mellizo (*m*), cuate (*m*), cuache (*m*), guacho (*m*), guares, jimagua (*m*), morocho (*m*)
близо • *prep* cabe, al lado de
близост • *n* proximidad (*f*), cercanía (*f*)
бли́зък • *adj* contiguo, similar, semejante, adyacente, colindante

бли́зък • *adj* cercano, íntimo, cerca
блок • *n* bloque (*m*)
блока́да • *n* bloqueo (*m*)
блокбъстър • *n* taquillazo (*m*), taquillera (*f*), bombazo (*m*)
блокче • *n* block (*m*)
блондин • *n* rubio (*m*)
блондинка • *n* rubio (*m*)
блуден • *adj* adúltero
блудкав • *adj* insípido
блудни́ца • *n* zorra, puta (*f*), ramera (*f*), golfa, prostituta, fulana, guarra, mujerzuela (*f*)
блуждаещ • *adj* errante
блуза • *n* blusa (*f*)
блуминг • *n* plancheado
блъскам • *v* apalear, empujar
блъф • *n* petate (*m*), farol (*m*)
блъфиране • *n* petate (*m*), farol (*m*)
блюдо • *n* plato (*m*)
блясване • *n* relámpago (*m*)
блясък • *n* brillantez (*f*), relámpago (*m*)
бля́сък • *n* lustre (*m*), brillo (*m*)
боб • *n* haba (*f*), frijol (*m*), habichuela, judía, alubia (*f*), poroto (*m*)
бобина • *n* bobina (*f*)
боби́на • *n* bobina (*f*)
боботя • *v* retumbar
бо́бър • *n* castor (*m*)
бог • *n* dios (*m*)
богат • *adj* fértil, generoso, adinerado (*m*), rico (*m*)
бога́т • *adj* rico
богаташ • *n* ricachón (*m*)
богатство • *n* prosperidad (*f*), riqueza (*f*), abundancia (*f*), afluencia (*f*)
богиня • *n* diosa (*f*)
богомолка • *n* mantis (*f*), mantis religiosa, santateresa (*f*), mamboretá (*f*), mantodeo (*m*)
богоподобен • *adj* divino
богородичка • *n* áster (*m*)
боготворене • *n* deificación (*f*)
боготворя • *v* adorar, deificar, endiosar
богохулствам • *v* blasfemar
богоху́лство • *n* blasfemia (*f*)
богоявление • *n* manifestación (*f*), epifanía (*f*)
бодър • *adj* animado
боеприпа́си • *n* munición (*f*)
боец • *n* guerrero (*m*)
божествен • *adj* divino
божественост • *n* deidad (*f*), divinidad (*f*)
божество • *n* dios (*m*), diosa (*f*), deidad (*f*), divinidad (*f*)

божу́р • *n* peonía *(f)*
боза́йник • *n* mamífero *(m)*
бо́зка • *n* niple *(f)*, pezón *(m)*
бой • *n* pelea *(f)*, lucha *(f)*, batalla *(f)*, trifulca
бойлер • *n* caldera *(f)*, calentador *(m)*, calefón *(m)*, calentador de agua *(m)*
бокал • *n* cáliz *(m)*, copa *(f)*
боклу́к • *n* basura *(f)*, desperdicios
бокс • *n* boxeo *(m)*
боксит • *n* bauxita *(f)*
болезнен • *adj* dolorido, aflictivo
бо́лен • *adj* mareado, enfermo
болест • *n* achaque *(m)*, dolencia *(f)*, enfermedad *(f)*, enfermedad, problema *(m)*
бо́лест • *n* enfermedad *(f)*
боли • *v* molestar
боли́ • *v* doler, sufrir
болка • *n* achaque *(m)*, aflicción *(f)*, tribulación *(f)*, dolencia *(f)*, enfermedad *(f)*, problema *(m)*
бо́лка • *n* dolor *(m)*
болнав • *adj* valetudinario *(m)*, valetudinaria *(f)*
бо́лница • *n* hospital *(m)*
болт • *n* tornillo *(m)*
боля́р • *n* boyardo *(m)*
боля́рин • *n* boyardo *(m)*
бо́мба • *n* bomba *(f)*
бомбардирам • *v* bombardear, bombear
бомбарди́рам • *v* bombardear
бомбардиро́вка • *n* bombardeo *(m)*
бонбо́н • *n* confección, hechura *(f)*
бонбо́н • *n* dulce *(m)*, caramelo *(m)*, confite *(m)*
боне • *n* capucha, gorra *(f)*, cofia *(f)*
бонус • *n* bonificación *(f)*
бор • *n* pino *(m)*, boro *(m)*
борба • *n* lucha *(f)*
борба́ • *n* acción *(f)*, batalla *(f)*
борд • *n* banda *(f)*, junta *(f)*, consejo *(m)*, bordo *(m)*, refuerzo *(m)*, pestaña *(f)*, reborde *(m)*, patín *(m)*, comité *(m)*, buró *(m)*
борде́й • *n* casa de citas *(f)*, burdel *(m)*, lupanar *(m)*, prostíbulo *(m)*, mancebía *(f)*, casa de putas *(f)*
бордо • *n* clarete *(m)*, vino clarete *(m)*
бордюр • *n* orla *(f)*
борец • *n* guerrero, combatiente *(m)*, luchador *(m)*
бормашина • *n* taladro *(m)*, taladradora *(f)*
борш • *n* borscht *(m)*, borshch *(m)*
боря • *v* pelear, luchar, esforzarse con denuedo
босилек • *n* albahaca *(f)*
бота́ника • *n* botánica *(f)*
ботули́зъм • *n* botulismo *(m)*
бо́туш • *n* bota *(f)*
бо́улинг • *n* bolos *(m)*
боцман • *n* contramaestre
боя • *n* tinte *(m)*, tintura *(f)*
боя́ • *n* pintura *(f)*
бояджия • *n* tintorero *(m)*, tintorera *(f)*
боядисвам • *v* teñir, tinturar
боязън • *n* temor *(m)*, respeto
боянка • *n* alhelí *(m)*
бра́ва • *n* cerradura *(f)*, candado *(m)*
брада́ • *n* barbilla *(f)*, mentón *(m)*, pera *(f)*
брада̀ • *n* barba *(f)*
брада́вица • *n* verruga *(f)*
бразда́ • *n* surco *(m)*
брак • *n* matrimonio *(m)*
бракосъчета́ние • *n* boda *(f)*, nupcias, casamiento *(m)*
бра́на • *n* grada *(f)*, rastra *(m)*, escarificador
браня́ • *v* defender
брат • *n* par, hermano *(m)*
братовче́д • *n* primo *(m)*, prima *(f)*
братовче́дка • *n* primo *(m)*, prima *(f)*
братски • *adj* fraternal *(m)*
братство • *n* hermandad, hermandad *(f)*, fraternidad *(f)*
бра́шно̀ • *n* harina *(f)*
бре́еменна • *adj* embarazada *(f)*, embarazado *(m)*, preñada *(f)*, preñado *(m)*, encinta *(f)*
бреза́ • *n* abedul *(m)*
брезент • *n* lona *(f)*
бреме • *n* tribulación *(f)*, preocupación *(f)*
бре́ме • *n* carga *(f)*, responsabilidad *(f)*
бре́менност • *n* embarazo *(m)*, gravidez
бре́нди • *n* brandy *(m)*, coñac *(m)*
бретон • *n* pava *(f)*, flequillo *(m)*, capul *(m)*, cerquillo *(m)*, chasquilla *(f)*, china *(f)*, fleco *(m)*, pollina *(f)*, perrera *(f)*
бридж • *n* bridge *(m)*
бриз • *n* brisa *(f)*
брилянт • *n* gema, diamante *(m)*
брод • *n* vado *(m)*
бродерия • *n* bordado
бродирам • *v* bordar
брой • *n* ejemplar *(m)*, número, conteo *(m)*
брокер • *n* corredor, intermediario *(m)*
броколи • *n* brécol *(m)*, bróculi *(m)*, brócoli *(m)*

бром • *n* bromo *(m)*
броненосец • *n* armadillo *(m)*, armado *(m)*, cachicamo *(m)*, carachupa *(f)*, cusuco *(m)*, gurre *(m)*, mulita *(f)*, pitero *(m)*, quirquincho *(m)*, tatú *(m)*, toche *(m)*
бронз • *n* bronce *(m)*
бронхит • *n* bronquitis *(f)*
броня • *n* armadura *(f)*, blindaje *(m)*, bumper *(m)*
брошка • *n* broche *(m)*
брошура • *n* libreto *(m)*, folleto *(m)*
броя • *v* contar
брояч • *n* contador, contador *(m)*
бруст • *n* braza *(m)*, estilo braza *(m)*
брутален • *adj* salvaje, malvado, atroz
бръмбар • *n* micrófono oculto *(m)*
бръмбар • *n* escarabajo *(m)*
бръмча • *v* zurriar
бръмчене • *n* zumbido, zumbido *(m)*, zurrido *(m)*, murmullo, bum *(m)*
бръсна • *v* rapar, afeitar, rasurar
бръснар • *n* peluquero *(m)*
бръснарница • *n* peluquería *(f)*
бръснач • *n* navaja *(f)*
бръчка • *n* surco *(m)*, arruga *(f)*
бръщолевене • *n* jerigonza *(f)*
бръщолевя • *v* mascullar, farfullar
брюква • *n* nabo sueco *(m)*
бряг • *n* ribera *(f)*, orilla *(f)*, costa *(f)*
бряст • *n* olmo *(m)*
буболечка • *n* bicho *(m)*
будала • *n* incauto, engrupido, engañado *(m)*
буден • *adj* vívido, despierto, expresivo, vivo
будилник • *n* despertador *(m)*
будка • *n* quiosco *(m)*, kiosco *(m)*
будка • *n* cabina *(f)*
будя • *v* despertar
буен • *adj* feroz, furioso, ruidoso *(m)*, escandaloso *(m)*
буза • *n* nalga *(f)*, glúteo *(m)*
буза • *n* mejilla *(f)*, cacha *(f)*, cachete *(f)*
буй • *n* boya *(f)*
бук • *n* haya *(f)*
букаи • *n* grillos, pihuelas, manea *(f)*, pihuela *(f)*
буква • *n* letra *(f)*, carácter *(m)*
букет • *n* ramo *(m)*, ramita *(f)*
була • *n* bula
булдог • *n* bulldog *(m)*, buldog *(m)*, dogo *(m)*
булдозер • *n* aplanadora *(f)*, bulldozer *(m)*
булка • *n* novia *(f)*
бульон • *n* caldo *(m)*

бум • *n* boom *(m)*
бумеранг • *n* bumerán *(m)*, búmeran *(m)*
бумтеж • *n* bum *(m)*
бунище • *n* basural, tiradero, vertedero
бункер • *n* bote *(m)*
бункер • *n* búnker *(m)*
бунт • *n* motín *(m)*, sedición *(f)*
бургия • *n* barrena *(f)*, barreno *(m)*, taladrador *(m)*, taladro *(m)*
буре • *n* cuba, tonel
буре • *n* barril *(m)*, tonel *(m)*
бурен • *adj* salvaje
буркан • *n* bote *(m)*, pote *(m)*
бурнус • *n* albornoz *(m)*
буря • *n* ventolera *(f)*
буря • *n* tormenta *(f)*, tormenta electrica *(f)*, tronada, tempestad *(f)*, temporal *(m)*
бут • *n* nalga *(f)*
буталка • *n* mantequera *(f)*, lechera *(f)*
бутам • *v* empujar
бутан • *n* butano *(m)*
бутилирам • *v* embotellar
бутилка • *n* botella *(f)*, frasco *(m)*
бутон • *n* botón *(m)*
буфер • *n* colchón *(m)*, amortiguante *(m)*
буфер • *n* memoria intermedia *(f)*
бухалка • *n* bate *(m)*, bat *(m)*
бухам • *v* apalear
бухта • *n* caleta *(f)*, lazo *(m)*, ensenada *(f)*
буца • *n* cúmulo, mazacote, grumo *(m)*
буча • *v* retumbar
бучка • *n* bodoque *(m)*, mazacote *(m)*, bloboque *(m)*, grumo *(m)*
бушон • *n* fusible *(m)*
бъбрек • *n* riñón *(m)*
бъбрив • *adj* gárrulo
бъбривост • *n* locuacidad *(f)*, garrulidad *(f)*
бъбрица • *n* loro *(m)*, lora *(f)*
бъбря • *v* charlar, platicar, parlotear, cotorrear
бъдещ • *adj* futuro, venidero
бъдеще • *n* futuro *(m)*, porvenir *(m)*
бъз • *n* saúco *(m)*
бълвам • *v* arrojar, vomitar, devolver, echar la pota
бълнуващ • *adj* delirante
бълха • *n* pulga *(f)*
бърборене • *n* charla *(f)*, parloteo *(m)*
бърборя • *v* charlar, parlotear, charlatanear, chacharear, charlotear
бърз • *adj* rápido

137

бързам • *v* despachar
бързина • *n* velocidad (f), rapidez (f), celeridad (f)
бързо • *adv* rápidamente, rápido, enérgico, brioso, con brío
бързо • *adv* rápidamente
бъркане • *n* agitación (f), desasosiego (m)
бъркотия • *n* caos (m), desorden, desorden (m), confusión, revoltijo (m), fárrago
бърлога • *n* guarida (f), madriguera (f), cubil (m)
бърникам • *v* perder el balon
бъротия • *n* perturbación
бърша • *v* limpiar, enjugar
бъчва • *n* cuba, tonel
бъчва • *n* barril (m), tonel (m)
бъчвар • *n* tonelero
бюджет • *n* presupuesto, presupuesto (m)
бюджетен • *adj* presupuesto (m)
бюлетин • *n* boletín (m)
бюлетина • *n* papeleta de voto (f), balota (f)
бюро • *n* oficina (f), escritorio (m), pupitre (m)
бюрокрация • *n* burocracia (f)
бюст • *n* busto (m)
бюфет • *n* armario (m), vitrina (f), alacena (f)
бяг • *n* galopar
бягам • *v* huir
бягам • *v* correr
бягане • *n* correr
бягство • *n* fuga (f), liberación (f), escapada (f), escape (m), escapatorio (m)
бял • *adj* en blanco, blanco • *n* blanco (m), blanca (f)
бяла • *n* blanco (m), blanca (f)
бялка • *n* marta (f)
бяло • *n* blanco (m), albumen (m), clara (f)
бяс • *n* rabia (f), furia (f), furor (m)

В

в • *prep* en, a, dentro de
вагина • *n* vagina (f)
вагон • *n* vagón (m)
вагон • *n* vagón (m), coche (m)
ваденка • *n* calcomanía (f)
вадя • *v* extraer, sacar
важен • *adj* considerable
важен • *adj* importante
важност • *n* importancia
ваза • *n* jarrón (m), florero (m)
ваксина • *n* vacuna (f)
вакуум • *n* vacío (m)
вал • *n* eje (m)
валеж • *n* precipitación (f)
валута • *n* moneda (f)
валяк • *n* cilindro (m)
вам • *pron* vosotros, ustedes, os, les, vosotras
Вам • *pron* te, se, ti, vosotros, ustedes, usted
вампир • *n* gul (m)
вампир • *n* vampiro
вана • *n* bañera (f), bañadera (f), tina (f)
вана • *n* bañera (f)
ванадий • *n* vanadio (m)
вандализъм • *n* vandalismo (m)
варак • *n* papel de aluminio (m)
варваризъм • *n* barbarismo (m)
варварин • *n* bárbaro
варварски • *adj* bárbaro, barbárico
варел • *n* barril (m), bidón (m)
варовик • *n* caliza (f)
варя • *v* hervir, bullir
вас • *pron* vosotros, ustedes, os, les, vosotras
Вас • *pron* te, se, ti, vosotros, ustedes, usted
ват • *n* vatio (m), watt (m)
вбесявам • *v* enfurecer, ensañar
вдигам • *v* empujar, impulsar
вдишване • *n* aliento (m), respiración
вдлъбнатина • *n* cavidad (f), abolladura (f)
вдлъбнатост • *n* concavidad (f)
вдовец • *n* viudo (m)
вдовица • *n* viuda (f)
вдъхновение • *n* inspiración (f)
вдявам • *v* enhebrar
вдяна • *v* enhebrar
вегетарианство • *n* vegetarianismo (m)
веднага • *adv* inmediatamente
ведро • *n* balde (m)
ведро • *n* cubo (m), balde (m), cubeta (m), pozal (m), tobo (m)
вежда • *n* ceja (f)
вежлив • *adj* amable, afable, civil, cordial, cortés

вежливост • *n* civismo *(m)*, civilidad *(f)*
вéжливост • *n* cortesía *(f)*
вездесъщ • *adj* omnipresente
везна • *n* báscula *(f)*, balanza *(f)*
вéйка • *n* ramita *(f)*, ramilla *(f)*, vara *(f)*
век • *n* centuria *(f)*, siglo *(m)*
велик • *adj* grande
великан • *n* gigante *(m)*
великодушен • *adj* generoso
великолепен • *adj* brillante
великолепие • *n* gloria *(f)*
величая • *v* exaltar
величествен • *adj* grande, digno, respetable
велѝчествен • *adj* majestuoso *(m)*, augusto
велосипéд • *n* bicicleta *(f)*, bici *(f)*
велосипедѝст • *n* ciclista *(f)*
венец • *n* guirnalda *(f)*
венèц • *n* encía *(f)*
вентилатор • *n* ventilador *(m)*, fuelle *(m)*
вентилáтор • *n* ventilador *(m)*, abanico *(m)*
вербувам • *v* enlistar, reclutar
верен • *adj* exacto, fiel, leal
вéрен • *adj* justo, correcto
верига • *n* cadena *(f)*, cadena
вермут • *n* vermú *(m)*
вероизповедание • *n* credo *(m)*
вероизповедáние • *n* religión *(f)*
вероотстъпник • *n* apóstata *(f)*
верóятен • *adj* probable
верóятно • *adv* probablemente
верóятност • *n* probabilidad *(f)*
верую • *n* credo *(m)*, doctrina *(f)*
весел • *adj* vívido, alegre, feliz, expresivo, vivo, animado
веселба • *n* jugueteo *(m)*
веселие • *n* alegría *(f)*, jugueteo *(m)*, diversión *(f)*
веселост • *n* felicidad *(f)*, alegría
веслó • *n* remo *(m)*
вéсти • *n* noticias
вестибюл • *n* entrada *(f)*, recibidor *(m)*, vestíbulo *(m)*
вестник • *n* gaceta *(f)*
вéстник • *n* periódico *(m)*
ветрило • *n* abanico *(m)*
вехт • *adj* decrépito
вече • *adv* ya
вечен • *adj* eterno, eternal
вечер • *n* tarde *(f)*
вéчер • *n* tarde *(f)*
вечерня • *n* completas
вечеря • *n* cena *(f)*

вечéря • *n* cena *(f)*
вечерям • *v* cenar
вечнозелен • *adj* perennifolio
вечност • *n* eternidad *(f)*, eón *(m)*, añares
вещ • *adj* hábil, experto, competente, competentes • *n* cosa *(f)*
вещая • *v* anunciarse, agorar
вещер • *n* mago *(m)*
веществен • *adj* corpóreo
вещина • *n* competencia *(f)*, habilidad *(f)*
вещица • *n* bruja *(f)*
вея • *v* abanicar, ventilar
вéя • *v* soplar
взаимозаменѝм • *adj* fungible
взвод • *n* peloton
взéма • *v* tomar, coger, prender
взéмам • *v* tomar, coger, prender
взимам • *v* capturar
взѝмам • *v* tomar, coger, prender
взискателен • *adj* exigente, difícil de complacer, selectivo, quisquilloso, cicatero, regodeón
взрив • *n* ráfaga *(f)*, estallo *(m)*, reventón *(m)*, estallido *(m)*, explosión *(f)*, detonación *(f)*
взривявам • *v* explotar, reventar, romper
ви • *pron* vosotros, ustedes, os, les, vosotras
Ви • *pron* te, se, ti, vosotros, ustedes, usted
вид • *n* género *(m)*, aspecto *(m)*
виден • *adj* eminente
видение • *n* aparición *(f)*
видеокасета • *n* videocasete *(f)*
видим • *adj* visible
видоизменение • *n* diferenciación
вѝдра • *n* nutria *(f)*, lutria *(f)*
вие • *pron* vosotros, ustedes, vosotras *(f)*
Вие • *pron* vosotros, ustedes, usted, tú, vos
виждам • *v* contemplar, mirar, observar
вѝждам • *v* ver
вѝза • *n* visa *(f)*, visado *(m)*
визѝта • *n* visita, visita *(f)*
вѝзия • *n* visión *(f)*
вик • *n* grito, grito *(m)*
викам • *v* gritar
вѝкам • *v* llamar, convocar, gritar
вила • *n* horca *(f)*, bieldo *(m)*, villa *(f)*, trinche *(m)*
вѝлица • *n* trinche *(m)*, tenedor *(m)*
вилка • *n* horquilla *(f)*

ви́лка • *n* trinche *(m)*, tenedor *(m)*
ви́ме • *n* ubre *(f)*
вина • *n* culpa *(f)*
вина́ • *n* culpa
винаги • *adv* siempre
ви́наги • *adv* siempre
ви́но • *n* vino *(m)*
виновен • *adj* culpable
виновник • *n* delincuente, perpetrador *(f)*
виночерпец • *n* copero *(m)*, copera *(f)*
винт • *n* tornillo *(m)*
виня • *v* culpar, reprochar, echar la culpa
виоле́тов • *n* violeta *(f)*
виоле́тов • *adj* morado
виолончело • *n* chelo *(m)*, violonchelo *(m)*
вираж • *n* peralte
вира́ж • *n* ladeo *(m)*
виртуален • *adj* virtual
ви́рус • *n* virus *(m)*
висо́к • *adj* alto, elevado
висококачествен • *adj* bueno
висококомерен • *adj* arrogante, soberbio, altivo, altanero, creído, presumido
високомерие • *n* arrogancia *(f)*, soberbia *(f)*, altanería *(f)*, altivez *(f)*, hibris, hybris
висопопарен • *adj* grandilocuente, grandílocuo
високосен • *adj* bisiesto
височина • *n* altura *(f)*
вису́лка • *n* carámbano *(m)*
вися • *v* pender
вися́ • *v* colgar
витамин • *n* vitamina *(f)*
витрина • *n* vitrina *(f)*
вихрушка • *n* ráfaga *(f)*, contracorriente *(f)*, revesa *(f)*, remolino *(m)*, torbellino *(m)*
вихър • *n* contracorriente *(f)*, revesa *(f)*, remolino *(m)*, ventolera *(f)*, torbellino *(m)*
ви́шна • *n* cereza *(f)*, guinda *(f)*
вия • *v* aullar
вкаменелост • *n* fósil *(m)*
включвам • *v* abarcar, englobar
вкус • *n* gusto *(m)*, gusto, gustos
вкусвам • *v* gustar, probar, catar
вку́сен • *adj* delicioso, rico, sabroso, gustoso, apetitoso
влага • *n* humedad *(f)*
влагалище • *n* vagina *(f)*
влагам • *v* ahorrar, depositar, ingresar
владе́я • *v* poseer

владика • *n* obispo *(m)*
влажен • *adj* húmedo, mojado
влажност • *n* humedad *(f)*
влак • *n* tren *(m)*
влакнест • *adj* fibroso
власт • *n* dirección *(f)*, administración *(f)*, poder *(m)*, autoridad *(f)*, control *(m)*, organización *(f)*, manejo *(m)*
влача • *v* tirar, jalar, avanzar a paso de tortuga
влека • *v* tirar, jalar
влекач • *n* remolcador *(m)*
влечение • *n* inclinación *(f)*
влечу́го • *n* reptil *(m)*
вли́зам • *v* entrar
влизане • *n* entrada *(f)*
влияние • *n* influencia *(f)*
влог • *n* depósito *(m)*
влошавам • *v* exacerbar, agravar, empeorar, deteriorar
влошаване • *n* agravio *(m)*, deterioro *(m)*, deterioración *(f)*, declive, exacerbación
вля́за • *v* entrar
вмести́мост • *n* capacidad *(f)*
вместо • *adv* en vez de
вмирисвам • *v* confundir, enturbiar
внасям • *v* ahorrar, depositar, ingresar
внезапен • *adj* repentino, súbito
внезапно • *adv* abruptamente, repentinamente, de pronto, súbitamente
внимание • *n* advertencia *(f)*
внима́ние • *n* atención *(f)*
внимателен • *adj* afable, considerado, cordial, vigilante, cortés, conservador, alerto, cuidadoso, circunspecto, atento, solícito, cauteloso *(m)*, cauteloso, cauto, complaciente
внимателно • *adv* suave, cuidadosamente, a conciencia, minuciosamente, mansamente, delicadamente
внук • *n* nieto *(m)*
вну́чка • *n* nieto *(m)*, nieta *(f)*
внушителен • *adj* grandioso
вода́ • *n* agua *(f)*
водач • *n* conductor *(m)*, conductora *(f)*
воден • *adj* acuoso
во́ден • *adj* acuático
водене • *n* conducción *(f)*
воденичка • *n* molleja *(f)*
во́дка • *n* vodka *(f)*
воднянка • *n* hidropesía *(f)*
водо́дел • *n* línea divisoria *(f)*
водопа́д • *n* catarata *(f)*, cascada *(f)*,

caída de agua *(f)*
водорáсло • *n* alga *(f)*
водорóд • *n* hidrógeno *(m)*
водостóк • *n* cloaca *(f)*, desagüe
водя • *v* llevar, guiar
воéнен • *adj* bélico
воéнен • *adj* militar *(f)*
вожд • *n* jefe *(m)*
возя • *v* llevar, cargar
вóин • *n* soldado
войнствен • *adj* combativo
войвóда • *n* voevoda *(m)*, vaivoda, voivoda
войнá • *n* guerra *(f)*
войнúк • *n* soldado
войнствен • *adj* belicoso, bélico
вóйска • *n* ejército *(m)*
вокален • *adj* vocal
вол • *n* buey *(m)*, toro *(m)*, novillo *(m)*
волиера • *n* pajarera *(f)*, aviario *(m)*
вóлност • *n* libertad *(f)*
волт • *n* voltio *(m)*
волфрам • *n* tungsteno *(m)*, wolframio *(m)*
воня • *n* hedor *(m)*, fetidez *(f)*, peste *(f)*
вонящ • *adj* fétido
вопиющ • *adj* obvio, evidente, flagrante, ostensible, descarado
восък • *n* esperma *(f)*, cera *(f)*
воювам • *v* guerrear
вплитам • *v* enredar
впоследствие • *adv* después
враг • *n* enemigo *(m)*
вражда • *n* pelea *(f)*, enemistad *(f)*, rivalidad, hostilidad *(f)*, antagonismo *(m)*
враждебен • *adj* contrario
враждебност • *n* enemistad *(f)*, hostilidad *(f)*, antagonismo *(m)*
враждéбност • *n* animosidad *(f)*, animadversión *(f)*
вражески • *adj* enemigo
врáна • *n* corneja *(f)*, cuervo *(m)*
врат • *n* cuello *(m)*, nuca *(f)*, pescuezo *(m)*
врата • *n* portería *(f)*
вратá • *n* puerta *(f)*, portón *(m)*
вратар • *n* arquero *(m)*, golero *(m)*, guardameta *(m)*, portero *(m)*
вратовръзка • *n* corbata *(f)*
врачуване • *n* divinidad *(f)*
вреда • *n* daño *(m)*, detrimento
вреден • *adj* deletéreo, maléfico, dañino
време • *n* tiempo *(m)*
врéме • *n* fecha *(f)*, tiempo *(m)*
времетраене • *n* duración *(f)*

вретено • *n* huso
вретеновиден • *adj* fusiforme
вроден • *adj* congénito
връв • *n* cable *(m)*, cuerda *(f)*, hilo *(m)*, cordón *(m)*
връзвам • *v* atar, liar, amarrar
връзка • *n* aventura *(f)*, llamada *(f)*, amorío *(m)*, ramo *(m)*, manojo *(m)*, puñado *(m)*, racimo *(m)*
врѣзка • *n* cordonera *(m)*
връх • *n* cúspide *(f)*, ápice *(m)*, cima *(f)*
врява • *n* alboroto, jaleo, caos *(m)*, desorden *(m)*, revoltijo *(m)*
врял • *adj* hirviendo
врящ • *adj* hirviendo, bullente
всезнаещ • *adj* omniscio, omnisciente
всеки • *pron* alguno *(m)*, alguna *(f)*
всéки • *pron* todos, todo el mundo
всекидневен • *adj* diario, cotidiano
всекидневно • *adv* diariamente, cotidianamente
вселéна • *n* cosmos *(m)*, universo *(m)*
всемогъщ • *adj* omnipotente *(m)*, todopoderoso *(m)*
всеобхватен • *adj* general
всеобщ • *adj* general
всесилен • *adj* omnipotente *(m)*, todopoderoso *(m)*
всестранен • *adj* general
всúчки • *pron* todos, todo el mundo
всичко • *pron* todo
всúчко • *n* todo *(m)*
всмукване • *n* absorción *(f)*
встъпвам • *v* acceder, subir
всъщност • *adv* realmente, en realidad, de hecho, de veras, de vero
втечнявам • *v* condensar
втечняване • *n* condensación
втори • *adj* segundo *(m)*
вýйчо • *n* tío *(m)*
вулва • *n* coño, vulva *(f)*
вулгаризъм • *n* vulgaridad
вулкан • *n* volcán *(m)*
вулканизация • *n* vulcanización *(f)*
вулканичен • *adj* volcánico
вход • *n* admisión, admisión *(f)*, entrada, entrada *(f)*, acceso *(m)*
вцепеняване • *n* catalepsia *(f)*
вчéра • *n* ayer • *adv* ayer *(m)*
въведение • *n* exordio *(m)*
въглен • *n* carbón *(m)*
въглерóд • *n* carbono *(m)*
въглища • *n* carbón *(m)*
въдица • *n* caña *(f)*
въдичар • *n* pescador *(m)*, pescadora *(f)*
въжé • *n* cuerda *(f)*, soga *(f)*

възбуда • *n* entusiasmo *(m)*, agitación *(f)*, desasosiego *(m)*
възбуден • *adj* entusiasmado, efervescente, emocionado, excitado
възбудим • *adj* excitable
възбуждам • *v* perturbar, excitar
възглавница • *n* cojín *(m)*, almohadón *(m)*
възгла́вница • *n* almohada *(f)*
възглед • *n* opinión *(f)*
въздействам • *v* afectar
въздействие • *n* albedrío *(m)*, agency, agencia *(f)*
въздух • *n* aire *(m)*
въздухоплаване • *n* aviación *(f)*, aeronáutica *(f)*
въздушен • *adj* aéreo *(m)*
въздържам • *v* contener
въздържан • *adj* abstinente
въздъ́ржан • *adj* sobrio *(m)*
въздържаност • *n* abstención *(f)*
въздържател • *n* abstemio *(m)*
въ́зел • *n* nudo *(m)*
възкачвам • *v* cubrir
възкли́квам • *v* exclamar
възклицание • *n* exclamación *(f)*
възлагам • *v* asignar
възможен • *adj* concebible, pensable, imaginable
възмо́жност • *n* oportunidad *(f)*, posibilidad *(f)*, chance *(f)*
възнаграждение • *n* tarifa *(f)*, honorario *(m)*, cuota *(f)*, emolumento *(m)*
възниквам • *v* surgir, aparecer, provenir, nacer
възпирам • *v* evitar, disuadir, prevenir
възпитаник • *n* exalumno, egresado
възпламеним • *adj* combustible
възприемчив • *adj* dócil
въ́зраст • *n* años, edad *(f)*, edad, tercera edad
възрастен • *adj* anciano, adulto
възторг • *n* éxtasis *(f)*
възторжен • *adj* entusiasmado, entusiástico
възхвала • *n* elogio *(m)*, encomio *(m)*
възхвалявам • *v* alabar, elogiar, loar, exaltar
възхитителен • *adj* delicioso *(m)*, loable, admirable
възхищение • *n* admiración *(f)*
възход • *n* ascensión *(f)*
възържание • *n* vigilia *(f)*, abstinencia *(f)*
вълк • *n* lobo *(m)*

вълна́ • *n* lana *(f)*, toisón *(m)*
вълнение • *n* entusiasmo *(m)*, agitación *(f)*, desasosiego *(m)*
вълнист • *adj* rizado, chino, crespo
вълнолом • *n* rompeolas *(m)*
вълнувам • *v* perturbar, emocionar, afectar, conmover
вълнуващ • *adj* emocionante
вълшебник • *n* mago *(m)*
вълше́бник • *n* mago *(m)*
въ́ншен • *adj* externo *(m)*, extrínseco, exterior
въ̀ншен • *adj* extraño
външност • *n* aspecto *(m)*, apariencia *(f)*, exterior
въображаем • *adj* novelado, ficticio
въодушевен • *adj* borracho, ebrio
въодушевление • *n* euforia *(f)*
въодушевле́ние • *n* entusiasmo *(m)*
въоръжавам • *v* armar
въоръжен • *adj* armado
въплъщавам • *v* personificar, encarnar
въплъщение • *n* epítome, encarnación *(f)*
въпреки • *prep* a pesar de, pese a, malgrado
въпро́с • *n* cuestión *(f)*, pregunta *(f)*
върба • *n* sauce *(m)*
вървя́ • *v* ir
вървя́ • *v* caminar, andar
вързало • *n* noray *(m)*, bolardo *(m)*
вързоп • *n* haz *(m)*, atado *(m)*, fajo *(m)*
върколак • *n* hombre lobo *(m)*, licántropo *(m)*, lobisón *(m)*
въртоле́т • *n* helicóptero *(m)*, autogiro *(m)*
въста́ние • *n* levantamiento *(m)*, insurrección *(f)*
въста́ник • *n* insurgente *(f)*
вътрешности • *n* entrañas *(f)*
въ̀шка • *n* piojo *(m)*
вял • *adj* desanimado
вяра • *n* crédito *(m)*, confidencia *(f)*, doctrina *(f)*
ва́ра • *n* creencia *(f)*, fe *(f)*
вярвам • *v* creer, confiar, tener fe
ва́рвам • *v* creer
ва́рващ • *n* creyente *(m)*
вярно • *adv* fielmente, correctamente
вярност • *n* verdad *(f)*, fidelidad *(f)*, fidelidad, lealtad *(f)*, apego *(m)*, cariño, afición *(f)*, devoción *(f)*, dedicación *(f)*
вя́тър • *n* viento *(m)*
вятърничав • *adj* caprichoso

Г

гага • *n* eider *(m)*
гагарка • *n* alca *(f)*
гад • *n* canalla *(f)*, sinvergüenza *(f)*
гадаене • *n* divinidad *(f)*
гадание • *n* augurio *(m)*, presagio *(m)*, agüero *(m)*
гадже • *n* novio *(m)*, novio, novia *(f)*
гáдже • *n* novio *(m)*, novia *(f)*, pololo *(m)*, enamorado *(m)*
гадолиний • *n* gadolinio *(m)*
газ • *n* gasa *(f)*, gas *(m)*
газ-гризу • *n* grisú *(m)*
газене • *n* calado *(m)*
газифицирам • *v* gasificar
гáйда • *n* gaita *(f)*
гáйка • *n* tuerca *(f)*
галáктика • *n* galaxia *(f)*
галактичен • *adj* galáctico *(m)*
галантен • *adj* caballeroso
галáнтност • *n* caballerosidad
галваничен • *adj* galvánico
галенит • *n* galena *(f)*
галера • *n* galera *(f)*
галерия • *n* galería *(f)*
галéрия • *n* galeria *(f)*
гáлий • *n* galio *(m)*
галон • *n* galón *(m)*
галоп • *n* galope *(m)*
галопирам • *v* galopar
галóш • *n* bota para la lluvia *(f)*, bota de lluvia *(f)*, bota de goma *(f)*, zueco *(m)*, chanclo *(m)*
галя • *v* acariciar
гама • *n* gama *(f)*
гамаш • *n* polaina *(f)*
гангрéна • *n* gangrena *(f)*
гангстер • *n* gángster *(m)*, pandillero *(m)*, marero *(m)*, gánster *(m)*, gangster *(m)*
гáра • *n* estación *(f)*
гарáж • *n* garaje *(m)*
гаранция • *n* fianza *(f)*, caución *(f)*
гарафа • *n* jarro *(m)*
гарáфа • *n* garrafa *(f)*
гáрван • *n* cuervo *(m)*
гарванов • *adj* corvino
гардения • *n* gardenia *(f)*
гардероб • *n* sala de equipajes, consigna de equipajes *(f)*
гардерóб • *n* armario *(m)*, ropero *(m)*, clóset *(m)*, escaparate *(m)*, empotrado *(m)*, placard *(m)*
гарнизон • *n* guarnición *(f)*
гарнирам • *v* guarnecer

гарнитура • *n* guarnición *(f)*
гастрит • *n* gastritis *(f)*
гастрономия • *n* gastronomía *(f)*
тася • *v* extinguir, apagar
гатанка • *n* adivinanza, acertijo *(n)*
гаф • *n* desliz *(m)*, metida de pata *(f)*
гащéта • *n* pantalón corte *(m)*
гащи • *n* calzoncillos, anatómicos, fundillos, gayumbos, interiores, pantaloncillos, trusa *(f)*
гевгир • *n* colador *(m)*, escurridor *(m)*
гега • *n* cayado *(m)*
гей • *n* gay *(m)*, homosexual *(f)*
гейзер • *n* géiser *(m)*
гекон • *n* salamanquesa *(f)*, geco *(m)*
гел • *n* gel
генеалог • *n* genealogista *(f)*
генерал • *n* general *(m)*
генералисимус • *n* generalísimo *(f)*
генератор • *n* generador *(m)*, generador eléctrico *(m)*
генетичен • *adj* genético
гениалност • *n* genio *(m)*
гений • *n* genio *(m)*, genia *(f)*
геноцид • *n* genocidio *(m)*
геогрáфия • *n* geografía *(f)*
геодезия • *n* geodesia *(f)*
геолóгия • *n* geología *(f)*
геомéтрия • *n* geometría *(f)*
геофизика • *n* geofísica *(f)*
гепáрд • *n* guepardo *(m)*, chita *(m)*
гергина • *n* dalia *(f)*
гердáн • *n* collar *(m)*
гермáний • *n* germanio *(m)*
героиня • *n* heroína *(f)*
героиня • *n* héroe *(m)*
герой • *n* personaje *(m)*
герóй • *n* héroe *(m)*
гета • *n* polaina *(f)*
гибелен • *adj* pernicioso
гибон • *n* gibón *(m)*
гигантски • *adj* gigante, gigantesco
гимнастика • *n* gimnasia *(f)*
гинекология • *n* ginecología *(f)*
гипс • *n* escayola, yeso *(m)*
гира • *n* pesas, mancuerna *(f)*
гирлянда • *n* guirnalda, guirnalda *(f)*
гише • *n* mostrador *(m)*, taquilla *(f)*
главá • *n* capítulo *(m)*, cabeza *(f)*, testa *(f)*, maceta *(f)*, marote *(m)*, sabiola *(f)*
главен • *adj* capital, central, mayúscula, cardinal • *n* jefe *(m)*
главно • *adv* principalmente
главня • *n* tizón *(m)*

главня́ • *n* teda *(f)*
главоблъсканица • *n* rompecabezas *(m)*, puzle *(m)*
главобо́лие • *n* dolor de cabeza *(m)*, cefalea *(f)*, jaqueca *(f)*
главоного • *n* cefalópodo *(m)*
главорез • *n* matón *(m)*, macarra *(f)*, sicario *(m)*, degollador *(m)*, canalla
глагол • *n* verbo *(m)*
глад • *n* hambruna, hambruna *(f)*, hambre, hambre *(f)*
гла́ден • *adj* hambriento
гладиола • *n* estoque *(m)*
гладък • *adj* llano, parejo
гла́дък • *adj* liso
гладя • *v* planchar
глазура • *n* esmalte *(m)*, glasé *(m)*, glaseado *(m)*, frita *(f)*
гланц • *n* veladura *(m)*
глас • *n* voz *(f)*, voto *(m)*
гласна • *n* vocal *(f)*, letra vocal *(f)*
гла́сно • *adv* en voz alta
гласувам • *v* votar, balotar
гласу́вам • *v* votar
гласува́не • *n* elecciones
гледам • *v* contemplar, mirar, observar
гле́дам • *v* mirar
глезен • *n* tobillo *(m)*
глезя • *v* consentir, malcriar, mimar
гле́тчер • *n* glaciar *(m)*, helero *(m)*
глеч • *n* esmalte *(m)*, esmaltado *(m)*, veladura *(m)*
глина • *n* arcilla *(f)*, barro *(m)*
глиф • *n* glifo *(m)*
глоба • *n* multa *(f)*
глобус • *n* globo *(m)*
глобявам • *v* multar
глог • *n* espino *(m)*, marzoleto *(m)*
глокеншпил • *n* campanólogo *(m)*
глупав • *adj* obtuso, tonto, pendejo *(m)*, cabeza dura *(f)*, menso *(m)*, estúpido *(m)*, estúpido, gilí
глу́пав • *adj* tonto, fatuo, necio, imprudente
глупак • *n* estúpido
глупа́к • *n* tonto *(m)*, bobo *(m)*, necio *(m)*, imbécil, pendejo *(m)*
глупост • *n* sandez *(f)*, tontería *(f)*
глупости • *n* tonterías *(f)*, tonterías, inventos *(m)*, chorrada *(f)*, chuminada *(f)*, bulo *(m)*, chorradas, babosadas, leseras, macanas, monserga *(f)*
глух • *adj* sordo
глухар • *n* urogallo *(m)*, gallo silvestre *(m)*
глухарче • *n* diente de león *(m)*
глухоням • *n* mudo *(m)*

глушица • *n* cizaña *(f)*, cizaña forrajera *(f)*
глътка • *n* trago
глюкоза • *n* glicólisis *(f)*
гмурец • *n* colimbo *(m)*
гмуркане • *n* buceo *(m)*, submarinismo *(m)*, clavado
гмуркач • *n* saltador *(m)*, saltadora *(f)*, buzo, submarinista
гнездо́ • *n* nido *(m)*
гнида • *n* liendre *(f)*
гниене • *n* descomposición *(f)*
гния • *v* pudrir
гной • *n* pus *(m)*
гном • *n* enano, duende *(m)*, pigmeo *(m)*, gnomo *(m)*
гняв • *n* ira *(f)*, enfado *(m)*, enojo *(m)*, rabia *(f)*, bravura *(f)*, cólera *(f)*
го • *pron* le, la, lo, ello, eso
гоблен • *n* tapiz *(m)*
гоблин • *n* duende *(m)*, trasgo *(m)*
гове́до • *n* ganado *(m)*
гове́ждо • *n* vacuno *(m)*
говно́ • *n* mierda *(f)*, caca *(f)*
говор • *n* habla *(f)*
го́вор • *n* discurso *(m)*
говоря • *v* conversar, hablar
говоря́ • *v* hablar
годеж • *n* esponsales, palabra de matrimonio *(f)*, promesa de matrimonio *(f)*
годен • *adj* disponible, bien
годени́ца • *n* novia *(f)*
година • *n* volumen *(m)*, año *(m)*
годишник • *n* anuario *(m)*
годи́шнина • *n* aniversario *(m)*
годност • *n* capacidad *(f)*, nivel físico *(m)*
гол • *adj* desolado, yermo, desnudo *(m)*, desnudo • *n* gol *(m)*
големина • *n* masa *(f)*
голота́ • *n* desnudez *(f)*
голф • *n* golf *(m)*
голям • *adj* grande, considerable • *n* maleta *(f)*, valija *(f)*
голя́м • *adj* grande, gran
гонг • *n* gongo *(m)*, gong *(m)*
гондола • *n* góndola *(f)*
гонитба • *n* persecución *(f)*
гонорея • *n* gonorrea *(f)*
гоня • *v* perseguir
гоня́ • *v* conducir
гора́ • *n* bosque *(m)*, floresta *(f)*, selva
горд • *adj* orgulloso
горе • *adv* arriba
горене • *n* combustión *(f)*, quemado *(m)*

гореспоменат • *adj* mencionado, antedicho, sobredicho
го́рест • *n* pena *(f)*, pesar *(m)*, aflicción *(f)*, dolor *(m)*, tristeza *(f)*, infelicidad *(f)*
горещ • *adj* caliente, muy caliente
гориво • *n* combustible *(m)*
горила • *n* gorila *(m)*
горичка • *n* arboleda *(f)*
горното • *n* ídem
горчив • *adj* amargo
горчивина • *n* amargo *(m)*, amargura *(f)*
горчи́ца • *n* mostaza *(f)*
горя́ • *v* arder, quemar
господар • *n* amo *(m)*
господин • *n* señor *(m)*, caballero *(m)*, señores *(m)*
господи́н • *n* señor *(m)*
господствам • *v* dominar
господство • *n* influencia *(f)*, ascendencia *(f)*, ascendiente *(m)*, predominio *(m)*
госпожа́ • *n* señora *(f)*
госпо́жица • *n* doncella *(f)*, señorita *(f)*
гост • *n* huésped *(f)*
готвач • *n* cocinero *(m)*, cocinera *(f)*
готвя • *v* cocinar
го́твя • *v* cocinar
готовност • *n* alacridad, avidez *(f)*, ansia *(m)*
грабя́ • *v* despojar
гравирам • *v* grabar
гравиране • *n* grabado
град • *n* ciudad *(f)*, urbe *(f)*, pueblo *(m)*
граде́ж • *n* edificación *(f)*, construcción *(f)*
гради́на • *n* jardín *(m)*
градуиране • *n* graduación *(f)*
градус • *n* grado *(m)*
граду́шка • *n* granizo *(m)*, pedrisco *(m)*
градя́ • *v* construir, edificar
гражданѝн • *n* ciudadano *(m)*, ciudadana *(f)*
граждански • *adj* civil, cívico
гражда́нство • *n* ciudadanía *(f)*, nacionalidad *(f)*
грак • *n* graznido
грам • *n* gramo *(m)*
грамаден • *adj* gigantesco, enorme
граматика • *n* gramática *(f)*
грама́тика • *n* gramática *(f)*
грамофо́н • *n* gramola *(f)*
гран • *n* grano *(m)*
гранат • *n* carbunclo *(m)*, carbúnculo *(m)*, granate *(m)*
грана́та • *n* granada *(f)*
гранд • *n* grande *(m)*

грандиозен • *adj* grandioso
гранит • *n* granito *(m)*
граница • *n* estribo *(m)*, límite, frontera *(f)* • *adv* en el extranjero, en el exterior
грани́ца • *n* límite *(m)*, frontera *(m)*, frontera *(f)*
гра́ница • *n* límite *(m)*
граници • *n* raya *(f)*, confín *(m)*
гранича • *v* lindar, colindar
граничещ • *adj* contiguo
гранулирам • *v* granular
граф • *n* conde *(m)*, grafo *(m)*
графа • *n* columna *(f)*
графика • *n* gráfico *(m)*
графиня • *n* condesa *(f)*
графит • *n* grafito *(m)*
графичен • *adj* gráfico
графство • *n* condado *(m)*
гра́фство • *n* condado *(m)*
грах • *n* guisante
грациозен • *adj* grácil
грация • *n* gracia *(f)*
грача • *v* graznar
грачене • *n* graznido
гребен • *n* cresta *(f)*
гребло • *n* rastrillo *(m)*
гребло́ • *n* remo *(m)*
греда • *n* viga *(f)*
греда́ • *n* viga *(f)*, polín *(m)*
грейпфрут • *n* toronja *(f)*, pomelo *(m)*, árbol de toronja
греша • *v* errar, equivocar
греша́ • *v* pecar
грешен • *adj* erróneo, falso, incorrecto, equivocado
грешка • *n* error *(m)*, desliz *(m)*, metida de pata *(f)*
гре́шка • *n* error *(m)*, equivocación *(f)*
грешник • *n* pecador *(m)*, pecadora *(f)*
грешница • *n* pecador *(m)*, pecadora *(f)*
грея • *v* fulgir, fulgurar, iluminar, brillar, arder, resplandecer, estar al rojo vivo
грива • *n* crin *(f)*, melena
гри́вна • *n* brazalete *(m)*, pulsera *(f)*
грижа • *n* esmero *(m)*, preocupación *(f)*, atención *(f)*, cuidado *(m)*
грижи • *n* cansón *(n)*
грижлив • *adj* cuidadoso, cauto
грижливо • *adv* cuidadosamente, a conciencia, minuciosamente
гри́за • *v* roer
гризач • *n* roedor *(m)*
грима́са • *n* cara *(f)*, gesto *(m)*, mueca *(f)*
грип • *n* gripe *(f)*, gripa *(f)*

гриф • *n* traste *(m)*
грифон • *n* grifo
гроб • *n* fosa *(f)*, sepultura *(f)*, tumba *(f)*
грозд • *n* ramo *(m)*, manojo *(m)*, puñado *(m)*, racimo *(m)*, amontonamiento *(m)*, agrupamiento
грозде • *n* uva *(f)*
грóзен • *adj* feo
грохнал • *adj* decrépito
груб • *adj* afable, grosero, torpe, brusco, bruto, maleducado
грубиян • *n* montañero *(m)*
група • *n* banda *(f)*, grupo *(m)*, familia *(f)*
групa • *n* grupo *(m)*
групировка • *n* bloque
гръб • *n* dorso *(m)*, estilo espalda *(m)*, espalda *(f)*, lomo *(m)*
гръбнак • *n* espina dorsal *(f)*, columna vertebral *(f)*
гръд • *n* corazón *(m)*, teta *(f)*, seno *(m)*, pecho *(m)*
гръклян • *n* garganta *(f)*
гръклян • *n* laringe *(f)*
гръм • *n* trueno *(m)*
грѐмък • *adj* fuerte *(f)*
грях • *n* pecado *(m)*
губернатор • *n* gobernador *(m)*, gobernadora *(f)*
губя • *v* perder
гу́бя • *v* perder
гувернантка • *n* institutriz *(f)*
гукам • *v* arrullar
гукане • *n* arrullo *(m)*
гулаш • *n* gulasch *(m)*
гу́ма • *n* cubierta *(f)*, caucho *(m)*, borrador, goma *(f)*, neumático *(m)*, llanta *(f)*, rueda *(f)*, goma de borrar *(f)*

гуша • *n* garganta *(f)*, buche *(m)*
гу́щер • *n* lagarto *(m)*
гъба • *n* hongo *(m)*
гъ̀ба • *n* hongo *(m)*, seta *(f)*
гъ̀ба • *n* esponja *(f)*
гъвкав • *adj* flexible
гъз • *n* trasero *(m)*, culo *(m)*, nalgas
гълтам • *v* absorber, engullir, tragar, deglutir, ingurgitar
гълча • *v* reprender
гълъб • *n* paloma *(f)*, pichón *(m)*
гълъ̀б • *n* paloma *(f)*, pichón *(m)*, palomo *(m)*
гъмжа • *v* abundar, estar de cuajado, estar cuajado
гънка • *n* raya *(f)*, dobladura *(f)*, pliegue *(m)*, doblez *(f)*, arruga *(f)*, aspereza *(f)*
гърдá • *n* teta *(f)*, seno *(m)*, pecho *(m)*
гърди • *n* pechuga *(f)*, seno *(m)*, pechera *(f)*, busto *(m)*
гърди́ • *n* pecho *(m)*
гърло • *n* garganta *(f)*
гърчене • *n* angustia *(f)*, convulsión *(f)*, agonía *(f)*
гъсе • *n* ansarino *(m)*
гъсѐница • *n* oruga *(f)*, cuncuna *(f)*
гъ̀ска • *n* ganso *(m)*, oca *(f)*, ánsar *(m)*
гъсок • *n* ganso *(m)*
гъсóк • *n* ganso *(m)*, oca *(f)*, ánsar *(m)*
гъст • *adj* denso *(m)*, espeso *(m)*, espeso
гъсталак • *n* matorral *(m)*
гюле • *n* bala *(f)*, bala de cañón *(f)*
гюм • *n* lata *(f)*
гя́вол • *n* diablo *(m)*

Д

да • *conj* para que
давáм • *v* conceder, dejar, permitir
дáвам • *v* dar, entregar, donar
давя • *v* ahogar
даже • *adv* aun
дакел • *n* perro salchicha *(m)*
далéч • *adv* lejos
далéче • *adv* lejos
далечен • *adj* alejado, distante, a distancia, huraño
далéчен • *adj* lejano
дали • *conj* si, si ... o
далия • *n* dalia *(f)*
дам • *v* dar, entregar, donar

дáма • *n* damas
дамаджана • *n* damajuana *(f)*
дамаска • *n* damasco *(m)*
дандания • *n* ruido *(m)*, bulla *(f)*, barullo *(m)*
данна • *n* dato *(m)*
дáнни • *n* dato
дáнък • *n* impuesto *(m)*, tasa *(f)*
дар • *n* dote *(f)*, dotación *(f)*, presente *(m)*, regalo *(m)*, donación *(f)*, donativo *(m)*
дарба • *n* capacidad *(f)*, aptitud *(f)*, don *(m)*, talento *(m)*
дарение • *n* donación *(f)*, donativo *(m)*

даровит • *adj* listo, talentoso
дарявам • *v* acordar, conceder, conferir
да́та • *n* fecha *(f)*, data *(f)*
дати́рам • *v* fechar
датиран • *adj* fechado
дача • *n* dacha *(f)*
двадесети • *adj* vigésimo
дванадесети • *adj* duodécimo *(m)*, duodécima *(f)*
дванадесетопръстник • *n* duodeno *(m)*
дви́гател • *n* motor *(f)*, motor *(m)*
движение • *n* acción *(f)*, movimiento *(m)*
движе́ние • *n* tráfico *(m)*
двоен • *adj* doble
двоето́чие • *n* dos puntos
двоичен • *adj* binario
двойка • *n* dos
дво́йка • *n* pareja *(f)*
двойник • *n* doble, sosias
двойно • *adj* doble • *n* doble *(m)*
двойнствен • *adj* doble
двойствен • *adj* ambivalente
двойственост • *n* duplicidad *(f)*
двор • *n* corte *(f)*, patio, patio *(m)*, callejón *(m)*
дворе́ц • *n* palacio *(m)*
двубой • *n* duelo *(m)*
двугодишен • *adj* bianual
двуезичен • *adj* bilingüe
двуженство • *n* bigamia *(f)*
двуличен • *adj* doble
двуличие • *n* duplicidad *(f)*
двупосочен • *adj* dúplex *(m)*
двусмислен • *adj* ambiguo
двустранен • *adj* bilateral
двучерупков • *n* bivalvo *(m)*
двучлен • *n* binomio *(m)*
двучленен • *adj* binomial
деба́ти • *n* debate *(m)*
дебатирам • *v* debatir
дебел • *adj* espeso, grueso
дебе́л • *adj* gordo, grueso
дебелина • *n* obesidad *(f)*
дебеломер • *n* calibre *(m)*
дебит • *n* caudal
дебна • *v* acechar
девалвация • *n* devaluación *(f)*, depreciación *(f)*
девер • *n* cuñado *(m)*
деветдесети • *adj* nonagésimo
деве́ти • *adj* noveno
деветнадесети • *adj* decimonoveno *(m)*, decimonovena *(f)*
девиз • *n* mote *(m)*, divisa *(f)*, lema *(m)*

деви́ца • *n* doncella *(f)*, señorita *(f)*, virgen *(f)*, doncel *(m)*
дево́йка • *n* adolescente *(f)*, chica *(f)*, muchacha *(f)*, chico *(m)*, muchacho *(m)*
дево́йка • *n* cabra *(f)*, doncella *(f)*, señorita *(f)*, niña *(f)*, chica *(f)*, muchacha *(f)*, chamaca *(f)*, lola *(f)*, nena *(f)*, chiquilla *(f)*
де́вственик • *n* doncella *(f)*, señorita *(f)*, virgen *(f)*, doncel *(m)*
де́вственица • *n* doncella *(f)*, señorita *(f)*, virgen *(f)*, doncel *(m)*
де́вственост • *n* virginidad
дегизиране • *n* disfraz *(m)*
деградирам • *v* degradar
деен • *adj* activo, ocupado
дезертирам • *v* desertar, pasarse
дезертьор • *n* desertor *(m)*
дезинфекцирам • *v* desinfectar
дезинфекция • *n* desinfección *(f)*
дезинформи́рам • *v* desinformar
дезодорант • *n* desodorante *(m)*
деизъм • *n* deísmo *(m)*
дейност • *n* acción *(f)*, actividad *(f)*
действам • *v* afectar
действеност • *n* eficacia *(f)*
действие • *n* acto *(m)*, acción *(f)*, hecho *(m)*, albedrío *(m)*, agency, agencia *(f)*, obra *(f)*, operación *(m)*, operación *(f)*
действителен • *adj* concreto
действи́телен • *adj* real, existente, verdadero, efectivo, fáctico, factual
действи́телност • *n* realidad *(f)*
декада • *n* década *(f)*
декаде́нтство • *n* decadencia *(f)*
декан • *n* decano *(m)*
декламирам • *v* declamar
декларация • *n* declaración *(f)*, reconocimiento *(m)*
декларирам • *v* declarar
деклариране • *n* declaración *(f)*
декоративен • *adj* decorativo
декорация • *n* adorno *(m)*, decoración *(f)*
декорирам • *v* decorar
декрет • *n* edicto *(m)*
декре́т • *n* mandamiento *(m)*
делегат • *n* delegado *(m)*, delegada *(f)*
делегирам • *v* diputar
делене • *n* división *(f)*, fisión *(f)*
деление • *n* división *(f)*
деликатен • *adj* considerado
деликатес • *n* manjar *(m)*, exquisitez *(f)*, golosina *(f)*
деликатност • *n* fineza *(f)*, fragilidad *(f)*, delicadeza *(f)*
делим • *adj* divisible

делимо • *n* dividendo *(m)*
делир • *n* delirio *(m)*
делител • *n* divisor
делничен • *adj* común
дело • *n* negocio *(m)*, causa *(f)*
делта • *n* delta *(f)*, delta *(m)*
делфин • *n* delfín *(m)*
деля • *v* dividir
демагог • *n* demagogo *(m)*
демокрация • *n* democracia *(f)*
демон • *n* diablo *(m)*, demonio, diablillo *(m)*
демоничен • *adj* demoníaco, diabólico
демонология • *n* demonología *(f)*
демонстрация • *n* demostración *(f)*, manifestación *(f)*
демонстрирам • *v* demostrar
ден • *n* día *(m)*, día
деним • *n* mezclilla *(f)*, tela tejana
денк • *n* bala *(f)*
денонощие • *n* día *(m)*
денонощие • *n* día *(m)*
депеша • *n* envío urgente
депортиране • *n* deportación *(f)*
депресия • *n* depresión *(f)*
дерайлирам • *v* descarrilar
дервиш • *n* derviche *(m)*
десен • *n* modelo *(m)*, derecha *(f)*
десен • *adj* derecho *(m)*, derecha *(f)*, diestra
десерт • *n* dulce *(m)*, postre *(m)*
десети • *adj* décimo *(m)*, décima *(f)*
десетилетие • *n* década *(f)*, decenio *(m)*
десетобой • *n* decatlón *(m)*
десетоъгълник • *n* decágono *(m)*
десничарски • *adj* de la derecha, de derecha, de derechas
деспотизъм • *n* despotismo *(m)*
деспотичен • *adj* despótico
дестилат • *n* destilado *(m)*
дестилация • *n* destilación *(f)*
десятка • *n* década *(f)*
детайл • *n* detalle *(m)*
детайлност • *n* detalle *(m)*
дете • *n* niña *(f)*, hijo *(m)*, hija *(f)*, niño *(m)*, infante *(m)*
детектив • *n* detective *(m)*
детелина • *n* trébol *(m)*
детерминанта • *n* determinante *(m)*
детински • *adj* infantil
детски • *adj* para, niños
детство • *n* infancia *(f)*, niñez *(f)*
детство • *n* infancia *(f)*
деутерий • *n* deuterio *(m)*
дефект • *n* falla *(f)*, defecto *(m)*, imperfección, desperfecto

дефетизъм • *n* derrotismo *(m)*
дефилирам • *v* desfilar
дефинирам • *v* definir
дефиниция • *n* definición *(f)*
дефицит • *n* deficiencia
дефлация • *n* deflación *(f)*
деформация • *n* distorsión, deformación *(f)*
деформирам • *v* deformar, distorsionar
дешифрирам • *v* descifrar, decodificar
деяние • *n* acto *(m)*, acción *(f)*
джаджа • *n* artilugio *(m)*
джаз • *n* jazz *(m)*
джамия • *n* mezquita
джапанки • *n* chancla *(f)*, bamba *(f)*
джапанки • *n* chancla *(f)*, bamba
джаул • *n* julio *(m)*, joule *(m)*
джебчия • *n* carterista
джин • *n* genio *(m)*, jinn *(m)*, djinn *(m)*, ginebra *(f)*
джинджифил • *n* jengibre *(m)*
джиросвам • *v* endosar
джихад • *n* yihad *(m)*
джоб • *n* bolsillo *(m)*, bolsa *(f)*
джудже • *n* enano *(m)*, duende *(m)*, pigmeo *(m)*, gnomo *(m)*
джудже • *n* enano, enano *(m)*
джудо • *n* yudo *(m)*, judo *(m)*
диабет • *n* diabetes *(f)*
диагностичен • *adj* diagnóstico
диагонал • *n* diagonal *(f)*
диагонален • *adj* diagonal
диаграма • *n* gráfico *(m)*, diagrama *(m)*
диалект • *n* dialecto *(m)*
диалог • *n* conversación *(f)*, diálogo *(m)*
диамант • *n* gema, diamante *(m)*
диаметрален • *adj* diametral
диария • *n* diarrea *(f)*, colitis
диаспора • *n* diáspora *(f)*
диафрагма • *n* diafragma *(m)*
див • *adj* bárbaro, feroz, fiero *(m)*, salvaje, montaraz, ferino *(m)*, barbárico
дивак • *n* bárbaro
диван • *n* sofá *(m)*, sillón *(m)*
диван • *n* sofá *(m)*
дивеч • *n* caza *(f)*
дивидент • *n* dividendo *(m)*
дига • *n* dique *(m)*
дигитален • *adj* digital
диета • *n* dieta *(f)*, dieta
дизайн • *n* diseño *(m)*, modelo *(m)*
дизайнер • *n* diseñador *(m)*, diseñadora *(f)*
диктат • *n* orden *(f)*

диктатор • *n* dictador *(m)*, dictadora *(f)*
диктатура • *n* dictadura *(f)*
диктовка • *n* dictado *(m)*
диктувам • *v* dictar
дикция • *n* dicción *(f)*
дилдо • *n* consolador *(m)*
дилема • *n* dilema *(m)*
дилема • *n* aprieto *(m)*
дилетантизъм • *n* diletantismo *(m)*
дим • *n* humo *(m)*
димитровче • *n* áster *(m)*
димя • *v* humear
дина • *n* dina
динамика • *n* dinámica *(f)*
динамит • *n* dinamita *(f)*
динамичен • *adj* dinámico
династия • *n* dinastía *(f)*
динозавър • *n* dinosaurio *(m)*
диня • *n* sandía *(f)*, melón de agua *(m)*, patilla *(f)*
дипла • *n* dobladura *(f)*, pliegue *(m)*, doblez *(m)*
диплома • *n* diploma *(m)*
дипломат • *n* diplomático *(m)*, diplomática *(f)*
дипломатичен • *adj* diplomático
дипломатически • *adj* diplomático
дипломация • *n* diplomacia *(f)*
директно • *adv* directamente
директор • *n* director *(m)*, directora *(f)*
директория • *n* carpeta *(f)*
диригент • *n* director *(m)*
дирижирам • *v* dirigir
дисекция • *n* disección *(f)*
дисидент • *n* disidente *(m)*
дисидентка • *n* disidente *(f)*
диск • *n* disco, disco *(m)*
дисквалификация • *n* descalificación *(f)*
дисквалифицирам • *v* descalificar
дискета • *n* disquete *(m)*
дисковиден • *adj* discoide
дискредитирам • *v* desacreditar, descreer
дискретен • *adj* discreto
дискриминация • *n* discriminación *(f)*
дискусионен • *adj* discutible, discutidor
дискусия • *n* discusión *(f)*, bronca *(f)*, riña *(f)*, pelea *(f)*, controversia *(f)*, polémica *(f)*, debate *(m)*
дискутирам • *v* debatir
диспросий • *n* disprosio *(m)*
дистанция • *n* distancia *(f)*
дисфория • *n* disforia

дисциплина • *n* ramo *(m)*
дисциплина • *n* disciplina *(f)*
диференциал • *n* diferencial *(f)*
диференциален • *adj* diferencial
диференциране • *n* derivación *(f)*, diferenciación *(f)*
дифракция • *n* difracción *(f)*
дифтонг • *n* diptongo *(m)*
дифузен • *adj* difuso
дихание • *n* aliento *(m)*
дишам • *v* respirar
дишане • *n* respiración *(f)*
длан • *n* palma *(f)*
длето • *n* formón *(m)*, cincel *(m)*, escoplo *(m)*
длъто • *n* formón *(m)*, cincel *(m)*, escoplo *(m)*
дневен • *adj* diurno
дневник • *n* diario *(m)*
днес • *adv* hoy • *n* hoy *(m)*, hoy día *(m)*
днеска • *n* hoy *(m)*, hoy día *(m)*
днеска • *adv* hoy
до • *prep* hasta, cerca de, en, cabe, al lado de
добавка • *n* adición *(f)*, aditivo *(m)*, complemento
добавям • *v* añadir, agregar, adjuntar
добивам • *v* derivar
добивам • *v* conseguir, obtener
доблестен • *adj* valiente, gallardo *(m)*
добра • *n* dobra
добре • *adv* bien
добрина • *n* bondad *(f)*
добро • *n* bien *(m)*
доброволец • *n* voluntario
добродетел • *n* virtud *(f)*
доброжелателност • *n* benevolencia *(f)*
доброкачествен • *adj* bueno *(m)*
доброкачествен • *adj* benigno
добросъвестен • *adj* concienzudo
доброта • *n* bondad *(f)*
добър • *adj* bien, bueno, bueno *(m)*
добър • *adj* benigno, bueno
довеждам • *v* traer, llevar
доверен • *adj* fiduciario
доверник • *n* cliente, confidente
доверие • *n* dependencia *(f)*, crédito *(m)*, confidencia *(f)*
доверие • *n* creencia *(f)*
доверявам • *v* confiar
довиждане • *n* adiós *(m)* • *interj* adiós, hasta luego, hasta la vista, hasta pronto, nos vemos
довод • *n* argumento *(m)*
доволен • *adj* satisfecho *(m)*, contento
догадка • *n* suposición *(f)*, conjetura *(f)*,

especulación *(f)*, teoría *(f)*
догма • *n* principio *(m)*, dogma *(m)*, creencia *(f)*
догматизъм • *n* dogmatismo *(m)*
договор • *n* acuerdo *(m)*, convenio *(m)*, alianza *(f)*, contrato *(m)*, pacto *(m)*
договореност • *n* arreglo *(m)*, acuerdo *(m)*
додо • *n* dodo *(m)*, dronte *(m)*
дож • *n* dux *(m)*
доза • *n* dosis *(f)*
до́йда • *v* venir
доказателство • *n* prueba, prueba *(f)*, evidencia *(f)*
доказа́телство • *n* prueba *(f)*
доказвам • *v* evidenciar
докаран • *adj* apuesto
доклад • *n* discurso *(m)*
докосвам • *v* tocar
докосна • *v* tocar
доктор • *n* doctor *(m)*, doctora *(f)*
до́ктор • *n* médico *(m)*, médica *(f)*
доктрина • *n* dogma *(m)*, doctrina *(f)*
документ • *n* acta *(f)*, escritura *(f)*, título *(m)*, artículo *(m)*, hecho *(m)*
докуме́нт • *n* documento *(m)*
документа́лен • *adj* documental, documentario
документа́ция • *n* documentación *(f)*
документирам • *v* documentar *(m)*
долавям • *v* aprehender, entender, comprender, captar, percibir
долар • *n* pavo *(m)*, pavos
до́лар • *n* dólar *(m)*
долен • *adj* execrable *(f)*
долина • *n* valle *(m)*
доли́на • *n* valle *(m)*
долнокачествен • *adj* tosco, rudo, grosero, rústico, bruto, crudo, burdo
доловим • *adj* oíble, audible
долчи́нка • *n* valle *(m)*
дом • *n* hogar *(m)*, edificio *(m)*
домакинство • *n* familia *(f)*, casa *(f)*, hogareños, huéspedes, séquito *(m)*
дома́т • *n* tomate *(m)*
доминион • *n* dominio *(m)*
донасям • *v* traer, buscar
дона̀сям • *v* traer, llevar
донжон • *n* mazmorra *(f)*, calabozo *(m)*
допир • *n* contigüidad *(f)*, contacto *(m)*
допирам • *v* tocar
допра • *v* tocar
допринасям • *v* servir, contribuir
допринеса • *v* servir
допускам • *v* admitir, dar entrada, dejar entrar, suponer, dar por sentado
допускане • *n* suposición *(f)*

допустим • *adj* admisible, aceptable
допустимост • *n* aceptabilidad *(f)*
допълвам • *v* completar, complementar, complementarse
допълнение • *n* accesorio *(m)*, complemento *(m)*, complemento
допълне́ние • *n* anexo *(m)*
допълнителен • *adj* adicional, extra, de más, auxiliar, complementario, exceso, accesorio
доразвивам • *v* elaborar
дорест • *n* alazán *(m)*
дори • *adv* aun
доса́да • *n* lata *(f)*, disgusto *(m)*, irritación *(f)*
доса́ден • *adj* aburrido
досаждам • *v* molestar, agobiar, mortificar
досега • *adv* ya, anteriormente, previamente, hasta la fecha, hasta ahora, hasta aquí, hasta este momento, en ese entonces
досие • *n* dosier *(m)*
доста • *adv* algo, bastante
доставка • *n* entrega *(f)*
доставям • *v* entregar
достатъчно • *pron* bastante • *interj* basta • *adv* suficientemente
достигам • *v* conseguir, lograr, llegar
достижим • *adj* accesible, asequible, alcanzable, realizable
достижи́м • *adj* accesible, asequible
достоверен • *adj* fidedigno, autorizado, convencedor, persuasivo
достоверност • *n* autenticidad *(f)*
достоен • *adj* digno, respetable
досто́йнство • *n* dignidad *(f)*
достъп • *n* admisión, admisión *(f)*, entrada *(f)*, acceso *(m)*
достъпен • *adj* accesible, asequible
достъ̀пен • *adj* accesible, asequible
дотук • *adv* aquí, acá, hacia acá
доход • *n* ventaja, beneficio
драг • *adj* amable, tierno, bueno
драга • *n* draga *(f)*, dragatro *(m)*, dragadro
драгирам • *v* dragar
драгун • *n* dragón *(m)*
дразне́не • *n* fastidio *(m)*
дразня • *v* molestar, fastidiar, agobiar
драйвър • *n* controlador *(m)*
драко́н • *n* dragón *(m)*, guiverno *(m)*
драматизация • *n* dramatización *(f)*
драматичен • *adj* dramático *(m)*, asombroso *(m)*
дранго́лник • *n* cárcel *(f)*, prisión *(f)*, penitenciaría *(f)*

драскулка • *n* garabato *(m)*
драстичен • *adj* drástico
драхма • *n* dracma *(f)*
дребен • *adj* enano
дребнав • *adj* puntilloso
дреболия • *n* bagatela *(f)*
древен • *adj* arcaico
дрейф • *n* derrape
дрейфувам • *v* derivar
дремя • *v* dormitar, cabecear
дреха • *n* prenda *(f)*
дрéхи • *n* atavío *(m)*, ropa *(f)*
дриблирам • *v* driblar, regatear, gambetear
дрибъл • *n* regate *(m)*, gambeta *(f)*
дроб • *n* fracción, quebrado *(m)*
дрога • *n* droga *(f)*
дрогéрия • *n* farmacia *(f)*, botica *(f)*
дрозд • *n* tordo *(m)*, mirlo *(m)*, zorzal *(m)*
дропла • *n* avutarda *(f)*
друг • *adj* distinto, otra *(f)*, otro *(m)*, otros, otras, diferente
другаде • *adv* lugar, parte
другар • *n* amigo *(m)*, compañero *(m)*
другáр • *n* camarada *(f)*, compañero *(m)*, compañera *(f)*
другáрка • *n* camarada *(f)*, compañero *(m)*, compañera *(f)*
другояче • *adv* diferentemente
дрýжба • *n* amistad *(f)*
дружелюбен • *adj* amable, afable, cordial, amistoso, amigable
дръвник • *n* bloque
дрънкулка • *n* sonajero *(m)*, sonaja *(f)*
дублирам • *v* ser doble de, hacer de doble de
дуел • *n* duelo *(m)*
дует • *n* dúo *(m)*, dueto *(m)*
дýзина • *n* docena *(f)*
дук • *n* duque *(m)*
дукеса • *n* duquesa *(f)*
дýло • *n* cañón *(m)*
дýма • *n* palabra *(f)*, vocablo *(m)*, duma *(f)*
дýпе • *n* trasero *(m)*, culo *(m)*, nalgas
дупка • *n* cavidad *(f)*, brecha *(f)*, madriguera *(f)*, ratonera *(f)*
дýпка • *n* hueco *(m)*, agujero *(m)*, hoyo *(m)*
дуриан • *n* durián *(m)*
дух • *n* aparición *(f)*, fantasma *(m)*, espectro *(m)*, espíritu *(m)*, aparecido *(m)*, sombra *(f)*, alma *(f)*
духало • *n* ventilador *(m)*, fuelle *(m)*, fuelle
духам • *v* chupar, mamar, apestar, ser un asco, dar asco
дýхам • *v* soplar
духовéнство • *n* clero *(m)*
душ • *n* ducha *(f)*, ducha, regadera *(f)*
душа • *n* alma *(f)*
душевна • *n* locura *(f)*
душманин • *n* enemigo *(m)*
дъб • *n* roble *(m)*
дъвча • *v* masticar, mascar
дъга • *n* curva *(f)*, arco *(m)*
дъгá • *n* arco iris *(m)*
дъжд • *n* lluvia *(f)*
дъждобрáн • *n* impermeable *(m)*
дъждовник • *n* salamandra *(f)*
дълбая • *v* excavar
дълбок • *adj* fondo, profundo *(m)*, profundo, hondo *(m)*
дълбоководен • *adj* abisal
дълбочина • *n* profundidad *(f)*
дълг • *v* exculpar • *n* obligación *(f)*, deuda *(f)*, deber *(m)*
дългопети • *n* tarsero *(m)*, tarsio *(m)*
дълготраен • *adj* crónica *(f)*, crónico *(m)*
дължимо • *n* mérito *(m)*
дължина • *n* longitud *(f)*
дължинá • *n* largo *(m)*, eslora *(f)*, longitud *(f)*
дълъг • *adj* largo
дънó • *n* fondo *(m)*
дървá • *n* leña *(f)*
дърво • *n* madera aserrada *(f)*
дървó • *n* madera aserrada *(f)*, árbol *(m)*
дърводéлец • *n* carpintero *(m)*, ebanista
дърдавец • *n* guión de codornices *(m)*, polluela *(f)*
дърдорене • *n* parloteo, cotorreo
дърдоря • *v* parlotear, cotorrear
държá • *v* agarrar, tomar, aguantar, sujetar, sostener, tener
държáва • *n* estado *(m)*, país *(m)*
държáм • *v* agarrar, tomar, aguantar, sujetar, sostener, tener
държание • *n* conducta *(f)*, comportamiento *(m)*
държáние • *n* conducta *(f)*, comportamiento *(m)*
дързост • *n* audacia *(f)*
дързък • *adj* insolente, grosero *(m)*, atrevido, audaz, osado, presuntuoso
дърпам • *v* sacar, tirar, jalar, arrastrar, desenvainar, desenfundar
дърпане • *n* bocanada *(f)*, tiro *(m)*
дъскá • *n* pizarra *(f)*, pizarrón *(m)*, tabla *(f)*, encerado *(m)*, tablero *(m)*

дъх • *n* aliento *(m)*
дъщеря • *n* hija *(f)*
дюбел • *n* taco *(m)*, clavija *(f)*, espiga *(f)*
дюгон • *n* dugongo *(m)*
дюдюкане • *n* rechifla *(f)*, abucheo *(m)*
дюйм • *n* pulgada *(f)*
дюкян • *n* bragueta *(f)*
дюна • *n* duna *(f)*, médano *(m)*
дюшек • *n* colchón *(m)*

дявол • *n* diablo *(m)*
дяволица • *n* cormorán *(m)*
дяволски • *adj* diabólico
дядо • *n* abuelo *(m)*
дякон • *n* diácono *(m)*
дялам • *v* tallar, esculpir
дясно • *n* derecha *(f)*

E

е • *v* es, está, hay
еба • *v* cachar, tirar, joder, chingar, coger, jalar, follar, follarse, tirarse, cepillarse, pichar, culear, vergar, garchar, entucar
ебане • *n* polvo
евакуирам • *v* evacuar
евангелие • *n* evangelio *(m)*
евнух • *n* eunuco
еволюция • *n* evolución *(f)*
еврика • *interj* eureka
европейски • *adj* continental
европий • *n* europio *(m)*
евтаназия • *n* eutanasia *(f)*
евфемизъм • *n* eufemismo *(m)*
евфуизъм • *n* eufuismo *(m)*
Егида • *n* égida *(f)*
егоизъм • *n* egoísmo *(m)*
едва • *adv* apenas
едвам • *adv* apenas
единадесет • *adj* undécimo
единение • *n* comunión *(f)*
единица • *n* unidad *(f)*, as *(m)*
единодушие • *n* consenso *(m)*
еднорог • *n* unicornio *(m)*
единствен • *adj* único
единствено • *adv* sólo, solamente
единство • *n* unidad *(f)*
еднакво • *adv* igualmente
еднаквост • *n* equidad *(f)*
еднакъв • *adj* igual
едно • *n* as *(m)*
едновременен • *adj* contemporáneo *(m)*, contemporáneo, contemporario
еднообразен • *adj* uniforme, constante
еднороден • *adj* homogéneo
еж • *n* erizo *(m)*
ежедневен • *adj* diario, cotidiano, de diario
ежедневник • *n* diario *(m)*
ежедневно • *adv* diariamente, cotidianamente

ездач • *n* jinete *(m)*
езеро • *n* lago *(m)*
езерце • *n* charca *(m)*, estanque *(m)*, laguna *(f)*
език • *n* lenguaje *(m)*
език • *n* badajo *(m)*, lengua *(f)*, idioma *(m)*
езикознание • *n* lingüística *(f)*
езотеричен • *adj* arcano, secreto, misterioso, esotérico *(m)*
ей • *interj* vaya
ейл • *n* cerveza inglesa *(f)*, ale *(f)*, cerveza ale *(f)*
екватор • *n* ecuador *(m)*
еквивалент • *n* equivalente *(m)*
еквивалентен • *adj* equivalente
екзекутирам • *v* ejecutar, ajusticiar
екзекуция • *n* ejecución *(f)*
екземпляр • *n* ejemplar *(m)*
екзистенциализъм • *n* existencialismo *(m)*
екзотичен • *adj* exótico
екипаж • *n* tripulación *(f)*, grumete *(m)*, carroza, carruaje de lujo
екология • *n* ecología *(f)*
екосистема • *n* ecosistema *(m)*
екран • *n* pantalla *(f)*
екскаватор • *n* excavadora *(f)*
екскременти • *n* excremento *(m)*, heces
екскурзия • *n* excursión *(f)*
експедиция • *n* envío, despacho, comunicado, expedición *(f)*
експеримент • *n* experimento *(m)*
експериментален • *adj* experimental
експериментирам • *v* experimentar
експлицитен • *adj* definitivo
експлоатация • *n* explotación *(f)*
експлоатирам • *v* explotar, aprovechar
експлодирам • *v* explotar, reventar, explosionar
експлозия • *n* explosion *(f)*,

detonación (f)
експоне́нта • n exponente (m)
експони́рам • v exponer
експорти́рам • v exportar
експресиони́зъм • n expresionismo (m)
екста́з • n éxtasis (m), éxtasis (f)
екста́зи • n éxtasis (f)
екстрава́гантен • adj extravagante
екстради́ране • n extradición (f)
екстради́ция • n extradición (f)
екстра́кт • n extracto (m)
екстра́кт • n esencia (f), extracto (m)
екстреми́зъм • n extremismo (m)
ексфоли́рам • v exfoliar
ексхибициони́зъм • n exhibicionismo (m)
ексхибициони́ст • n exhibicionista (f)
ексхума́ция • n exhumación (f)
ексхуми́рам • v desenterrar, exhumar
ексцентри́чен • adj excéntrico
ела́ • n abeto (m)
еласти́чен • adj elástico (m), elástico, gomoso
еласти́чност • n elasticidad (f)
елда́ • n alforfón (m)
елега́нтен • adj apuesto, guapo, galante, chic, elegante, grácil
елега́нтност • n gracia (f)
еле́гия • n elegía (f)
еле́й • n crisma (f)
електри́чески • adj eléctrico
електри́чество • n electricidad (f)
електромагнети́зъм • n electromagnetismo (m)
електро́н • n electrón (m)
електро́ника • n electrónica (f)
електропрово́дност • n conductividad (f)
електроте́хник • n electricista (f)
елеме́нт • n elemento (m)
еле́н • n ciervo (m), venado (m)
еле́нче • n cervatillo (m)
елеро́н • n flap (m)
ели́пса • n elipse (f)
ели́птичен • adj elíptico
елша́ • n aliso (m)
ема́йл • n esmalte (m), enlozado
емайли́рам • v esmaltar
еманципа́ция • n emancipación (f)
еманципи́рам • v emancipar
емба́рго • n embargo (m)
ембле́ма • n alegoría (f)
ембо́лия • n embolia (f)
ембрио́н • n germen (m), embrión (m)
еми́р • n emir

еми́сия • n emisión (f)
емоциона́лен • adj emocional, emotivo
емо́ция • n sentimiento (m), emoción (f)
емо́ция • n emoción (f), afecto (m)
емпири́чен • adj empírico
ему́ • n emú (m)
ему́лсия • n emulsión (f)
енерги́чен • adj dinámico, enérgico, enérgico (m)
енерги́я • n energía (f)
ене́ргия • n energía (f)
ензи́м • n enzima (f)
енича́р • n jenízaro (m)
ено́т • n mapache (m), oso lavador (m), zorra manglera (f), gato manglatero (m)
ентомоло́гия • n entomología (f)
ентусиази́ран • adj efervescente
енцефали́т • n encefalitis (f)
енциклопе́дия • n enciclopedia (f)
е́нчец • n vara de oro (f)
епа́рхия • n diócesis (f)
епизо́д • n episodio (m)
епи́скоп • n obispo (m)
епи́тет • n epíteto (m)
епици́къл • n epiciclo (m)
епо́ним • n epónimo (m)
епо́ха • n época (f)
епо́ха • n edad
е́ра • n época (f), era (f)
е́рбий • n erbio (m)
ерге́нство • n celibato (m)
ере́кция • n erección (f)
е́рес • n herejía (f)
ермо́лка • n kipá (f)
ероди́рам • v corroer, erosionar
еро́зия • n erosión (f)
ероти́чен • adj erótico
еруди́ция • n erudición (f)
есе́ • n ensayo (m), redacción (f)
е́сен • n otoño (m)
есе́нция • n esencia (f), extracto (m)
есетра́ • n esturión (m)
ескала́тор • n escalera mecánica (f)
ескала́ция • n escalada (f)
еско́рт • n escolta (f)
ескорти́рам • v escoltar
есте́тика • n estética (f)
есте́тичен • adj estético (m)
естуа́р • n estuario (m)
ета́н • n etano (m)
етанами́д • n acetamida (f)
ете́р • n éter (m)
е́тика • n ética (f)
етике́т • n ceremonia (f)
етимоло́гия • n derivación (f)

етимоло́гия • *n* etimología *(f)*
етни́чески • *adj* étnico
ето́ • *pron* esto
ефе́кт • *n* efecto *(m)*, efectos, efectos especiales
ефекти́вен • *adj* efectivo, eficaz, eficiente
ефекти́вност • *n* eficiencia *(f)*
ефи́рен • *adj* etéreo

ефре́йтор • *n* cabo
е́хо • *n* eco *(m)*
ехо? • *interj* aló
ечеми́к • *n* cebada *(f)*
ешело́н • *n* escalón
ешелони́рам • *v* escalonar
еякула́ция • *n* eyaculación *(f)*
еякули́рам • *v* eyacular

Ж

жа́ба • *n* rana *(f)*
жаба́р • *n* espagueti *(f)*
жа́ден • *adj* sediento
жаду́вам • *v* desear, codiciar, anhelar, ansiar
жаду́вам • *v* desear
жаду́ване • *n* deseo *(m)*
жа́жда • *n* ansia *(f)*, sed *(f)*
жаке́т • *n* casaca *(f)*, saco *(m)*, jubón *(m)*, abrigo *(m)*
жа́лост • *n* pena *(f)*, pesar *(m)*, aflicción *(f)*, dolor *(m)*, tristeza *(f)*, infelicidad *(f)*
жалузи́ • *n* celosía *(f)*, persiana *(f)*
жа́лък • *adj* bajo, desdeñable, despreciable
жанр • *n* género *(m)*
жар • *n* brasa *(f)*, ascua *(f)*, fervor *(m)*, ardor *(m)*
жарго́н • *n* argot *(m)*
жарго́н • *n* argot *(m)*, jerga *(f)*
жартие́ра • *n* liga *(f)*
жезъ́л • *n* batuta *(f)*, porra *(f)*
жела́н • *adj* agradable, conveniente, bienvenido, deseable
жела́ние • *n* deseo *(m)*, avidez *(f)*, ansia *(m)*, gana *(f)*
жела́ние • *n* deseo *(m)*
жела́телен • *adj* aconsejable, recomendable, conveniente, deseable
жела́я • *v* desear, querer
желе́ • *n* áspic *(m)*, queso de cabeza *(m)*
желе́зен • *adj* férreo
желе́зница • *n* ferrocarril *(m)*
жели́рам • *v* gelificarse
желя́зо • *n* hierro *(m)*
жена́ • *n* mujer *(f)*, esposa *(f)*
же́нен • *adj* casado
жени́тба • *n* matrimonio *(m)*
жени́х • *n* novio *(m)*
же́нска • *adj* femenino *(m)*, hembra • *n* hembra *(f)*
же́нски • *adj* femenino, femenil
же́нски • *adj* femenino *(m)*, hembra

же́нствен • *adj* afeminado, amanerado, femenino
женше́н • *n* ginseng *(m)*
жера́в • *n* grulla *(f)*
же́ртва • *n* sacrificio *(m)*
же́ртва • *n* víctima *(f)*
же́ртви • *n* víctima *(f)*, baja *(f)*
жест • *n* gesto *(m)*, ademán
жестикули́ране • *n* gesticulación *(f)*
жесто́к • *adj* cruel, feroz, fiero, malvado, atroz
жесто́ко • *adv* sangrientamente
жестоко́ст • *n* crueldad *(f)*, crueldad, atrocidad *(f)*
жето́н • *n* ficha *(f)*
жив • *adj* vívido, enérgico *(m)*, enérgico, expresivo, vivo, animado, viviente, brioso
жива́к • *n* mercurio *(m)*
живе́я • *v* poblar
живе́я • *v* habitar, morar, residir
живѐя • *v* morar, vivir
жи́вост • *n* alacridad *(f)*, presteza *(f)*
живо́т • *n* vida *(f)*
живо́тински • *adj* animal, bestial, animalesco
живо́тно • *n* bestia *(f)*, animal *(m)*
животопи́с • *n* biografía *(f)*
жиго́ло • *n* gigoló *(m)*, puto *(m)*
жи́ла • *n* vena *(f)*
жиле́тка • *n* chaleco *(m)*, chalequillo *(m)*
жи́лище • *n* morada *(f)*, morada, residencia *(f)*, residencia, vivienda *(f)*, alojamiento *(m)*, hospedaje *(m)*, domicilio, vasa
жи́ло • *n* aguijón *(m)*
жиля́ • *v* picar
жира́ф • *n* jirafa *(f)*
жира́фа • *n* jirafa *(f)*
жи́тел • *n* habitante, residente *(m)*, lugareño *(m)*
жи́ца • *n* alambre *(m)*, hilo *(m)*

жи́ца • *n* alambre *(m)*, hilo *(m)*
жи́чка • *n* filamento
жлеб • *n* surco *(m)*, ranura *(f)*, chaflán *(m)*
жлеза • *n* glándula *(f)*
жлезист • *adj* glandular
жлъч • *n* bilis *(f)*, hiel *(f)*
жлъчен • *adj* áspero *(m)*, cáustico *(m)*, sarcástico *(m)*
жлъчка • *n* bilis *(f)*, hiel *(f)*
жонглиране • *n* malabarismo *(m)*
жребе́ц • *n* entero *(m)*, potro *(m)*, semental *(m)*, cojudo *(m)*, padrillo *(m)*
жребче • *n* potro *(m)*, potranco *(m)*
жребче́ • *n* potro *(m)*, potranco *(m)*, potra *(f)*
жри́ца • *n* sacerdotisa *(f)*
жужа • *v* zurriar

жужене • *n* zumbido, zurrido *(m)*
журна́л • *n* revista *(f)*, magacín *(m)*
журнали́ст • *n* periodista *(f)*
журнали́стика • *n* periodismo *(m)*
журнали́стка • *n* periodista *(f)*
жълт • *n* amarillo *(m)* • *adj* amarillo, ocre
жълтеница • *n* ictericia *(f)*
жълтица • *n* moneda de oro *(f)*
жълто • *n* ámbar *(m)*
жълтък • *n* yema *(f)*
жълъд • *n* bellota *(f)*
жъна • *v* segar, cosechar
жътва • *n* cosecha *(f)*, agosto *(m)*
жътвар • *n* chicharra *(f)*, cigarra *(f)*, coyuyo *(m)*

3

заба́ва • *n* diversión *(f)*
заба́ва • *n* espectáculo *(m)*
заба́вен • *adj* divertido *(m)*, cómico *(m)*, gracioso *(m)*, chistoso *(m)*, entretenido *(m)*, faceto *(m)*
забавление • *n* divertimiento *(m)*
забавле́ние • *n* entretenimiento *(m)*
забавля́вам • *v* divertir, entretener, distraer
забавя́м • *v* retrasar, demorar
забавя́не • *n* retraso, demora *(f)*
забележим • *adj* visible, conspícuo *(m)*, apreciable, sensible, considerable
забелязвам • *v* discernir, vislumbrar
заблу́да • *n* delirio *(m)*, engaño *(m)*, ilusión *(f)*
заблуждавам • *v* engañar
заблуждаващ • *adj* engañoso, engañador
заблужде́ние • *n* delirio *(m)*, engaño *(m)*
заболя́ване • *n* enfermedad *(f)*
забра́вя • *v* olvidar
забравям • *v* olvidar
забра́вям • *v* olvidar
забравящ • *adj* olvidadizo *(m)*, olvidadiza *(f)*, desmemoriado *(m)*, desmemoriada *(f)*
забра́дка • *n* velo *(m)*
забрана • *n* prohibición *(f)*
забранен • *adj* prohibido *(m)*
забранявам • *v* prohibir
забраня́вам • *v* prohibir, vedar, vetar
забременея • *v* concebir

забременявам • *v* concebir
забъ́рквам • *v* fermentar, destilar, mezclar
заверка • *n* atestación *(f)*
заверявам • *v* avalar, atestiguar
заве́са • *n* telón *(m)*, cortina *(f)*
завещавам • *v* tramar, maquinar
завеща́вам • *v* heredar, legar, dejar, ceder
завещание • *n* testamento *(m)*
завиден • *adj* envidiable
завиждам • *v* envidiar
завинаги • *adv* para siempre
зависим • *adj* dependiente
зависимост • *n* dependencia *(f)*
завист • *n* envidia *(f)*
завистлив • *adj* envidioso
завладявам • *v* cautivar, captar, encantar, hechizar, arrobar, fascinar, polarizar
заво́д • *n* planta *(f)*, fábrica *(f)*
завоевание • *n* conquista *(f)*
завоева́тел • *n* conquistador *(m)*
завоювам • *v* conquistar
завъртулка • *n* floritura *(f)*, floreo
завъ́ршвам • *v* acabar, terminar, finalizar, acabarse, terminarse, consumar, completar, finir
завъ́ршване • *n* conclusión *(f)*
завъ́ршек • *n* conclusión *(f)*, fin *(m)*, cierre *(m)*
завъ́ршен • *adj* completo, terminado
завъ́ршеност • *n* completitud *(f)*
зага́дка • *n* adivinanza, acertijo *(n)*

загадъчен • *adj* enigmático, críptico
загасване • *n* extinción *(f)*
загатвам • *v* aludir, referirse
загатване • *n* señal *(f)*, alusión
загатващ • *adj* alusivo
заглавие • *n* prefacio
заглушавам • *v* amortiguar
заглушител • *n* silenciador *(m)*
загнивам • *v* pudrir
заговор • *n* conspiración *(f)*
заграждéние • *n* cerca *(f)*, vallado *(m)*
загрижен • *adj* aprensivo, inquieto
загриженост • *n* preocupación *(f)*, consideración *(f)*
загубвам • *v* perder
загýбвам • *v* perder
загуби • *n* costo *(m)*
загýбя • *v* perder
зад • *prep* después, detrás, atrás, tras, detrás de • *adj* a popa, detrás
задáча • *n* tarea *(f)*
заден • *adj* atrás, trasero
задигам • *v* hurtar
задкрилка • *n* flap *(m)*
задник • *n* ano, trasero
зáдник • *n* trasero *(m)*, culo *(m)*, nalgas
заднишком • *adv* atrás, hacia atrás
задоволен • *adj* satisfecho *(m)*
задоволителен • *adj* razonable
задоволявам • *v* contentar
задръствам • *v* bloquear, obstruir, atorar, tapar, obstruer, azolvar, congestionar, atascar
задръстване • *n* congestión *(f)*, atasco *(m)*
задух • *n* asma *(f)*
задушавам • *v* estrangular, asfixiar, guisar, estofar
задушевен • *adj* cordial
задълбочен • *adj* intención
задължение • *n* deuda *(f)*
задължителен • *adj* obligatorio
задържам • *v* detener, aprehender, capturar, coger, parar, arrestar, prender, retener
задържан • *n* detenido *(m)*
задържане • *n* paro, arresto *(m)*
задявка • *n* charla *(f)*, plática *(f)*
зáедно • *adv* junto
заек • *n* conejo *(m)*
зáек • *n* liebre *(f)*
заеквам • *v* tartamudear
заекване • *n* tartamudeo *(m)*
заем • *n* avance *(m)*, adelanto *(m)*
заемам • *v* asumir, tomar prestado
заемка • *n* préstamo *(m)*, calco *(m)*
зает • *adj* comunicado, ocupado

заздравявам • *v* consolidar
заземяване • *n* tierra *(f)*
зазоряване • *n* amanecer *(m)*
зайчар • *n* beagle *(m)*
закалявам • *v* recocer, templar
закачалка • *n* percha *(f)*
закачане • *n* fastidio *(m)*
закачка • *n* charla *(f)*, plática *(f)*
заклеймявам • *v* censurar, criticar
заключавам • *v* educir, deducir, inferir
заключение • *n* conclusión *(f)*, conclusiones
заключителен • *adj* final *(m)*, último *(m)*, concluyente
закон • *n* ley *(f)*
закóн • *n* ley *(f)*
законопроект • *n* proposición de ley *(f)*, proyecto de ley *(m)*
закопчавам • *v* agarrar
закопчалка • *n* sargento *(m)*, broche *(m)*, manija *(f)*, corchete *(m)*, hebilla *(f)*
закотвям • *v* atraque, anclar
закрепвам • *v* juntar, unir, embutir, empotrar, embeber, atar, pegar, adjuntar, fijar, anexar
закрепване • *n* reparación
закривам • *v* suspender, terminar, finalizar, cerrar, concluir
закриване • *n* conclusión *(f)*, fin *(m)*, clausura *(f)*, cierre *(m)*
закрила • *n* égida *(f)*
закрит • *adj* cubierto
закусвам • *v* desayunar
закýска • *n* desayuno *(m)*
закърпвам • *v* zurcir
закъснение • *n* retraso, demora *(f)*
закъснял • *adj* tardío
зала • *n* auditorio *(m)*, sala *(f)*
зáла • *n* salón *(m)*
залесяване • *n* silvicultura *(f)*
залив • *n* golfo *(m)*, bahía *(f)*
заливче • *n* ensenada
заличавам • *v* borrar
залог • *n* fianza *(f)*, caución *(f)*, voz *(f)*
заложник • *n* rehén *(f)*
залоствам • *v* trancar
залъгалка • *n* chupete *(m)*
замайвам • *v* aturdir, encandilar
замайване • *n* mareo *(m)*, vértigo *(m)*
замаскирвам • *v* camuflar, camuflajear
замаян • *adj* vertiginoso, mareado
замаяност • *n* mareo *(m)*, vértigo *(m)*, aturdimiento *(m)*
заменям • *v* cambiar, reemplazar, recambiar

заместник • n representante, delegado (m), suplente, sustituto (m), adjunto (m)
заминавам • v escapar, salir, arrancar
заминаване • n salida (f), partida (f)
замислям • v concebir, considerar, concertar, diseñar
замразен • adj congelado
замразявам • v helar, congelar
замрежвам • v zurcir
замръзвам • v helar
замръзнал • adj congelado
замъглен • adj tenue
зáмък • n castillo (m), castro (m)
замърсен • adj inmundo
замърсяване • n contaminación (f)
замя́на • n cambio (m), reemplazo (f)
занапред • adv en adelante
занаят • n pega (f), trabajo (m), camello (m), empleo (m), oficio (m), chamba (f), curro (m), laburo (m), talacha (f)
занаятчия • n artesano
зандáн • n cárcel (f), prisión (f), penitenciaría (f)
занимателен • adj divertido (m)
занитвам • v remachar
зановец • n retama (f)
заобикалки • n circunlocución, rodeos, ambages, circunloquios
заобикалям • v evitar, eludir, circumvalar, rodear, circundar
заобикаляне • n desvío (m)
заóблачен • adj nublado
заострен • adj acuminado
запад • n oeste (m)
западен • adj occidental
запазвам • v reservar
запалвам • v encender
запален • adj ardiendo
запалим • adj combustible
запáлка • n espoleta (f), encendedor (m), briquet (m), fosforera (f), lighter (m), mechero (m), yesquero (m)
запаметявам • v aprender de memoria, memorizar
запас • n caché, memoria caché
запасвам • v atar, ligar
запек • n estreñimiento (m)
запетáя • n coma (f)
запирам • v engalgar
записвам • v anotar, enrolar
запитване • n cuestión (f), pregunta (f)
заплата • n salario (m), sueldo (m), emolumento (m)
заплáта • n salario (m), sueldo (m)
заплашвам • v intimidar, amenazar, chulear, acosar
заплашителен • adj feroz (m), fiero (m)
заповед • n solicitud (f), orden (f), mandato (m)
зáповед • n mandamiento (m)
заповеднически • adj autoritario
запознавам • v familiarizar, dar a conocer
запой • n botellón (m)
запомням • v guardar
запопвам • v ordenar
започвам • v comenzar, iniciar, empezar, principiar
запóчвам • v comenzar, iniciar, empezar
запоя́вам • v soldar
запращам • v lanzar, aventar
запрещение • n prohibición (f)
заприщвам • v embalsar
запуснат • adj demacrado
запушалка • n tapón (m), corcho (m)
запълвам • v llenar
зар • n dado (m)
заработвам • v ganar
заравям • v enterrar
зараза • n infección (f)
заразен • adj contagioso
заразителен • adj contagioso
зареждам • v cargar, echar gasolina, llenar el tanque, repostar
зародиш • n feto (m), germen (m), embrión (m)
зародишен • adj germinal
засада • n emboscada
заседáние • n reunión (f)
заседнал • adv encallado, varado
засенчвам • v eclipsar
заскрежавам • v escarchar
заслепявам • v cegar, obnubilar, encandilar, deslumbrar
заслужавам • v merecer, meritar, granjear
заслужаващ • adj merecedor
заслужено • n merecido
заспал • adj dormido
засрамвам • v confundir, avergonzar, abochornar
засрамен • adj avergonzado, abochornado, apenado
заставям • v obligar, forzar, compeler, coercer
застой • n estancamiento
застрашен • adj peligrado
застъпничество • n apoyo (m), defensa (f)
засягам • v referirse a, afectar, conmover
засядам • v encallar, varar,

embarrancar
затва́рям • *v* cerrar, tapar, clausurar
затваряне • *n* clausura *(f)*, cierre *(m)*
затвор • *n* calabozo
затво́р • *n* cárcel *(f)*, prisión *(f)*, penitenciaría *(f)*
затворен • *adj* cerrado
затворник • *n* prisionero *(m)*, preso *(m)*
затвърждавам • *v* establecer
затихвам • *v* amortiguar
затишие • *n* calma *(f)*
затлъстяване • *n* obesidad *(f)*, sobrepeso *(m)*
затова • *adv* por eso
заточавам • *v* exiliar, desterrar, expatriar
заточение • *n* exilio *(m)*, destierro *(m)*
заточеник • *n* exiliado *(m)*, desterrado *(m)*
затруднение • *n* dificultad *(f)*, desventaja
затъмнение • *n* corte *(m)*, eclipse *(m)*
затъмнявам • *v* eclipsar
захапвам • *v* picar
заха́пвам • *v* morder
захапка • *n* bocado *(m)*, dentadura *(f)*
за́хар • *n* azúcar *(m)*
захващам • *v* agarrar
захвърлям • *v* desechar, descartar
захлас • *n* éxtasis *(f)*
захранвам • *v* alimentar
захранване • *n* señal *(f)*
зацапвам • *v* manchar, emborronar
зацепвам • *v* embragar
зацепващ • *adj* cohesivo
зачатъчен • *adj* germinal
зачевам • *v* concebir
заче́ване • *n* concepción *(f)*
зашеметен • *adj* asombrado
зашеметена • *adj* asombrado
зашеметявам • *v* aturdir, encandilar
защи́та • *n* apoyo *(m)*, defensa *(f)*, baluarte *(m)*
защитавам • *v* sostener, conservar, reafirmar
защита́вам • *v* defender
защитник • *n* defensa *(m)*, apoderado *(m)*, representante, portavoz, vocero
защо́ • *adv* por qué
защото • *adv* porque • *conj* porque, ya que, pues, como
заявление • *n* declaración *(f)*, solicitud *(f)*
заявявам • *v* asegurar, aseverar
заявяване • *n* declaración *(f)*
заядлив • *adj* cascarrabias, criticón, pejiguero, capcioso, mañoso, intratable, mal genio, enojadizo, arisco
заяждам • *v* atascarse
звезда́ • *n* estrella *(f)*, astro *(m)*
звезден • *adj* astral, estelar, sidéreo
зве́здичка • *n* asterisco *(f)*
зверски • *adj* bestial, animalesco
зверство • *n* atrocidad *(f)*
звук • *n* son *(m)*, sonido *(m)*
звъна́рка • *n* porrón *(m)*
звъня́ • *v* llamar, hablar, telefonear
звяр • *n* bestia *(f)*
зда́ние • *n* edificio *(m)*
здрав • *adj* sano *(m)*
здра́ве • *n* salud *(f)*, sanidad *(f)*
здраве́й • *interj* hola, buenos días, qué tal
здраве́йте • *interj* hola, buenos días, qué tal
здравец • *n* geranio *(m)*
здрасти • *interj* hola, buenos días, qué tal
здра́сти • *interj* hola
здрач • *n* ocaso *(m)*, crepúsculo *(m)*, crepúsculo
зебло • *n* arpillera *(f)*
зе́бра • *n* cebra *(f)*
зеле • *n* col *(f)*, repollo *(m)*, berza *(f)*
зеле́н • *adj* verde • *n* verde *(f)*
зеленоглавка • *n* pato real *(m)*, ánade real *(f)*
зеленчук • *n* verdura *(f)*, legumbre *(m)*, hortaliza *(f)*
земеделец • *n* granjero *(m)*, granjera *(f)*, agricultor *(m)*, agricultora *(f)*
земеровка • *n* musaraña *(f)*
земетресе́ние • *n* terremoto *(m)*, temblor *(m)*, chaka *(f)*
землеме́р • *n* agrimensor *(m)*
земля́к • *n* paisano *(m)*, paisana *(f)*, paisanos, paisanas, compatriota *(f)*
земноводно • *n* anfibio *(m)*
земя • *n* terreno *(m)*, tierra *(f)*, suelo *(m)*
земя́ • *n* tierra *(f)*, suelo *(m)*, país *(m)*
зенит • *n* apogeo *(m)*, cenit *(m)*
зеница • *n* pupila *(f)*
зестра • *n* dote *(f)*
зет • *n* cuñado *(m)*, concuñado *(m)*, yerno *(m)*
зея • *v* boquear
зея́ • *v* abrirse
зидар • *n* albañil *(m)*
зи́ма • *n* invierno *(m)*
злата́р • *n* forjador del oro, orfebre *(f)*
златен • *adj* áureo, oro, dorado, de oro
златист • *adj* dorado
златник • *n* vara de oro *(f)*

злато • *n* oro
зла́то • *n* oro *(m)*
златоно́сен • *adj* aurífero
зле • *adv* malamente, mal • *adj* mal
зло • *n* mal *(m)*, ruina *(f)*, desgracia *(f)*, maldición *(f)*, perdición *(f)*
зло́бен • *adj* maligno, malicioso
зловещ • *adj* funesto, de mal agüero, portentoso, ominoso, siniestro
зловонен • *adj* fétido
злоде́й • *n* diablo *(m)*, malvado *(m)*
злоко́бен • *adj* ominoso, siniestro
злополу́ка • *n* accidente *(m)*, desastre *(m)*
злора́дствам • *v* relamer
злора́дство • *n* presunción *(f)*
злосло́вя • *v* calumniar
зло́стен • *adj* maligno
зло́ти • *n* esloti *(m)*, zloty *(m)*, złoty *(m)*
злоупотре́ба • *n* abuso *(m)*, apropiación indebida *(f)*, peculado *(m)*, desfalco *(m)*
злоупотребя́вам • *v* malversar
змей • *n* dragón *(m)*, guiverno *(m)*
змио́рка • *n* anguila *(f)*
змия́ • *n* víbora *(f)*, serpiente *(f)*, culebra *(f)*
змия́ • *n* víbora, serpiente *(f)*, culebra *(f)*, sierpe
знак • *n* señal *(f)*, señalización *(f)*, carácter *(m)*
знаме • *n* bandera *(f)*, enseña *(f)*
зна́ме • *n* bandera *(f)*, estandarte *(m)*
знамена́тел • *n* denominador *(m)*
знамени́т • *adj* celebrado
знамени́тост • *n* celebridad *(f)*
знание • *n* cognición *(f)*

зна́ние • *n* conocimiento *(m)*
знача́ • *v* significar, querer decir
значе́ние • *n* sentido *(m)*, significado *(m)*
значи́телен • *adj* decente, considerable, razonable
значка • *n* medalla *(f)*, piocha *(f)*
зна́я • *v* saber, conocer
зоб • *n* pienso
зона • *n* cinta *(f)*
зоология • *n* zoología *(f)*
зоопа́рк • *n* zoo *(m)*, jardín zoo *(m)*, zoológico *(m)*
зора • *n* aurora *(f)*, amanecer *(m)*, amanecer, alba *(f)*, alba, madrugada *(f)*, alborada
зоръ́к • *adj* vigilante
зре́ние • *n* vista *(f)*, visión *(f)*, visión
зрея • *v* madurar, colorear
зрител • *n* observador *(m)*
зрънце • *n* baya *(f)*, grano *(m)*
зубър • *n* bisonte europeo *(m)*
зу́бър • *n* bisonte
зъб • *n* diente *(m)*
зъбен • *adj* dental
зъбец • *n* diente *(m)*
зъболе́кар • *n* dentista *(f)*, odontólogo *(m)*
зъл • *adj* mal, malo, malo *(m)*, diabólico, malvado *(m)*, malvado, maléfico, malévolo, perverso
зърнистост • *n* veta
зърно • *n* grano *(m)*
зърно́ • *n* grano *(m)*
зюмбюл • *n* jacinto *(m)*

И

и • *conj* y, e
й • *pron* le, la, lo, ello, eso
ивица • *n* franja *(f)*, tira *(f)*, lista *(f)*
игла • *n* aguja *(f)*
иглика • *n* aurícula *(f)*, bellorita *(f)*, clavelina *(f)*
иглоко́жо • *n* equinodermo *(m)*
игнори́рам • *v* renunciar, desafiar, ignorar
и́го • *n* yugo *(m)*
игра́ • *n* juego *(m)*, ludo *(m)*
игра́чка • *n* juguete *(m)*
играя • *v* actuar
игрив • *adj* enérgico *(m)*, juguetón *(m)*, vivaz, entusiasta

игрище • *n* campo *(m)*
игумен • *n* abad *(m)*
игуменка • *n* abadesa *(f)*
и́двам • *v* venir
и́дване • *n* venida, venida *(f)*, advenimiento *(m)*
идеа́л • *n* ideal *(m)*
идея • *n* pensamiento *(m)*
иде́я • *n* idea *(f)*
идио́т • *n* idiota *(f)*
идолопокло́нничество • *n* idolatría *(f)*
из • *prep* de
изба • *n* sótano *(m)*
избавям • *v* liberar

избелвам • *v* blanquear, curar, decolorar
избирам • *v* escoger, elegir, seleccionar, nombrar
избиране • *n* elección (f)
избирател • *n* elector (m)
избирателен • *adj* electoral
избистрям • *v* aclarar, clarificar
избледнея • *v* palidecer
избледнявам • *v* palidecer
избор • *n* elección (f), surtido (m), variedad (f), colección (f), selección (f), decisión (f), opción (f)
избродира • *v* bordar
избутване • *n* extrusión (f)
избухвам • *v* explotar, reventar, explosionar
избухване • *n* ráfaga (f), estallo (m), reventón (m), estallido (m)
избухлив • *adj* explosivo
избързване • *n* previsión (f)
избягвам • *v* evitar, eludir, circumvalar, escapar, huir, evadir, esquivar
избягване • *n* evasión (f)
извадка • *n* extracto (m), resumen (m), fragmento (m), pasaje (m)
изваждам • *v* extraer, sacar
извара • *n* cuajada (f)
известен • *adj* famoso
известие • *n* aviso (m)
известия • *n* noticias
известност • *n* fama (f), celebridad (f)
известявам • *v* informar, avisar, dar a conocer
извéстявам • *v* notificar
изветрял • *adj* sin gas
извивам • *v* curvar, encorvar, doblar, torcer, enchuecar
извѝвам • *v* doblar
извивка • *n* curva (f), doblez (m), curvidad (f), torcedura (f)
извивки • *n* curvas (f)
извинение • *n* excusa (f)
извинéние • *n* disculpa (f)
извинéте • *interj* discúlpame, perdóname, lo siento
извинявай • *interj* discúlpame, perdóname, lo siento
извит • *adj* torcido (m)
извѝя • *v* doblar
извлечение • *n* extracto (m), fragmento (m), pasaje (m)
извличам • *v* educir, provocar, suscitar, evocar
извод • *n* conclusión (f), corolario (m)
извор • *n* fuente (f), manantial (m)

извънбрачен • *n* bastardo • *adj* adúltero
извънземен • *n* extraterrestre, alienígena
извънреден • *adj* adicional, exceso
извънсъдебен • *adj* extrajudicial
извъртане • *n* evasión (f)
извършвам • *v* hacer, ejecutar, efectuar, cumplir, cometer
извършен • *adj* terminado
извършител • *n* perpetrador (f)
изгарям • *v* quemar
изгáрям • *v* quemar
изгаряне • *n* cremación (f), combustión (f), oxidación (f), quemar, quemадura (f)
изгаснал • *adj* extinto
изглаждам • *v* planchar, aplanar, achatar
изгнание • *n* exilio (m), destierro (m)
изгнаник • *n* exiliado (m), desterrado (m), expatriado (m)
ѝзговор • *n* pronunciación (f)
изгода • *n* ventaja, beneficio
изгоден • *adj* ventajoso, provechoso
изгонвам • *v* deportar, desahuciar
изгонване • *n* desalojo, desahucio (m), expulsión (f)
изгрáждане • *n* edificación (f), construcción (f)
изгребвам • *v* dragar, achicar
изгрев • *n* amanecer (m), alborada
изгрявам • *v* subir, ascender
издавам • *v* revelar, divulgar
издание • *n* edición (f)
издатина • *n* bulto (m), abultamiento (m), protuberancia (f)
издигам • *v* subir, elevar, levantar, exaltar, empujar, impulsar
издигане • *n* elevación, ascenso (m), ascensión (f)
издишвам • *v* espirar, exhalar
издишване • *n* aliento (m), respiración
издръжка • *n* pensión, alimenticia
издръжлив • *adj* tenaz (f), resistente (f)
издръжливост • *n* resistencia (f)
издувам • *v* inflar
издутина • *n* bulto (m), chichón (m), tolondro (m), cototo (m)
издържам • *v* aguantar, soportar, perdurar, resistir
издъхвам • *v* morir
изигравам • *v* hacer trampa
изискан • *adj* exquisito, bonísimo
изисквам • *v* exigir, demandar, reclamar
изкапвам • *v* gotear

изкачване • *n* ascenso *(m)*, ascensión *(f)*
изключвам • *v* evitar, expulsar, impedir, desactivar, excluir, exceptuar
изключване • *n* corte *(m)*, exclusión *(f)*
изключен • *adj* desconectado
изключение • *n* excepción *(f)*
изключителен • *adj* excepcional
изкопаване • *n* excavación *(f)*
изкореня́вам • *v* extirpar
изкормвам • *v* destripar, eviscerar, desentrañar
изкосо • *adv* de reojo
изкривен • *adj* torcido
изкривявам • *v* contorsionar, curvar, encorvar, distorsionar
изкривяване • *n* distorsión, contorsión *(f)*
изкупвам • *v* expiar
изкупване • *n* desagravio *(m)*, expiación *(f)*
изкупление • *n* expiación *(f)*, redención *(f)*
изкусен • *adj* astuto, hábil, diestro, ágil, habilidoso, habiloso
изкуствен • *adj* artificial, postizo
изкуство • *n* arte *(m)*
изку́ство • *n* arte *(m)*
изкуфял • *adj* gc-gc
изкушавам • *v* atraer, cautivar
изкушение • *n* carnada *(f)*, anzuelo *(m)*
излагам • *v* exponer
излагане • *n* exposición *(m)*, exposición *(f)*, espectáculo *(m)*
излага́не • *n* exposición
излизам • *v* surgir, salir, emerger
излизане • *n* salida *(f)*
изли́чавам • *v* blanquear, borrar
излишък • *n* sobra *(f)*
изложба • *n* exposición *(f)*
изложе́ние • *n* reporte *(m)*
излъчвам • *v* emitir
излъчване • *n* aura *(f)*
измама • *n* truco, petardo, bellaquería *(f)*, fraude *(m)*, engaño *(m)*, estafa, engañifa, chanchullo, tejemaneje, timo
изма́ма • *n* engaño *(m)*
измамвам • *v* hacer trampa, burlar, engañar, timar, defraudar
измамен • *adj* erróneo, engañoso, engañador
измами • *n* fraude *(m)*
измамник • *n* tramposo, defraudador
измамнически • *adj* fraudulento *(m)*
измачквам • *v* arrugar

измене́ние • *n* modificación *(f)*, cambio *(m)*, mutación *(f)*, evolución *(f)*
изме́нник • *n* traidor *(m)*, traidora *(f)*
изменчив • *adj* inconstante, irregular, errático
изменям • *v* alterar, cambiar, modificar, demudar, mudar
изместване • *n* desplazamiento *(m)*
изминавам • *v* transcurrir
измислен • *adj* fingido, novelado, ficticio
измислица • *n* quimera, espejismo, ensueño, ficción, bulo *(m)*, filfa *(f)*
измислям • *v* concebir, acuñar, inventar, imaginar
измръзване • *n* congelamiento *(m)*, sabañón *(m)*, friera *(f)*
измрял • *adj* extinto
измъквам • *v* librar
измъчвам • *v* angustiar, afligir
измъчване • *n* aflicción *(f)*, tribulación *(f)*
измъчен • *adj* demacrado
измяна • *n* traición *(f)*
измятане • *n* distorsión
изнаси́лвам • *v* violar
изнаси́лване • *n* violación *(f)*, estupro *(m)*
изнасям • *v* exportar
износвам • *v* escoriar, raspar
изнудвам • *v* chantajear
изнудване • *n* chantaje *(m)*, chantaje, extorsión *(f)*
изобилен • *adj* abundante, copioso *(m)*, copioso, cuantioso
изобилие • *n* diluvio *(m)*, exuberancia, abundancia
изоби́лие • *n* abundancia *(f)*
изобилствам • *v* abundar, ser abundante
изобразителен • *adj* gráfico
изобразявам • *v* representar
изобретател • *n* inventor *(m)*, inventora *(f)*, inventriz *(f)*
изобретателен • *adj* ingenioso, original
изобретение • *n* invención *(f)*
изобретявам • *v* concebir, inventar
изолационизъм • *n* aislacionismo *(m)*
изола́ция • *n* aislamiento *(m)*
изолиране • *n* segregación *(f)*
изоморфи́зъм • *n* isomorfismo *(m)*
изопачавам • *v* distorsionar
изоставен • *adj* abandonado *(m)*
изоставям • *v* abandonar
изоставяне • *n* abandono *(m)*
изостанал • *adj* atrasado, rezagado

изотоп • *n* isótopo *(m)*
изпадам • *v* caer
изпарение • *n* evaporación *(f)*, efluvio, humo *(m)*
изпарявам • *v* evaporar
изпипвам • *v* elaborar
изписвам • *v* dar de alta
и́зпит • *n* examen *(m)*, examinación *(f)*
изпитание • *n* ensayo *(m)*, experimento *(m)*, prueba *(f)*, tribulación *(f)*
изпитвам • *v* experimentar, aquilatar, ensayar, vivir, examinar
изплашвам • *v* atemorizar
изпла́шен • *adj* tener miedo
изплувам • *v* emerger
изплуване • *n* surgimiento *(m)*
изповед • *n* confesión *(f)*
изповеда́лня • *n* confesionario *(m)*
изповедник • *n* confesante *(f)*
използвам • *v* explotar, aprovechar
изпо́лзвам • *v* utilizar, usar
изпо́лзуване • *n* uso *(m)*
изправителен • *adj* correctivo
изпражнение • *n* heces
изпражне́ние • *n* excremento *(m)*
изпразвам • *v* vaciar
изпращам • *v* consignar, mandar, enviar
изпробване • *n* ensayo *(m)*, experimento *(m)*, prueba *(f)*
изпросвам • *v* mendigar
изпускам • *v* despedir, emitir, descargar, dejar caer
изпъквам • *v* abultar
изпъкнал • *adj* convexo
изпъкналост • *n* bulto *(m)*, abultamiento *(m)*, protuberancia *(f)*, combadura *(f)*
изпълнение • *n* logro *(m)*, ejecución *(f)*, aplicación *(f)*, satisfacción *(f)*
изпълним • *adj* factible
изпълнимост • *n* viabilidad *(f)*, factibilidad *(f)*
изпълнителен • *adj* ejecutivo
изпълнявам • *v* ejecutar, cumplir, completar
изпълня́вам • *v* danzar, ejecutar, interpretar, actuar, cantar
изпъстрям • *v* motear, salpicar
израбо́тка • *n* obra *(f)*
изравнен • *adj* plano, alineado
изравнявам • *v* igualar, allanar, aplanar, achatar, alinear
изравям • *v* desenterrar, cavar, socavar, exhumar
изравяне • *n* exhumación *(f)*

изражение • *n* expresión *(f)*, aspecto *(m)*
израз • *n* expresión *(f)*
изразителен • *adj* expresivo
изразходвам • *v* agotar
изразходване • *n* consumo *(m)*
изразя • *v* expresar
изразявам • *v* definir, formular, aclarar, expresar, frasear
изразяване • *n* expresión *(f)*, formulación *(f)*
израстък • *n* miembro *(m)*, extremidad *(f)*
изрече́ние • *n* oración *(f)*
изригване • *n* erupción *(f)*
изричен • *adj* explícito
изрязвам • *v* cortar
изселвам • *v* deportar, desahuciar
изселване • *n* desalojo, desahucio *(m)*, éxodo *(m)*, deportación *(f)*
изследвам • *v* explorar, analizar, examinar
изследване • *n* exploración *(f)*
изследовател • *n* explorador *(m)*
изстисквам • *v* exprimir
и́зстрел • *n* disparo *(m)*, tiro *(m)*
изстрелвам • *v* disparar
изтеглям • *v* sacar, desenvainar, desenfundar
изтикване • *n* extrusión *(f)*
изтичам • *v* vencer, drenar, transcurrir, caducar
изток • *n* este *(m)*, oriente *(m)*, levante *(m)*
източен • *adj* oriental
изтощавам • *v* agotar
изтощен • *adj* demacrado, exhausto
изтощение • *n* fatiga *(f)*
изтощителен • *adj* agotador
изтребвам • *v* aniquilar, anihilar, sacrificar, exterminar
изтребване • *n* aniquilación *(f)*
изтребител • *n* caza
изтривалка • *n* borrador *(m)*, felpudo *(m)*
изтривам • *v* escoriar, raspar, blanquear, borrar
изтриване • *n* atrición *(f)*
изтриващ • *adj* abrasivo
изтръгвам • *v* extorsionar
изтъквам • *v* subrayar, enfatizar
изтъкнат • *adj* eminente
изтънчен • *adj* maniático
изтънченост • *n* fineza *(f)*, fragilidad *(f)*, delicadeza *(f)*
изтъркан • *adj* gastado, trillado
изтърквам • *v* escoriar, raspar

изтъркване • *n* atrición *(f)*
изтъркващ • *adj* abrasivo
изумру́д • *n* esmeralda *(f)*
изумруден • *adj* esmeralda
изумявам • *v* pasmar, sorprender, asombrar
изумяване • *n* asombro *(m)*, sorpresa *(f)*
изучавам • *v* estudiar, examinar
изучаване • *n* estudio *(m)*
изфабрикувам • *v* acuñar
изхвърлям • *v* desechar, descartar, expulsar, expeler, dejar, abandonar
изход • *n* puerta *(f)*
и́зход • *n* salida *(f)*
изца́пан • *adj* sucio
изця́ло • *adv* completamente, en general, en suma
изча́кване • *n* expectativa *(f)*, esperanza *(f)*, suspenso *(m)*
изчезвам • *v* desvanecerse, desaparecer
изче́зване • *n* desaparición *(f)*
изчезна • *v* desaparecer
изчервяване • *n* bochorno *(m)*
изчерпателен • *adj* exhaustivo
изчерпвам • *v* agotar
изчетквам • *v* recoger
изчисле́ние • *n* cálculo *(m)*
изчисле́ние • *n* cálculo
изчисли́тел • *n* calculador *(m)*, computador *(m)*
изчислявам • *v* juzgar, determinar, calcular, computar, ocurrírsele
изчиствам • *v* limpiar, lavar, purificar
изяснявам • *v* aclarar, clarificar, esclarecer
изя́щен • *adj* apuesto, bueno, exquisito, bonísimo, estético *(m)*
иконом • *n* mayordomo
иконо́мика • *n* economía *(f)*
икономичен • *adj* frugal
икономически • *adj* económico *(m)*
или • *conj* o
и́ли • *conj* o, u
илик • *n* ojal *(m)*
илю́зия • *n* engaño *(m)*, ilusión *(f)*
илюмина́тор • *n* ojo de buey *(m)*
имам • *v* tener
има́м • *n* imán *(m)*
и́мам • *v* poseer
име • *n* denominación *(f)*
и́ме • *n* nombre *(m)*, fama *(f)*, reputación *(f)*, renombre *(m)*
имение • *n* finca *(f)*, dominio *(m)*
именувам • *v* designar, denominar, nombrar

именуване • *n* denominación *(f)*
имигра́нт • *n* inmigrante *(f)*
имигра́нтка • *n* inmigrante *(f)*
имигра́ция • *n* inmigración *(f)*
и́мидж • *n* cara *(f)*, reputación *(f)*, imagen *(f)*
имитатор • *n* copión *(m)*, copiona *(f)*
имитирам • *v* fingir
импера́тор • *n* emperador *(m)*
импе́рия • *n* imperio *(m)*
импозантен • *adj* grande
импровизирам • *v* improvisar
инат • *n* burro • *adj* obstinado, testarudo, cabezota, terco, cabezadura *(m)*, porfiado *(m)*
иначе • *adv* sino, más
инвалид • *n* lisiado *(m)*
инвалиден • *adj* discapacitado *(m)*
и́ндекс • *n* índice *(m)*
и́ндий • *n* indio *(m)*
инду́стрия • *n* industria *(f)*
инжене́р • *n* ingeniero *(m)*
инициати́ва • *n* empuje, iniciativa
инкуб • *n* íncubo *(m)*
инорог • *n* unicornio *(m)*
иносказание • *n* circunlocución
инсе́кт • *n* insecto *(m)*
инструме́нт • *n* herramienta *(f)*
инструменти • *n* aparato *(m)*
инсули́н • *n* insulina *(f)*
интелиге́нтност • *n* brillantez *(f)*, inteligencia *(f)*, habilidad *(f)*, listeza *(f)*
интелиге́нция • *n* intelligentsia *(f)*, inteliguentsia *(f)*, inteligencia *(f)*
интензивен • *adj* agudo, perspicaz, sagaz
интервал • *n* espacio *(m)*
интервю́ • *n* entrevista *(f)*
интерес • *n* preocupación *(f)*
интере́с • *n* interés *(m)*
интересен • *adj* lleno *(m)*, de color, emocionante
интере́сен • *adj* interesante
интимност • *n* intimidad *(f)*
интона́ция • *n* entonación *(f)*
интригуващ • *adj* fascinante, curioso, intrigante
инфаркт • *n* infarto
инфе́кция • *n* infección, infección *(f)*
инфе́кция • *n* contagio *(m)*
инфинити́в • *n* infinitivo *(m)*
инфла́ция • *n* inflación *(f)*
инфлуенца • *n* gripe *(f)*, gripa *(f)*
инфлуе́нца • *n* gripe *(f)*
информа́ция • *n* información *(f)*
информирам • *v* anunciar
инцидентен • *adj* ocasional

инч • *n* pulgada *(f)*
ипотека • *n* hipoteca *(f)*
ипотекирам • *v* hipotecar
иридий • *n* iridio *(m)*
ирис • *n* lirio *(m)*
иск • *n* acción *(f)*
искам • *v* exigir, demandar
искам • *v* desear, querer, pedir, requerir
искане • *n* reclamación *(f)*
искра • *n* chispa *(f)*
искрен • *adj* franco *(m)*
искреност • *n* candor
искрящ • *adj* brillante, burbujeante, efervescente
истина • *n* verdad *(f)*
истински • *adj* verdadero, genuino, auténtico, legítimo
исторически • *adj* histórico
история • *n* historia *(f)*, historial *(m)*, registro *(m)*
история • *n* historia *(f)*
итербий • *n* iterbio *(m)*
итрий • *n* itrio *(m)*
ихтиология • *n* ictiología *(f)*
ищец • *n* actor

Й

йога • *n* yoga *(m)*
йод • *n* yodo *(m)*
йоносфера • *n* ionosfera *(f)*

К

канарче • *n* canario *(m)*
кабаре • *n* cabaré *(m)*, cabaret *(m)*
кабел • *n* cable *(m)*
кабелт • *n* cable *(m)*
кабина • *n* camarote *(m)*
кабинет • *n* gabinete *(m)*
кабрио • *n* convertible *(m)*, descapotable *(m)*
кавалерия • *n* caballería *(f)*
кавалерски • *adj* caballeroso
кавалерство • *n* caballerosidad
кавалкада • *n* cabalgada *(f)*
кавга • *n* discusión *(f)*, riña *(f)*, pelea *(f)*
кадилница • *n* incensario *(m)*, botafumeiro *(m)*
кадмий • *n* cadmio *(m)*
кадър • *n* fotograma *(m)*, cuadro *(m)*
кадърност • *n* habilidad *(f)*
казанче • *n* cisterna *(f)*
казарма • *n* barraca *(f)*, cuartel *(m)*
казвам • *v* decir
казино • *n* casino *(m)*
кайма • *n* picadillo *(m)*
каймак • *n* nata *(f)*, crema *(f)*
каймак • *n* crema *(f)*, la flor y la crema *(f)*
кайсия • *n* albaricoquero *(m)*, damasco *(m)*, albaricoque *(m)*, chabacano *(m)*
как • *adv* cómo, cuán, cuan
какавида • *n* crisálida *(f)*, capullo *(m)*
какаду • *n* cacatúa *(f)*
какао • *n* cacao en polvo *(m)*, cacao *(m)*
какво • *pron* lo que
какво • *pron* qué, cuál
какво! • *interj* ¡qué!, ¿no?, ¿cómo?
кактус • *n* cacto *(m)*, cactus *(m)*
кал • *n* barro *(m)*, lodo *(m)*, fango *(m)*
калай • *n* estaño *(m)*
калайдисвам • *v* estañar
калафатя • *v* enmasillar, calafatear
калеко • *n* tío *(m)*
калем • *n* injerto *(m)*
календар • *n* calendario *(m)*
калий • *n* potasio *(m)*
калифорний • *n* californio *(m)*
калкан • *n* rodaballo *(m)*
калкулатор • *n* calculador *(f)*, calculadora *(f)*
калник • *n* guardabarros *(m)*, aleta *(f)*
калория • *n* caloría *(f)*
калугер • *n* monje *(m)*
калугерица • *n* avefría *(f)*
калций • *n* calcio *(m)*
калцит • *n* calcita *(f)*
калъп • *n* molde *(m)*, troquel *(m)*
калъф • *n* caja *(f)*, maleta *(f)*
кама • *n* daga *(f)*, puñal *(m)*
камбала • *n* lenguado *(m)*
камбана • *n* campanilla *(f)*, campana *(f)*
камбанария • *n* campanario *(m)*, campanario, campanil

камелия • n camelia (f)
каменен • adj piedra, pétreo
камера • n cámara (f), videocámara (f)
камила • n camello (m), dromedario (m)
камион • n camión (m), camioneta (f)
кампания • n campaña (f)
кампус • n campus (m)
камшиче • n flagelo
камък • n cálculo (f), cálculo (m)
камък • n piedra (f), roca (f)
камъче • n piedra (f), pedernal (m)
кан • n kan (m)
кана • n aguamanil (m), pichel (m), jofaina (f)
канабис • n cannabis (m), cáñamo (m)
канавка • n zanja (f), trinchera (f), acequia (f), cuneta (f)
канал • n canal (f), conducto (m), desagüe
канал • n canal (f), canal (m)
канап • n cable (m), cuerda (f), hilo (m), cordón (m)
канара • n acantilado (m), precipicio, risco (m), afloramiento rocoso (m)
канаста • n canasta (f)
кандидат • n candidato
кандидатка • n candidato
кандидатствам • v presentarse, optar, postular
кандилка • n colombina (f), aguileña
канела • n canelo (m), canela (f)
канелка • n tapón (m), corcho (m)
кантора • n oficina (f)
кану • n canoa (f)
канцлер • n canciller
каньон • n cañón (m), barranca (f)
каня • v invitar, convidar • n milano (m), aguililla (f)
капак • n cofre (m), capó (m), bonete (m), capirote (m)
капак • n cubierta (f), gorra (f), cofia (f), tapa (m), tapa (f), gorro (m)
капацитет • n capacitancia (f)
капацитет • n capacidad (f)
капелан • n capellán (m)
каперсник • n alcaparro (m)
капилярa • n capilar (m), tubo capilar (m)
капитал • n capital (m), fondo (m)
капитал • n capital (m)
капитализъм • n capitalismo
капитан • n capitán (m)
капитан • n capitán (m), maestre (m)
капител • n capitel (m)
капка • n goteo (m)
капка • n gota (f)

каприз • n capricho, capricho (m), antojo (m)
капризен • adj exigente, caprichoso, antojadizo, quisquilloso
капчица • n bodoque (m), mazacote (m), bloboque (m), grumo (m), gotita (f), gota (f)
капя • v derramar, gotear
каракал • n caracal (m)
карам • v llevar, cargar, conducir, manejar, guiar
карамел • n caramelo (m)
карамфил • n clavel (m), carnalización (f), clavo de olor (m), clavo (m)
караница • n altercado, alboroto (m), tumulto (m), gresca (f)
карат • n quilate (m)
карбуратор • n carburador (m)
кардамон • n cardamomo (m)
кардамон • n cardamomo (m)
кардинал • n cardenal (m)
каре • n manzana (f), cuadra (f)
карета • n coche (m), carruaje (m)
кариатида • n cariátide
карибу • n caribú (m), reno (m), rangífero (m)
кариера • n carrera (f)
кариес • n caries (f)
кариран • adj a cuadros, ajedrezado
кармин • n carmín (m)
карнабит • n coliflor (f)
карнавал • n carnaval (m)
карта • n mapa (m), carta (f), tarjeta (f)
картел • n cártel
картеч • n metralla (f)
картина • n imagen (f)
картичка • n carta (f), tarjeta (f)
картон • n cartón (m), cartulina (f)
картотекирам • v archivar
картоф • n patata (f), papa (f)
каруца • n carro (m), carreta (f), carretón (m)
карфиол • n coliflor (f)
каса • n cofre (m)
касапин • n carnicero (m), carnicera (f)
касета • n cartucho (m)
касетка • n cofrecito (m), joyero (m)
касиер • n cajero
каска • n casco (m), yelmo (m)
каскада • n proeza (f)
каста • n casta (f)
кастелан • n castellano (m)
кастинг • n audición (f), casting (m)
кастрация • n castración (f)
кастрирам • v capar, castrar, emascular
кастриран • adj emasculado (m),

castrado *(m)*, debilitado *(m)*
кастриране • *n* emasculación *(f)*
катадне́вен • *adj* diario, cotidiano
катапу́лт • *n* catapulta *(f)*
катар • *n* catarro *(m)*
катарама • *n* hebilla
катарзис • *n* catarsis *(f)*
катастрофа • *n* accidente
катастро́фа • *n* accidente *(m)*, choque *(m)*, desastre *(m)*
катастрофален • *adj* desastroso
катастрофирам • *v* chocar
категоричен • *adj* tajante, rotundo
категория • *n* categoría *(f)*
катедра́ла • *n* catedral *(f)*
катерач • *n* trepador *(m)*, escalador *(m)*
ка́терица • *n* ardilla *(f)*
катина́р • *n* candado *(m)*
като́ • *adv* como • *prep* como
като́д • *n* cátodo *(m)*
катра́н • *n* alquitrán *(m)*
каубо́й • *n* vaquero *(m)*, gaucho *(m)*, huaso *(m)*, llanero
кауза • *n* causa *(f)*
кафе • *n* café *(m)*, cafeto *(m)*
кафе́ • *n* café *(m)*, tinto *(m)*, feca *(m)*, grano de café
ка́фез • *n* jaula *(f)*
кафяв • *adj* café *(f)*, castaño, marrón *(m)*, pardo *(m)*
кафяво • *n* café *(m)*, castaño *(m)*, marrón *(m)*, canelo *(m)*, carmelita *(m)*, carmelito *(m)*, pardo *(m)*, moreno *(m)*, bronceado *(m)*
ка́ца • *n* barril *(m)*, tonel *(m)*
кацам • *v* posarse, aterrizar
ка́чество • *n* atributo *(m)*
качулка • *n* capucha
ка́ша • *n* gachas
каше́р • *adj* kosher
кашкавал • *n* queso *(m)*
ка́шлица • *n* tos *(f)*
ка́шлям • *v* toser
кашу • *n* anacardo *(m)*
каюта • *n* cabina *(f)*
квадрат • *n* cuadrado *(m)*, cuadro *(m)*
квадра́т • *n* cuadrado *(m)*
квадратен • *adj* cuadrado
квазар • *n* cuásar *(m)*
квакам • *v* croar
кварк • *n* quark *(m)*
кварта • *n* cuarta *(f)*, cuarto de galón *(m)*
квартал • *n* manzana *(f)*, cuadra *(f)*
квартира • *n* alojamiento *(m)*, hospedaje *(m)*

кварц • *n* cuarzo *(m)*
квас • *n* levadura *(f)*, kvas *(m)*
квитанция • *n* parte *(f)*, multa *(f)*
ке́дър • *n* cedro *(m)*
кей • *n* muelle *(m)*, embarcadero *(m)*, malecón *(m)*
ке́лнер • *n* mozo *(m)*, camarero *(m)*, garzón *(m)*, mesero *(m)*, mesonero *(m)*
келнерка • *n* camarera *(f)*, mesera *(f)*
кенгуру • *n* canguro *(m)*
кента́вър • *n* centauro *(m)*
керамика • *n* ceramica *(f)*
керамичен • *adj* cerámico
керва́н • *n* caravana *(f)*
кервел • *n* perifollo *(m)*, cerefolio *(m)*, perifolio *(m)*
керевиз • *n* apio *(m)*, celery *(m)*
керкенез • *n* cernícalo común *(m)*
ке́стен • *n* castaña *(f)*
кестеняв • *adj* castaño, bermejo, marrón • *n* castaño *(m)*, marrón *(m)*
кестеня́ст • *adj* castaño, marrón
кехлиба́р • *n* ámbar *(m)*
кехлибарен • *adj* ambarino
ки́борг • *n* ciborg *(m)*
ки́брит • *n* cerilla *(f)*, fósforo *(m)*, cerillo *(m)*, misto *(m)*
киви • *n* kiwi *(m)*
киво́т • *n* arca *(f)*
кикотене • *n* carcajada *(f)*
килер • *n* despensa *(f)*, armario *(m)*, ropero *(m)*, clóset *(m)*
кили́м • *n* alfombra *(f)*, moqueta *(f)*
килия • *n* célula *(f)*, celda *(f)*, bartolina *(f)*
килогра́м • *n* kilogramo *(m)*, quilogramo *(m)*
кимвам • *v* llamar con señas
кимион • *n* alcaravea *(f)*, comino *(m)*, carvis
кимоно • *n* kimono *(m)*, quimono *(m)*
кино́ • *n* cine *(m)*, cinematógrafo *(m)*
киновар • *n* cinabrio *(m)*
кипарис • *n* ciprés *(m)*
кипене • *n* efervescencia *(f)*
кипя • *v* hervir, burbujear, fermentar
кипящ • *adj* hirviendo, bullente
кираса • *n* coraza *(f)*
кирлив • *adj* sucio *(m)*, mugriento *(m)*, mugroso *(m)*, inmundo *(m)*
кирпич • *n* adobe *(m)*
кисел • *adj* ácido, agrio
ки́сел • *adj* ácido, agrio, malhumorado
ки́селец • *n* acedera común, vinagrera
киселина • *n* ácido *(m)*
кисели́нен • *adj* ácido
киселинност • *n* acidez *(f)*

кислоро́д • *n* oxígeno *(m)*
киста • *n* quiste *(m)*
кит • *n* ballena *(f)*
кита́ра • *n* guitarra *(f)*, jarana *(f)*
китка • *n* muñeca *(f)*, ramo *(m)*, manojo *(m)*, puñado *(m)*, racimo *(m)*, amontonamiento *(m)*, agrupamiento
китообра́зно • *n* cetáceo *(m)*
ки́фла • *n* bollo
ки́хам • *v* estornudar
ки́хна • *v* estornudar
кичест • *adj* doble
кичур • *n* racimo *(m)*, amontonamiento *(m)*, agrupamiento
клавесин • *n* clavicordio, clavicémbalo
клавиату́ра • *n* teclado *(m)*
кла́виша • *n* tecla *(f)*
кладенец • *n* aljibe *(m)*, pozo *(m)*
клан • *n* clan *(m)*
клане • *n* matanza *(f)*, carnicería *(f)*, masacre *(m)*, carnaje *(m)*
кланица • *n* matadero *(m)*
кларинет • *n* clarinete *(m)*
клас • *n* clase *(f)*, espiga *(f)*
класа • *n* clase *(f)*, clase
класификация • *n* clasificación *(f)*
класически • *adj* clásico
клауза • *n* cláusula *(f)*
клафтер • *n* braza
клевета • *n* calumnia *(f)*, bulo *(m)*, filfa *(f)*, difamación *(f)*
клевета́ • *n* calumnia *(f)*
клеветнически • *adj* difamatorio, difamador
клеветя • *v* difamar, calumniar
клен • *n* albur *(m)*, arce *(m)*
клепач • *n* párpado *(m)*
клепка • *n* párpado *(m)*
клетва • *n* maldición *(f)*
кле́тва • *n* juramento *(m)*
клетка • *n* célula *(f)*
кле́тка • *n* célula *(f)*, jaula *(f)*
клетъчен • *adj* celular
клечка • *n* palillo *(m)*, escarbadientes *(m)*
клиент • *n* cliente *(f)*, cliente *(m)*
клиентела • *n* clientela *(f)*, distinguida clientela *(f)*
клизма • *n* enema *(m)*
клика • *n* facción *(f)*
кликам • *v* pinchar
кликвам • *v* hacer clic, clicar, cliquear
кликване • *n* aprieto *(m)*, clic *(m)*, pulsado *(m)*
кли́мат • *n* clima *(m)*
климатичен • *adj* climático
климатоло́гия • *n* climatología *(f)*

клин • *n* segmento triangular *(m)*, gajo *(m)*, cuña *(f)*
кли́ника • *n* clínica *(f)*
клиничен • *adj* clínico *(m)*
клинопис • *n* escritura cuneiforme *(f)*
клиринг • *n* compensación *(f)*
клисура • *n* barranca *(f)*, garganta *(f)*
клитор • *n* clítoris *(m)*
клоака • *n* cloaca *(f)*
клокоча • *v* burbujear
клон • *n* sucursal *(f)*, rama *(f)*, ramo *(m)*
кло́нка • *n* ramita *(f)*, ramilla *(f)*, vara *(f)*
клопка • *n* emboscada
кло́ун • *n* payaso *(m)*, payasa *(f)*
клошар • *n* vagabundo *(m)*
клуб • *n* círculo *(m)*, sodalidad *(f)*, club *(m)*
клюка • *n* chisme *(m)*, bochinche *(m)*, brete *(f)*, cahuín *(m)*, chambre *(m)*, chimento *(m)*, chirmol *(m)*, cocoa *(f)*, copucha *(f)*, cotilleo *(m)*, cuecho *(m)*, mitote *(m)*, argüende *(m)*, vinazo *(m)*
клюкар • *n* chismoso *(m)*, chismosa *(f)*, copuchento *(m)*, argüendero *(m)*, argüendera *(f)*, alcahuete *(m)*, cotilla *(f)*
клюкарствам • *v* cotillear, chismear, chismorrear
клюн • *n* pico *(m)*
ключ • *n* clave *(f)*, llave *(f)*
ключалка • *n* cerradura *(f)*, candado *(m)*
ключица • *n* clavícula *(f)*
кмет • *n* alcalde *(m)*, intendente *(m)*, regente *(m)*, síndico *(m)*
кне́дла • *n* albóndiga *(f)*, ñoqui *(m)*
кнехт • *n* noray *(m)*, bolardo *(m)*, abrazadera *(f)*
кни́га • *n* libro *(m)*
книговезец • *n* encuadernador
книжарница • *n* librería *(f)*
книжен • *adj* literario, pedante, formalista, libresco
кни́жка • *n* libreto *(m)*, folleto *(m)*
книжовен • *adj* estudioso, matado, mateo, empollón
княжество • *n* ducado *(m)*, principado *(m)*
княз • *n* conde *(m)*, príncipe
коали́ция • *n* coalición *(f)*
коба́лт • *n* cobalto *(m)*
коби́ла • *n* yegua *(f)*
ко́бра • *n* cobra *(f)*
коване • *n* forjadura *(f)*
коварен • *adj* astuto
ковач • *n* herrero *(m)*, herrera *(f)*, forjador *(m)*, forjadora *(f)*, fabro *(m)*

ковачка • *n* forjador *(m)*, forjadora *(f)*, fabro *(m)*
ковачница • *n* fragua *(f)*, forja *(f)*
ковчег • *n* cajón *(m)*, ataúd *(m)*, féretro *(m)*, urna *(f)*
ковчéг • *n* arca *(f)*
ковчеже • *n* cofrecito *(m)*, joyero *(m)*
корá • *adv* cuando • *pron* cuando • *conj* cuando
когато • *pron* que
код • *n* clave *(f)*, código *(m)*
кóдекс • *n* código *(m)*
кодирам • *v* codificar
което • *pron* que, quien
коефициéнт • *n* coeficiente *(m)*
кожа • *n* piel *(m)*
кóжа • *n* piel *(f)*, cuero *(m)*
кожен • *adj* cutáneo, dermatológico, epidérmico • *n* maleta *(f)*, valija *(f)*
кожух • *n* caja *(f)*, carcasa *(f)*
козà • *n* cabra *(f)*, chivo *(m)*
козèл • *n* cabra *(f)*, chivo *(m)*
козина • *n* pelo *(m)*, pelaje *(m)*
козирог • *n* íbice *(m)*, ibex *(m)*
козметичен • *adj* cosmético *(m)*, superficial
които • *pron* quien
кой • *pron* quién, quiénes
койка • *n* camarote *(m)*
койот • *n* coyote *(m)*
който • *pron* que, quien
кок • *n* moño *(m)*, rodete *(m)*
кока • *n* coca *(f)*
кокаин • *n* cocaína *(f)*
кокал • *n* hueso *(m)*
кокалест • *adj* huesudo
кокарда • *n* escarapela *(f)*
кокетка • *n* coqueto *(m)*, coqueta *(f)*, ligón *(m)*, mariposón *(m)*, ligona *(f)*
кокóс • *n* coco *(m)*
кокóшка • *n* gallina *(f)*
кокс • *n* coque *(m)*
коктейл • *n* coctel *(m)*, cóctel *(m)*
кол • *n* estaca *(f)*
кола • *n* coche *(m)*, carruaje *(m)*
колá • *n* coche *(m)*, automóvil *(m)*, carro *(m)*, auto *(m)*, máquina *(m)*
кóла • *n* coche *(f)*, cola *(f)*, automóvil *(m)*, carro *(m)*, auto *(m)*, carreta *(f)*
колáж • *n* collage *(m)*
колан • *n* cinta *(f)*, franja *(f)*
колáн • *n* cinturón *(m)*, cinturón de seguridad *(m)*, cincho *(m)*, cinto *(m)*, correa *(f)*, faja *(f)*
колáпс • *n* ataque de nervios *(m)*, colapso nervioso *(m)*
колáстра • *n* calostro *(m)*

колба • *n* matraz *(m)*
колебание • *n* fluctuación *(f)*
колеблив • *adj* indeciso *(m)*
колебливост • *n* indecisión *(f)*
колега • *n* compañero de trabajo *(m)*, colega
колéга • *n* asociado *(m)*, compañero *(m)*, colega *(f)*
колéж • *n* universidad *(f)*, facultad *(f)*
колéжка • *n* compañero *(m)*, colega *(f)*
колективизáция • *n* colectivización *(f)*
колекционер • *n* coleccionista *(f)*
колекционирам • *v* coleccionar
колекция • *n* conjunto *(m)*, colección *(f)*
колело • *n* rueda *(f)*
колелó • *n* bicicleta *(f)*, bici *(f)*
коленича • *v* arrodillarse
коленичене • *n* genuflexión *(f)*
колесница • *n* carro *(m)*, carreta *(f)*
колиба • *n* barraca *(f)*, cabaña *(f)*
колиé • *n* collar *(m)*
колика • *n* cólico *(m)*
количество • *n* cantidad *(f)*
колúчество • *n* cantidad
колода • *n* baraja *(f)*
колоéздач • *n* ciclista *(f)*
колоид • *n* coloide *(m)*
колон • *n* colon *(m)*
колона • *n* columna *(f)*, fila *(f)*
колóна • *n* pilar *(m)*
колонада • *n* columnata *(f)*
колониален • *adj* colonial
колонизáция • *n* colonización *(f)*
колонист • *n* colono *(m)*, colona *(f)*, colonizador *(m)*
колóния • *n* colonia, colonia *(f)*
колоритен • *adj* lleno *(m)*, de color, lleno de color
колос • *n* coloso *(m)*
колосален • *adj* gigante, gigantesco, colosal
колофон • *n* colofonia *(f)*
колхóз • *n* koljós *(m)*
коляно • *n* manivela
колúно • *n* hinojo *(m)*, rodilla *(f)*
кóма • *n* coma *(m)*
командвам • *v* ordenar
командир • *n* comandante *(m)*
комар • *n* mosquito *(m)*
комáр • *n* mosquito *(m)*, mosco *(m)*, plaga *(f)*, zancudo *(m)*
комарджия • *n* jugador *(m)*, tahúr *(m)*
комбинирам • *v* juntar, combinar, unir
комéдия • *n* comedia *(f)*

коментар • *n* anotación *(f)*, comentario *(m)*
коментирам • *v* comentar
комерсиален • *adj* comercial
комета • *n* cometa *(m)*
комикс • *n* cómic *(m)*
комин • *n* chimenea *(f)*
комисионна • *n* comisión *(f)*
комисия • *n* comisión *(f)*, comité *(m)*
комитет • *n* comité *(m)*
компактен • *adj* compacto *(m)*, macizo *(m)*
компания • *n* grupo *(m)*, pandilla *(f)*
компания • *n* empresa *(f)*, compañía *(f)*
компаньон • *n* amigo *(m)*, compañero *(m)*, compañera *(f)*
компас • *n* brújula *(f)*
компенсация • *n* desagravio *(m)*, reparación *(f)*, compensación *(f)*
компетентен • *adj* capaz, versado, competente, competentes
компетентност • *n* competencia *(f)*
компилирам • *v* compilar
комплекс • *n* complejo *(m)*, complejo
комплекс • *n* complejo *(m)*
комплексен • *adj* complexo
комплимент • *n* cumplido *(m)*
композитор • *n* compositor *(m)*, compositora *(f)*
композиция • *n* composición *(f)*
компонент • *n* componente *(m)*
компост • *n* compost *(m)*
компот • *n* compota *(f)*
компрес • *n* cataplasma *(f)*
компримирам • *v* comprimir
компромис • *n* arreglo *(m)*, acuerdo *(m)*, compromiso *(m)*
компютър • *n* computador *(m)*, computadora *(f)*, ordenador *(m)*
комунизъм • *n* comunismo *(m)*
комунист • *n* comunista *(f)*
комунисти • *n* comunista *(f)*
комунистически • *adj* comunista
комунистка • *n* comunista *(f)*
комфортен • *adj* confortable
кон • *n* caballo *(m)*, yegua *(f)*
конвенция • *n* convenio *(m)*, costumbre *(f)*, convención *(f)*
конвертируем • *adj* convertible
конвой • *n* escolta *(f)*
конвой • *n* caravana *(m)*
конвулсия • *n* convulsión *(f)*
конгломерат • *n* aglomeración *(f)*, conglomeración *(f)*
конгрес • *n* conferencia *(f)*, convención *(f)*

конгруентен • *adj* congruente
кондензатор • *n* condensador *(m)*
кондом • *n* goma *(f)*, preservativo *(m)*, condón *(m)*, profiláctico *(f)*
кондор • *n* cóndor *(m)*
кондуктор • *n* guarda *(m)*, revisor *(m)*, inspector *(m)*
конен • *adj* ecuestre
конец • *n* hilo *(m)*
конзола • *n* soporte *(m)*, consola *(f)*
коничен • *adj* cónico
конкретен • *adj* concreto, específico
конкурент • *n* contrincante *(f)*
конкуренция • *n* competición *(f)*
конкурс • *n* competición *(f)*, competencia *(f)*, concurso *(m)*
конник • *n* soldado *(m)*
конница • *n* caballería *(f)*
коноп • *n* marihuana *(f)*, cáñamo *(m)*
консенсус • *n* consenso *(m)*
консерва • *n* lata *(f)*
консервативен • *adj* conservador
консервирам • *v* reservar, enlatar
конски • *adj* equino
конспект • *n* compendio *(m)*
конспирация • *n* conspiración *(f)*, colusión *(f)*
константа • *n* constante *(f)*
конституция • *n* constitución *(f)*, constituciones
конституция • *n* constitución *(f)*, constituciones
конструкция • *n* diseño *(m)*, modelo *(m)*
консулство • *n* consulado *(m)*
консултативен • *adj* consultivo
консултация • *n* consulta *(f)*
консумация • *n* consumo *(m)*
консумирам • *v* consumar
консумиране • *n* consumo *(m)*
конте • *n* dandi *(m)*, vano *(m)*
контейнер • *n* contenedor *(m)*
контекст • *n* contexto *(m)*
контешки • *adj* vano *(m)*
континент • *n* continente *(m)*
континентален • *adj* continental
контра • *n* muerte *(f)*
контракция • *n* contracción *(f)*
контраст • *n* contraste *(m)*
контрафорс • *n* estribo *(m)*, boterete *(m)*, contrafuerte *(m)*, estantal *(m)*, machón *(m)*
контрирам • *v* doblar
контрол • *n* chequeo *(m)*
контролирам • *v* controlar, limitar, contener
контролирам • *v* controlar

конус • *n* cono
конусовиден • *adj* cónico
конфедерация • *n* confederación (f)
конфере́нция • *n* conferencia (f)
конфигура́ция • *n* configuración (f)
конфирмация • *n* confirmación (f)
конфиска́ция • *n* confiscación (f), comiso (m), decomiso (m)
конфискувам • *v* decomisar, confiscar
конфитю́р • *n* mermelada (f)
конфликт • *n* conflicto (m)
концентрат • *n* concentrado (m)
концентрация • *n* concentración
концентрирам • *v* concentrar, condensar
концентриране • *n* concentración
концентричен • *adj* concéntrico
конце́рт • *n* concierto (m)
конче́ • *n* potro (m), potranco (m), potra (f)
кончина • *n* fallecimiento
конюшня • *n* establo (m), caballeriza (f)
коня́к • *n* brandy (m), coñac (m)
кооперати́в • *n* cooperativa (f)
коопера́ция • *n* cooperativa (f)
координата • *n* coordenada (f)
координация • *n* coordinación (f)
координирам • *v* coordinar
копая • *v* excavar, ahondar, cavar
копеле • *n* desgraciado, hijo de puta (m)
копие • *n* copia (f), lanza (f)
копирам • *v* copiar, duplicar, imitar
копи́рам • *v* fotocopiar
копито • *n* casco (m), pezuña (f)
копнея • *v* anhelar, ansiar
коприва • *n* ortiga (f)
коприна • *n* seda (f)
ко́пче • *n* botón (m)
ко́пър • *n* eneldo (m)
кора • *n* corteza, corteza (f), costra (f)
кора́ • *n* corteza (f)
ко́раб • *n* barco (m), buque (m), nave (f)
корабокрушенец • *n* náufrago
корабостроителница • *n* astillero (m)
корабостро́йтелница • *n* astillero (m)
корал • *n* coral (m)
корекция • *n* enmienda (f), corrección (f), corrección
корелация • *n* correlación
корем • *n* abdomen (m), vientre (m), barriga (f)
коре́м • *n* vientre, barriga, panza

коремен • *adj* abdominal
коремоного • *n* gasterópodo (m)
корен • *n* raíz (f), raíces
ко́рен • *n* raíz (f), raíces
коренен • *adj* aborigen, indígena
кореспондирам • *v* corresponderse
коригирам • *v* corregir
кориги́рам • *v* corregir, enmendar
коридор • *n* corredor (m), pasillo (m)
користолюбив • *adj* avaricioso, codicioso
корица • *n* colcha (f), sábana (f), cobertor (m)
коричен • *adj* cubierta (f)
кормило • *n* timón (f)
корна • *n* pito (m), bocina (f), claxon (m), corneta (f), fotuto (m)
корниз • *n* cornisa (f)
корнишон • *n* pepinillo
кородирам • *v* corroer
корозионен • *adj* corrosivo (m)
корона • *n* corona (f)
коро́на • *n* corona (f)
коронация • *n* coronación (f)
коронясвам • *v* coronar
корпорация • *n* corporación (f)
корпора́ция • *n* empresa (f)
корпус • *n* carrocería (f)
ко́рпус • *n* torso (m)
корсаж • *n* jubón (m)
корсе́т • *n* corsé (m)
корт • *n* arcilla (f), cancha (f)
кору́пция • *n* corrupción (f)
кос • *adj* diagonal • *n* mirlo (m)
коса • *n* guadaña (f), cabello (m), pelo (m)
косинус • *n* coseno (m)
космически • *adj* cósmico
ко́смос • *n* cosmos (m)
косо • *adv* atravesado (m)
кост • *n* hueso (m)
костен • *adj* huesudo
костенурка • *n* tortuga (f), peta (f), tortuga terrestre (f), morrocoy (m)
костица • *n* espina (f)
костур • *n* róbalo (m), lubina (f), perca (f)
костюм • *n* traje (m)
кося • *v* guadañar
кося́ • *v* podar, segar
ко́так • *n* gato (m), gata (f)
котарак • *n* gato (m)
котара́к • *n* gato (m), gata (f)
ко́тва • *n* ancla (f)
котвостоянка • *n* anclaje (m), fondeadero (m)
котешки • *adj* felino (m)

котка • *n* felino *(m)*, felina *(f)*, gato *(m)*, gata *(f)*
котлет • *n* chuleta *(f)*
кофа • *n* balde *(m)*
кофа • *n* cubo *(m)*, balde *(m)*, cubeta *(m)*, pozal *(m)*, tobo *(m)*
кофеин • *n* cafeína *(f)*
кохерентен • *adj* coherente
кочан • *n* olote *(m)*, coronta *(f)*, marlo *(m)*, tusa *(f)*, zuro *(m)*, mazorca *(f)*
кош • *n* canasta *(f)*, cesta *(f)*, cesto *(m)*
кошара • *n* cerca *(f)*, corral *(m)*, aprisco *(m)*, redil *(m)*
кошер • *n* colmena *(f)*
кошница • *n* cesta *(f)*, cesto *(m)*
която • *pron* que, quien
крава • *n* vaca *(f)*
крада • *v* hurtar
крадá • *v* robar
крадец • *n* ladrón *(m)*, ladrona *(f)*, ratero *(m)*, ratera *(f)*, truhán *(m)*, truhana *(f)*
крадец • *n* ladrón *(m)*
краен • *adj* extremo *(m)*
краен • *adj* limitado, finito
кражба • *n* robo *(m)*, hurto *(m)*
край • *n* extremidad *(f)*, borde *(m)*, conclusión *(f)*, meta *(f)*, fin *(m)*, fin *(f)*, cierre *(m)* • *prep* a lo largo, cabe, al lado de
крайбрежие • *n* costa *(f)*, litoral *(m)*
крайник • *n* extremidad *(f)*
крайно • *adv* extremadamente, sumamente *(f)*
крак • *n* pata *(f)*, pierna *(f)*
кракост • *n* brevedad *(f)*
крал • *n* rey *(m)*
кралица • *n* reina *(f)*
кралски • *adj* real, regio
кралство • *n* reino *(m)*
кран • *n* grúa *(f)*
кранта • *n* cacharro *(m)*
красавец • *n* guapo *(m)*
красавица • *n* belleza *(f)*, guapa *(f)*
красив • *adj* bello
красив • *adj* guapo *(m)*, guapa *(f)*, bello *(m)*, hermoso *(m)*, hermosa *(f)*, bella *(f)*, linda *(f)*, bonito *(m)*, bonita *(f)*
красноречив • *adj* elocuente *(f)*
красноречие • *n* elocuencia *(f)*
красота • *n* belleza *(f)*
краставица • *n* pepino *(m)*
краткотраен • *adj* fugaz, efímero
краткотрайност • *n* brevedad *(f)*
кратуна • *n* calabaza *(f)*, jícara *(f)*, calabacino *(m)*
кратък • *adj* breve, corto, conciso, sucinto
кратък • *adj* corto, corto *(m)*
крачка • *n* paso *(m)*
креда • *n* tiza *(f)*, gis *(m)*, creta *(f)*
кредит • *n* crédito *(m)*
кредитор • *n* acreedor *(m)*
кредо • *n* credo *(m)*
крем • *n* crema *(f)*, azucena *(f)*
кремав • *adj* de color crema
крематориум • *n* crematorio *(m)*
кремация • *n* cremación *(f)*
кремък • *n* pedernal *(m)*, sílex *(m)*
крепост • *n* fortaleza *(f)*
кресло • *n* sillón *(m)*
кресон • *n* mastuerzo, berro
кресчендо • *n* crescendo *(m)*
крехък • *adj* frágil, quebradizo, friable
кречетало • *n* loro *(m)*, lora *(f)*
крещя • *v* gritar
крещящ • *adj* llamativo, vistoso, sobrecargado, vulgar, feúcho, chillón, hortera, gárrido *(m)*
крив • *adj* torcido *(m)*, torcido
крива • *n* curva *(f)*
кривене • *n* contorsión *(f)*
криво • *adv* inadecuadamente
кривокрак • *adj* arqueado
криза • *n* crisis *(f)*
крикет • *n* críquet *(m)*, cricket *(m)*
крило • *n* ala *(f)*
криптография • *n* criptografía *(f)*
криптон • *n* criptón *(m)*
кристал • *n* cristal *(m)*, cristal
кристален • *adj* cristalino
кристализация • *n* cristalización *(f)*
критерий • *n* criterio *(m)*
критик • *n* crítico
критика • *n* crítica *(f)*
критикувам • *v* culpar, criticar
критичен • *adj* crucial, criticón, pejiguero, capcioso
крия • *v* esconder, ocultar
кройка • *n* corte *(m)*
крокодил • *n* cocodrilo *(m)*
кротост • *n* suavidad *(f)*, dulzura *(f)*
кротък • *adj* suave
кроул • *n* crol *(m)*, estilo crol *(m)*
круша • *n* pera *(f)*, peral *(m)*
кръв • *n* sangre *(f)*, crúor
кръвожаден • *adj* sanguinario
кръвожадно • *adv* sangrientamente
кръвожадност • *n* sed de sangre
кръвоизлив • *n* sangrado *(m)*, hemorragia *(f)*
кръвообращение • *n* torrente sanguíneo *(m)*, circulación *(f)*
кръвопролитие • *n* derramamiento

de sangre *(m)*
кръвосмеше́ние • *n* incesto *(m)*
кръвотече́ние • *n* sangrado *(m)*, hemorragia *(f)*
кръг • *n* grupo *(m)*, círculo *(m)*, curva *(f)*, circunferencia *(f)*, tertulia *(f)*
кръго́в • *adj* circular
кръгче́ • *n* circulito *(m)*
кръ́гъл • *adj* circular, redondo
кръ́гъл • *adj* circular
кръжа́ • *v* moverse en círculo
кръже́ц • *n* grupo *(m)*, círculo *(m)*, tertulia *(f)*
кръст • *n* cruz *(f)*, aspa *(f)*
кръ́стник • *n* padrino *(m)*
кръсто́вище • *n* cruce *(m)*, encrucijada *(f)*, cruce de caminos *(m)*
кръстопъ́т • *n* cruce *(m)*, encrucijada *(f)*, cruce de caminos *(m)*
кръстоса́но • *adv* al través, atravesado, transversal
кръстосва́м • *v* cruzar
кръсто́ска • *n* cruce *(m)*
кръчма̀ • *n* posada *(f)*
кръ́чма • *n* taberna *(f)*, pub, bar *(m)*
кръща́вам • *v* bautizar
кръще́лник • *n* ahijado *(m)*, ahijada *(f)*
кръще́ние • *n* bautismo, bautizo *(m)*
кря́кам • *v* gluglú *(m)*
кря́сък • *n* grito *(m)*, grito
ксено́н • *n* xenón *(m)*
ксенофо́бия • *n* xenofobia *(f)*
ксероко́пия • *n* fotocopia *(f)*
ксилогра́фия • *n* xilografía *(f)*
ксилофо́н • *n* xilófono *(m)*
куб • *n* cubo *(m)*
кубизъ́м • *n* cubismo *(m)*
куби́чен • *adj* cúbico, cúbico *(m)*
кубче́ • *n* cubo *(m)*, terrón *(m)*, cubito *(m)*
кудкудя́кам • *v* cocorear, cloquear
кудкудя́кане • *n* cacareo *(m)*, cloqueo *(m)*, clo *(m)*
ку́ка • *n* gancho *(m)*, garfio *(m)*, anzuelo
ку́кла • *n* muñeca *(f)*
кукуми́явка • *n* búho *(m)*, lechuza *(f)*, tecolote *(m)*, mochuelo *(m)*, autillo *(m)*, cárabo *(m)*, cuco *(m)*, sijú cotunto *(m)*, caburé *(m)*, chuncho *(m)*, anteojo *(m)*, tucúquere *(m)*
кукури́гане • *n* cacareo *(m)*
кукури́гу • *interj* cacareo *(m)*, quiquiriquí *(m)*
ку́ла • *n* torre *(f)*
кулина́рия • *n* gastronomía *(f)*
кулмина́ция • *n* clímax *(m)*
култ • *n* secta *(f)*

култу́ра • *n* cultivo *(m)*, cultivo
култу́ра • *n* cultura *(f)*
култу́рен • *adj* cultural
куми́р • *n* fetiche *(m)*
куми́с • *n* kumis *(m)*
кумулати́вен • *adj* acumulativo, cumulativo
куп • *n* multitud *(f)*, montón *(m)*, amasijo *(f)*
ку́па • *n* copa *(f)*, almiar *(m)*, pajar *(m)*
купе́ • *n* compartimiento *(m)*
купо́л • *n* cúpula *(f)*, campana *(f)*
ку́пол • *n* cúpula *(f)*
купри́т • *n* cuprita *(f)*
купу́вам • *v* comprar
купува́ч • *n* cliente *(f)*, cliente, comprador *(m)*
кур • *n* miembro *(m)*, paloma *(f)*, huevo *(m)*, pito *(m)*, bicho *(m)*, polla *(f)*, pene *(m)*, carajo *(m)*, pirula *(f)*, pirulo *(m)*, pija *(f)*, tranca *(f)*, verga *(f)*, chota *(f)*, garompa *(f)*, pipe *(m)*, poste *(m)*, poronga *(f)*, papirola *(f)*, reata *(f)*, macana *(f)*, pichula *(f)*, picha *(f)*, pico *(m)*, cipote *(m)*, ñafle *(m)*, pichi *(m)*, pinga *(f)*, turca *(f)*
кура́ж • *n* valor *(m)*, valentía *(f)*, coraje *(m)*
курва́ • *n* puto *(m)*, perra *(f)*, zorra *(f)*, puta *(f)*, ramera *(f)*, arpía *(f)*, golfa *(f)*
ку́рва • *n* zorra, puta *(f)*, ramera *(f)*, golfa, prostituta *(f)*, prostituta, fulana, guarra, mujerzuela *(f)*
курие́р • *n* mensajero *(m)*, estafeta *(f)*
куриозе́н • *adj* extraño, raro, curioso
куркума́ • *n* cúrcuma *(f)*
куро́рт • *n* estación turística *(f)*
курс • *n* rumbo *(m)*, curso *(m)*
ку́ршум • *n* proyectil *(m)*, bala *(f)*
кути́я • *n* baúl *(m)*, arca *(f)*
кути́я • *n* lata *(f)*, caja *(f)*
кутре́ • *n* cachorro *(m)*
куфа́р • *n* maleta *(f)*, valija *(f)*
кухи́на • *n* cavidad *(f)*
ку́хня • *n* cocina *(f)*
куц • *adj* cojo, rengo
куче́ • *n* perro *(m)*
куче́нце • *n* cachorro *(m)*, perrito *(m)*
куче́шки • *adj* canino
ку́чка • *n* puto *(m)*, perra *(f)*, zorra, zorra *(f)*, loba, puta *(f)*, ramera *(f)*, arpía *(f)*, golfa *(f)*
куше́тка • *n* sofá *(m)*, sillón *(m)*
къде́ • *conj* dónde, donde
къде́ • *adv* adónde, dónde
къ́драв • *adj* rizado, chino, crespo
къ́дрица • *n* rizo *(m)*, bucle *(m)*

къклица • *n* cizaña *(f)*
къкря • *v* cocinar a fuego lento
кълбо́ • *n* bola *(f)*, esfera *(f)*
кълва • *v* picar
кълва́ч • *n* pito *(m)*, pájaro carpintero *(m)*
кълна • *v* maldecir
къ́нтри • *n* ranchera *(f)*
къпане • *n* baño *(m)*
къпина • *n* zarza *(f)*, zarzamora *(f)*, zarzamora *(m)*, mora *(f)*
къпя • *v* bañar
кървав • *adj* ensangrentado, sanguinolento *(m)*, sanguinolento, sangriento *(m)*, sangriento, cruento, cruento *(m)*
кървясал • *adj* sanguinolento
кървящ • *adj* ensangrentado, sangriento, cruento
къри • *n* curry *(m)*

кърлеж • *n* garrapata *(f)*
кърма • *n* popa *(f)*
кърпа • *n* toalla *(f)*
къ́рпичка • *n* pañuelo *(m)*
къртица • *n* topo *(m)*
къс • *adj* breve, corto, corto *(m)* • *n* fragmento
къ́сен • *adj* tarde
късмет • *n* fortuna *(f)*
късметлийски • *adj* afortunado
къ́сно • *adv* tarde
късогледство • *n* miopía *(f)*
къща • *n* casa *(f)*
къща • *n* edificio *(m)*
къщичка • *n* chalet
къщурка • *n* chalet
кюлче • *n* tejo *(m)*, tejón *(m)*
кюрий • *n* curio *(m)*

Л

лабиринтѝт • *n* laberintitis *(f)*
лаборатория • *n* laboratorio
лава • *n* lava *(f)*
лавина • *n* alud *(m)*, avalancha *(f)*
ла́вка • *n* cantina *(f)*
лавренций • *n* lawrencio *(m)*, laurencio *(m)*
лавър • *n* laurel *(m)*
лагер • *n* campamento
ла́гер • *n* rodamiento *(m)*, balero *(m)*, cojinete *(m)*, campamento *(m)*, facción *(f)*, bando *(m)*
лагерувам • *v* acampar
ла́зер • *n* láser *(m)*
лазурен • *adj* cielo azul • *n* cerúleo *(m)*
лазя • *v* gatear
ла́зя • *v* gatear, arrastrarse, reptar, rampar
лай • *n* ladrido *(m)*
лайно • *n* mierda *(f)*
лайно́ • *n* mierda *(f)*, caca *(f)*
лаком • *adj* ávido
ла́комец • *n* glotón *(m)*, carcayú *(m)*
лакомия • *n* gula, glotonería *(f)*
лакомник • *n* goloso *(m)*, glotón, glotón *(m)*, tragaldaba, comilón, comilón *(m)*, tragón, hambrón *(m)*
лакомство • *n* manjar *(m)*, exquisitez *(f)*, golosina *(f)*
лакрос • *n* lacrosse, intercross *(m)*, vilorta *(f)*
лактоза • *n* lactosa *(f)*

лакът • *n* codo *(m)*
лале • *n* tulipán *(m)*
лама • *n* lama *(m)*
ламела • *n* laminilla *(f)*
ла́мпа • *n* lámpara *(f)*
ландшафт • *n* paisaje *(m)*
ланта́н • *n* lantano *(m)*
ланцет • *n* lanceta *(f)*
лапа • *n* pico de loro *(m)*
ла́па • *n* pata *(f)*, garra *(f)*, zarpa *(f)*
лаптоп • *n* portátil *(m)*, computador portátil *(m)*, computadora portátil *(f)*, ordenador portátil *(m)*
ларинкс • *n* laringe *(f)*
ласкав • *adj* suave, tenue, simple, desabrido, debil
ласкател • *n* lisonjero *(f)*, lisonjeador *(f)*
ласкателен • *adj* lisonjero
ласкателство • *n* adulación *(f)*, zalamería *(f)*
лаская • *v* adular, halagar, lisonjear
ласка́я • *v* acariciar
латентен • *adj* latente
ла́я • *v* ladrar
ле́бед • *n* cisne *(m)*
лебедка • *n* cabrestante *(m)*
леблебия • *n* garbanzo *(m)*
лев • *n* lev
ле́вга • *n* legua *(f)*
левиатан • *n* leviatán *(m)*
левица • *n* izquierda *(f)*

легéнда • *n* leyenda (f)
легендарен • *adj* fabuloso, increíble
леглó • *n* cama (f), lecho (m)
леговище • *n* guarida (f), madriguera (f), cubil (m)
лед • *n* hielo (m)
леден • *adj* congelado, gélido (m)
леднѝк • *n* glaciar (m), helero (m)
лежá • *v* estar acostado, estar echado, yacer, estar tumbado
лек • *adj* ligero, liviano
лекар • *n* médico (m), médica (f)
лекарство • *n* remedio (m), cura (f), curación (f)
лекáрство • *n* medicamento (m), medicina (f)
лековерник • *n* incauto, engrupido, engañado (m)
лекомислен • *adj* caprichoso, frívolo
лекота • *n* facilidad (f)
лекỳвам • *v* curar, sanar
лекция • *n* clase (f), discurso (m), charla (f), conferencia (f)
лéля • *n* tía (f)
лен • *n* lino (m), filasa (f)
ленив • *adj* haragán, perezoso, flojo, vago, locho
ленѝвец • *n* perezoso (m), pereza (f)
лента • *n* banda (f), cinta (f), franja (f)
лéнта • *n* película (f), cinta (f), moño (m), lazo (m), galón (m)
леопáрд • *n* leopardo (m)
лепило • *n* adhesivo (m), pegamento (m), cola (f), goma (f)
лепка • *n* cadillo (m)
лепкав • *adj* adhesivo
лепя • *v* pegar
лес • *n* bosque (m), floresta (f), selva
лесбѝйка • *n* lesbiana (f)
лесбийски • *adj* lesbiana
лесен • *adj* fácil, nada penoso, sin esfuerzo
лéсен • *adj* fácil, simple, sencillo
леснина • *n* facilidad (f)
лесничей • *n* guardabosque (f), alimañero (m), guardacaza (m)
лесно • *adv* fácilmente
леснотопим • *adj* fusible, fundible
лесовъдство • *n* silvicultura (f)
летен • *adj* estival
летене • *n* vuelo (m)
летец • *n* piloto (m)
лéтище • *n* aeropuerto (m)
летопис • *n* crónica (f)
лефер • *n* anjova (f), sastre (m)
лечение • *n* remedio (m), cura (f), curación (f)

леш • *n* carroña (f), cadáver
лéшник • *n* avellana (f)
лешояд • *n* buitre (m)
леща • *n* lenteja (f), lente (f)
лея • *v* verter
леярна • *n* fundición (f), fundería (f), forja (f)
либела • *n* nivel (m)
либрето • *n* libreto (m)
ливáда • *n* prado (m), vega (f)
лигавче • *n* babero (m)
лиги • *n* baba (f)
ликувам • *v* exultar
ликуване • *n* alegría (f), exultación (f)
ликуващ • *adj* exultante, jubiloso
ликьор • *n* licor (m)
лѝлия • *n* azucena (f)
лимóн • *n* limón (m), citrón
лингвистика • *n* lingüística (f)
линеал • *n* escuadra (f), cartabón (m)
линéйка • *n* ambulancia (f)
линѝйка • *n* regla (f)
линия • *n* familia (f)
линк • *n* enlace (m), vínculo (m), hiperenlace (m), hipervínculo (m)
липса • *n* ausencia (f), falta (f)
лѝпса • *n* falta (f), carencia (f), penuria (f)
лисѝца • *n* zorra (f), zorro (m)
лиска • *n* focha común (f)
лист • *n* hoja (f)
листак • *n* follaje (m)
лѝственица • *n* alerce (m)
листовка • *n* volante
листóвка • *n* folleto (m), panfleto
листопаден • *adj* deciduo, caducifolio, de hoja caduca
литература • *n* literatura (f)
литературен • *adj* literario
лѝтий • *n* litio (m)
литургия • *n* servicio religioso (m), liturgia (f)
лихва • *n* usura (f)
лѝхва • *n* interés (m)
лицé • *n* faz (f), cara (f), rostro (m)
лицев • *adj* facial
лицемеря • *v* disimular
лицéнзия • *n* permiso (m), licencia (f)
личност • *n* figura (f)
лишавам • *v* desproveer, privar
лишей • *n* liquen (m)
лов • *n* caza (f), persecución (f)
ловéц • *n* cazador (m)
ловкост • *n* destreza (f), habilidad (f), pericia (f)
ловък • *adj* hábil, diestro, habilidoso, habiloso

ловя́ • *v* cazar
ло́дка • *n* bote *(m)*, barco *(m)*, barca *(f)*
лоза́ • *n* vid *(f)*, parra *(f)*, parra
лой • *n* grasa *(f)*, sebo *(m)*
ло́ква • *n* charco *(m)*, poza *(f)*
локомотив • *n* locomotora *(f)*
локомоти́в • *n* locomotora *(m)*
лопа́та • *n* azada *(f)*, pala *(f)*
лопатка • *n* aleta *(f)*
лопа́тка • *n* recogedor *(m)*
лос • *n* alce *(m)*
лош • *adj* mal, defectuoso, desagradable, pobre *(m)*, malo, malvado, maléfico, malévolo, perverso
лоялност • *n* fidelidad *(f)*, lealtad *(f)*
лу́га • *n* lejía *(f)*
лугав • *adj* acre
лудница • *n* manicomio *(m)*
лудория • *n* aventura *(f)*, travesura *(f)*, escapada *(f)*, juguetear
лудувам • *v* juguetear, retozar
лук • *n* cebolla *(f)*
лукав • *adj* astuto
луковица • *n* bulbo *(m)*
лукс • *n* lux *(m)*
луна́ • *n* luna *(f)*
луничка • *n* peca *(f)*
лутеций • *n* lutecio *(m)*
луфт • *n* claro *(m)*, espacio *(m)*
лъв • *n* león
лъви́ца • *n* leona *(f)*
лъжа • *v* errar, equivocar • *n* bellaquería *(f)*, fraude *(m)*, engaño *(m)*
лъжа́ • *n* engaño *(m)*, falsedad *(f)*, mentira *(f)* • *v* mentir
лъже́ц • *n* embustero *(m)*, mentiroso *(m)*, mentirosa *(f)*
лъжица • *n* cuchara *(f)*
лъжлив • *adj* falso, falsificado, adulterado, trapicheado
лък • *n* arco *(m)*
лъка́ • *n* prado *(m)*, vega *(f)*
лъкатушен • *adj* tortuoso
лъскав • *adj* brillante, lustroso, reluciente

лъч • *n* radio *(m)*, rayo *(m)*
лъщя • *v* relucir
льос • *n* loess *(m)*
любезен • *adj* amable, afable, complaciente
любе́зен • *adj* benigno
любезност • *n* cumplido *(m)*
любим • *adj* querido, querido *(m)*, amado *(m)*, amado • *n* querido *(m)*, querida *(f)*, amado *(m)*, amado, amada *(f)*, enamorado
любима • *n* querido *(m)*, querida *(f)*, amado *(m)*, amado, amada *(f)*, enamorado
любимец • *n* adlátere, lacayo, achichincle
любов • *n* amor *(m)*, cariño *(m)*
любо́в • *n* amor *(m)*
любо́вник • *n* enamorado *(m)*, amante *(f)*, enamorada *(f)*
любовница • *n* querida *(f)*, amante
любо́вница • *n* enamorado *(m)*, amante *(f)*, enamorada *(f)*
любознателен • *adj* curioso
любознателност • *n* curiosidad
любопитен • *adj* curioso
любопитство • *n* curiosidad
любящ • *adj* afectuoso
лю́де • *n* hombre *(m)*, humano *(m)*, ser humano *(m)*
лю́де • *n* gente *(f)*
лю́лка • *n* cuna *(f)*
люпило • *n* nidada *(f)*
люспа • *n* copa *(f)*, hojuela *(f)*, escama *(f)*, copo *(m)*
лютеница • *n* chatni *(m)*, chutney *(m)*
лютиче • *n* ranúnculo *(m)*
лю́тня • *n* laúd *(m)*
люцерна • *n* alfalfa *(f)*
люща • *v* exfoliar
ляв • *adj* izquierda, izquierdo
ля́стовица • *n* golondrina *(f)*
ля́то • *n* verano *(m)*

М

маг • *n* mago *(m)*
магази́н • *n* negocio *(m)*, comercio *(m)*, tienda *(f)*
мага́ре • *n* burro *(m)*, asno *(m)*
магарешки • *adj* asnal
магдано́з • *n* perejil *(m)*
магистрала • *n* autopista *(f)*

магичен • *adj* mágico
ма́гма • *n* magma *(m)*
магне́зий • *n* magnesio *(m)*
магнетит • *n* piedra imán *(f)*
магнит • *n* imán *(m)*, calamita *(f)*
магни́т • *n* imán *(m)*
магнитуд • *n* magnitud *(f)*

магьосник • *n* encantador *(m)*, mago *(m)*, encantadora *(f)*
мадам • *n* señora *(f)*
мажа • *v* manchar, untar, embadurnar
мажоретка • *n* porrista *(f)*, animadora *(f)*
мазе • *n* sótano *(m)*
мазило • *n* crema *(f)*
мазнина • *n* grasa *(f)*
мазнина́ • *n* grasa *(f)*
мазол • *n* callo *(m)*
мазолест • *adj* calloso
майка • *n* madre *(f)*
маймун • *n* mono *(m)*, chango *(m)*, mico *(m)*, simio *(m)*
маймуна • *n* mono *(m)*, chango *(m)*, mico *(m)*, simio *(m)*
майстор • *n* artista *(f)*, maestro *(m)*, máster *(m)*
мак • *n* amapola *(f)*
макар • *conj* aunque, no obstante, si bien
макара • *n* bobina *(f)*, carrete *(m)*
малина • *n* frambueso *(m)*
малина • *n* frambuesa *(f)*
малко • *adv* algo, un poco
маловажен • *adj* prescindible
малокръвен • *adj* anémico
малокръвие • *n* anemia *(f)*
малък • *adj* chico, pequeño
мама • *n* mamá *(f)*
мама • *n* mamá *(f)*
мамут • *n* mamut *(m)*
мамя • *v* burlar, engañar
манастир • *n* monasterio *(m)*
мангал • *n* brasero *(m)*
манган • *n* manganeso *(m)*
мангизи • *n* pasta *(f)*, guita *(f)*, plata *(f)*, mosca *(f)*, lana *(f)*
манго • *n* manga *(f)*, mango *(m)*, mangó *(m)*
мангуст • *n* mangosta *(f)*
мандало • *n* cerrojo *(m)*
мандарина • *n* mandarina *(f)*
мандра • *n* granja *(f)*, establo *(m)*, lechería *(f)*, granja lechera *(f)*
мандрил • *n* dril *(m)*
манекен • *n* maniquí *(m)*
манивела • *n* manivela
маникюр • *n* manicura *(f)*
мансарда • *n* buhardilla *(f)*
мансарда • *n* ático *(m)*, desván *(m)*
мантия • *n* capa *(f)*, manto *(m)*
маншет • *n* puño *(m)*, ruedo *(m)*
маратон • *n* maratón
маргарин • *n* margarina *(f)*
маргарит • *n* perla *(f)*

маргаритка • *n* margarita común *(f)*, chiribita *(f)*
маргинали • *n* extremista *(f)*, radical *(f)*
марихуана • *n* marihuana *(f)*, mariguana *(f)*
марка • *n* marca *(f)*
маркиз • *n* marqués *(m)*
маркиза • *n* marquesa *(f)*
маркирам • *v* cotejar
маркуч • *n* manguera *(f)*
марля • *n* gasa *(f)*
мармот • *n* marmota *(f)*
маруля • *n* lechuga *(f)*
марш • *n* marcha *(f)*
мас • *n* manteca
маса • *n* gama, masa *(f)*, mesa *(f)*
масаж • *n* masaje *(m)*
масажист • *n* masajista *(f)*
масивен • *adj* masivo *(m)*, masiva *(f)*, voluminoso
маска • *n* máscara *(f)*
маскирам • *v* disfrazar
маскиране • *n* pantalla *(f)*, tapadera *(f)*
маслина • *n* olivo *(m)*, aceituna *(f)*, oliva *(f)*
масло • *n* manteca *(f)*, mantequilla *(f)*
мастен • *adj* adiposo, alifático
мастилница • *n* tintero *(m)*
мастило • *n* tinta *(f)*
мастурбация • *n* masturbación *(f)*, paja *(f)*
мат • *n* mate *(m)*, jaque mate *(m)* • *interj* jaque mate
математика • *n* matemáticas
материал • *n* material *(m)*
материален • *adj* corpóreo
матка • *n* matriz *(f)*, útero *(m)*
матов • *adj* mate, opaco *(m)*
матрак • *n* colchón *(m)*
матрос • *n* marinero *(m)*, marinera *(f)*
мафия • *n* mafia *(f)*
махвам • *v* llamar con señas
махмурлук • *n* ratón *(m)*, caña *(f)*, goma *(f)*, resaca *(f)*, chaqui *(m)*, chuchaqui *(m)*, cruda *(f)*, guayabo *(m)*, hachazo *(m)*, hangover *(m)*, perseguidora *(f)*
мацка • *n* tajo *(m)*
мацка • *n* chica *(f)*, muchacha *(f)*
мач • *n* juego *(m)*, partido *(m)*
мачта • *n* mástil *(m)*
машина • *n* máquina *(f)*
мащеха • *n* madrastra *(f)*
мая • *n* levadura *(f)*
ме • *pron* me

мéбел • *n* mobiliario *(m)*, mueble *(m)*
мебелирам • *v* amoblar, amueblar
мед • *n* miel *(f)*, cobre *(m)*
медал • *n* medalla *(f)*
меден • *adj* cobrizo
медицѝна • *n* medicina *(f)*
медникар • *n* calderero
медовѝна • *n* aguamiel *(f)*
медýза • *n* medusa *(f)*, aguamala *(m)*, aguaviva *(m)*, malagua *(f)*
межда • *n* estribo *(m)*
между • *prep* envuelto, entre
междý • *prep* entre
междукултурен • *adj* multicultural
междумéтие • *n* interjección *(f)*
междунарóден • *adj* internacional
междурелсие • *n* trocha *(f)*
мезе • *n* tapa *(f)*, aperitivo *(m)*, antojito *(m)*, boca *(f)*, bocadito *(m)*, boquita *(f)*, botana *(f)*, pasaboca *(m)*, pasapalo *(m)*, picada *(f)*, picadera *(f)*, picadito *(m)*, picoteo *(m)*, pincho *(m)*, piqueo *(m)*, saladito *(m)*
мек • *adj* suave, flácido, fofo, tenue, simple, modesto *(m)*, blando, muelle, desabrido, debil
меланхоличен • *adj* oscuro
меле • *n* pelea *(f)*, trifulca
мéлница • *n* molino *(m)*
мелодичен • *adj* dulce
мелодия • *n* melodía *(f)*
мелодрама • *n* melodrama *(f)*
мем • *n* meme *(m)*
менделéвий • *n* mendelevio *(m)*
мене • *pron* me
менструáция • *n* menstruación *(f)*, regla *(f)*, achaque *(m)*, periodo *(m)*
мéнта • *n* menta *(f)*
меню̀ • *n* menú *(m)*, carta *(f)*
мерзавец • *n* bribón *(m)*, canalla *(f)*, bellaco *(m)*, villano *(m)*
мерило • *n* criterio *(m)*
мерки • *n* preparativos, planes
меродавност • *n* competencia *(f)*
мерси • *interj* gracias
месар • *n* carnicero *(m)*, carnicera *(f)*
месест • *adj* carnoso
мéсец • *n* mes *(m)*
мéсинг • *n* latón *(m)*
месо • *n* carne *(f)*
месó • *n* carne *(f)*
местен • *adj* aborigen, indígena, nacional
местожителство • *n* domicilio *(m)*
местожѝтелство • *n* residencia *(f)*
местоимéние • *n* pronombre *(m)*
местоназначéние • *n* destino *(m)*

местонахождение • *n* paradero *(m)*
мета • *v* barrer
метáл • *n* metal *(m)*
металург • *n* metalúrgico *(f)*, metalurgista *(m)*
метафизика • *n* metafísica *(f)*
метафоричен • *adj* figurativo, figurado
метéжник • *n* insurgente *(f)*
метеор • *n* meteoro *(m)*
метеорѝт • *n* meteorito *(m)*
метлá • *n* escoba *(f)*, escobillón *(m)*
метличина • *n* azulejo *(m)*, aciano *(m)*
мéтод • *n* método *(m)*
метро • *n* metro *(m)*, subte *(m)*
механа • *n* taberna *(f)*
механизъм • *n* ensamblaje *(m)*
механика • *n* mecánica *(f)*
мехлем • *n* bálsamo *(m)*
мехлéм • *n* crema *(f)*
мехур • *n* ampolla *(f)*, ámpula *(f)*, vejiga *(f)*
мехурче • *n* burbuja *(f)*, pompa *(f)*
меч • *n* espada *(f)*
мéчка • *n* oso *(m)*
мечóк • *n* oso *(m)*
мечтá • *n* sueño *(m)*
мечтáтел • *n* nefelibata *(f)*, pajarón *(m)*
мечтая • *v* soñar
мигам • *v* parpadear, guiñar
мѝгла • *n* pestaña *(f)*
мида • *n* almeja *(f)*
мижитурка • *n* gallina *(f)*, pusilánime
миза • *n* luz *(f)*
мизерия • *n* indigencia
миколог • *n* micólogo *(m)*
микроб • *n* germen *(m)*
микрóб • *n* microbio
микровълнá • *n* microonda *(f)*
микроорганѝзъм • *n* microorganismo *(m)*
микрофóн • *n* micrófono *(m)*
мил • *adj* lisonjero, agradable, amable, afable, querido *(m)*, gracioso, tierno, benigno, amado *(m)*, bueno, chulo, precioso *(m)*, bonito *(m)*, lindo *(m)*, pituso
милвам • *v* acariciar
мѝлвам • *v* acariciar
милионéр • *n* millonario *(m)*
милиция • *n* milicia *(f)*
миловиден • *adj* lindo
милостив • *adj* compasivo
милóстиня • *n* caridad *(f)*, limosna *(f)*
милосърдие • *n* compasión, conmiseración, piedad, misericordia, lástima

милосъ́рдие • *n* caridad *(f)*, amor al prójimo *(m)*
ми́ля • *n* milla *(f)*
мимоле́тен • *adj* fugaz, efímero
ми́на • *n* mina *(f)*
минал • *adj* antiguo, anterior
мина́ло • *n* pasado *(m)*
минаре́ • *n* alminar *(m)*, minarete *(m)*
минджа́ • *n* chocha *(f)*, chucha *(f)*, coño *(m)*, concha *(f)*, cuca *(f)*, chocho *(m)*
минерало́гия • *n* mineralogía *(f)*
мине́т • *n* felación *(f)*, mamada *(f)*, fellatio *(f)*
минзуха́р • *n* croco *(m)*
миниатю́рен • *adj* diminuto
министе́рство • *n* ministerio *(m)*
ми́ниум • *n* tetróxido de plomo
минохвърга́чка • *n* mortero *(m)*
мину́та • *n* minuto *(m)*
мир • *n* paz *(f)*, sosiego *(m)*
мира́ж • *n* espejismo *(m)*
ми́рен • *adj* calmado
миризма́ • *n* esencia *(f)*, olor *(m)*
ми́рис • *n* esencia *(f)*
ми́ро • *n* crisma *(f)*
мисионе́р • *n* misionero *(m)*, misionera *(f)*, misionario
ми́сия • *n* misión *(f)*
мисли́м • *adj* concebible, pensable, imaginable
ми́сля • *v* creer, pensar
мистерио́зен • *adj* enigmático
мисте́рия • *n* enigma *(m)*
мисте́рия • *n* misterio *(m)*
ми́съл • *n* mente *(f)*, pensamiento *(m)*
ми́съл • *n* idea *(f)*
мит • *n* mito *(m)*
ми́то • *n* arancel *(m)*
митоло́гия • *n* mitología *(f)*
митохо́ндрия • *n* mitocondria *(f)*
миха́лица • *n* lota *(f)*
ми́шка • *n* ratón *(m)*, mouse *(m)*
ми́я • *v* lavar
млад • *adj* joven
младе́ж • *n* mozo *(m)*, joven *(f)*, juventud *(f)*, adolescente *(f)*, mancebo *(m)*
млади́ни • *n* juventud *(f)*, adolescencia *(f)*
младоже́нец • *n* novio *(m)*
младоже́нка • *n* novia *(f)*
мла́дост • *n* juventud *(f)*, adolescencia *(f)*
млати́ло • *n* mangual *(m)*
млека́рница • *n* lechería *(f)*
мле́чен • *adj* lácteo
мне́ние • *n* opinión *(f)*

мно́го • *adv* muy
многосло́вен • *adj* gárrulo
многосте́н • *n* poliedro
многото́чие • *n* puntos suspensivos
многоъгъ́лник • *n* polígono *(m)*
мно́жество • *n* gama
мобилиза́ция • *n* movilización
мобилизи́рам • *v* reclutar
мо́га • *v* poder
могъ́щ • *adj* poderoso
мо́да • *n* moda *(f)*
моде́м • *n* módem *(m)*
мо́ден • *adj* chic, elegante
моде́рен • *adj* contemporáneo, a la moda, contemporario
моде́рен • *adj* moderno *(m)*
моза́йка • *n* mosaico *(m)*
мо́зък • *n* cerebro *(m)*
мой • *pron* mío *(m)*, mío, de mí
мокри́ца • *n* cochinilla de humedad *(f)*, chanchito de tierra *(m)*, bicho bolita *(m)*, bicho de bola *(m)*, marranito *(m)*
мо́към • *adj* mojado
молба́ • *n* solicitud *(f)*, alegato *(m)*, oración *(f)*
моле́кула • *n* molécula *(f)*
мо́лец • *n* polilla *(f)*
моли́бден • *n* molibdeno *(m)*
мо́лив • *n* lápiz *(m)*
моли́тва • *n* oración *(f)*
моли́тви • *n* veneración *(f)*
молла́ • *n* mulá *(m)*
мо́ля • *v* rezar, suplicar, rogar
мо́ля • *v* pedir, requerir • *adv* por favor, favor de, porfa
мома́ • *n* cabra *(f)*, niña *(f)*, chica *(f)*, muchacha *(f)*, chamaca *(f)*, lola *(f)*, nena *(f)*, chiquilla *(f)*
моми́че • *n* cabra *(f)*, niña *(f)*, chica *(f)*, muchacha *(f)*, chamaca *(f)*, lola *(f)*, nena *(f)*, chiquilla *(f)*
моми́чешки • *adj* niña
момче́ • *n* tipo *(m)*, varón *(m)*, niño *(m)*, chico *(m)*, muchacho *(m)*, chaval *(m)*
момче́ • *n* novio *(m)*, pololo *(m)*, enamorado *(m)*
мо́мък • *n* mozo *(m)*, joven *(f)*, adolescente *(f)*, mancebo *(m)*
мона́рх • *n* monarca *(f)*
мона́рхия • *n* monarquía *(f)*
мона́х • *n* fraile
мона́х • *n* monje *(m)*
моне́та • *n* moneda *(f)*
монито́р • *n* monitor *(m)*
монополизи́рам • *v* acaparar, monopolizar
монотеи́зъм • *n* monoteísmo *(m)*

монтирам • *v* construir, ensamblar, montar
монумéнт • *n* monumento *(m)*
мор • *n* muerto *(m)*
мо́рав • *adj* morado
мо́рга • *n* morgue *(f)*, depósito de cadáveres *(m)*
море • *n* agua de mar *(f)*
морѐ • *n* mar *(f)*
морж • *n* morsa *(f)*
мо́рков • *n* zanahoria *(f)*
морфема • *n* morfema *(m)*
моряк • *n* marinero *(m)*, marinera *(f)*
моря́к • *n* marinero *(m)*
мост • *n* puente *(m)*, bóveda *(f)*
мостик • *n* puente *(m)*
мотивирам • *v* llevar, motivar
мотика • *n* azada *(f)*, azadón *(m)*
мотопед • *n* motocicleta *(f)*, motoneta *(f)*, ciclomotor
мото́р • *n* motor *(f)*, motor *(m)*
мотоциклéт • *n* motocicleta *(f)*, moto *(f)*
мочурище • *n* pantano *(m)*, ciénaga *(f)*, marisma *(f)*
мочурлив • *adj* pantanoso, cenagoso
мошеник • *n* defraudador
мошенически • *adj* fraudulento *(m)*
мощ • *n* fuerza *(f)*
мо́щен • *adj* poderoso
мра́вка • *n* hormiga *(f)*
мравояд • *n* cerdo hormiguero *(m)*, oso hormiguero *(m)*
мравуняк • *n* hormiguero *(m)*
мраз • *n* helada *(f)*, fresco *(m)*
мразовит • *adj* frío, frígido
мразя • *v* detestar
мра́зя • *v* odiar
мрак • *n* oscuridad *(f)*
мрачен • *adj* amargado, alegría, demacrado, lóbrego, oscuro, lúgubre, melancólico, taciturno
мрежа • *n* cuadrícula *(f)*, matriz *(f)*, rejilla, parrilla *(f)*
мрéжа • *n* red *(f)*
мръсен • *adj* sucio *(m)*, sucio, mugriento *(m)*, mugroso *(m)*, inmundo *(m)*, inmundo
мръ́сен • *adj* sucio
мръсотия • *n* mugre *(f)*, suciedad *(f)*, porquería *(f)*
му • *pron* le, la, lo, ello, eso
музéй • *n* museo *(m)*
му́зика • *n* música *(f)*
музикант • *n* músico *(m)*
му́мия • *n* momia *(f)*
муни́ции • *n* munición *(f)*

мура • *n* pino *(m)*
муска • *n* fetiche *(m)*
му́скул • *n* músculo *(m)*
мускус • *n* rata almizclera
муста́к • *n* bigote *(m)*, mostacho *(m)*
мутра • *n* jeta *(f)*
муфлон • *n* muflón *(m)*
му́ха • *n* mosca *(f)*, mosco
мухоморка • *n* amanita *(f)*
муча • *v* bramar, berrear
мушкато • *n* geranio *(m)*
мъгла́ • *n* niebla *(f)*
мъглявина • *n* nebulosa *(f)*
мъдрост • *n* sabiduría *(f)*
мъдър • *adj* sabio, juicioso
мъж • *n* macho *(m)*, varón *(m)*, hombre *(m)*, marido *(m)*, esposo *(m)*
междукам • *v* parpadear, titilar
междукане • *n* parpadeo *(m)*, luz tenue
мѐжество • *n* valor *(m)*, valentía *(f)*
мъжец • *n* úvula *(f)*, campanilla *(f)*
мъжкар • *n* buco *(m)*, gamo *(m)*, macho *(m)*, macho
мъжки • *adj* macho *(m)*, masculino *(m)*
мъ́жки • *adj* masculino *(m)*
мъзга • *n* savia
мъки • *n* angustia *(f)*, agonía *(f)*
мълва • *n* suspiro *(m)*
мѐлния • *n* relámpago *(m)*, rayo *(m)*
мълча • *adj* silencioso, callar
мълчалив • *adj* recatado
мълча́ние • *n* silencio *(m)*
мъмря • *v* reprender
мъна • *v* arrugar
мъначка • *n* puercoespín *(m)*
мънисто • *n* cuenta *(f)*
мъниче • *n* enano *(m)*
мъничък • *adj* diminuto, minúsculo, pequeñito
мързел • *n* pereza *(f)*
мъртвешки • *adj* cadavérico
мъртвите • *n* muertos *(m)*
мѐртъв • *adj* muerto
мърша • *n* carroña *(f)*
мършав • *adj* flaco, delgado
мъст • *n* venganza *(f)*
мътен • *adj* vidrioso, tenue, turbio
мѐфин • *n* muffin *(m)*
мъх • *n* musgo *(m)*
мъхнат • *adj* suave, peludo
мъчен • *adj* arduo, riguroso
мѐчен • *adj* difícil
мъчение • *n* tortura *(f)*, angustia, congoja *(f)*, anxtia *(f)*
мъчителен • *adj* aflictivo
мъчнотия • *n* dificultad *(f)*

мюезѝн • *n* almuédano, almuecín, muecín
мюзикъл • *n* musical *(m)*
мярка • *n* calibración *(f)*, medida *(f)*

Н

на • *prep* sobre, en
набег • *n* incursión *(m)*
набивам • *v* inculcar, recalcar
набивка • *n* empaquetadura *(f)*, junta *(f)*
набирам • *v* teclear
наблизо • *adv* por acá
наблъсквам • *v* atiborrar, atestar
наблюдавам • *v* mirar
набожност • *n* devoción *(f)*, fervor *(m)*
набор • *n* promoción *(f)*, reclutamiento *(m)*, leva *(f)*, conscripción *(m)*
наборник • *n* conscripto, recluta, colimba
набрашнявам • *v* enharinar
навалица • *n* multitud *(f)*, muchedumbre *(f)*, turba *(f)*, montón *(f)*, vulgo *(f)*
навес • *n* alero *(m)*
навѐс • *n* toldo *(m)*
навестя̀ • *v* visitar
навестя̀вам • *v* visitar
навечерие • *n* vigilia *(f)*, víspera *(f)*
навѝвка • *n* hélice *(f)*, espiral *(f)*
на̀вик • *n* habituación *(f)*, costumbre, costumbre *(f)*, hábito *(m)*
навлажнявам • *v* humedecer, humectar
наводнение • *n* anegamiento *(m)*, inundación *(f)*
наводнѐние • *n* inundación *(f)*, avenida *(f)*
наводняване • *n* anegamiento *(m)*
навреме • *adv* al alba
навсякъде • *adv* por todas partes, en todas direciones, en cualquier parte, dondequiera
нагласявам • *v* ajustar, arreglar, regular
нагласяване • *n* modificación *(f)*, ajuste *(m)*
нагласяем • *adj* ajustable, regulable, graduable
нагледен • *adj* gráfico
нагоре • *adv* arriba
награда • *n* premio *(m)*, galardón *(m)*
награждавам • *v* premiar, galardonar
нагъвам • *v* corrugar, engullir *(m)*

мя̀сто • *n* lugar *(m)*, sitio *(m)*
мятам • *v* poner

над • *prep* sobre, arriba, encima
надарявам • *v* dotar
надвивам • *v* derrotar, vencer
надвишавам • *v* exceder, sobrepasar
наддаване • *n* subasta *(f)*, remate
надебелявам • *v* engordar
надежда • *n* esperanza *(f)*
надежден • *adj* fiable
на̀деница • *n* embutido *(m)*, salchicha *(f)*, salchichón *(m)*
надиплям • *v* corrugar
надлежно • *adv* debidamente
надменен • *adj* gigantesco, arrogante, soberbio, altivo, altanero, creído, presumido
надменност • *n* arrogancia *(f)*, soberbia *(f)*, altanería *(f)*, altivez *(f)*
надмощие • *n* influencia *(f)*, ascendencia *(f)*, ascendiente *(m)*, predominio *(m)*
надолу • *adv* abajo
надпис • *n* título *(m)*, inscripción *(f)*, leyenda *(f)*
надписи • *n* subtítulo *(m)*
надсеменник • *n* epidídimo *(m)*
надувам • *v* inflar
надут • *adj* gigantesco, grandilocuente, grandílocuo, bombástico, rimbombante
надхвърлям • *v* exceder, sobrepasar
надя̀сно • *adv* a la derecha
наелектризиране • *n* electrificación *(f)*
наелектризиращ • *adj* electrizante
на̀ем • *n* renta *(f)*, alquiler
наѐма • *v* alquilar, arrendar, rentar
наемам • *v* emplear, contratar
наѐмам • *v* alquilar, arrendar, rentar
назад • *adv* a popa, atrás, hacia atrás • *prep* a popa, detrás
наза̀д • *adv* atrás
назализация • *n* nasalización *(f)*
название • *n* denominación *(f)*
наздраве • *interj* salud
назначавам • *v* designar, nombrar
назначѐние • *n* tarea *(f)*, nombramiento *(m)*
назовавам • *v* llamar, denominar, nombrar

наивен • *adj* cándido, ingenuo
наистина • *adv* verdaderamente, realmente, ¿en serio?, ¿de veras?
най-далечен • *adj* extremo *(m)*
най-добре • *adv* mejor *(m)*
най-добър • *adj* mejor
най-малък • *adj* mínimo *(m)*
найлон • *n* nylon *(m)*, nilón *(m)*, nailon *(m)*
накáжа • *v* castigar, punir
наказание • *n* castigo *(m)*
наказáние • *n* castigo *(m)*
накáзвам • *v* castigar, punir
наклон • *n* pendiente *(f)*, desnivel *(m)*
наклóн • *n* inclinación *(f)*
наковалня • *n* yunque *(m)*
наковáлня • *n* yunque *(m)*, bigornia *(f)*
накрая • *adv* al final, finalmente
накренявам • *v* carenar
накриво • *adv* de reojo, atravesado *(m)*
накъде • *adv* adónde, onde • *conj* adonde
накъдето • *adv* adónde, onde
накълцвам • *v* cortar, picar, tajar
налагам • *v* reventar, arruinar
налбантин • *n* herrador *(m)*, herradora *(f)*
належащ • *adj* urgente
налим • *n* lota *(f)*
наличен • *adj* disponible
налóг • *n* impuesto *(m)*, tasa *(f)*
наложителен • *adj* de peso
налóжница • *n* concubina *(f)*
налявo • *adv* a la izquierda
намазвам • *v* ungir, cubrir
намаление • *n* disminución *(f)*
намалявам • *v* disminuir, diminuir
намаляване • *n* disminución *(f)*, atenuación *(f)*
намек • *n* señal *(f)*, alusión
намекващ • *adj* alusivo
намерение • *n* objetivo *(m)*, intención *(m)*, intención *(f)*, voluntad *(f)*
наметало • *n* capa
намирам • *v* detectar
намúрам • *v* descubrir, encontrar, destapar, hallar
намиране • *n* descubrimiento *(m)*
намокрям • *v* empapar
намòрдник • *n* bozal *(m)*
намòтка • *n* hélice *(f)*, espiral *(f)*
намусен • *adj* lúgubre, melancólico, taciturno
нанадолнище • *n* bajada *(f)*
наново • *adv* otra vez, de nuevo
нанóво • *adv* de nuevo, nuevamente

нанóс • *n* aluvión *(m)*
наочници • *n* anteojeras *(f)*, gríngolas *(f)*
нападам • *v* atacar, asaltar, aturdir
нападáтел • *n* agresor *(m)*, agresora *(f)*
нападáтелен • *adj* agresivo
нападение • *n* ataque *(m)*, asalto *(m)*, acometimiento *(m)*
нападéние • *n* agresión *(f)*, ataque *(m)*
напáлм • *n* napalm *(m)*
напаст • *n* ruina *(f)*, desgracia *(f)*, maldición *(f)*, perdición *(f)*
напитка • *n* bebida *(f)*
напúтка • *n* bebida *(f)*, trago *(m)*
напомняне • *n* conmemoración *(f)*
напорист • *adj* enérgico, firme, categórico
напоявам • *v* empapar
направен • *adj* terminado
направлéние • *n* dirección *(f)*
напразен • *adj* inútil, fútil
напред • *adv* enfrente de, adelante, avante
напредвам • *v* avanzar, progresar, evolucionar
напреднал • *adj* avanzado
напредък • *n* avance, progreso, mejora *(f)*, desarrollo *(m)*
напречен • *adj* atravesado, transversal, de través
напръстник • *n* dedo *(m)*, dedal *(m)*
напрягам • *v* esforzar
напускам • *v* salir, partir, abandonar, irse
напускане • *n* salida *(f)*, partida *(f)*, abandono *(m)*
напуснат • *adj* abandonado *(m)*
напълно • *adv* completamente, totalmente
напълнявам • *v* ganar
напъпвам • *v* florecer, brotar, retoñar
напявам • *v* canturrear, salmodiar
нар • *n* granada *(f)*, granado *(m)*
нарáствам • *v* aumentar, incrementar
нарвал • *n* narval *(m)*
нареждам • *v* imponer, ordenar, mandar, disponer
нареждане • *n* solicitud *(f)*, orden *(f)*, mandato *(m)*
наречие • *n* adverbio *(m)*
нарисýвам • *v* dibujar
наричам • *v* llamar, apodar, denominar, nombrar
нарúчам • *v* llamarse
наричане • *n* denominación *(f)*
наркоман • *n* adicto *(m)*, drogadicto *(m)*, toxicómano *(m)*

наркотик • *n* droga *(f)*
народ • *n* pueblo *(m)*
нарόд • *n* nación *(f)*
народен • *adj* nacional
нарушение • *n* brecha *(f)*, violación *(f)*
нарушител • *n* delincuente
нарцис • *n* narciso *(m)*
наръч • *n* brazado *(m)*
насам • *adv* aquí, acá, hacia acá
насекόмо • *n* insecto *(m)*
населéние • *n* población *(f)*
населявам • *v* poblar
насилвам • *v* obligar, forzar, compeler, limitar, constreñir, restringir
насѝлвам • *v* violar
насилие • *n* coerción *(f)*
наситен • *adj* oscuro *(m)*, intenso *(m)*
насищам • *v* saciar
наслада • *n* placer *(m)*, gozo *(m)*, regocijo, deleite, delicia *(f)*, delectación *(f)*
наследство • *n* herencia *(f)*, heredad *(f)*
насмешлив • *adj* burlón, mofador
наставка • *n* sufijo *(m)*, afijo
настоявам • *v* asegurar
настоятелен • *adj* enérgico, firme, categórico
настоящ • *adj* existente
настоящe • *n* actual *(m)*, ahora, presente *(m)*
настрана • *adv* aparte, a un lado, separadamente
настрани • *adv* distante, apartado
настроение • *n* alegría *(f)*, humor *(m)*
настройка • *n* modificación *(f)*, ajuste *(m)*
настъпление • *n* ataque *(m)*
насърчавам • *v* animar, tolerar, permitir, alentar, apoyar
натам • *adv* por allí, hacia allá
натáм • *adv* por allí, hacia allá
нататък • *adv* por allí, hacia allá
натáтък • *adv* por allí, hacia allá
натоварвам • *v* gravar
наторявам • *v* fertilizar
натрапвам • *v* endilgar
нáтрий • *n* sodio *(m)*
натрупвам • *v* acumular, amontonar, reunir, juntar, amasar, recoger, apilar
натрупване • *n* aglomeración *(f)*, acumulación *(f)*, congestión *(f)*
натъпквам • *v* atiborrar, atestar
натъртвам • *v* machacar, mazar, magullar
натъртване • *n* contusión *(f)*
наýка • *n* ciencia *(f)*

нáфта • *n* petróleo *(m)*
нахалство • *n* desfachatez *(f)*, desvergüenza *(f)*, descaro *(m)*
находка • *n* hallazgo *(m)*
находчив • *adj* hábil, diestro, habilidoso, habiloso
нахранен • *adj* lleno, satisfecho
нахут • *n* garbanzo *(m)*
нацизъм • *n* fascismo *(m)*
национален • *adj* nacional
национализъм • *n* nacionalismo *(m)*
национáлност • *n* nacionalidad *(f)*
нáция • *n* nación *(f)*
нàция • *n* pueblo *(m)*
началник • *n* comandante *(m)*
начáлник • *n* jefe *(m)*
начало • *n* exordio *(m)*, comienzo *(m)*, inicio *(m)*, estreno *(m)*
начáло • *n* principio *(m)*, comienzo *(m)*, inicio *(m)*
начертаване • *n* dibujo técnico *(m)*
начинаещ • *n* principiante, novato *(m)*, iniciado *(m)*
наш • *pron* lo nuestro
нашийник • *n* collar *(m)*, yugo *(m)*
нащърбвам • *v* abollar
наясно • *adj* consciente
не • *adv* no • *n* no
неактивен • *adj* latente
неандерталец • *n* neandertal *(m)*
небé • *n* cielo *(m)*, paraíso *(m)*, firmamento *(m)*
небесá • *n* paraíso *(m)*, cielos
небесен • *adj* divino
небéсен • *adj* celestial
небесносин • *adj* cielo azul • *n* cerúleo *(m)*
неблагоприятен • *adj* desaventajado *(m)*, desventajoso *(m)*, adverso, desfavorable
небосвод • *n* firmamento *(m)*
небостъргач • *n* rascacielos *(m)*, torre *(f)*
небрежен • *adj* indiferente, despreocupado
небце • *n* paladar *(m)*
невéдение • *n* ignorancia *(f)*
невéжество • *n* ignorancia *(f)*
невероятен • *adj* dudoso
невидение • *n* oscuridad *(f)*
невидим • *adj* invisible
невинен • *adj* inocente
невнимателен • *adj* descuidado, irresponsable, negligente
неволен • *adj* involuntario
неволно • *adv* involuntario
неврόза • *n* neurosis *(f)*

неврология • *n* neurología *(f)*
невъзпитан • *adj* descortés
невярващ • *adj* incrédulo
него • *pron* le, la, lo, ello, eso
негодник • *n* gusano *(m)*, bribón *(m)*, canalla *(f)*, bellaco *(m)*, villano *(m)*
négъp • *n* negro *(m)*, negra *(f)*
негърка • *n* negra *(f)*
négъpкa • *n* negro *(m)*, negra *(f)*
недоверие • *n* desconfianza *(f)*, recelo *(m)*
недоверчив • *adj* desconfiado, receloso
недоволник • *n* descontento
недоволство • *n* descontento *(m)*, queja *(f)*
недодялан • *adj* insignificante *(m)*
недоизкусурен • *adj* desprolijo
недоимък • *n* escasez *(f)*
недостатък • *n* falla *(f)*, tacha *(f)*, defecto *(m)*, mancha *(f)*, marca *(f)*, maca *(f)*, imperfección, desperfecto
недостатъчен • *adj* deficiente
недостиг • *n* deficiencia
недостигащ • *adj* deficiente
недостъпен • *adj* arduo, inasequible, inaccesible
недъгавост • *n* discapacidad *(f)*
неестествен • *adj* artificial
нежен • *adj* suave, afectuoso, tenue, simple, desabrido, debil
неженен • *adj* célibe
нежéнен • *adj* soltero
нежно • *adv* suave, mansamente
нежност • *n* apego *(m)*
незабавно • *adv* inmediatamente
незабравка • *n* nomeolvides *(f)*
независим • *adj* autónomo *(m)*
независимост • *n* autonomía *(f)*
незави́симост • *n* independencia *(f)*
незает • *adj* libre, ocioso, desocupado
законнороден • *n* bastardo
незачитане • *n* descuidar, desatender
незнание • *n* oscuridad *(f)*
незна́ние • *n* ignorancia *(f)*
неизброим • *adj* innombrable
неизгоден • *adj* desaventajado *(m)*, desventajoso *(m)*
неизменен • *adj* constante
неизписан • *adj* blanco
неизползван • *adj* libre, desocupado
неизправен • *adj* defectuoso
неизпълнение • *n* mora *(f)*
неин • *pron* el suyo *(m)*, los suyos, la suya *(f)*, las suyas
неистов • *adj* frenético *(m)*
ней • *pron* le, la, lo, ello, eso

некромантия • *n* nigromancia, necromancia
нелегáлен • *adj* clandestino
нелеп • *adj* absurdo
нелепост • *n* absurdo
неловък • *adj* embarazoso, delicado
нелюбезност • *n* frialdad *(f)*, displicencia
немарлив • *adj* despreocupado
нематериален • *adj* inmaterial
немощен • *adj* endeble, débil
нему • *pron* le, la, lo, ello, eso
немузикален • *adj* sin oído musical
ненавиждам • *v* detestar, abominar
ненави́ждам • *v* odiar
ненáвист • *n* odio *(m)*
ненавистен • *adj* abominable, aborrecible
ненадейно • *adv* repentinamente, de pronto, súbitamente
неналичен • *adj* inasequible, inaccesible
ненаситен • *adj* ávido, goloso, glotón, codicioso
ненаситност • *n* gula, glotonería *(f)*
ненормален • *adj* loco, anormal
ненормалност • *n* anormalidad *(f)*
необикновен • *adj* extraordinario
необитаван • *adj* desolado *(m)*, desierto *(m)*
необичаен • *adj* anormal
необичайност • *n* anormalidad *(f)*
необмислен • *adj* tosco
необработен • *adj* grosero, bruto
необуздан • *adj* animal
неоди́м • *n* neodimio *(m)*
неодобрение • *n* censurar, desaprobación *(f)*
неодобрителен • *adj* despectivo *(m)*
неомъжена • *adj* célibe
неомъ́жена • *adj* soltero
неóн • *n* neón *(m)*
неопетнен • *adj* inocente
неопитомен • *adj* feroz, fiero *(m)*, ferino *(m)*
неоседлан • *adv* a pelo
неоспорим • *adj* incondicional
неотдавнашен • *adj* reciente
неотложен • *adj* urgente
неотчетлив • *adj* tenue
неофициален • *adj* informal
неóхотен • *adj* renuente, reacio
неоцветен • *adj* acromático *(m)*
неплатежоспособност • *n* insolvencia *(f)*
неплодороден • *adj* estéril, infértil
неподатлив • *adj* firme, categórico,

inflexible, impenetrable, obstinado
неподреден • *adj* desordenado
неподходящ • *adj* inapropiado
неподчинение • *n* contumacia, desobediencia *(f)*
непокорен • *adj* insubordinado
непокóрен • *adj* desobediente
непокорство • *n* desafío *(m)*
непокрит • *adj* desnudo *(m)*
непокѐтнат • *adj* entero
непопълнен • *adj* blanco
непорóчност • *n* castidad *(f)*
непослушание • *n* desobediencia *(f)*
непослушен • *adj* travieso, maleducado
непослýшен • *adj* desobediente
непосредствен • *adj* directo
непостоянен • *adj* inconstante, caprichoso, antojadizo, variable, cambiante, irregular, errático
непостоя́нен • *adj* inconstante, voluble, pendular
непохватен • *adj* torpe, insignificante *(m)*, desmañado
непохватност • *n* torpeza
непочтен • *adj* embustero, mentiroso, deshonesto
непочтителен • *adj* insolente, fresco
непочтителност • *n* locuacidad *(f)*
неправилен • *adj* defectuoso *(m)*, erróneo, anormal, imperfecto *(m)*, anómalo
неправилно • *adv* inadecuadamente
неправилност • *n* anormalidad *(f)*, anomalía *(f)*
неправоспособност • *n* incapacidad *(f)*
непредвидим • *adj* caprichoso, antojadizo
непредвидимост • *n* contingencia
непреклонен • *adj* firme, categórico, inflexible, impenetrable, obstinado
непрекъснат • *adj* continuo, constante
непрекъснатост • *n* continuidad *(f)*
неприветлив • *adj* frío
неприличащ • *adj* desemejante
неприличен • *adj* grosero, sucio, verde, guarro, indecente, obsceno
непристоен • *adj* grosero, sucio *(m)*, guarro *(m)*, pelado *(m)*, indecente, obsceno, obsceno *(m)*
неприя́зън • *n* animosidad *(f)*, animadversión *(f)*, aversión *(f)*
неприятел • *n* adversario *(m)*, adversaria *(f)*
неприя́тел • *n* enemigo *(m)*

неприятен • *adj* desagradable
неприятности • *n* tribulación *(f)*
непрозрачен • *adj* denso *(m)*, tupido *(m)*, turbio
непропорционален • *adj* desproporcionado *(m)*
непряк • *adj* tortuoso
нептýний • *n* neptunio *(m)*
неразумен • *adj* tonto
неразýмен • *adj* tonto, necio, imprudente
нерв • *n* nervio *(m)*
нервен • *adj* nervioso
нереален • *adj* fantástico *(m)*, imaginado *(m)*
нерешителен • *adj* indeciso *(m)*
нерешителност • *n* indecisión *(f)*
несвойствен • *adj* extrínseco
несериозен • *adj* frívolo
неспецифичен • *adj* genérico
несполука • *n* adversidad *(f)*, fracaso *(m)*, fallo *(m)*
несравним • *adj* dispar *(f)*, heterogéneo *(m)*, variado *(m)*
несръчен • *adj* torpe, desmañado, patoso *(m)*
несръчност • *n* torpeza
нестабилен • *adj* mal, genio, mañoso
несъвместимост • *n* discrepancia *(f)*
несъвършен • *adj* deficiente
несъгласие • *n* diferencia *(f)*, discordia *(f)*, disensión *(f)*, discrepancia *(f)*
несъизмерим • *adj* dispar *(f)*, heterogéneo *(m)*, variado *(m)*
несъмнен • *adj* claro, nítido, obvio, definido
несъмнено • *adv* ciertamente, sin duda
несъответен • *adj* desproporcionado *(m)*
несъответствие • *n* discrepancia *(f)*
несъществуващ • *adj* ausente
нетактичен • *adj* tosco, torpe
нетърпели́в • *adj* impaciente, ilusionado, entusiasmado, ávido, anhelante
нетърпение • *n* avidez *(f)*, ansia *(m)*
нетърпи́м • *adj* intolerante
неуважение • *n* desacato *(m)*, respeto, irrespeto *(m)*
неуважителен • *adj* irrespetuoso
неудачник • *n* fracasado *(m)*
неудобен • *adj* embarazoso, delicado
неудобство • *n* desventaja *(f)*
неукрасен • *adj* desnudo
неуловим • *adj* elusivo
неупотреба • *n* desuso *(m)*

неуспех • *n* fracaso *(m)*, fallo *(m)*
неустойка • *n* mora *(f)*
неустрашим • *adj* intrépido, impávido, sin miedo, impertérrito
неутешим • *adj* desconsolado *(m)*
неучтив • *adj* descortés
неф • *n* nave *(f)*
нехранимайко • *n* vago *(m)*, vagabundo *(m)*
нечестен • *adj* sucio, embustero, mentiroso, deshonesto
нечувствителност • *n* apatía *(f)*
нещастие • *n* miseria *(f)*
нещо • *pron* algo, alguna cosa, cualquier cosa • *n* cosa *(f)*
нея • *pron* le, la, lo, ello, eso
неясен • *adj* ambiguo, impreciso *(m)*, impreciso, abstruso *(m)*, tenue, vago
нива • *n* campo *(m)*
нива́ • *n* campo *(m)*
ни́вга • *adv* jamás, nunca
нивелир • *n* nivel *(m)*
ниво • *n* nivel *(m)*
ниво́ • *n* nivel *(m)*
ни́е • *pron* nosotros *(m)*, nosotras *(f)*
низ • *n* cadena *(f)*
низък • *adj* bajo
ни́кел • *n* níquel *(m)*
ни́кога • *adv* jamás, nunca
никой • *pron* alguno *(m)*, alguna *(f)*
никъде • *adv* en ninguna parte
ниобий • *n* niobio *(m)*
нисък • *adj* humilde *(m)*, bajo, grave
ни́сък • *adj* bajo, bajo *(m)*
нит • *n* remache *(m)*
нито • *conj* tampoco
нихилизъм • *n* nihilismo
ни́ша • *n* hornacina *(f)*, hueco *(m)*, nicho *(m)*
нишка • *n* cuerda *(f)*, cordel *(m)*, mecate *(m)*
ни́шка • *n* argumento *(m)*, hilo *(m)*, tema *(m)*, subproceso *(m)*, proceso ligero *(m)*, filamento

нишковиден • *adj* fibroso
нищо • *pron* nada
но • *conj* aunque, pero
нобе́лий • *n* nobelio *(m)*
нов • *adj* nuevo
новак • *n* principiante, novato *(m)*, iniciado *(m)*
нови́ни • *n* noticias
новопокръстен • *n* catecúmeno *(m)*, catecúmena *(f)*
но́вости • *n* noticias
нож • *n* filo *(m)*, cuchillo *(m)*
но́жица • *n* tijera *(f)*
но́здра • *n* narina
но́здря • *n* narina
но́кът • *n* uña *(f)*, garra *(f)*, garra
но́мер • *n* número *(m)*
но́рма • *n* norma *(f)*
нос • *n* proa *(f)*, cabo *(m)*, nariz *(f)*
носач • *n* transportista *(f)*
носилка • *n* camilla *(f)*
носия • *n* atavío *(m)*, traje *(m)*, galas
носоро́г • *n* rinoceronte *(m)*
носталгия • *n* nostalgia *(f)*, añoranza *(f)*, morriña *(f)*
нося • *v* llevar, transportar, trasladar, portar
нося́ • *v* llevar
но́ся • *v* llevar, cargar
нота́риус • *n* notario *(m)*
нощ • *n* noche *(f)*
но́щен • *adj* nocturno
нощница • *n* camisón
нрав • *n* carácter *(m)*, temperamento *(m)*
ну́жда • *n* falta *(f)*, carencia *(f)*, penuria *(f)*
нютон • *n* newton *(m)*
някога • *adv* otrora, antes
някой • *pron* alguien, alguno *(m)*, alguna *(f)*
ням • *adj* mudo *(m)*

O

оба́че • *adv* sin embargo
обаяние • *n* encanto *(m)*
обвинение • *n* acusación *(f)*
обвинител • *n* acusador *(m)*
обвинителен • *adj* acusatorio
обвинявам • *v* acusar, denunciar, culpar, reprochar, echar la culpa, denominar, nombrar
обвиняващ • *adj* acusatorio
обвиняем • *n* culpable *(m)*, acusado *(m)*
обвързване • *n* compromiso *(m)*
обгарям • *v* quemar, cauterizar
обгаряне • *n* cauterización *(f)*
обединение • *n* combinación *(f)*
обединявам • *v* juntar, combinar, unir,

consolidar
обединяване • *n* coalescencia *(f)*
обезглавявам • *v* decapitar
обезглавя́вам • *v* descabezar, decapitar
обезглавяване • *n* decapitación *(f)*
обеззаразявам • *v* desinfectar
обеззаразяване • *n* desinfección *(f)*
обезкостявам • *v* deshuesar, quitar las espinas
обезкуражавам • *v* descorazonar, frustrar, agobiar, acobardar
обезобразявам • *v* desfigurar
обезобразяване • *n* deformación *(f)*
обезоръжавам • *v* desarmar
обезпокоен • *adj* inquieto, ansioso
обезпокоявам • *v* preocupar
обезсилвам • *v* debilitar, enervar, emascular
обезсърчавам • *v* deprimir, reducir, descorazonar, acobardar
обезсърчен • *adj* desanimado
обезумял • *adj* frenético *(m)*
обезцветявам • *v* blanquear, curar, decolorar
обезценяване • *n* devaluación *(f)*, depreciación *(f)*
обезщетение • *n* ajuste, compensación, descuento, reducción
обе́кт • *n* objeto *(m)*, objecto *(m)*
обелвам • *v* excoriar
обем • *n* volumen *(m)*, masa *(f)*
обемист • *adj* masivo *(m)*, masiva *(f)*, voluminoso, espacioso *(m)*
обе́ся • *v* ahorcar
обещание • *n* acuerdo *(m)*, compromiso *(m)*, promesa *(f)*
обзавеждам • *v* amoblar, amueblar
обида • *n* afrenta *(f)*
оби́да • *n* injuria *(f)*, ofensa *(f)*, contumelia *(f)*
обиден • *adj* ofensivo *(m)*, ofensiva *(f)*
обикалям • *v* moverse en círculo
обикаляне • *n* circulación *(f)*
обикновен • *adj* común, banal, convencional
обикновено • *adv* generalmente, por lo general
обиколка • *n* circunferencia *(f)*, desvío *(m)*
обилен • *adj* generoso, abundante, copioso, cuantioso
обилие • *n* abundancia
обитавам • *v* poblar
обита́вам • *v* habitar, morar, residir
обита́тел • *n* habitante, residente *(m)*, lugareño *(m)*

обица́ • *n* pendiente *(m)*, caravana *(f)*, arete *(m)*, arito *(m)*, aro *(m)*, chapa *(f)*, pantalla *(f)*, zarcillo *(m)*
обич • *n* amor *(m)*, apego *(m)*, cariño *(m)*
оби́чай • *n* habituación *(f)*, costumbre
обичайно • *adv* comúnmente
обичам • *v* gustar, ser atraído por
оби́чам • *v* tener cariño, querer
обичан • *adj* amado
обкръжавам • *v* cercar, sitiar
облагам • *v* determinar
облак • *n* nube *(f)*
област • *n* área *(f)*, ámbito *(m)*, alcance *(m)*, región *(f)*, dominio *(m)*
о́бласт • *n* ámbito *(m)*, campo *(m)*, terreno *(m)*, provincia *(f)*
о́блачен • *adj* nublado
облека • *v* vestirse
облека́ • *v* vestir
облекло • *n* atuendo *(m)*, atavío *(m)*, galas
облекло́ • *n* atavío *(m)*, ropa *(f)*
облекчавам • *v* apaciguar, aliviar, mitigar, calmar, satisfacer, paliar, aplacar
облига́ция • *n* bono *(m)*, obligación *(f)*
облицовка • *n* capa *(f)*, recubrimiento *(m)*
обличам • *v* vestir, arreglar, vestirse
обли́чам • *v* vestir
обличане • *n* vestirse
облог • *n* apuesta
обмислям • *v* contemplar, considerar, deliberar
обмисляне • *n* consideración *(f)*
обно́ски • *n* conducta *(f)*, comportamiento *(m)*
обогатявам • *v* enriquecer
ободряване • *n* regocijo *(m)*
обожавам • *v* querer
обожаем • *adj* encantador, adorable
обожател • *n* admirador *(m)*, admiradora *(f)*
обожествявам • *v* deificar, endiosar
обожествяване • *n* apoteosis *(f)*
обозначавам • *v* definir, designar, demarcar, delimitar
обой • *n* oboe *(m)*
обор • *n* establo *(m)*
оборот • *n* ciclo *(m)*
оборудвам • *v* equipar
оборудване • *n* equipamiento *(m)*, equipo *(m)*, bagaje, furgón, tren de equipajes, material, instalación *(m)*
обработен • *adj* terminado
обработка • *n* cultivo *(m)*, cultivación

óбраз • *n* cara *(f)*, gesto *(m)*, mueca *(f)*
образóвам • *v* educar, instruir
образовáние • *n* educación *(f)*
образувáне • *n* generación
обрáтен • *adv* en contra • *adj* opuesto
обратѝм • *adj* convertible
обрáтно • *adv* atrás
обращéние • *n* circulación *(f)*
обрéд • *n* ritual *(m)*, rito *(m)*
обрéден • *adj* ceremonial
обременѝтелен • *adj* pesado
обременявам • *v* gravar
обременяващ • *adj* exigente, agotador, pesado, arduo, penoso, fastidioso, puñeta
обрѝчам • *v* condenar
обрѝщам • *v* convertir
обрѝщане • *n* conversión *(f)*
обрѝд • *n* ceremonia *(f)*
обрѝзвам • *v* circuncidar
обрѝзване • *n* circuncisión *(f)*
обсаждам • *v* cercar, sitiar
обсéг • *n* cobertura *(f)*
обсерватóрия • *n* observatorio *(m)*
обстанóвка • *n* contexto *(m)*, marco *(m)*, ambiente, clima
обстоятéлство • *n* circunstancia *(f)*
обсъждам • *v* debatir, consultar, conversar, discutir
обсъждане • *n* discusión *(f)*, consulta *(f)*
обýвка • *n* calzado *(m)*, zapato *(m)*
обýвки • *n* calzado *(m)*
обучáвам • *v* educar, escolarizar, instruir
обущáр • *n* zapatero *(m)*, zapatera *(f)*
обущáр • *n* zapatero *(m)*, zapatera *(f)*
обхвáт • *n* área *(f)*, ámbito *(m)*, alcance *(m)*, cobertura *(f)*
обхвáщам • *v* comprender, rodear, circundar
обширен • *adj* extenso, amplio, vasto, genérico
óбщ • *adj* común, general, conjunto *(m)*, total *(m)*
общежѝтие • *n* dormitorio *(m)*, residencia estudiantil *(f)*
óбщество • *n* comunidad *(f)*, compañía *(f)*, sociedad *(f)*
общѝтелен • *adj* comunicativo
общоприéт • *adj* actual
общýвам • *v* comunicar, relacionar
общýване • *n* comunicación *(f)*
объркан • *adj* avergonzado, caótico, complicado, confuso, destrozado, trastornado, perturbado, deshecho, afligido
объркáност • *n* complejidad *(f)*
обърквам • *v* desconcertar, confundir, avergonzar, ofuscar, confundirse
обѝркване • *n* confusión
обѝркващ • *adj* desconcertante
обявявам • *v* anunciar
обяд • *n* almuerzo *(m)*, comida *(f)*
обядвам • *v* almorzar, cenar
обяздване • *n* adiestramiento *(m)*, entrenamiento *(m)*
обяснéние • *n* explicación *(f)*
обяснявам • *v* exponer
обяснявам • *v* explicar
овéн • *n* carnero *(m)*, morueco *(m)*, ariete *(m)*
овéс • *n* avena *(f)*
овлажнявам • *v* humedecer
овóшка • *n* fruta *(f)*, fruto *(m)*
овцá • *n* oveja *(f)*, oveja madre *(f)*
огледáло • *n* espejo *(m)*
оглушáвам • *v* ensordecer
оглушѝтелен • *adj* ensordecedor *(m)*
огнеупóрен • *adj* ignífugo
огнехвъргáчка • *n* lanzallamas *(m)*
óгнище • *n* chimenea *(f)*
оголвам • *v* desnudar
оголен • *adj* desnudo
огорчáвам • *v* mortificar
огорчéние • *n* aflicción *(f)*, tribulación *(f)*, disgusto *(m)*
ограбвам • *v* despojar
огрáда • *n* cerca *(f)*, cerramiento *(m)*, barda *(f)*, valla *(f)*, seto *(m)*
ограждам • *v* cercar
ограничáвам • *v* circunscribir, privar, impedir, limitar, confinar
ограничáвам • *v* limitar
ограничáвам • *v* limitar
ограничен • *adj* determinado, apretado
ограничен • *adj* limitado, finito
ограничéние • *n* límite *(m)*
ограничѝтелен • *adj* restrictivo
огрóмен • *adj* gigante, gigantesco, enorme, colosal, vasto
огън • *n* fuego *(m)*
óгън • *n* fuego *(m)*
óгънат • *adj* plegado
огърлица • *n* collar *(m)*
огърлица • *n* collar *(m)*
одéжда • *n* prenda *(f)*
одéжда • *n* atavío *(m)*, ropa *(f)*
одеколóн • *n* agua de Colonia *(f)*
одеяло • *n* manta *(f)*, cobija *(f)*, colcha *(f)*, frazada *(f)*, frisa *(f)*
одеяние • *n* atuendo *(m)*, atavío *(m)*

одирам • *v* desollar, despellejar, excoriar
одит • *n* auditoría *(f)*
одитирам • *v* auditar
одобрявам • *v* autorizar
одушевен • *adj* animado
оженен • *adj* casado
оживен • *adj* enérgico, brioso
оживявам • *v* avivar
ожулвам • *v* escoriar, raspar
ожулване • *n* rasguño *(m)*, raspadura *(f)*, irritación *(f)*, escocimiento *(m)*
озаглавявам • *v* intitular
озадачавам • *v* desconcertar
означавам • *v* designar, connotar, señalar, denotar, marcar
означа́вам • *v* significar, querer decir
озо́н • *n* ozono *(m)*
ок • *n* eje *(m)*
океан • *n* agua de mar *(f)*
океа́н • *n* océano *(m)*
окичвам • *v* adornar, ornar, engalanar
оклеветявам • *v* calumniar
око • *n* ojo del huracán *(m)*
око́ • *n* ojo *(m)*
оковавам • *v* engrillar, aherrojar
окови • *n* traba *(f)*, grillos *(m)*, pihuela *(f)*, obstáculo *(m)*
околен • *adj* tortuoso
околия • *n* distrito
около • *prep* aproximadamente, a eso de, cerca de, alrededor
о́коло • *adv* aproximadamente
окончателен • *adj* autorizado, tajante, concluyente
окончáтелно • *adv* por fin
окръг • *n* condado *(m)*, distrito
окръжавам • *v* circunscribir, cercar, rodear, ceñir, encerrar
окръжение • *n* ambiente, medio, entorno
окръжност • *n* círculo *(m)*, circunferencia *(f)*
октопо́д • *n* pulpo *(m)*
окултизъм • *n* oculto *(m)*, ocultismo
окупáция • *n* ocupación *(f)*
окуражавам • *v* animar, alentar
окуражаващ • *adj* alentador, esperanzador
окървавен • *adj* ensangrentado, sanguinolento *(m)*, sangriento *(m)*, sangriento, cruento
окървавявам • *v* ensangrentar
окъснял • *adj* tardío
о́лио • *n* aceite *(m)*, óleo *(m)*
олицетворение • *n* encarnación *(f)*
олицетворявам • *v* personificar, encarnar
олово • *n* plomo *(m)*
олтáр • *n* altar *(m)*
ом • *n* ohmio *(m)*
омагьосан • *adj* embelesado
омагьосвам • *v* encantar, hechizar
омагьосване • *n* encantamiento *(m)*
омайвам • *v* cautivar, subyugar, embrujar, hechizar
омаловажавам • *v* menospreciar, minimizar, denigrar
омаломощавам • *v* debilitar, enervar
омáр • *n* langosta *(f)*
омега • *n* omega *(f)*
омнибус • *n* autobús *(m)*
омрáза • *n* odio *(m)*
омъ̀жена • *adj* casado
ономатопея • *n* onomatopeya *(f)*, onomatopeya
опазвам • *v* conservar
опако • *n* revés *(m)*, envés *(m)*, reverso *(m)*
опаковам • *v* empaquetar
опандизвам • *v* encarcelar, aprisionar
опасвам • *v* cercar, rodear, ceñir, encerrar
опасен • *adj* aventurado, arriesgado
опáсен • *adj* peligroso
опасение • *n* aprensión *(f)*
опáсност • *n* peligro *(m)*
опáшка • *n* cola *(f)*, fila *(f)*, línea *(f)*
опекун • *n* fiduciario *(m)*, fiduciaria *(f)*, mandatario, apoderado, procurador, representante, curador, administrador *(m)*, albacea *(f)*
о́пера • *n* ópera *(f)*
операция • *n* operación *(m)*, operación *(f)*
оперéта • *n* opereta *(f)*
опетнявам • *v* manchar, ensuciar, contaminar, impurificar, emborronar
опипвам • *v* tocar, sentir
описание • *n* descripción *(f)*, señalamiento
описáние • *n* reporte *(m)*
описвам • *v* representar, describir
опит • *n* ensayo *(m)*, tentativa *(f)*, experimento *(m)*, prueba *(f)*, intento *(m)*, experiencia *(f)*, vivencia *(f)*
опитвам • *v* gustar, tratar, probar, catar, intentar
опитен • *adj* consumado, hábil, experto, empírico, experimental
опитомявам • *v* domesticar
опитомяване • *n* domesticación *(f)*
опиянен • *adj* borracho, ebrio
оплаквам • *v* quejar, lamentar,

deplorar
оплакване • *n* queja *(f)*
оплитам • *v* enredar
оплождам • *v* fecundar
оплождане • *n* fertilización *(f)*
опора • *n* apoyo *(m)*, sostén *(m)*, refuerzo *(m)*, muleta *(f)*, soporte *(m)*
опóра • *n* baluarte *(m)*
опосум • *n* carachupa *(f)*, chucha *(f)*, faro *(m)*, zarigüeya *(f)*, comadreja *(f)*, muca *(f)*, rabipelado *(m)*, raposa *(f)*, tacuacín *(m)*, tacuazín *(m)*, tlacuache *(m)*, zorro cola pelada *(m)*, zorro pelón *(m)*
оправдавам • *v* absolver, exonerar, eximir
оправдаване • *n* absolución *(f)*
оправдание • *n* excusa *(f)*
оправдáние • *n* disculpa *(f)*, excusa *(f)*
оправям • *v* ajustar
опрашване • *n* fecundación *(f)*
определен • *adj* concreto, específico, determinado, nítido
определéние • *n* definición *(f)*
определям • *v* determinar, asignar, definir, designar, gravar, titular, imponer, especificar, precisar, nombrar, definirse
опредéлям • *v* determinar
определяне • *n* determinación *(f)*
опровергавам • *v* contradecir, desmentir
опровергáвам • *v* negar
опрощавам • *v* absolver, perdonar, exonerar, condonar
опрощение • *n* absolución *(f)*
опустошавам • *v* devastar
опустошение • *n* devastación *(f)*, asolamiento *(m)*, arrasamiento *(m)*
опушвам • *v* fumigar
оранжев • *n* naranja *(m)*, anaranjado *(m)*
орáнжев • *adj* naranja, anaranjado
орбита • *n* órbita *(f)*
оргáзъм • *n* orgasmo *(m)*
организáция • *n* organización *(f)*
организъм • *n* organismo *(m)*
органúзъм • *n* organismo *(m)*
орден • *n* condecoración *(f)*
орéл • *n* águila *(f)*
ореол • *n* aureola *(f)*
орех • *n* nuez *(f)*, fruta seca *(f)*
орешарка • *n* cascanueces *(m)*
оригване • *n* eructo *(m)*, regüeldo *(m)*
оригинáл • *n* maestro *(m)*
оригинален • *adj* verdadero, genuino, auténtico, legítimo

орúз • *n* arroz *(m)*
оризище • *n* arrozal *(m)*
орис • *n* destino *(m)*, azar *(m)*
оркестър • *n* banda *(f)*, grupo *(m)*, orquesta *(f)*
орлов • *adj* aguileño
орна • *adj* arable, cultivable
ортогрáфия • *n* ortografía *(f)*
ортоклаз • *n* ortoclasa *(f)*, ortosa *(f)*
оръдие • *n* instrumento *(m)*, herramienta *(f)*
оръдие • *n* cañón *(m)*
оръженосец • *n* escudero *(m)*, escudero
оръжие • *n* arma *(f)*
оръжие • *n* arma *(f)*
орязвам • *v* recortar
ос • *n* eje *(m)*
осá • *n* avispa *(f)*
осведомен • *adj* versado, consciente
освен • *prep* excepto, salvo • *adv* de lo contrario, si no
осветявам • *v* iluminar
освещавам • *v* consagrar
освирквам • *v* rechiflar, abuchear
освиркване • *n* rechifla *(f)*, abucheo *(m)*
освободен • *adj* exento
освободя • *v* liberar
освобождавам • *v* absolver, exculpar, despedir, librar, descargar, liberar
освобождение • *n* liberación *(f)*
осезáние • *n* sensación
осемдесети • *adj* octogésimo
осигурявам • *v* asegurar, garantizar
осиновя́ • *v* adoptar, ahijar
осиновя́вам • *v* adoptar, ahijar
осиновяване • *n* adopción *(f)*
осквернявам • *v* ensuciar, contaminar, impurificar
оскверня́вам • *v* profanar, desecrar
оскубвам • *v* esquilar, esquilmar
оскъдица • *n* hambruna *(f)*
оскърбителен • *adj* ofensivo *(m)*, ofensiva *(f)*
оскърбление • *n* afrenta *(f)*
оскърблéние • *n* injuria *(f)*, ofensa *(f)*, contumelia *(f)*
оскърбявам • *v* afrentar, ofender
ослепявам • *v* cegar
осми • *adj* octavo *(m)*, octava *(f)*
осмивам • *v* ridiculizar, burlarse
осмиване • *n* irrisión *(f)*
óсмий • *n* osmio *(m)*
осмоъгълник • *n* octágono *(m)*
основа • *n* base *(f)*, cimiento *(m)*, pie *(m)*

осноравам • *v* establecer
основаване • *n* fundación, establecimiento *(m)*
основа́ние • *n* reporte *(m)*
основател • *n* fundador *(m)*
основен • *adj* básico *(m)*, capital, cardinal, basal • *n* jefe *(m)*
особен • *adj* distinto, extraño, extraño *(m)*, raro *(m)*, raro, extrañísimo, estrafalario, inusual
особено • *adv* extremadamente
особеност • *n* característica *(f)*
оспорвам • *v* cuestionar, impugnar, oponerse
оставам • *v* habitar, morar, continuar
останал • *v* sobrado *(m)*, sobras *(f)*
остарявам • *v* envejecerse
остарял • *adj* anticuado
остатъци • *n* basura *(f)*, cachureo *(m)*, ñiqueñaque *(m)*
острие • *n* hoja *(f)*, cuchilla *(f)*
о́стров • *n* isla *(f)*
островръх • *adj* cuspidado
остър • *adj* agudo, acre, grave
о́стър • *adj* afilado, filoso
осъждам • *v* condenar, sentenciar
осъждане • *n* sentencia *(f)*, condena *(f)*, condenación
осъществим • *adj* factible
осъществимост • *n* viabilidad *(f)*, factibilidad *(f)*
осъществявам • *v* conseguir, lograr, efectuar, realizar
от • *prep* desde, de
отбелязвам • *v* cotejar
отбив • *n* descuento *(m)*, rebaja
отбивам • *v* evitar
отблъсквам • *v* evitar
отблъскващ • *adj* frío, asombroso *(m)*, chocante, ofensivo
отбран • *adj* exquisito
отбра́на • *n* defensa *(f)*
отброяване • *n* cuenta atrás *(f)*, cuenta regresiva *(f)*
отбягвам • *v* evitar, evadir, esquivar, abstenerse
отвал • *n* basural, tiradero, vertedero
отвеждам • *v* conducir
отверстие • *n* abertura *(f)*
ответник • *n* acusado *(m)*
отвличам • *v* entretener, desviar, distraer, raptar, secuestrar
отвличане • *n* rapto *(m)*, secuestro *(m)*, distracción *(f)*
отводнявам • *v* desaguar
отвор • *n* abertura *(f)*
отвратителен • *adj* perro,

desagradable *(f)*, detestable *(f)*, odioso *(m)*, odiosa *(f)*, inhalagüeño *(m)*, abominable, aborrecible, despreciable, de mal gusto, repugnante, atroz, asqueroso, repulsivo, nauseabundo
отвращавам • *v* repugnar
отвращение • *n* aversión *(f)*, repugnancia *(f)*, asco *(m)*, desazón *(f)*, repulsa *(f)*, aborrecimiento *(m)*, odio *(m)*
отвръщам • *v* responder, contestar
отвявам • *v* abanicar, ventilar
отглеждам • *v* criar, cultivar, procrear, fomentar
отглеждане • *n* cultivo *(m)*, cultivación *(f)*
отговарям • *v* corresponder, responder, contestar
о́тговор • *n* respuesta *(f)*, contestación *(f)*
отговорен • *adj* responsable
отговорност • *n* esmero *(m)*, atención *(f)*, cuidado *(m)*, responsabilidad *(f)*
отгоре • *adv* arriba
отгрявам • *v* recocer, templar
отдавам • *v* dedicar
отдава́м • *v* atribuir
отдалечен • *adj* distante, a distancia, huraño
отделен • *adj* discreto, distinto
отделение • *n* compartimiento *(m)*
отделителен • *adj* excretorio
отделно • *adv* distante, aparte, apartado, separadamente
отделям • *v* desacoplar, excretar
отделяне • *n* segregación *(f)*, excreción *(f)*
отдих • *n* respiro *(m)*
о́тдих • *n* reposo *(m)*
отдолу • *prep* bajo, abajo • *adv* abajo
отдя́сно • *adv* a la derecha, a la diestra
отживял • *adj* anticuado, obsoleto
отживялост • *n* desuso *(m)*
отзад • *prep* más allá de
о́тзвук • *n* eco *(m)*
отзивчив • *adj* agradable
отивам • *v* quedar bien
оти́вам • *v* caminar, andar, ir
отказ • *n* exención *(f)*, descargo de responsabilidad *(m)*
отказвам • *v* rechazar, pararse
отка́звам • *v* negar
откачам • *v* desacoplar
отклонение • *n* error *(m)*, aberración *(f)*, digresión *(f)*, desvío *(m)*, desviación *(f)*
отклонявам • *v* apartar, desviarse, desviar

отклоняване • *n* aberración *(f)*, distracción *(f)*
открехнат • *adv* entreabierto, entornado
откривам • *v* revelar, exponer, descubrir, exhibir, detectar, divulgar
откри́вам • *v* descubrir
откриване • *n* detección *(f)*, descubrimiento *(m)*
открит • *adj* desolado, yermo
откритие • *n* descubrimiento *(m)*, hallazgo *(m)*
открито • *adv* al exterior
откровен • *adj* franco *(m)*
откровеност • *n* candor
откупване • *n* amortización *(f)*
откъде • *adv* de donde • *conj* dónde, donde
откъс • *n* extracto *(m)*
откъснат • *adj* desconectado
отлагам • *v* posponer, suspender, diferir, retrasar, demorar
отлагане • *n* retraso, demora *(f)*
отлив • *n* reflujo *(m)*, marea *(f)*, marea, marea baja *(f)*, bajamar *(f)*
отливам • *v* moldear
отливане • *n* fundición *(f)*, fundería *(f)*
отличен • *adj* excelente, excepcional, requetebueno, estupendo, genial
отли́чен • *adj* formidable, muy bueno
отличителен • *adj* diferencial, característico
отломка • *n* fragmento, astilla
отломки • *n* ruina *(f)*, ruinas, escombros *(m)*, restos *(m)*
отломък • *n* fragmento
отля́во • *adv* a la izquierda
отменям • *v* abrogar, derogar, abolir, suprimir, quitar, anular, cancelar, revocar, invalidar
отменяне • *n* abolición *(f)*
отместване • *n* desplazamiento *(m)*
отмъщавам • *v* vengar
отмъще́ние • *n* venganza *(f)*
отмяна • *n* anulación *(f)*
отнемам • *v* desproveer, privar, despojar, arrebatar, desposeer
отново • *adv* otra vez, de nuevo, nuevamente
относителен • *adj* comparativo
относно • *prep* sobre, concerniente, referente
отноше́ние • *n* actitud *(f)*, incumbencia *(f)*, importancia *(f)*
оток • *n* hidropesía *(f)*, edema *(m)*
отопление • *n* calefacción *(f)*
отпа́дък • *n* basura *(f)*, desperdicios

отпадъци • *n* basura *(f)*, cachureo *(m)*, ñiqueñaque *(m)*
отпред • *adv* enfrente de
отпуск • *n* sabático *(m)*
отпускане • *n* distribución *(f)*, reparto *(m)*, asignación *(f)*
отпуснат • *adj* calmado *(m)*, relajado *(m)*, flácido, fofo, mole, flojo *(m)*
отравям • *v* envenenar, emponzoñar
отричам • *v* contradecir, impugnar
отри́чам • *v* negar
отричане • *n* negación *(f)*
отро́ва • *n* veneno *(m)*
отсичам • *v* cortar, picar, tajar
отскачам • *v* rebotar
отскачане • *n* rebote *(m)*
отслабвам • *v* desfallecer, flaquear
отслабване • *n* atenuación *(f)*
отсрочвам • *v* posponer, suspender, diferir
отстоявам • *v* sostener, reafirmar
отстранявам • *v* deshacerse
отстраняване • *n* ablación *(f)*, disponer de, expulsión *(f)*
отстъп • *n* pendiente *(f)*
отстъпвам • *v* conceder, ceder, deferir
отстъпка • *n* descuento *(m)*, rebaja
отстъпничество • *n* apostasía *(f)*
отсъждам • *v* adjudicar, juzgar
отсъждане • *n* laudo *(m)*
отсъстващ • *adj* ausente, distraído
отсъ́стващ • *adj* ausente
отсъствие • *n* ausencia *(f)*
отсъ́ствие • *n* falta *(f)*, carencia *(f)*, penuria *(f)*
отха́пвам • *v* morder
отхвърлям • *v* rechazar, rechazar como inválido, falso ó impropio
отцепвам • *v* desacoplar
отцепване • *n* secesión *(f)*
отчаян • *adj* desesperado *(m)*
отчаяние • *n* desesperación *(f)*, desesperanza *(f)*, descorazonamiento *(m)*
отча́яние • *n* desesperación *(f)*
отчетлив • *adj* distinto, claro
отчитам • *v* comprender, hacerse cargo de
отчуждавам • *v* expropiar, enajenar, alienar
отчуждаване • *n* expropiación *(f)*
отчупвам • *v* desconchar
отшелник • *n* anacoreta *(f)*, ermitaño *(m)*
оферта • *n* licitación *(f)*
о́фис • *n* oficina *(f)*
офицер • *n* alfil *(m)*, arfil *(m)*

официално • *adv* formalmente
оформям • *v* formar
ох • *interj* ay, uy
охлаждам • *v* enfriar
охлаждане • *n* enfriamiento *(m)*
óхлюв • *n* caracol *(m)*
охолен • *adj* adinerado *(m)*, rico *(m)*
охолство • *n* prosperidad *(f)*, abundancia *(f)*, afluencia *(f)*
охранен • *adj* grueso
охранявам • *v* escoltar
оцветявам • *v* colorear, teñir, colorar
оценка • *n* valoración *(f)*, evaluación *(f)*
оцéнка • *n* valoración *(f)*, evaluación *(f)*, tasación *(f)*
оценявам • *v* juzgar, estimar, valorar, criticar, evaluar, tasar, avaluar, valuar
оценяване • *n* valoración *(f)*, evaluación *(f)*
оцет • *n* vinagre *(m)*
оцетен • *adj* acético
очаквам • *v* esperar
очáквам • *v* esperar

очакване • *n* expectación *(f)*, previsión *(f)*
очакващ • *adj* expectante
очаровам • *v* cautivar, encantar, subyugar, embrujar, enajenar
очарование • *n* encantamiento *(m)*
очарователен • *adj* encantador
очаровáтелен • *adj* fascinante *(f)*
очебиен • *adj* flagrante
очевиден • *adj* axiomático, conspícuo *(m)*, claro, obvio, evidente, flagrante, manifiesto, ostensible, descarado
очевидец • *n* observador *(m)*, testigo ocular
очевидно • *adv* claramente
очерням • *v* denigrar
очерняне • *n* denigración *(f)*
очертавам • *v* circunscribir, definir, describir, delinear
очертание • *n* contorno *(m)*
очилá • *n* anteojos, espejuelos, gafas, lentes
очилáт • *adj* gafas

П

па • *interj* pum
павиáн • *n* babuino *(m)*
пагода • *n* pagoda *(f)*
пагубен • *adj* pernicioso
падам • *v* caer, cader
пáдам • *v* caer, caerse
падане • *n* caída *(f)*
падина • *n* depresión, hoyuelo *(m)*
пазáр • *n* plaza *(f)*, mercado *(m)*, bazar *(m)*
пазарлък • *n* trato *(m)*, ganga *(f)*, bicoca *(f)*
пазва • *n* seno *(m)*, pechera *(f)*, busto *(m)*
пазител • *n* apoderado *(m)*
пак • *adv* otra vez, de nuevo, nuevamente
пакéтче • *n* paquete
паладий • *n* paladio *(m)*
паламуд • *n* sarda
палáта • *n* cámara *(f)*
палáч • *n* verdugo *(m)*
палачúнка • *n* hot cake *(m)*, pancake *(m)*, panqueca *(f)*, panqueque *(m)*, tortita *(f)*, crep *(f)*, crepe *(f)*, filoa *(f)*, hojuela *(f)*
палеж • *n* incendio provocado *(m)*, incendio premeditado *(m)*
пáлец • *n* pulgar *(m)*

палитра • *n* gama *(f)*
палка • *n* batuta *(f)*, porra *(f)*, palo *(m)*, testigo *(m)*
палто • *n* chaqueta *(f)*, saco *(m)*, americana *(m)*, gabán *(m)*, paltó
палуба • *n* cubierta *(f)*
паля • *v* encender
паля́чо • *n* payaso *(m)*, payasa *(f)*
пáмет • *n* memoria *(f)*
пáметник • *n* monumento *(m)*
памук • *n* algodón *(m)*
памучен • *adj* algodón
панаир • *n* feria *(f)*, feria de muestras *(f)*
пáнделка • *n* lazo *(m)*
паника • *n* pánico
панирам • *v* empanar, empanizar
панкреас • *n* páncreas *(m)*
панталòн • *n* pantalón *(m)*, pantalones, calzones *(m)*
панталòни • *n* pantalón *(m)*, pantalones, calzones *(m)*
папагáл • *n* loro *(m)*, papagayo *(m)*, cotorra *(f)*
папáя • *n* papaya *(f)*, fruta bomba *(f)*, lechosa *(f)*, mamón *(m)*
папка • *n* archivo *(m)*, fichero *(m)*, carpeta *(f)*

папрат • *n* helecho *(m)*
пára • *n* vapor *(m)*
параграф • *n* artículo *(m)*, cláusula *(f)*, párrafo *(m)*
парáд • *n* parada *(f)*, desfile *(m)*
парадирам • *v* presumir, ostentar, lucir
парадокс • *n* paradoja *(f)*
паразит • *n* comensal, parásito *(m)*
параклис • *n* capilla *(m)*
парализирам • *v* acalambrarse
параноя • *n* paranoia *(f)*
парапет • *n* barandilla *(f)*
параход • *n* barco de vapor *(m)*
парахóд • *n* barco *(m)*, buque *(m)*, nave *(f)*
парашýт • *n* paracaídas *(m)*
парвеню • *n* vulgar
пардóн • *interj* discúlpame, perdóname, lo siento
пари • *n* pasta *(f)*, plata *(f)*, lana *(f)*
парú • *n* real *(m)*, pasta, plata *(f)*, lana, dinero *(m)*, cobres, pisto *(m)*
пáри • *n* efectivo *(m)*
паричен • *adj* financiero
паричка • *n* margarita común *(f)*, chiribita *(f)*
парк • *n* jardines, parque *(m)*
парламент • *n* parlamento *(m)*
парнúк • *n* invernadero *(m)*
парóла • *n* contraseña
партида • *n* lote *(m)*
партизáнин • *n* guerrillero *(m)*
пáртия • *n* partido *(m)*
партньор • *n* compañero *(m)*
партньóр • *n* asociado *(m)*
парфюм • *n* esencia *(f)*, perfume *(m)*
парфюмирам • *v* perfumar
парцал • *n* trapo *(m)*
парче • *n* trozo *(m)*, pedazo *(m)*, fragmento
пасаж • *n* cardumen *(m)*, banco de peces, galería *(f)*, galería
пасáж • *n* callejón *(m)*
пасажéр • *n* pasajero *(m)*
пасажéрка • *n* pasajero *(m)*
пáспорт • *n* pasaporte *(m)*
паство • *n* congregación *(f)*, grey *(m)*
пáство • *n* congregación *(f)*
пастел • *n* creyón *(m)*, crayón *(m)*
пастúр • *n* pastor *(m)*, ovejero *(m)*
пасторален • *adj* bucólico
пат • *n* tablas, rey ahogado
пате • *n* patito *(m)*
патерица • *n* muleta *(f)*
пáтица • *n* pato *(m)*, pata *(f)*
пáтка • *n* pato *(m)*

патладжан • *n* berenjena *(f)*
патладжáн • *n* berenjena *(f)*
паток • *n* pato *(m)*
пáток • *n* pato *(m)*
патриарх • *n* patriarca *(m)*
патриот • *n* patriota *(f)*
патрóн • *n* cartucho *(m)*
патрондаш • *n* bandolera *(f)*, canana *(f)*
патрóнник • *n* recámara *(f)*
паýн • *n* pavo real *(m)*, pavorreal *(m)*
пача • *n* áspic *(m)*, queso de cabeza *(m)*
пáчка • *n* fajo *(m)*
паша • *n* pachá *(m)*, bajá *(m)*, pienso
пашкул • *n* capullo *(m)*
пáяк • *n* araña *(f)*
певéц • *n* cantante *(f)*, cantor *(m)*, cantora *(f)*
певúца • *n* cantante *(f)*, cantor *(m)*, cantora *(f)*
педал • *n* puto *(m)*, maricón *(m)*, joto, pedal *(m)*
педераст • *n* pederasta *(m)*, marica *(m)*
педерáст • *n* puto *(m)*, maricón *(m)*, joto
педерастия • *n* pederastia *(f)*
пéйка • *n* banco *(m)*
пека • *v* quemar, cocer
пекá • *v* hornear
пекар • *n* panadero *(m)*
пекáрна • *n* panadería *(f)*, tahona *(f)*, horno *(m)*
пелена • *n* pañal *(m)*
пéленг • *n* acimut *(m)*, rumbo *(m)*
пелерина • *n* capa *(f)*
пеликан • *n* pelícano *(m)*
пелин • *n* ajenjo *(m)*, absintio *(m)*, alosna *(f)*
пелюр • *n* papel cebolla *(m)*
пемза • *n* pumita *(f)*, piedra pómez *(f)*
пенест • *adj* esponjoso *(m)*, espumoso
пéнис • *n* miembro *(m)*, pito *(m)*, polla *(f)*, pene *(m)*, carajo *(m)*, pirula *(f)*, pirulo *(f)*, pija *(f)*, tranca *(f)*, verga *(f)*, chota *(f)*, garompa *(f)*, pipe *(m)*, poste *(m)*, poronga *(f)*, papirola *(f)*
пеницилин • *n* penicilina *(f)*
пенкилер • *n* analgésico *(m)*
пенлив • *adj* esponjoso *(m)*, espumoso, vital, efervescente
пенсиониране • *n* jubilación *(f)*, retirada *(f)*
пепел • *n* ceniza *(f)*
пéпел • *n* ceniza *(f)*
пепелнúк • *n* cenicero *(m)*
пепелянка • *n* víbora *(f)*

пеперу́да • *n* mariposa *(f)*
пера́лня • *n* lavandería *(f)*
перваз • *n* alféizar *(m)*, antepecho *(m)*, parapeto *(m)*
перде • *n* catarata *(f)*
перде́ • *n* cortina *(f)*
перинеум • *n* periné *(m)*, perineo *(m)*
перисталтика • *n* peristalsis *(f)*
периферия • *n* circunferencia *(f)*
перка • *n* aleta *(f)*, propulsor *(m)*, hélice *(f)*
пе́рла • *n* perla *(f)*
перо • *n* pala *(f)*
перо́ • *n* pluma *(f)*
перо̀ • *n* pluma *(f)*
перпендикулярен • *adj* recto, perpendicular
перспектива • *n* aspecto *(m)*
перука • *n* peluca *(f)*
перуника • *n* lirio *(m)*
перчем • *n* pava *(f)*, flequillo *(m)*, capul *(m)*, cerquillo *(m)*, chasquilla *(f)*, china *(f)*, fleco *(m)*, pollina *(f)*, perrera *(f)*
перчене • *n* bravata *(f)*
пес • *n* perro *(m)*
пе́сен • *n* canción *(f)*
песогла́вец • *n* babuino *(m)*
пестелив • *adj* abstemio, frugal
пета́ • *n* talón *(m)*
петдесети • *adj* quincuagésimo
пете́л • *n* gallo *(m)*
пе́ти • *adj* quinto
петиция • *n* alegato *(m)*
петле • *n* gallo *(m)*, gallito *(m)*
петле́ • *n* percutor *(m)*
петнадесети • *adj* decimoquinto *(m)*, decimoquinta *(f)*
петнист • *adj* tordo, moteado, habado
петно • *n* mugre *(f)*, suciedad *(f)*, mancha *(f)*, mota *(f)*
петня • *v* manchar, perjudicar
печа́л • *n* pena *(f)*, pesar *(m)*, aflicción *(f)*, dolor *(m)*, tristeza *(f)*, infelicidad *(f)*
печалба • *n* ganancia *(f)*
печален • *adj* triste, desconsolado *(m)*, cabizbajo, lúgubre, doloroso
печа́лен • *adj* triste
печа́т • *n* sello *(m)*
печелене • *n* ganancia *(f)*
печеля • *v* ganar
печка • *n* cocina *(f)*
пе́чка • *n* calentador *(m)*, cocina *(f)*, horno *(m)*, estufa *(f)*, hornillo *(m)*
печу́рка • *n* hongo *(m)*, seta *(f)*
пешка • *n* peón *(m)*
пешкир • *n* toalla *(f)*
пещ • *n* caldera *(f)*, horno *(m)*

пещера́ • *n* cueva *(f)*
пе́я • *v* cantar
пиа́но • *n* piano *(m)*
пи́вница • *n* taberna *(f)*, pub, bar *(m)*
пѝво • *n* cerveza *(f)*, birra *(f)*
пивова́рна • *n* cervecería *(f)*
пиене • *n* beber
пижа́ма • *n* pijama, pijamas *(n)*
пика • *n* pica *(f)*
пикни́к • *n* jira *(f)*, pícnic *(f)*
пикола • *n* pífano *(m)*
пикочопровод • *n* uréter *(m)*
пила • *n* lima *(f)*
пиле • *n* pollo *(m)*, gallina *(f)*, polla *(f)*, pollito *(m)*
пиленце • *n* pichón *(m)*, polluelo *(m)*
пилешко • *n* pollo *(m)*, gallina *(f)*
пиля • *v* limar
пингви́н • *n* pingüino *(m)*
пионе́р • *n* pionero *(m)*
пипало • *n* antena *(f)*, tentáculo *(m)*
пипалце • *n* antena *(f)*
пипам • *v* hurgar
пи́пер • *n* pimienta *(f)*
пипета • *n* pipeta *(f)*
пир • *n* fiesta, comida festiva *(f)*, banquete *(m)*, festín, comilona *(f)*
пирамида • *n* pirámide *(f)*
пира́ня • *n* piraña *(f)*
пира́т • *n* pirata *(m)*
пиратка • *n* petardo, piola, triquitraque
пиратство • *n* piratería *(f)*
пиринч • *n* latón *(m)*
пиршество • *n* fiesta, festín, comilona *(f)*
писа́лище • *n* escritorio *(m)*, pupitre *(m)*
писа́лка • *n* pluma *(f)*, bolígrafo *(m)*, boli *(m)*, lapicera *(f)*
писа́тел • *n* escritor *(m)*, escritora *(f)*
писмо • *n* escrito *(m)*
писмо̀ • *n* carta *(f)*
писта! • *interj* a un lado
пистоле́т • *n* pistola *(f)*
пита • *n* panal *(m)*
пи́там • *v* preguntar
питане • *n* cuestión *(f)*, pregunta *(f)*
пителен • *adj* alimenticio
пита́я • *v* alimentar
питеен • *adj* potable
питие́ • *n* copa *(f)*, bebida *(f)*, trago *(m)*, chínguere *(m)*, alipús *(m)*
питомник • *n* alumno
пи́ца • *n* pizza *(f)*
пич • *n* mano *(m)*, tipo *(m)*, mae *(m)*, tío *(m)*, tío, bato, compadre *(m)*, colega *(m)*,

пичка | по

flaco *(m)*, güey *(m)*, parce
пичка • *n* chocha *(f)*, chucha *(f)*, coño *(m)*, concha *(f)*, cuca *(f)*, chocho *(m)*
пиша • *v* escribir
пишка • *n* miembro *(m)*, pito *(m)*, polla *(f)*, pene *(m)*, carajo *(m)*, pirula *(f)*, pirulo, pija *(f)*, tranca *(f)*, verga *(f)*, chota *(f)*, garompa *(f)*, pipe *(m)*, poste *(m)*, poronga *(f)*, papirola *(f)*
пищен • *adj* extravagante, exuberante
пищов • *n* chuleta *(f)*, machete *(m)*
пищял • *n* espinilla *(f)*, canilla *(f)*, tibia *(f)*
пия • *v* beber, tomar
пия • *v* beber, tomar
пиявица • *n* sanguijuela *(f)*, sanguja *(f)*, hirudíneo *(m)*
пиян • *adj* borracho, ebrio *(m)*, pedo *(m)*
пияница • *n* alcohólico *(m)*, borracho *(m)*, borrachín *(f)*, bebedor *(m)*, tomador *(m)*
пияница • *n* bebedor *(m)*
плавам • *v* flotar
плаващ • *adj* flotante
плавник • *n* aleta *(f)*
плаж • *n* playa *(f)*
плакат • *n* pancarta *(f)*
плам • *n* fervor *(m)*, ardor *(m)*
пламенен • *adj* ferviente
пламнал • *adj* ardiendo
пламтящ • *adj* llameante
пламък • *n* llama, flama *(f)*
план • *n* diseño *(m)*, modelo *(m)*, diagrama *(m)*
планета • *n* planeta *(m)*
планина • *n* montaña *(f)*
планирам • *v* planear
пласт • *n* capa *(f)*
плат • *n* tela *(f)*, tejido *(m)*, género *(m)*
платежоспособен • *adj* solvente
платика • *n* brema *(f)*, platica *(f)*
платина • *n* platino *(m)*
платнище • *n* lona *(f)*
платно • *n* lienzo *(m)*, tela *(f)*, calicó *(m)*
платно • *n* vela *(f)*
платформа • *n* andén *(m)*, plataforma *(f)*
платя • *v* pagar
плач • *n* llanto *(m)*
плача • *v* llorar, lagrimar, lacrimar
плача • *v* llorar
плачевен • *adj* deplorable
плаша • *v* consternado, consternar, atemorizar
плащ • *n* capa

плащам • *v* exculpar
плащам • *v* pagar
плащане • *n* pago
плевня • *n* granero *(m)*, establo *(m)*, galpón *(m)*
племе • *n* tribu *(f)*
племенник • *n* sobrino *(m)*
племенница • *n* sobrina *(f)*
плен • *n* cautividad *(f)*
пленарен • *adj* plenario
пленен • *adj* cautivo
пленник • *n* cautivo *(m)*, prisionero *(m)*
пленявам • *v* capturar
пленяване • *n* captura *(f)*
плесен • *n* moho *(m)*, mildiu
плета • *v* hacer punto, tricotar, tejer
плешив • *adj* calvo
плик • *n* sobre *(m)*, saco *(m)*, bolsa *(f)*, cartucho *(m)*, funda *(m)*, jaba *(f)*, talego *(m)*
плитка • *n* trenza *(f)*
плитчина • *n* banco *(m)*, bajío *(m)*
плод • *n* fruta *(f)*, fruto *(m)*
плодовит • *adj* fértil, fecundo, prolífico, productivo, fructífero
плодороден • *adj* fértil
плодороден • *adj* fértil
плодотворен • *adj* fértil, prolífico, productivo, fructífero
плоскостъпен • *adj* plantígrado
плосък • *adj* llano, parejo
плосък • *adj* plano, llano
плоча • *n* plancha *(f)*, tabla *(f)*, lámina *(f)*
плоча • *n* disco *(m)*
плочка • *n* piedra *(f)*, losa *(f)*
площ • *n* área *(f)*
площад • *n* plaza *(f)*
площад • *n* plaza *(f)*
плувам • *v* nadar
плуващ • *adv* a flote
плуг • *n* arado *(m)*
плутоний • *n* plutonio *(m)*
плътен • *adj* compacto *(m)*, macizo *(m)*
плътност • *n* densidad
плътски • *adj* corporal, carnal
плювалник • *n* escupidera *(f)*
плюнка • *n* saliva *(f)*, escupida
плюскам • *v* engullir *(m)*
плюш • *n* felpa *(f)*
плющя • *v* ondear
плява • *n* barcia *(f)*, bagazo *(m)*
пляскам • *v* abofetear
плячка • *n* botín *(m)*
плячкосвам • *v* despojar
по • *adv* más • *prep* por

195

по̀ • *adv* más
по-възрастен • *adj* anciano
по-далеч • *adv* lejos
по-добре • *adv* mejor, mejores
по-добър • *adj* mejor
по-нататък • *prep* por
победа • *n* victoria *(f)*
победител • *n* ganador *(m)*, ganadora *(f)*, vencedor *(m)*
побеждавам • *v* derrotar, vencer
побирам • *v* contener
побой • *n* lesiones, golpes
побойник • *n* bravucón *(m)*, abusón *(m)*, matón, abusador *(m)*, peleón *(m)*, pendenciero *(m)*, perdonavidas *(m)*, matasiete *(m)*
побъркан • *adj* loco, desquiciado
повдигане • *n* impulso, empuje
поведение • *n* conducta *(f)*, comportamiento *(m)*
поведе́ние • *n* conducta *(f)*, comportamiento *(m)*
повей • *n* bocanadas *(f)*, soplo *(m)*, hálito *(m)*
поверителен • *adj* confidencial
поверявам • *v* consignar
повече • *adv* más
повиквам • *v* desafiar, retar
пови́квам • *v* llamar, convocar
повикване • *n* convocatoria
повишавам • *v* aumentar, subir
повишение • *n* progreso *(m)*, mejora, ascenso *(m)*
повод • *n* causa *(f)*
по́вод • *n* rienda *(f)*
повреда • *n* falla *(f)*, pana *(f)*, tacha *(f)*, defecto *(m)*, problema, avería, avería *(f)*, descompostura *(f)*, panne *(f)*
повреден • *adj* descompuesto *(m)*, averiado *(m)*, defectuoso
повреждам • *v* dañar
повръщам • *v* arrojar, vomitar, devolver, echar la pota
повта́рям • *v* repetir, repasar
повърхнина • *n* área *(f)*
повърхностен • *adj* frívolo
поглеждам • *v* mirar, ojear, echar un vistazo, pispear
поглъщам • *v* absorber, devorar, jambar
поглъщане • *n* absorción *(f)*, asimilación *(f)*
поглъщащ • *adj* absorbente
поговорка • *n* adagio *(m)*, refrán *(m)*, dicho *(m)*
погово́рка • *n* refrán, estribillo, proverbio

погреба́лен • *adj* funeral
погребвам • *v* enterrar, sepultura
погребение • *n* entierro *(m)*
погребе́ние • *n* entierro *(m)*, funeral *(m)*
погрешен • *adj* defectuoso *(m)*, erróneo, imperfecto *(m)*
погро́м • *n* pogromo *(m)*
под • *prep* bajo, abajo • *n* suelo *(m)*, piso *(m)*
подавам • *v* gestionar
подагра • *n* gota *(f)*
по́даник • *n* súbdito *(m)*
пода́рък • *n* presente *(m)*, regalo *(m)*
подаряване • *n* donación *(f)*, donativo *(m)*
податлив • *adj* dócil, receptivo, susceptible, obediente
подбирам • *v* seleccionar
подби́рам • *v* escoger
подбуждам • *v* estimular, incitar
подвиг • *n* hazaña *(f)*, proeza *(f)*
подвижен • *adj* ágil
подвижност • *n* agilidad *(f)*
подво́дница • *n* submarino *(m)*
подвързия • *n* cubierta *(f)*, tapa *(f)*, portada *(f)*
подго́твям • *v* preparar
подгрупа • *n* subgrupo
поддръжник • *n* representante, portavoz, vocero
поддържам • *v* corroborar, afianzar
подземен • *adj* subterráneo
подигравателен • *adj* burlón, mofador
подир • *prep* después
подкиселявам • *v* acidificar
подкова • *n* herradura *(f)*
подкожен • *adj* subcutáneo
подкосен • *adj* truncado
подкосявам • *v* truncar
подкрепа • *n* apoyo *(m)*
подкрепям • *v* corroborar, tolerar, permitir, apoyar
по́дкуп • *n* soborno *(m)*, coima *(f)*, matraca *(f)*, mordida *(f)*, cohecho, alfadía *(f)*
подкупвам • *v* sobornar, cohechar
подкупване • *n* soborno *(m)*, cohecho *(m)*
подло́г • *n* sujeto *(m)*
подме́тка • *n* suela *(f)*
подми́шница • *n* axila *(f)*, sobaco *(m)*
поднос • *n* bandeja *(f)*
подобава • *v* concernir, incumbir
подобен • *adj* similar, semejante, parecido, análogo

подобие • *n* analogía *(f)*
подобрение • *n* mejora, mejora *(f)*
подобрявам • *v* corregir, mejorar
подобрявам • *v* realzar
подобряване • *n* mejoría *(f)*, mejora *(f)*
подозрителен • *adj* desconfiado, receloso
подозрително • *adv* con recelo
подпирам • *v* apuntalar
подпис • *n* firma *(f)*
подпомагам • *v* ayudar, aprovechar
подпомагане • *n* impulso, empuje
подпора • *n* soporte *(m)*, consola *(f)*
подправен • *adj* contrahecho, falso
подправка • *n* condimento *(m)*, aliño *(m)*
подправям • *v* falsear, falsificar, contrahacer
подпухвам • *v* hinchar, inflar
подпухнал • *adj* inflado
подравнявам • *v* alinear
подравняване • *n* alineación *(f)*
подражавам • *v* copiar, remedar, imitar
подражател • *n* copión *(m)*, copiona *(f)*
подредба • *n* disposición *(f)*
подреждам • *v* ordenar, disponer, clasificar
подреждане • *n* arreglo
подробност • *n* detalle *(m)*
подрязвам • *v* descolar, desrabar, desrabotar, acortar
подскачане • *n* rebote *(m)*
подставка • *n* apoyo *(m)*, muleta *(f)*, soporte *(m)*
подстрекавам • *v* incitar
подсъдим • *n* culpable *(m)*
подувам • *v* hinchar, inflar
подут • *adj* inflado
подход • *n* enfoque *(m)*, planteamiento *(m)*
подходящ • *adj* adaptado, apropiado, propio, correspondiente, elegible, oportuno, indicado, apto, acertado
подхождам • *v* servir, acercarse, aproximarse, quedar bien
подценявам • *v* denigrar
подценяващ • *adj* derogatorio
подчертавам • *v* acentuar, subrayar, enfatizar, priorizar
подчертаване • *n* énfasis *(m)*
подчертан • *adj* enfático
подчинен • *adj* dependiente
подчинение • *n* obediencia *(f)*
подчинявам • *v* doblegar

подъл • *adj* bajo
поединично • *adv* cada uno
поéзия • *n* poesía *(f)*
поéма • *n* poema *(m)*, poesía *(f)*, oda *(f)*
поемам • *v* asumir
поéт • *n* poeta *(f)*, poetisa *(f)*
поетéса • *n* poetisa *(f)*
пожáр • *n* fuego *(m)*, lumbre *(f)*, conflagración, incendio *(m)*
пожарогасител • *n* extintor *(m)*, extinguidor *(m)*
пóза • *n* postura *(f)*
позволéние • *n* permiso *(m)*
позволявам • *v* permitir, dejar entrar
позволявам • *v* conceder, dejar, permitir
поздравление • *n* felicitación *(f)*
поздравлéния • *interj* felicitación, enhorabuena
поздравявам • *v* felicitar
позитрон • *n* positrón *(m)*
позлатен • *adj* áureo
познавач • *n* experto *(m)*, experta *(f)*
познайник • *n* conocido *(m)*, conocida *(f)*
познание • *n* cognición *(f)*
познанство • *n* trato *(m)*, amistad *(f)*, junta *(f)*, conocimiento *(m)*, relación *(f)*
познат • *n* conocido *(m)*
позор • *n* desgracia *(f)*
позорен • *adj* escandaloso, vergonzoso, deshonroso, ignominioso
позоря • *v* manchar, difamar, deshonrar, perjudicar, reputación
покáжа • *v* mostrar
показ • *n* exposición *(m)*, espectáculo *(m)*
показáлец • *n* índice *(m)*, dedo índice *(m)*
показвам • *v* manifestar, revelar, exhibir, demostrar
покáзвам • *v* mostrar
показване • *n* exhibición *(f)*
показен • *adj* gárrido *(m)*
поканвам • *v* desafiar, retar
покáнвам • *v* invitar, convidar
покачвам • *v* empujar, impulsar
поквара • *n* depravación *(f)*
покварен • *adj* corrupto
поквареност • *n* depravación *(f)*
покер • *n* póquer, póker *(m)*
поклóн • *n* reverencia *(f)*
поклонник • *n* admirador *(m)*, admiradora *(f)*
покоен • *adj* fallecido, muerto, difunto, sereno, tranquilo
покой • *n* calma *(f)*, sosiego *(m)*

197

покойник • *n* difunto *(m)*
поколение • *n* generación *(f)*
поколéние • *n* generación *(f)*
покорен • *adj* sumiso
покóрство • *n* obediencia *(f)*
покорявам • *v* conquistar
покрай • *prep* a lo largo
покрайнини • *n* periferia *(f)*
пóкрив • *n* techo *(m)*, tejado
покривало • *n* embozo, velo *(m)*
покривáло • *n* capa *(f)*
покривам • *v* esconder, abrigar, cubrir, ocultar
покривка • *n* mantel *(m)*, mensario *(m)*
покрит • *adj* cubierto
покритие • *n* cubierta *(f)*
покровителство • *n* égida *(f)*
покълвам • *v* germinar
покълване • *n* germinación *(f)*
пол • *n* género *(m)*, sexo *(m)*
полá • *n* falda *(f)*, enaguas, pollera *(f)*, saya *(f)*
полагаемо • *n* mérito *(m)*
поле • *n* campo *(m)*
пóле • *n* campo *(m)*
полезен • *adj* disponible, práctico, hábil, útil, beneficioso
полемика • *n* disputar
полесражéние • *n* campo *(m)*
полет • *n* vuelo *(m)*
полéт • *n* vuelo *(m)*
полза • *n* ventaja, beneficio
полиглот • *n* polígrota *(f)* • *adj* poligloto, polígloto, polígloto *(m)*
полиедър • *n* poliedro
полиетилен • *n* polietileno *(m)*
полилей • *n* araña de luces
полиран • *adj* brillante, lustroso, reluciente
политбюрó • *n* Politburó *(m)*, Buró Político *(m)*
политеизъм • *n* politeísmo *(m)*
политик • *n* política *(f)*, político *(m)*
политика • *n* política *(f)*
полица • *n* estante *(m)*, balda *(f)*, anaquel *(m)*
полицай • *n* paco *(m)*, tombo *(m)*
полицáй • *n* policía *(m)*, policial *(m)*
полúция • *n* policía *(f)*
полковник • *n* coronel *(m)*
половúна • *n* mitad *(f)*
положителен • *adj* positivo
полóний • *n* polonio *(m)*
полтъргайст • *n* poltergeist *(m)*
полукръг • *n* semicírculo *(m)*
полумесец • *n* medialuna *(f)*, creciente *(m)*

полумрак • *n* crepúsculo
полунощ • *n* medianoche *(f)*
полуóстров • *n* península *(f)*
полýча • *v* recibir
получáвам • *v* recibir
получател • *n* destinatario *(m)*, consignatario *(m)*
получерен • *adj* negrita
полъх • *n* bocanadas *(f)*, soplo *(m)*, hálito *(m)*
полюс • *n* polo *(m)*
поляна • *n* claro *(m)*, pasto *(m)*, grama *(f)*, césped *(m)*, zacate *(m)*
поляна • *n* prado *(m)*, vega *(f)*
помагам • *v* ayudar, asistir, aprovechar
помáгам • *v* ayudar
помежду • *prep* entre
помело • *n* pomelo *(m)*, pampelmusa *(f)*
помилвам • *v* amnistiar
помилване • *n* amnistía *(f)*
пóмня • *v* acordar, recordar
помóгна • *v* ayudar
помощ • *n* ayuda *(f)*, auxilio *(m)*, remedio *(m)*, recurso *(m)*
помóщ • *n* ayuda *(f)*, auxilio *(m)*, asistencia *(f)*, socorro *(m)*
помощен • *adj* secundario, auxiliar
помощник • *n* auxiliar *(f)*, asistente *(f)*, ayudante *(f)*
помóщник • *n* asistente *(f)*, ayudante *(m)*
пóмпа • *n* bomba *(f)*
помпозен • *adj* grandioso
помрачавам • *v* eclipsar
помръдвам • *v* mover
помятам • *v* abortar
помятане • *n* aborto *(m)*
понастоящем • *adv* hoy, actualmente, ahora
понасям • *v* consentir, aguantar, tolerar, soportar, condescender, resistir
понеже • *conj* porque, ya que
пóни • *n* poni *(m)*, caballito *(m)*
понижавам • *v* degradar, envilecer
понижáвам • *v* rebajar, degradar, humillar
понижение • *n* descenso *(m)*, rebajamiento *(m)*, abatimiento *(m)*, humillación *(m)*
поникнам • *v* germinar
поникване • *n* germinación *(f)*
поничка • *n* dona *(f)*, rosquilla *(f)*, anillo *(m)*
поносúм • *adj* soportable
понякога • *adv* a veces, algunas veces

понятие • *n* concepto *(m)*
поощрявам • *v* ayudar, alentar, recomendar
поп • *n* cura *(m)*, rey *(m)*, sacerdote *(m)*, párroco *(m)*
попарвам • *v* escarchar
попечител • *n* fiduciario *(m)*, fiduciaria *(f)*, mandatario, apoderado, procurador, representante, curador
попиващ • *adj* absorbente
поправка • *n* enmienda *(f)*, corrección *(f)*
поправям • *v* corregir, mejorar
поприще • *n* carrera *(f)*
популяризирам • *v* familiarizar
попътен • *adj* viento de popa
пор • *n* hurón *(m)*
поравно • *adv* equitativamente
поради • *adv* porque
пораждам • *v* concebir, criar, engendrar, generar, dar a luz, procrear
поражение • *n* vencimiento *(m)*, derrota *(f)*
поразявам • *v* empaparotar, apabullar, obnubilar, afectar, pasmar, asombrar
пореден • *adj* consecutivo
поредица • *n* cadena *(f)*
пореч • *n* borraja *(f)*
порив • *n* compulsión *(f)*, frenesí *(m)*
порицание • *n* condenación, desaprobación *(f)*
порнограф • *n* pornógrafo *(m)*, pornógrafa *(f)*
порнографичен • *adj* pornográfico *(m)*, pornográfica *(f)*
порнография • *n* pornografía *(f)*
порода • *n* variedad *(f)*, raza *(f)*
порой • *n* chaparrón *(m)*, aguacero
порт • *n* puerto *(m)*
порта • *n* puerta *(f)*
портал • *n* puente transversal *(m)*
портмоне • *n* bolsa *(f)*, monedero *(m)*
портмоне • *n* cartera *(f)*, billetera *(f)*
портокал • *n* naranja *(f)*, china *(f)*
портокалов • *adj* naranja, anaranjado
портрет • *n* retrato *(m)*
портфейл • *n* cartera *(f)*, billetera *(f)*
порцелан • *n* loza *(f)*
порцелан • *n* porcelana *(f)*
порция • *n* porción *(f)*, lote *(m)*
поръбвам • *v* orlar
поръсвам • *v* espolvorear
поръчвам • *v* encargar
посветен • *adj* de gran dedicación, entregado
посвещавам • *v* dedicar

посвещение • *n* dedicación *(f)*
посев • *n* cultivo *(m)*
посетя • *v* visitar
посещавам • *v* asistir
посещавам • *v* visitar
посещение • *n* asistencia *(f)*, presencia *(f)*
посещение • *n* visita, visita *(f)*
послание • *n* epístola *(f)*
посланик • *n* embajador *(m)*, embajadora *(f)*
последвам • *v* seguirse, resultar
последен • *adj* final *(m)*, último *(m)*, extremo
последен • *adj* último
последица • *n* consecuencia *(f)*, efecto secundario *(m)*
последовател • *n* seguidor *(m)*
последователен • *adj* coherente, consecutivo, consistente
последствие • *n* efecto secundario *(m)*
пословица • *n* adagio *(m)*, refrán *(m)*, dicho *(m)*
послужа • *v* servir
послушам • *v* escuchar
послушвам • *v* escuchar
послушен • *adj* dócil, tranquilo, receptivo, susceptible
посока • *n* dirección *(f)*
посолство • *n* embajada *(f)*
посочвам • *v* apuntar, señalar
посредник • *n* corredor, intermediario *(m)*, agente *(m)*
постановление • *n* ley *(f)*
постепенен • *adj* gradual, paulatino
постепенно • *adv* gradualmente, poco a poco, paulatinamente
постигам • *v* conseguir, lograr, triunfar, tener éxito, adquirir
постижение • *n* éxito *(m)*, logro *(m)*
постижим • *adj* asequible, alcanzable, realizable
постмодернизъм • *n* postmodernidad *(f)*, posmodernismo *(m)*
постоянен • *adj* constante, consistente
постоянство • *n* constancia, consistencia *(f)*
пострадали • *n* víctima *(f)*, baja *(f)*
постройка • *n* edificio *(m)*
постъпвам • *v* comportarse, alistar, comportar
постъпка • *n* acto *(m)*, acción *(f)*, hecho *(m)*, obra *(f)*
постя • *v* ayunar
пот • *n* sudor *(m)*
потаен • *adj* encubierto
потапница • *n* porrón *(m)*

199

потапям • *v* hundir, zozobrar
потвърждавам • *v* corroborar, certificar, acusar recibo, avalar, atestiguar, confirmar
потвърждаване • *n* corroboración *(f)*
потвърждение • *n* atestación *(f)*, confirmación *(f)*, reconocimiento *(m)*
потир • *n* cáliz *(m)*
потискам • *v* subyugar
потиснат • *adj* triste, abatido, melancólico, deprimido *(m)*
поток • *n* arroyo *(m)*, arroyo, corriente *(f)*, flujo *(m)*
потомък • *n* descendiente *(m)*
потóмък • *n* descendiente
потоп • *n* diluvio *(m)*
потопявам • *v* hundir, zozobrar
потребител • *n* consumidor *(m)*
потребител • *n* usuario *(m)*
потребляем • *adj* agotable
потушавам • *v* extinguir, apagar
потушаване • *n* extinción *(f)*
потя • *v* sudar
поучавам • *v* amonestar, reprender
похвала • *n* cumplido *(m)*
похвален • *adj* alabable, loable, encomiable
похищавам • *v* raptar, secuestrar
похищение • *n* rapto *(m)*, secuestro *(m)*
похлупак • *n* cubierta *(f)*, tapa *(m)*
похóдка • *n* zancada *(f)*, andadura *(f)*
похот • *n* concupiscencia
похотлив • *adj* carnal, sexual, concupiscente, libidinoso
похотливост • *n* concupiscencia
почва • *n* tierra *(f)*, suelo *(m)*
пóчва • *n* tierra *(f)*, suelo *(m)*
почвам • *v* comenzar, empezar
пóчвам • *v* comenzar, iniciar, empezar
почвознание • *n* agrología *(f)*
почерням • *v* ennegrecer
почерняне • *n* denigración *(f)*
почетен • *adj* cortés
почивáм • *v* descansar, reposar
почивка • *n* reposo *(m)*
почиствам • *v* limpiar, lavar, purificar
почит • *n* deferencia *(f)*, estima
почна • *v* comenzar, empezar
пóчна • *v* comenzar, iniciar, empezar
почти • *adv* aproximadamente, casi
пощальон • *n* cartero *(m)*
пóщенска • *n* tarjeta postal *(f)*, postal *(f)*
поява • *n* venida *(f)*, emergencia *(f)*, advenimiento *(m)*
появяване • *n* aparición *(f)*, surgimiento *(m)*
пояс • *n* cinta *(f)*, faja ancha *(f)*
пóяс • *n* cinturón *(m)*, cincho *(m)*, cinto *(m)*, correa *(f)*, faja *(f)*
прав • *adj* justo, derecho, recto, perpendicular
права • *n* derecho *(m)*
правдоподобен • *adj* creíble
правдоподóбен • *adj* probable
прáвилен • *adj* justo, correcto
правилно • *adv* correctamente
прáвило • *n* regla *(f)*
правителство • *n* gobierno *(m)*
право • *n* derecho *(m)*
правомощие • *n* competencia *(f)*
правопис • *n* ortografía *(f)*
правоъгълен • *adj* rectangular
правоъгълник • *n* rectángulo *(m)*
правя • *v* producir, motivar
прáвя • *v* hacer
праг • *n* umbral *(m)*
праз • *n* puerro *(m)*, porro *(m)*, poro *(m)*
празен • *adj* blanco
прáзен • *adj* vacío
празеодим • *n* praseodimio *(m)*
празненство • *n* fiesta *(f)*, festival *(m)*, gala *(f)*
прáзник • *n* festividad *(f)*, fiesta *(f)*
празничен • *adj* gala
празнота • *n* vacío *(m)*
празнувам • *v* celebrar, festejar
празнуване • *n* festividad *(f)*, celebración *(f)*
практичен • *adj* con los pies en la tierra
прáне • *n* ropa sucia *(f)*, lavado *(m)*, colada *(f)*
праотéц • *n* ancestro *(m)*, antepasado
прародител • *n* ancestro *(m)*, antepasado
прасé • *n* lechón *(m)*
прасéнце • *n* lechón *(m)*
прасец • *n* pantorrilla *(f)*
прасило • *n* lechigada de cochinillos
прáскова • *n* duraznero *(m)*, durazno *(m)*, melocotonero *(m)*, melocotón *(m)*
пратеник • *n* mensajero *(m)*, estafeta *(f)*, embajador *(m)*, embajadora *(f)*
пратка • *n* consigna *(f)*
прах • *n* polvo *(m)*
прахосвам • *v* malgastar energías, derrochar
прахче • *n* polvo *(m)*
прашник • *n* antera *(f)*
пращам • *v* despachar
пращене • *n* crujido *(m)*, chisporroteo *(m)*

пращя • *v* crepitar
пребивавам • *v* habitar, morar
превеждам • *v* traducir
превзет • *adj* bombástico, rimbombante
превивам • *v* curvar, doblar
превод • *n* traducción (f)
преводач • *n* traductor (m), traductora (f)
преводач • *n* intérprete (f)
преводачка • *n* intérprete (f)
превоз • *n* carga
превозвам • *v* transportar, trasladar
превозвач • *n* transportista (f), compañía de transportes (f), empresa de transportes (f)
превръзка • *n* cura (f), vendaje (m), tirita (f), curita (f), apósito (m), aglutinante
превръщам • *v* convertir
превръщане • *n* conversión (f)
превъзнасям • *v* adular, lisonjear, retocar
превъзходен • *adj* excelente
превъзходство • *n* excelencia (f)
превъзхождам • *v* aventajar, superar, sobrepasar
превързвам • *v* vendar
прегазвам • *v* vadear
преглед • *n* examen (m), examinación (f)
преглеждам • *v* auscultar
преграда • *n* barrera, mamparo
преграждам • *v* barrar
прегръдка • *n* abrazo (m)
прегръщам • *v* abrazar, mecer, mecer en brazos
прегъвам • *v* doblar, plegar, arrugar
прегъвка • *n* raya (f), pliegue (m), arruga (f)
прегърна • *v* abrazar
пред • *prep* antes de, enfrente de, ante, frente a
преда • *v* hilar
предавам • *v* comunicar, consignar, expresar, delegar, pasar un recado, dar un recado
предавам • *v* traicionar
предаване • *n* cambio (m), marcha (f)
предан • *adj* de gran dedicación, entregado, fiel, leal
преданост • *n* fidelidad (f), fidelidad, lealtad (f), devoción (f)
предател • *n* traidor (m), traidora (f)
предателство • *n* traición (f)
предвестник • *n* precursor
предвещавам • *v* anunciarse, agorar, presagiar, augurar
предвидливост • *n* previsión (f), adivinación, profecía (f)
предвиждам • *v* pronosticar, prever, anticipar
предвиждам • *v* predecir, pronosticar
предвиждане • *n* pronóstico (m), previsión (f), adivinación, profecía (f)
предвкусване • *n* previsión (f)
предградие • *n* extramuros
предградие • *n* afueras, arrabal (m)
предел • *n* límite, raya (f), confín (m)
предел • *n* límite (m)
преден • *adj* anterior
преди • *adv* ya, antes de, anteriormente, otrora, antes, de antemano, anticipadamente, adelantadamente • *prep* antes de, antes que
предизвикателство • *n* desafío, desafío (m), reto
предизвиквам • *v* engendrar, desafiar, retar, evocar, rememorar
предизвикване • *n* desafío (m), reto (m)
предимно • *adv* principalmente
предимство • *n* ventaja (f)
предишен • *adj* antiguo, anterior, primero (m), primera (f), aquello, aquella, antecedente
предлагам • *v* ofrecer
предлог • *n* preposición (f)
предложение • *n* consejo, sugerencia (f), propuesta (f)
предмет • *n* objeto (m), objecto (m)
предназначавам • *v* asignar, designar, consignar, titular, nombrar
преднамерен • *adj* intencional, deliberado, a propósito
предоставям • *v* conceder
предпазлив • *adj* circunspecto, cauteloso (m), cauteloso, cauto
предпазливо • *adv* cuidadosamente, delicadamente
предпазливост • *n* precaución (f), cuidado (m), cautela (f)
предписвам • *v* administrar, imponer, ordenar, mandar
предполагам • *v* conjeturar
предположение • *n* hipótesis (f), suposición (f), conjetura (f), especulación (f), teoría (f)
предположение • *n* conjetura (f)
предпочитам • *v* preferir
предприемач • *n* contratista (f)
предприемач • *n* emprendedor (m), emprendedor comercial (m),

comerciante *(m)*, comerciante novato *(m)*
предприемчивост • *n* empresa, emprendimiento
предприятие • *n* empresa *(f)*
предразположение • *n* inclinación *(f)*
предричам • *v* predecir, pronosticar, vaticinar
председател • *n* presidente
предсказвам • *v* predecir, pronosticar, presagiar, vaticinar, augurar
предсказвам • *v* predecir, pronosticar
предсказване • *n* adivinación *(f)*, divinación *(f)*
представа • *n* concepto *(m)*
представа • *n* idea *(f)*
представител • *n* representante, agente *(m)*, delegado *(m)*, delegada *(f)*, suplente, sustituto *(m)*, adjunto *(m)*
представка • *n* prefijo *(m)*
представление • *n* espectáculo *(m)*
представям • *v* danzar, ejecutar, interpretar, actuar, cantar
предстоящ • *adj* próximo, venturo
предубеден • *adj* sesgado, parcial, tendencioso
предугаждам • *v* pronosticar, prever
предупредителен • *adj* admonitorio
предупреждавам • *v* advertir, avisar, alertar
предци • *n* ancestro *(m)*, antepasado *(m)*, ascendiente *(m)*, predecesor *(m)*
предчувствие • *n* intuición *(f)*
предшествам • *v* preceder, anteceder
предшестващ • *adj* antecedente
предшественик • *n* precursor, antecedente *(m)*
прежда • *n* hilo *(m)*, hilado *(m)*
прежда • *n* lana *(f)*
преждевременен • *adj* prematuro, temprano
преживявам • *v* experimentar, vivir
преживяване • *n* experiencia *(f)*
презерватив • *n* goma *(f)*, preservativo *(m)*, condón *(m)*, profiláctico *(f)*
президент • *n* presidente *(m)*, presidenta *(f)*
презиме • *n* apellido *(m)*
презиме • *n* apellido *(m)*
презирам • *v* menospreciar, despreciar, desdeñar
презрение • *n* desprecio *(m)*, desdén *(m)*
презрителен • *adj* desdeñoso
презрян • *adj* bajo, desdeñable, despreciable
преимущество • *n* ventaja *(f)*
преимущество • *n* ventaja *(f)*
прекален • *adj* exorbitante, excesivo
прекатурвам • *v* zozobrar, volcar
прекрасен • *adj* guapo *(m)*, guapa *(f)*, bello *(m)*, hermoso *(m)*, hermosa *(f)*, bella *(f)*, linda *(f)*, bonito *(m)*, bonita *(f)*
прекратяване • *n* cese *(m)*
прекръствам • *v* persignarse
прекъсвам • *v* aplazar, posponer, retirar
прекъсване • *n* corte *(m)*, quebranto *(m)*, incidente *(m)*, ruptura *(f)*, interrupción *(f)*
прекъснат • *adj* desconectado *(f)*, cortado *(f)*, discontinuo *(m)*, irregular *(f)*, inestable *(f)*
прелест • *n* belleza *(f)*
прелюбодеец • *n* adúltero *(m)*
прелюбодеяние • *n* adulterio *(m)*
премахвам • *v* borrar
премахвам • *v* abrogar, abolir, suprimir, quitar
премахване • *n* abolición *(f)*
преместване • *n* desplazamiento *(m)*
премигвам • *v* parpadear, guiñar
премия • *n* bonificación *(f)*
премяна • *n* atuendo *(m)*, atavío *(m)*
пренасям • *v* llevar, transportar, trasladar
пренебрегвам • *v* renunciar, menospreciar, despreciar, desafiar, ignorar
пренебрежение • *n* desprecio *(m)*, desdén *(m)*, descuidar, desatender
пренебрежителен • *adj* derogatorio, desdeñoso
преносен • *adj* figurativo, figurado
преносител • *n* portador *(m)*, portadora *(f)*
преобладавам • *v* dominar
преобръщам • *v* zozobrar, volcar
преподавател • *n* maestro *(m)*, profesor *(m)*, profesora *(f)*, maestra *(f)*, docente *(f)*
препоръка • *n* encomio *(m)*, comendación *(m)*, recomendación *(f)*
препоръка • *n* consejo *(m)*
препоръки • *n* credencial *(f)*
препоръчвам • *v* aconsejar, asesorar
препоръчителен • *adj* aconsejable, recomendable, conveniente, alabable, loable, encomiable
препращам • *v* remitir
препречвам • *v* impedir, bloquear, obstruir, atorar, barrar

препуциум • *n* prepucio *(m)*
препятствам • *v* cruzar, bloquear
препятствие • *n* dificultad *(f)*, barrera, bloqueo *(m)*, obstrucción *(f)*
пресен • *adj* fresco *(m)*
пресечка • *n* manzana, cuadra *(f)*, cruce *(m)*
пресичам • *v* cruzar, pasar, atravesar
пресичане • *n* cruce *(m)*
пресищам • *v* saciar
преследвам • *v* perseguir
преследвач • *n* seguidor *(m)*
пресметлив • *adj* calculador, maquiavélico
пресмятам • *v* calcular, computar, estimar
пресмятане • *n* presupuesto, valoración *(f)*, estimación *(m)*
престилка • *n* delantal *(m)*, mandil *(f)*
престол • *n* trono *(m)*
преструване • *n* afectación *(f)*
престъпление • *n* delito *(m)*
престъпник • *n* delincuente *(f)*, criminal *(f)*
престъпник • *n* criminal
пресушавам • *v* desaguar
претеглям • *v* pesar
претендирам • *v* reclamar
претенциозен • *adj* grandioso
претенция • *n* concesión *(f)*, reclamación *(f)*
претъпкан • *adj* abarrotado, atestado *(m)*
претърсвам • *v* peinar, cachear
преувеличавам • *v* exagerar
преувеличен • *adj* extraordinario, fabuloso
преувеличение • *n* exageración *(f)*
преустановявам • *v* retirar
префикс • *n* prefijo *(m)*
прехвърлям • *v* ceder, transferir, delegar
преходен • *adj* fugaz
преходник • *n* adaptador *(m)*
прецаквам • *v* tirar, joder, cagar, chingar
преценка • *n* valoración *(f)*, evaluación *(f)*, tasación *(f)*
прецизен • *adj* exacto, justo, correcto, preciso
прецизност • *n* fidelidad, exactitud, precisión *(f)*
преча • *v* bloquear, obstruir, atorar, azolvar, congestionar, atascar
пречиствам • *v* purificar
пречистване • *n* despeje *(m)*, limpieza *(f)*, aclaramiento

пречка • *n* dificultad *(f)*, bloqueo *(m)*, obstrucción *(f)*, desventaja, desventaja *(f)*
преяждам • *v* atiborrar, atracar, atestar
при • *prep* en
прибавка • *n* adición *(f)*
прибавка • *n* anexo *(m)*
прибавям • *v* añadir, aumentar, incrementar, sumar, agregar, adjuntar, anexar, adicionar
прибавяне • *n* adición *(f)*, añadidura *(f)*
прибирам • *v* aferrar, recoger
приближаване • *n* enfoque *(m)*, planteamiento *(m)*, acercamiento *(m)*, aproximación *(f)*
приближение • *n* aproximación *(f)*
приблизителен • *adj* aproximado
приблизително • *prep* aproximadamente, cerca de
приблизително • *adv* aproximadamente
прибой • *n* quebrada *(f)*
прибор • *n* aparato *(m)*, dispositivo *(m)*, enseres, implemento *(m)*, instrumento *(m)*
прибори • *n* cubierto *(m)*
приветлив • *adj* amable, afable, cordial, amistoso, amigable
приветстване • *n* aclamación
привечер • *n* ocaso *(m)*
привиден • *adj* aparente, ostensible
привидение • *n* aparición *(f)*
привичен • *adj* crónica *(f)*, crónico *(m)*
привичка • *n* habituación *(f)*, costumbre
привлекателен • *adj* encantador, apetitoso, tentador *(m)*, incitante, apetecible
привлекателен • *adj* atractivo
привлекателност • *n* encanto *(m)*, fascinación *(f)*, atractivo *(f)*
привличам • *v* atraer, cautivar
привличане • *n* atracción *(f)*
привърженик • *n* adherente *(m)*
привързаност • *n* apego *(m)*, cariño, afición *(f)*, devoción *(f)*, dedicación *(f)*
привършвам • *v* concluir
пригаждане • *n* modificación *(f)*, ajuste *(f)*
приготвям • *v* hirviendo, fermentando
приготовления • *n* preparativos, planes
придатък • *n* añadidura *(f)*
придворен • *n* cortesano *(m)*
придиращ • *adj* crítica *(f)*, crítico *(m)*

придирчив • *adj* cascarrabias, exigente, criticón, pejiguero, difícil de complacer, selectivo, quisquilloso, capcioso, mañoso, intratable, mal genio, enojadizo, arisco, cicatero, regodeón, puntilloso
придобивам • *v* ganar, obtener
придружавам • *v* acompañar
придружаващ • *adj* concomitante, inherente
придружител • *n* compañero *(m)*, compañera *(f)*
придумвам • *v* engatusar, lisonjear
приём • *n* acogida *(f)*, bienvenida *(f)*
приемам • *v* aceptar, consentir, quiescer, acceder, suponer, dar por sentado
приемане • *n* aceptación *(f)*, admisión, admisión *(f)*, asunción *(f)*
приемлив • *adj* admisible, aceptable, propio, elegible
приемливост • *n* aceptabilidad *(f)*
призи́в • *n* convocatoria
признавам • *v* confesar
признава́м • *v* admitir, confesar, reconocer
признак • *n* característica *(f)*, síntoma *(m)*
признание • *n* admisión *(f)*, confesión *(f)*, reconocimiento *(m)*
признателен • *adj* agradecido
призовка • *n* citación *(f)*
призрак • *n* aparición *(f)*, fantasma *(m)*, espectro *(m)*, espíritu *(m)*, aparecido *(m)*, sombra *(f)*, alma *(f)*
призрачен • *adj* fantasmal
приказлив • *adj* gárrulo
приключвам • *v* acabar, terminar, finalizar, cerrar, concluir
приключване • *n* conclusión *(f)*
приключение • *n* aventura *(f)*, travesura *(f)*, escapada *(f)*
прикрепвам • *v* adjuntar, anexar
прикрепям • *v* pegar, fijar
прикривам • *v* apuntar, proteger, disimular
прикрит • *adj* artificial, furtivo, sigiloso, encubierto
прилагам • *v* añadir, utilizar, emplear, aplicar, agregar, adjuntar
прилежа́ние • *n* esmero *(m)*, diligencia *(f)*
прилежен • *adj* asiduo, diligente
прилеп • *n* murciélago *(m)*
прилепвам • *v* agarrar, sujetar, sostener, aferrar, pegarse, adherirse
прилепнал • *adj* adherente

прилив • *n* marea, flujo *(m)*
прилика • *n* apariencia *(f)*
приличам • *v* quedar bien
приличен • *adj* decente
приложение • *n* apéndice *(m)*, adjunto *(m)*, encierro *(m)*, aplicación *(f)*, cercamiento *(m)*
приложе́ние • *n* apéndice *(m)*, extensión *(f)*, archivo adjunto
приложим • *adj* aplicable, pertinente
примамвам • *v* incitar, cebar, tentar
примамка • *n* señuelo, carnada, carnada *(f)*, anzuelo *(m)*
пример • *n* ejemplar *(m)*, ejemplo *(m)*
примерен • *adj* ejemplar
примигвам • *v* guiñar
прими́рие • *n* armisticio *(m)*, tregua *(f)*
принадлежа • *v* pertenecer
принадлежа́ • *v* pertenecer
принадлежност • *n* accesorio *(m)*, complemento *(m)*
принос • *n* contribución *(f)*, aporte *(m)*
при́нтер • *n* impresora *(f)*
принуда • *n* compulsión *(f)*, constreñimiento *(m)*, limitación *(f)*, restricción *(f)*, coerción *(f)*, coacción *(f)*
принуден • *adj* artificial
принудителен • *adj* compulsivo
принуждавам • *v* obligar, forzar, compeler, limitar, constreñir, restringir, coercer
принце́са • *n* princesa, infanta *(f)*
припадам • *v* desmayar
припадане • *n* desmayo *(m)*
припадък • *n* convulción *(f)*, desmayo
припев • *n* estribillo *(m)*
приписвам • *v* imputar, atribuir, adscribir
припи́свам • *v* atribuir
прираст • *n* crecimiento, aumento, acreción *(f)*, acrecencia *(f)*
приро́да • *n* naturaleza *(f)*
присад • *n* injerto *(m)*
присаждам • *v* injertar
присвояване • *n* apropiación *(f)*
прислужвам • *v* atender, ocupar
присмиване • *n* irrisión *(f)*
приспивателен • *adj* soporífico, somnífero
приспивателно • *n* somnífero
приспособим • *adj* adaptable, amoldable
приспособимост • *n* adaptabilidad *(f)*, flexibilidad *(f)*
приспособление • *n* equipo *(m)*, aparato *(m)*, enseres, implemento *(m)*,

instrumento *(m)*
приспособле́ние • *n* dispositivo *(m)*, mecanismo *(m)*, aparejo
приспособления • *n* material, instalación *(m)*
приспособя́вам • *v* adaptar, ajustar, arreglar, regular
приспособя́ване • *n* adaptación *(f)*, modificación *(f)*, ajuste *(m)*
приста́вка • *n* adaptador *(m)*
при́стан • *n* muelle *(m)*, embarcadero *(m)*, malecón *(m)*
приста́нище • *n* puerto *(m)*
присти́гам • *v* llegar, arribar
присти́гане • *n* venida
присти́гане • *n* venida *(f)*, llegada *(f)*, arribo *(m)*
присто́ен • *adj* decoro *(m)*
присто́рен • *adj* fingido
пристра́стен • *n* metido *(m)*, adicto
пристра́стен • *adj* sesgado, parcial, tendencioso
пристрастя́вам • *v* causar adicción en, volver adicto
пристро́йка • *n* anexo *(m)*, pabellón *(m)*
пристъ́п • *n* crisis
прися́да • *n* sentencia *(f)*, punición *(f)*, condena *(f)*, pena *(f)*
присъединя́вам • *v* anexar
присъ́ждам • *v* juzgar, sentenciar, fallar, decretar
присъ́ствам • *v* asistir
присъ́ствие • *n* asistencia *(f)*, presencia *(f)*
притега́телен • *adj* atractivo
притегля́не • *n* atracción *(f)*
притесне́н • *adj* apretado
притесне́ние • *n* vergüenza *(f)*
приту́рка • *n* adjunto *(m)*
при́тча • *n* fábula *(f)*
притъ́пен • *adj* romo
притъпя́вам • *v* mellar, desafilar, embotar
прице́л • *n* objetivo *(m)*
прича́квам • *v* emboscar
причи́на • *n* porqué *(m)*, causa *(f)*
причи́нен • *adj* causal
причи́нност • *n* causalidad *(f)*
причиня́вам • *v* causar
при́шка • *n* ampolla *(f)*, ámpula *(f)*
прищя́вка • *n* capricho, capricho *(m)*, antojo *(m)*
прия́тел • *n* amigo *(m)*, novio *(m)*, amiga *(f)*, pololo *(m)*, enamorado *(m)*
прия́телка • *n* amigo *(m)*, novia *(f)*, amiga *(f)*

прия́телски • *adj* cordial, amistoso, amigable
прия́телство • *n* amistad *(f)*
прия́телство • *n* amistad *(f)*
прия́тен • *adj* lisonjero, agradable, suave, dulce, grato
прия́тен • *adj* benigno
про́ба • *n* ensayo *(m)*, tentativa *(f)*, experimento *(m)*, prueba *(f)*, intento *(m)*
про́бвам • *v* tratar, intentar
проби́в • *n* batería *(f)*, brecha *(f)*, boquete *(m)*
проби́вам • *v* perforar
пробле́м • *n* problema
пробо́ждам • *v* cornear, coger
прова́л • *n* fracaso *(m)*, fiasco *(m)*
прове́ждам • *v* conducir
прове́ждане • *n* conducción *(f)*
прове́рка • *n* chequeo *(m)*, verificación *(f)*, inspección *(f)*, cotejo *(m)*, examen *(m)*, auditoría *(f)*
проверя́вам • *v* comprobar, inspeccionar, examinar
проветря́вам • *v* aerar, airear
провинциа́лен • *adj* campo, provincia, bucólico, campesino, campestre, provinciano
прови́нция • *n* campo *(m)*, provincia *(f)*
прови́снал • *adj* holgado
провла́к • *n* istmo *(m)*
прово́дим • *adj* conductivo *(m)*
прово́димост • *n* conductividad *(f)*
проводни́к • *n* conductor *(m)*
прово́дящ • *adj* conductivo *(m)*
провока́тор • *n* provocador
провоки́рам • *v* producir, motivar
провъзглася́вам • *v* aclamar
провъзглася́вам • *v* proclamar
прогно́за • *n* divinidad *(f)*
прогно́за • *n* pronóstico del tiempo *(m)*
прого́нване • *n* exilio *(m)*
програ́ма • *n* cartel *(m)*, currículo *(m)*
програ́ма • *n* programa *(m)*, horario, itinerario *(m)*
прогре́с • *n* progreso *(m)*, ascenso *(m)*
прода́вам • *v* vender
прода́м • *v* vender
проду́кт • *n* producto *(m)*
продължа́вам • *v* seguir, continuar, durar
продълже́ние • *n* continuación *(f)*
продължи́телен • *adj* crónica *(f)*, crónico *(m)*
продължи́телност • *n* duración *(f)*
прое́кт • *n* proyecto *(m)*

проектирам • *v* diseñar
прозвище • *n* alias *(m)*, seudónimo *(m)*
прозо́рец • *n* ventana *(f)*
прозорливост • *n* perspicacia *(f)*
прозрачен • *adj* claro, diáfano, transparente
прозявам • *v* bostezar
произведение • *n* producto *(m)*
произведе́ние • *n* obra *(f)*
производи́телност • *n* capacidad *(f)*
производна • *n* derivada *(f)*
производно • *n* derivado *(m)*
производство • *n* producto *(m)*, fabricación *(f)*, manufactura *(f)*
произволен • *adj* arbitrario
произлизам • *v* surgir
произна́сям • *v* pronunciar
произнеса́ • *v* pronunciar
произноше́ние • *n* acento *(m)*, pronunciación *(f)*
произход • *n* casta *(f)*, génesis *(f)*, variedad *(f)*, raza *(f)*, cepa *(f)*, ascendencia *(f)*, origen *(m)*, linaje *(m)*, estirpe *(f)*
произхождам • *v* derivar
прокарвам • *v* promulgar
проклинам • *v* maldecir, condenar
проклятие • *n* maldición *(f)*, maldito *(m)*, maldito
прокоба • *n* mal presentimiento
прокълнат • *adj* maldito
про́лет • *n* primavera *(f)*
проли́в • *n* estrecho *(m)*, paso *(m)*
пролом • *n* garganta *(f)*
пролука • *n* brecha *(f)*
променлив • *adj* alternativo, dinámico, alterno, variable, cambiante, mutable, alternante
проме́нлив • *adj* inconstante, voluble, pendular
променям • *v* alterar, cambiar, modificar, volver, demudar, mudar
проме́тий • *n* promecio *(m)*
проми́вка • *n* ablución *(f)*
проми́шленост • *n* industria *(f)*
промуша • *v* pasar, enhebrar
промушвам • *v* pasar, enhebrar
промъквам • *v* pasar
промъкна • *v* pasar
промя́на • *n* modificación *(f)*, cambio *(m)*, mutación *(f)*, evolución *(f)*
проницателен • *adj* astuto, perspicaz, sagaz, clarividente *(f)*
проницателност • *n* perspicacia *(f)*
пропага́нда • *n* propaganda *(f)*
пропадам • *v* raspar, aplazar, suspender, reprobar, catear, sacar nota roja, tronar
пропа́н • *n* propano *(m)*
пропаст • *n* cañón *(m)*, barranca *(f)*, garganta *(f)*, abismo *(m)*, sima *(f)*, barranco *(m)*
проповедник • *n* predicador
пропуск • *n* torpeza *(f)*, brecha *(f)*, error *(m)*, condoro *(m)*, descache *(m)*, desliz *(m)*, garrafal *(m)*, metida de pata *(f)*, tropiezo *(m)*
проро́к • *n* profeta *(m)*, profetisa *(f)*
проро́чица • *n* profeta *(m)*, profetisa *(f)*
просвещение • *n* amanecer, despierto, despertad
просека • *n* claro *(m)*, desmonte *(m)*
прославен • *adj* celebrado, glorioso
прославям • *v* celebrar, reverenciar
прослушвам • *v* audición
прослушване • *n* audición *(f)*
просо́ • *n* mijo *(m)*
прост • *adj* simple, desnudo, austero, sencillo
простак • *n* vulgar
проститу́тка • *n* prostituta *(f)*
проституция • *n* prostitución *(f)*
просторен • *adj* extenso, amplio, espacioso *(m)*
пространство • *n* área *(f)*, lugar *(m)*, espacio
пространство-време • *n* espacio-tiempo *(m)*
просту́да • *n* gripe *(f)*, gripa *(f)*, resfriado *(m)*, constipación *(f)*
прости́ • *v* perdonar
прося • *v* mendigar
просяк • *n* mendigo *(m)*
протакти́ний • *n* protactinio *(m)*
протеже • *n* dependiente *(m)*
протежение • *n* extensión *(f)*
протест • *n* protesta *(f)*
про́тив • *prep* en contra, contra, enfrente, en pugna
противен • *adj* perro, desagradable, abominable, aborrecible, despreciable, repugnante, asqueroso, repulsivo, nauseabundo
противник • *n* enemigo *(m)*, adversario *(m)*, adversaria *(f)*, rivalo *(m)*
противница • *n* rivalo *(m)*
противодействам • *v* cruzar
противоестествен • *adj* anormal
противоотрова • *n* antídoto *(m)*
противоположен • *adv* en contra • *adj* contrario
противополо́жен • *adj* opuesto
противореча • *v* contradecir,

impugnar
противоре́чащ • *adj* contradictorio
противоречив • *adj* ambivalente
противоречие • *n* discrepancia *(f)*, contradicción *(f)*
противостоя • *v* enfrentar
проти́й • *n* procio *(m)*
протист • *n* protista
протичам • *v* correr
прото́к • *n* estrecho *(m)*, paso *(m)*
протон • *n* protón
прототип • *n* prototipo *(m)*
протривам • *v* escoriar, raspar, escocer, irritar
протриване • *n* irritación *(f)*, escocimiento *(m)*
проумявам • *v* comprender, ahondar, profundizar
проучвам • *v* analizar, examinar
професия • *n* oficio *(m)*
профе́сия • *n* profesión *(f)*
профе́сор • *n* profesor *(m)*, profesora *(f)*
прохладен • *adj* fresco
проход • *n* corredor *(m)*, brecha *(f)*
процеп • *n* rendija *(f)*
процес • *n* juicio *(m)*, proceso *(m)*, causa *(f)*
проце́сор • *n* procesador *(m)*
процъфтявам • *v* prosperar
прочесвам • *v* peinar
прочета́ • *v* leer
прочитам • *v* leer
прочут • *adj* celebrado, famoso
прощавам • *v* excusar, perdonar, condonar
проща́вам • *v* perdonar
проявявам • *v* manifestar, revelar, exponer
пружи́на • *n* muelle *(m)*, resorte *(m)*
пръв • *adj* primero *(m)*, primera *(f)*
пръдня • *n* pedo *(m)*
пръсвам • *v* reventar, romper
пръст • *n* tierra *(f)*, mano, dedo del pie *(m)*, ortejo *(m)*, suelo *(m)*, dedo *(m)*
пръ́стен • *n* anillo *(m)*, sortija *(f)*
пръстеновиден • *adj* anular
пръстов • *adj* digital, dactilar
прът • *n* barra, turón *(m)*, rodillo *(m)*
пръчка • *n* barra *(f)*, barra, ramita *(f)*, palo *(m)*, astilla *(f)*, rodillo *(m)*
пряк • *adj* directo
прякор • *n* apodo *(m)*, apelativo *(m)*, cognomen *(m)*
псалм • *n* salmo *(m)*
псалом • *n* salmo *(m)*
псе • *n* perro *(m)*

псевдоним • *n* alias *(m)*, seudónimo *(m)*
психиатър • *n* psiquiatra *(f)*, siquiatra *(f)*
психолог • *n* psicólogo *(m)*, psicóloga *(f)*, sicólogo *(m)*, sicóloga *(f)*
психоло́гия • *n* psicología *(f)*
псувам • *v* maldecir, jurar, blasfemar, renegar, echar ternos
псувня • *n* mala palabra *(f)*, maldición *(f)*
пти́ца • *n* pájaro *(m)*, ave *(f)*
птицегадател • *n* augur *(m)*
птицечовка • *n* ornitorrinco *(m)*
птичарник • *n* pajarera *(f)*, aviario *(m)*
птиченце • *n* pajarito *(m)*
пу́блика • *n* público *(m)*, audiencia *(f)*
пудел • *n* caniche *(m)*
пу́йка • *n* pavo *(m)*, chompipe *(m)*, guajolote *(m)*, guanajo *(m)*, pisco *(m)*, totol *(m)*
пукам • *v* crepitar
пукане • *n* crujido *(m)*, chisporroteo *(m)*
пуканки • *n* cancha *(f)*, palomitas de maíz *(f)*, cabritas *(f)*, canguil *(m)*, cocaleca *(f)*, cotufas *(f)*, crispetas *(f)*, esquites *(m)*, gallitos *(m)*, maíz pira *(f)*, millo *(m)*, pipoca *(f)*, pochoclo *(m)*, pop *(m)*, popcorn *(m)*, poporopo *(m)*, pororó *(m)*, pururú *(m)*, roscas *(f)*, rosetas de maíz *(f)*, rositas de maíz *(f)*, tostón *(m)*
пукване • *n* estallido *(m)*
пукнатина • *n* falla, grieta *(f)*
пулверизатор • *n* pulverizador *(m)*, atomizador *(m)*
пуло́вер • *n* chompa *(f)*, buzo *(f)*, chaleco *(m)*, chomba *(f)*, jersey *(m)*, pulóver *(m)*, suéter *(m)*
пулса́р • *n* púlsar *(m)*
пума • *n* puma *(m)*, león americano *(m)*, león bayo *(m)*, mitzli, onza bermeja *(f)*
пунктуация • *n* puntuación *(f)*
пура • *n* puro *(m)*, cigarro *(m)*
пурпур • *n* carmín, carmesí, cremesín
пурпурен • *adj* carmín, carmesí, cremesín
пу́рпурен • *adj* morado
пуст • *adj* desolado *(m)*, desierto *(m)*, devastado *(m)*
пусти́ня • *n* desierto *(m)*
пу́тка • *n* bollo *(f)*, chocha *(f)*, chucha *(f)*, coño *(m)*, concha *(f)*, cuca *(f)*, chocho *(m)*, cocho *(f)*, panocha *(f)*, punta, raja *(f)*, choro *(f)*
пухкав • *adj* suave, fofo *(m)*, fofa *(f)*, gordito *(m)*, peludo

пуша • *v* humear
пу́ша • *v* fumar
пушек • *n* humo *(m)*
пу́шене • *n* tabaquismo
пушка • *n* escopeta
пу́шка • *n* fusil *(m)*, rifle *(m)*
пчела • *n* abeja *(f)*
пчела́рство • *n* apicultura *(f)*
пшени́ца • *n* trigo *(m)*
пъдпъдък • *n* codorniz *(f)*
пълен • *adj* completo, pleno, mofletudo, cachetudo, carrilludo
пъ́лен • *adj* lleno, completo
пълзя́ • *v* gatear, arrastrarse, reptar, rampar
пълнеж • *n* relleno *(m)*
пълнолетен • *adj* adulto
пълноле́тие • *n* mayoría
пълномощно • *n* autorización *(f)*
пълня • *v* cargar
пън • *n* bloque, cuecha *(f)*, tocón *(m)*, tueco *(m)*
пъп • *n* ombligo *(m)*
пъ́пеш • *n* melón *(m)*
пъпка • *n* yema *(f)*, botón *(m)*, brote *(m)*, retoño *(m)*
пъ́пка • *n* espinilla *(f)*
пъ́пчица • *n* espinilla *(f)*
първенец • *n* primo *(m)*, primero *(m)*
първене́ц • *n* primogénito *(m)*, primogénita *(f)*
пъ́рво • *adv* primeramente, para empezar
първоизточник • *n* fuente *(f)*
първообраз • *n* prototipo *(m)*
първоро́ден • *n* primogénito *(m)*, primogénita *(f)*
пъ́ргав • *adj* ágil
пъ́ргавост • *n* alacridad *(f)*, presteza *(f)*
пърдя́ • *v* peer, soltar un pedo, pedorrear
пържа • *v* freír
пържола • *n* chuleta *(f)*
пърхам • *v* ondear
пъ́рхот • *n* caspa *(f)*, porrígine
пъстър • *adj* tordo, moteado, habado
пъ́стър • *adj* variegado *(m)*
пъстрва • *n* trucha *(f)*
път • *n* camino *(m)*, calle *(f)*, ruta *(f)*
пъ́тник • *n* pasajero *(m)*
пъ́тница • *n* pasajero *(m)*
пътувам • *v* viajar
пътуване • *n* viaje *(m)*
пъшкане • *n* bocanada *(f)*
пяна • *n* espuma *(f)*
пя́на • *n* espuma *(f)*
пя́сък • *n* arena *(f)*

Р

работа • *n* negocio *(m)*
рабо́та • *n* tarea *(f)*
ра́бота • *n* pega *(f)*, trabajo *(m)*, camello *(m)*, empleo *(m)*, chamba *(f)*, curro *(m)*, laburo *(m)*, talacha *(f)*
работник • *n* trabajador *(m)*, obrero *(m)*
работничка • *n* trabajador *(m)*, obrero *(m)*
работодател • *n* jefe *(m)*, jefa *(f)*, empleador *(m)*
работя • *v* trabajar
равен • *adj* uniforme, constante, plano, alineado, igual, nivelado, al ras
ра́вен • *adj* plano, llano
равенство • *n* empate *(m)*, equidad *(f)*, paridad *(f)*
равнина • *n* llanura *(f)*, planicie *(f)*
равно • *adv* uniformemente
равновесие • *n* equilibrio *(m)*
равнове́сие • *n* equilibrio *(m)*
равноденствие • *n* equinoccio *(m)*
равнодушен • *adj* indiferente, apático
равноду́шие • *n* apatía *(f)*
равномерно • *adv* uniformemente
равноотстоящ • *adj* equidistante
равноправие • *n* equidad *(f)*, igualdad *(f)*
равностоен • *adj* equivalente
равностранен • *adj* equilátero
раджа • *n* rajá *(m)*
радиа́тор • *n* radiador *(m)*
ра́дий • *n* radio *(m)*
ра́дио • *n* radio *(f)*
радиоактивен • *adj* radiactivo
радиолог • *n* radiólogo *(m)*
радиопредаване • *n* emisión *(f)*
радиус • *n* radio *(m)*
радо́н • *n* radón *(m)*
радост • *n* alegría *(f)*
ра́дост • *n* felicidad, alegría *(f)*, gozo *(m)*, júbilo, regocijo
радостен • *adj* contento
раждаемост • *n* natalidad *(f)*

раждам • *v* dar a luz, parir
раждане • *n* parto *(m)*, nacimiento *(m)*
раждáне • *n* nacimiento *(m)*
разбивам • *v* derrotar, vencer, reventar, romper
разбираем • *adj* concebible, pensable, imaginable, comprensible
разбирам • *v* aceptar, entender, comprender, concebir, hacerse cargo de, ahondar, profundizar
разбиране • *n* comprensión *(f)*, entendimiento *(m)*
разбирателство • *n* amistad *(f)*
разбит • *adj* descompuesto *(m)*, averiado *(m)*
разбойник • *n* ladrón *(m)*, matón *(m)*, ladrona *(f)*, macarra *(f)*
разбойник • *n* bandido *(m)*
разбъркан • *adj* desordenado, confuso
разбърквам • *v* agitar, mezclar
развален • *adj* corrupto
развалини • *n* escombros *(m)*, restos *(m)*
развалям • *v* confundir, tirar, joder, cagar, chingar, enturbiar, corromper, deteriorar
разваляне • *n* deterioro *(m)*, deterioración *(f)*
развеждам • *v* divorciar
развеселяване • *n* regocijo *(m)*
развитие • *n* desarrollo *(m)*
развúтие • *n* evolución *(f)*
развлекателен • *adj* divertido *(m)*, entretenido *(m)*
развлечение • *n* distracción *(f)*, diversión *(f)*
развлечéние • *n* entretenimiento *(m)*
развличам • *v* entretener, distraer
развод • *n* divorcio *(m)*
разводнявам • *v* diluir
разврат • *n* disolución *(f)*, depravación *(f)*, libertinaje *(m)*
развратен • *adj* disoluto *(m)*
развратница • *n* puto *(m)*, perra *(f)*, zorra *(f)*, puta *(f)*, ramera *(f)*, arpía *(f)*, golfa *(f)*
развращавам • *v* corromper
развъждам • *v* criar
развълнуван • *adj* entusiasmado, emocionado
разглеждам • *v* observar
разглобявам • *v* descomponer, desmantelar
разглобяем • *adj* plegable
разгнéвен • *adj* enojado, enfadado
разгневявам • *v* enojar, exasperar
разговарям • *v* conversar

разговор • *n* coloquio, conversación, conversación *(f)*, discurso *(m)*
разговóр • *n* conversación *(f)*, llamada *(f)*, telefonema *(m)*, diálogo *(m)*
разговорен • *adj* familiar, coloquial
разгонване • *n* estro *(m)*
разграничаване • *n* demarcar
разграничение • *n* demarcación *(f)*, frontera
разгръщам • *v* desplegar
раздавам • *v* repartir, distribuir
раздаване • *n* reparto *(m)*
раздавач • *n* crupier *(m)*
раздвоен • *adj* rajado
разделям • *v* extender, desunir
разделяне • *n* división *(f)*, segregación *(f)*
раздор • *n* discordia *(f)*
раздразвам • *v* exasperar
раздразнéние • *n* lata *(f)*, disgusto *(m)*, irritación *(f)*
раздразнителен • *adj* colérico, quisquilloso, excitable
раздробявам • *v* machacar, granular, fragmentar, moler, triturar
раздрънквам • *v* cotillear
разжалвам • *v* degradar
разисквам • *v* conversar, discutir
разискване • *n* discusión *(f)*, debate *(m)*
разкаян • *adj* contrito
разквартúрувам • *v* acuartelar
разклатен • *adj* mal, genio, mañoso
разклон • *n* horqueta
разклонение • *n* bifurcación *(f)*, ramificación *(f)*
разклонител • *n* adaptador *(m)*
разклоняване • *n* ramificación *(f)*
разколнически • *adj* sedicioso
разкопавам • *v* excavar, ahondar, cavar
разкопки • *n* excavación *(f)*
разкрасявам • *v* embellecer
разкривам • *v* revelar, exponer, descubrir, exhibir
разкриване • *n* detección *(f)*
разкритие • *n* revelación *(f)*, destape *(m)*
разкъсан • *adj* cortada *(f)*
разлагам • *v* disgregar
разлагане • *n* análisis, descomposición *(f)*
разлика • *n* diferencia *(f)*
различавам • *v* comprender, diferir, hacerse cargo de, discernir, distinguir
различен • *adj* distinto, desemejante, diferente

различен • *adj* distinto, diferente
различие • *n* diferencia *(f)*
различно • *adv* diferentemente
размахване • *n* ademanes
разменям • *v* cambiar, intercambiar, canjear, trocar
размер • *n* extensión *(f)*, calibración *(f)*, medida *(f)*, dimensión *(f)*
размесвам • *v* mezclar
размирен • *adj* sedicioso *(m)*
размислям • *v* cogitar
размисъл • *n* pensamiento *(m)*
размишлявам • *v* cogitar
размяна • *n* trueque, intercambio
разнебитвам • *v* apalear
разногласие • *n* diferencia *(f)*, discordia *(f)*
разнообразен • *adj* diverso
разнообразие • *n* diversidad *(f)*
разнороден • *adj* surtido
разорен • *adj* seco *(m)*, quebrado *(m)*, pelado, bruja *(f)*, sin un duro, sin un peso
разочарование • *n* disgusto *(m)*, frustración
разочарова́ние • *n* decepción *(f)*
разпенвам • *v* espumar
разпилявам • *v* dispersar
разписа́ние • *n* horario, itinerario *(m)*
разпознавам • *v* discernir
разполагаем • *adj* disponible
разполовяване • *n* dicotomía
разположение • *n* humor *(m)*
разпределение • *n* distribución, distribución *(f)*, reparto *(m)*, asignación *(f)*
разпределям • *v* repartir, distribuir, asignar
разпределяне • *n* distribución *(f)*
разпродажба • *n* ganga *(f)*, remate *(m)*, oferta *(f)*, barata *(f)*, liquidación *(f)*
разпространен • *adj* común
разпръсквам • *v* repartir, distribuir, disipar, dispersar
разпускам • *v* disolver
разпуснат • *adj* disoluto *(m)*
разпятие • *n* crucifijo
разработвам • *v* desarrollar
разреждам • *v* descargo *(m)*, diluir
разреждане • *n* dilución *(f)*
разрез • *n* corte *(m)*
разрешавам • *v* autorizar, permitir
разреша́вам • *v* decidir, resolver
разрешение • *n* consenso *(m)*, aprobación *(f)*
разреше́ние • *n* permiso *(m)*
разрив • *n* quebranto *(m)*, incidente *(m)*, ruptura *(f)*, interrupción *(f)*
разрушавам • *v* deteriorar, demoler
разрушителен • *adj* destructivo
разсейвам • *v* distraer, disipar, dispersar
разсейване • *n* distracción *(f)*
разсеян • *adj* difuso, olvidadizo *(m)*, olvidadiza *(f)*, desmemoriado *(m)*, desmemoriada *(f)*
разсичам • *v* cortar
разсмивам • *v* divertir
разстояние • *n* distancia *(f)*
разстроен • *adj* confuso
разстройвам • *v* desconcertar, confundir
разстройващ • *adj* desconcertante
разсъмване • *n* aurora *(f)*, amanecer *(m)*, amanecer, alba *(f)*, alba, madrugada *(f)*
разтварям • *v* disolver, dilatar
разтворител • *n* disolvente *(m)*
разтегливост • *n* ductilidad *(f)*
разтопяване • *n* fundición *(f)*, derretimiento *(m)*
разтревожен • *adj* inquieto, ansioso
разтрогвам • *v* anular
разтягане • *n* golpe de aire *(m)*
разубеждавам • *v* desalentar, persuadir, disuadir
разузнавач • *n* detective *(m)*
разум • *n* mente *(f)*
разумен • *adj* razonable
разхвърлян • *adj* desultorio
разход • *n* desagüe
разхубавявам • *v* embellecer
разцвет • *n* boom *(m)*
разцепване • *n* fisión *(f)*
разцепен • *adj* rajado
разцъфнал • *adj* floreciente
разчёт • *n* calculo *(m)*
разчиствам • *v* despejar, desobstruir
разчистване • *n* despeje *(m)*
разчитам • *v* descifrar, interpretar
разчленяване • *n* desglose *(m)*
разширение • *n* expansión *(f)*
разширявам • *v* añadir, dilatar
разширяване • *n* expansión *(f)*
разяждам • *v* corroer, erosionar
разяждане • *n* erosión *(f)*
разяждащ • *adj* cáustico, corrosivo *(m)*
разярявам • *v* enfurecer, ensañar
рай • *n* paraíso *(m)*
район • *n* área *(f)*, región *(f)*
рак • *n* cáncer *(m)*, cangrejo de río *(m)*, cangrejo *(m)*, jaiba *(f)*
раке́та • *n* proyectil *(m)*, misil *(m)*
ракия • *n* brandy *(m)*, coñac *(m)*

ра́ковина • *n* concha *(f)*
ракообразно • *n* crustáceo *(m)*
рамка • *n* armazon *(f)*, marco *(m)*
рамкирам • *v* enmarcar
ра́мо • *n* hombro *(m)*
рана • *n* llaga *(f)*
ра́на • *n* herida *(f)*, llaga
ранен • *adj* prematuro, temprano
ра́нен • *adj* temprano, precoz
ра́ница • *n* mochila *(f)*
ра́но • *adv* temprano
рапира • *n* florete *(m)*
рапица • *n* colza *(f)*
раси́зъм • *n* racismo *(m)*
ра́со • *n* sotana *(f)*
раста́ • *v* crecer
растёж • *n* crecimiento *(m)*
растѐние • *n* planta *(f)*, mata *(f)*
растер • *n* cuadrícula *(f)*, matriz *(f)*
растителност • *n* vegetación *(f)*
реакти́вен • *adj* a chorro, a propulsión, a reacción
реакция • *n* reacción *(f)*, reacción
реал • *n* real *(m)*
реален • *adj* concreto
реа́лен • *adj* real, existente, verdadero, efectivo
реализация • *n* satisfacción *(f)*
реализирам • *v* conseguir, lograr
реали́зъм • *n* realismo
реалисти́чен • *adj* con los pies en la tierra
реа́лност • *n* realidad *(f)*
ребро́ • *n* costilla *(f)*
рев • *n* grito *(m)*
рева • *v* gritar
ревизия • *n* auditoría *(f)*
ревнив • *adj* celoso
ревностен • *adj* ferviente, celoso
револвер • *n* revólver *(m)*
револю̀ция • *n* revolución *(f)*
регистрирам • *v* archivar, enrolar
регулируем • *adj* ajustable, regulable, graduable
ред • *n* orden *(m)*
редактирам • *v* editar
редактиране • *n* montaje *(m)*
редактор • *n* director *(m)*, redactor *(m)*, redactora *(f)*, directora *(f)*, editor *(m)*
редакцио́нен • *adj* editorial
редакция • *n* formulación *(f)*
редник • *n* cabo
редом • *adv* de lado a lado
редуване • *n* turno *(m)*, alternancia *(f)*, rotación *(f)*
реду́т • *n* baluarte *(m)*
режа • *v* cortar

ре́жа • *v* cortar, incidir
режисьор • *n* director *(m)*, directora *(f)*
резач • *n* cortador *(m)*
резе • *n* cerrojo *(m)*
резерва • *n* reservas
резерва́ция • *n* reserva *(f)*
резервиран • *adj* alejado, reservado, distante
резервоар • *n* cisterna *(f)*, aljibe *(m)*
резец • *n* filo *(m)*
резиденция • *n* domicilio *(m)*
резултат • *n* conclusión *(f)*, consecuencia *(f)*, efecto *(m)*, producto *(m)*
резулта́т • *n* resultado *(m)*
резултатен • *adj* eficaz, eficiente
резюме • *n* extracto *(m)*, resumen *(m)*, resumen, compendio *(m)*, epítome, sinopsis
река • *n* río *(m)*
реклама • *n* anuncio *(m)*, aviso *(m)*, aviso publicitario *(m)*, anuncio publicitario *(m)*, anuncio publicitario, comercial *(m)*
рекла́ма • *n* anuncio *(m)*, publicidad *(f)*, reclamo *(m)*
рекламация • *n* demanda *(f)*
релеф • *n* relieve *(m)*
религия • *n* religión *(f)*
ремък • *n* correa *(f)*
ренде • *n* rallador *(m)*, ralladora *(f)*
ре́ний • *n* renio *(m)*
репей • *n* cadillo, bardana, cachurrea, lampazo, lapaizo, pegadillo
репичка • *n* rábano *(m)*
репу́блика • *n* república *(f)*
ресна • *n* cilio *(m)*
ресни́ца • *n* pestaña *(f)*
ресто • *n* cambio *(m)*, devueltas *(f)*, vuelta *(f)*, vueltas, vuelto *(m)*
рестора́нт • *n* restaurante *(m)*, restorán *(m)*
рети́на • *n* retina *(f)*
референ́дум • *n* referéndum *(m)*
рефлекс • *n* reflejo *(m)*
рефрен • *n* estribillo *(m)*
реце́пта • *n* receta *(f)*
рециклиране • *n* reciclaje
рецитирам • *v* declamar
реч • *n* habla *(f)*
речен • *adj* fluvial
речник • *n* glosario *(m)*
ре́чник • *n* diccionario *(m)*
реша • *v* peinar, peinarse
реша́ • *v* decidir, resolver
решавам • *v* juzgar, determinar,

escoger, elegir
решáвам • v decidir, resolver
решаващ • adj decisivo
решение • n decisión (f), laudo (m)
решéние • n respuesta (f)
решето • n colador (m), escurridor (m), cedazo (m), criba (f), tamiz (m)
решителен • adj decisivo, determinado, crucial, decidido, definitivo (m)
решително • adv firmemente
решúтелност • n valor (m), valentía (f)
рúба • n pez (m), pescado (m)
рибар • n pescador (m)
рибáр • n pescador (m)
риболов • n pesca (f)
риболóв • n pesca (f)
риболóвец • n pescador (m)
риган • n orégano (m)
рид • n estribo (m), contrafuerte (m), talud (m), terraplén (m)
рúза • n camisa (f)
ризница • n coraza (f)
рис • n lince (m)
риск • n aventura (f), apuesta
рискован • adj aventurado, arriesgado, intrépido, aventurero
рискóван • adj peligroso
рисувам • v dibujar
рисуване • n dibujar
рисунка • n dibujo (m), esquema (m), croquis (m)
ритуал • n ritual (m), rito (m)
ритъм • n acento (m)
рúтъм • n ritmo (m)
риф • n arrecife (m)
рúцар • n caballero (m), caballera (f)
рицарски • adj caballeroso, caballeresco
рúцарство • n caballerosidad (f)
рúя • v excavar, ahondar, cavar
роб • n esclavo (m), esclava (f)
робúня • n esclavo (m), esclava (f)
ров • n fosa (f), foso (m)
ровя • v excavar, ahondar, cavar, socavar
рог • n cornamenta (f), asta (f), cuerno (m), cacho (m)
рогат • adj astado (m)
роговица • n córnea (f)
рогоносец • n cornudo (m)
род • n casta (f), género (m), familia (f), variedad (f), raza (f), cepa (f), persona (f), tribu (f)
рода • n familia (f)
роден • adj hermano carnal

рóдий • n rodio (m)
родúна • n país (m)
родúтел • n padre
родителен • adj genitivo
родолюбец • n patriota (f)
родословие • n genealogía (f), pedigrí
родствен • adj cognado (m)
родство • n lazo de sangre (m)
рóжба • n hijo (m), hija (f)
рожков • n algarroba (f), algarrobo (m)
роза • n rosa (f)
рóза • n rosal (m)
розмарин • n romero (m)
рóзов • adj rosado
рой • n cúmulo (m), enjambre
рокля • n túnica, vestido (m)
рóкля • n traje (m), vestido (m)
роля • n papel (m)
ром • n ron (m)
ромáн • n novela (f)
ромб • n rombo (m)
ромолене • n gorjeo (m)
ромоля • v murmurar, susurrar
ромон • n gorjeo (m)
ронлив • adj frágil, quebradizo, friable, desmenuzable
ронливост • n friabilidad (f)
роня • v desmigajar, desmenuzar
росá • n rocío (m), sereno (m)
росомáха • n glotón (m), carcayú (m)
рохкав • adj flojo
рубúдий • n rubidio (m)
рубúн • n rubí (m)
рúбла • n rublo (m)
рубрика • n prefacio
ругая • v maldecir, reprender, vituperar
руда • n mena (f), mineral (m)
руднúк • n mina (f)
руднúца • n mina (f)
руж • n colorete (m)
рундхоризонт • n bambalina (f)
руно • n lana (f), toisón (m)
рупор • n pito (m), bocina (f), claxon (m), corneta (f), fotuto (m)
рус • adj rubio, pastel
рутéний • n rutenio (m)
ручей • n arroyo (m)
руша • v deteriorar
рушвéт • n soborno (m), coima (f), matraca (f), mordida (f), cohecho, alfadía (f)
рушветчийство • n soborno (m), cohecho (m)
ръб • n borde (m), orilla (f), lado (m), refuerzo (m), arista (f), pestaña (f)
ръдърфордий • n rutherfordio (m)

ръж • *n* centeno *(m)*
ръждá • *n* moho *(m)*, óxido *(m)*, herrumbre *(f)*, orín
ръжен • *n* atizador
ръка • *n* mano *(f)*
ръкá • *n* brazo *(m)*
ръкáв • *n* manga *(f)*
ръкавела • *n* puño *(m)*, ruedo *(m)*
ръкавѝца • *n* guante *(m)*
ръководител • *n* director *(m)*, administrador *(m)*, directora *(f)*
ръководѝтел • *n* jefe *(m)*
ръковóдство • *n* dirección *(f)*, administración *(f)*
ръководя • *v* dirigir, conducir, administrar, manejar
ръкомахане • *n* gesticulación *(f)*
ръкопляскам • *v* aplaudir
ръмя • *v* lloviznar
ръчен • *adj* manual *(f)*
рядко • *adv* raramente, rara vez
рядък • *adj* escaso, raro
рязане • *n* corte *(m)*, recorte
рязко • *adv* abruptamente
рязък • *adj* abrupto, brusco, cortante, acre, mordaz, repentino, súbito
ря́зък • *adj* brusco
ря́па • *n* nabo *(m)*

С

с • *prep* por, con
са • *v* son
саблеклюн • *n* avoceta *(f)*
сайга • *n* saiga *(m)*
саке • *n* sake
сако • *n* chaqueta *(f)*, casaca *(f)*, saco *(m)*, americana *(m)*, gabán *(m)*, paltó, abrigo *(m)*
сал • *n* balsa *(f)*
саламáндър • *n* salamandra *(f)*
саламура • *n* salmuera *(f)*
салáта • *n* ensalada *(f)*
салон • *n* auditorio *(m)*, sala *(f)*, cabina *(f)*
салфéтка • *n* servilleta *(f)*
сам • *adv* solo
самáрий • *n* samario *(m)*
самец • *n* buco *(m)*, gamo *(m)*, macho *(m)*, macho
само • *adv* apenas
сáмо • *adv* sólo, solamente, solo, únicamente
самовáр • *n* samovar *(m)*
самозараждане • *n* autogénesis *(f)*, generación espontánea *(f)*
самолет • *n* aeronave *(f)*
самолéт • *n* avión *(m)*, aeroplano *(m)*
самонадеян • *adj* grosero *(m)*
самонадеяност • *n* presunción *(f)*, engreimiento *(m)*, vanidad *(f)*, ego
самообладание • *n* control *(m)*, autodominio *(m)*, compostura *(f)*, ecuanimidad
самообслужване • *n* autoservicio *(m)*
саморазлагане • *n* autolisis *(f)*
самостоятелен • *adj* autónomo
самостоятелност • *n* autonomía *(f)*
самоубийство • *n* suicidio *(m)*
самоуверен • *adj* enérgico, firme, categórico, presuntuoso
самоувереност • *n* certeza *(f)*, confianza *(f)*, certeza propia *(f)*
самоук • *n* autodidacto *(m)*, autodidacta *(f)*
самохвален • *adj* jactancioso
самохвалство • *n* presunción *(f)*, alarde *(m)*, fanfarronada *(f)*, vanagloria *(f)*, ostentación *(f)*, jactancia *(f)*
самоходен • *adj* automotor
самурáй • *n* samurái *(m)*
санатóриум • *n* sanatorio *(m)*
сандък • *n* baúl *(m)*, caja *(f)*
сандък • *n* caja *(f)*
сапун • *n* jabón *(m)*
сапфир • *n* zafiro *(m)*
сардина • *n* sardina *(f)*
сарказъм • *n* sarcasmo
саркастичен • *adj* acerbo
саркофаг • *n* sarcófago *(m)*
сатана • *n* diablo *(m)*
сатанински • *adj* diabólico
сатър • *n* tajador *(m)*
сатър • *n* cuchilla *(f)*
сауна • *n* sauna *(f)*
сбивам • *v* comprimir, compactar
сбиване • *n* riña *(f)*, batalla *(f)*, combate *(m)*
сбирка • *n* conjunto *(m)*, colección *(f)*
сбит • *adj* corto, conciso, sucinto
сблъскване • *n* colisión *(f)*
сбогом • *n* adiós • *interj* adiós, hasta siempre
сбогуване • *n* despedida *(f)*
сбор • *n* colección *(f)*, cantidad *(f)*,

сгъване • *n* doblamiento *(m)*
сгъстявам • *v* comprimir, condensar, compactar
сгъстяване • *n* condensación *(f)*, concentración
сделка • *n* negocio *(m)*, trato *(m)*, ganga *(f)*, bicoca *(f)*, transacción *(f)*
сдружаване • *n* afiliación *(f)*, filiación *(f)*
сдържам • *v* contener
сдържан • *adj* alejado, reservado, distante, sereno, tranquilo
сдържаност • *n* control *(m)*, autodominio *(m)*
се • *pron* me
север • *n* norte *(m)*
северозапад • *n* noroeste *(m)*
северойзток • *n* nordeste, noreste *(m)*
сега • *adv* hoy, hoy en día, hoy día, actualmente, ahora
сегашен • *adj* actual, real
седалка • *n* asiento *(m)*
седеф • *n* nácar *(m)*
седло • *n* silla de montar *(f)*
седмица • *n* semana *(f)*
седна • *v* sentarse
седя • *v* sentar, estar sentado
сезон • *n* estación *(f)*
сейф • *n* cofre *(m)*
сека • *v* cortar, picar, tajar, acuñar
секретар • *n* secretario *(m)*, secretaria *(f)*
секретарка • *n* secretario *(m)*, secretaria *(f)*
секс • *n* sexo *(m)*, relación, sexual *(f)*
сексизъм • *n* sexismo *(m)*
секта • *n* denominación *(f)*, secta *(f)*, culto *(m)*
секта • *n* secta *(f)*
секунда • *n* segundo *(m)*
селен • *n* selenio *(m)*
село • *n* pueblo *(m)*, aldea *(f)*
село • *n* campo *(m)*
селянин • *n* campesino *(m)*
селянка • *n* campesino *(m)*
семе • *n* semilla *(f)*, semen *(m)*
семеен • *n* familiar
семеен • *adj* familiar
семейство • *n* familia *(f)*
семейство • *n* familia *(f)*
сенат • *n* senado *(m)*
сено • *n* heno *(m)*
сепия • *n* jibia *(f)*, sepia, choco *(m)*
сера • *v* cagar
сервиз • *n* garaje *(m)*, taller *(m)*
сергия • *n* puesto *(m)*, stand *(m)*
сериозен • *adj* serio

сериозно • *adv* en serio
сестра • *n* hermana *(f)*, sor *(f)*
сеч • *n* carnicería *(f)*, masacre *(m)*, carnaje *(m)*
сечене • *n* recorte
сечиво • *n* instrumento *(m)*, herramienta *(f)*
сечище • *n* claro *(m)*, desmonte *(m)*
сея • *v* sembrar
си • *v* eres
сив • *adj* gris
сиво-кафяв • *n* pardo • *adj* pardo
сивозелениках • *adj* glauco
сигурен • *adj* cierto, fiable, confiado, seguro de sí mismo
сигурност • *n* certeza *(f)*, certidumbre *(f)*
сила • *n* fuerte *(m)*, punto fuerte *(m)*, fuerza *(f)*, volumen *(m)*, energía *(f)*
сила • *n* poder *(m)*, potencia *(f)*
силен • *adj* fuerte
силиций • *n* silicio *(m)*
символ • *n* carácter *(m)*, alegoría *(f)*, símbolo *(m)*, glifo *(m)*
символизирам • *v* simbolizar
символичен • *adj* simbólico, emblemático
симетричен • *adj* simétrico
симетрия • *n* simetría *(f)*
симид • *n* bollo
симония • *n* simonía *(f)*
симпатичен • *adj* amable, afable
симптом • *n* síntoma *(m)*
симулирам • *v* fingir
симфония • *n* sinfonía *(f)*
син • *n* azul *(m)*, celeste *(m)*, hijo *(m)* • *adj* azul, celeste
синагога • *n* sinagoga *(f)*
синигер • *n* carbonero *(m)*
синина • *n* equimosis *(f)*
синка • *n* cardenal *(m)*, moratón *(m)*, moretón *(m)*
синкав • *adj* azulado
синклинала • *n* sinclinal *(m)*
синоним • *n* sinónimo *(m)*
сипка • *n* pinzón vulgar *(m)*
сипкав • *adj* flojo
сирак • *n* huérfano *(m)*, huérfana *(f)*
сирене • *n* queso *(m)*
сиромах • *n* mendigo *(m)*, paupérrimo
сироп • *n* cordial, almíbar *(m)*, jarabe *(m)*, sirope *(m)*
сиропиталище • *n* orfanato *(m)*, casa cuna *(f)*
сирота • *n* huérfano *(m)*, huérfana *(f)*
система • *n* goteo *(m)*, suero *(m)*, sistema *(m)*

систематизирам • *v* disponer
сит • *adj* lleno, satisfecho
ситен • *adj* fino
сито • *n* colador *(m)*, cedazo *(m)*, criba *(f)*, tamiz *(m)*
ситуация • *n* contexto *(m)*, marco *(m)*
сияя • *v* brillar
сия́я • *v* brillar, lucir
ска • *n* esquí *(m)*
сказу́емо • *n* predicado *(m)*
скакалец • *n* saltamontes *(m)*, langosta *(f)*
скалист • *adj* escarpado *(m)*, accidentado *(m)*, escabroso *(m)*, rudo *(m)*, áspero *(f)*
скаме́йка • *n* banco *(m)*
скандален • *adj* flagrante
скандий • *n* escandio *(m)*
скари́да • *n* gamba *(f)*, camarón *(m)*, langostino *(m)*
скачам • *v* saltar
скейтборд • *n* monopatín *(m)*
скеле́т • *n* esqueleto *(m)*
ске́нер • *n* escáner *(m)*
ски • *n* esquí *(m)*
скилидка • *n* diente *(m)*
скитник • *n* vagabundo *(m)*
скиф • *n* yoleta *(f)*
скица • *n* borrador *(m)*, diagrama *(m)*, esbozo *(m)*
скицник • *n* block *(m)*
складирам • *v* caché *(m)*
скланям • *v* declinar
склонение • *n* flexión *(f)*, declinación *(f)*
склонност • *n* inclinación *(f)*, predisposición *(f)*
склонявам • *v* engatusar
скоба • *n* sargento *(m)*, paréntesis *(m)*
скоба́ • *n* abrazadera *(f)*, mordaza, pinza *(f)*
скок • *n* salto *(m)*
скоклив • *adj* enérgico *(m)*, juguetón *(m)*, vivaz, entusiasta
скопен • *adj* emasculado *(m)*, castrado *(m)*, debilitado *(m)*
скопец • *n* eunuco *(m)*
скопявам • *v* capar, castrar, emascular
скопяване • *n* emasculación *(f)*, castración *(f)*
скорец • *n* estornino *(m)*
скоро • *adv* preferiblemente
ско́ро • *adv* pronto
скорост • *n* velocidad *(f)*, celeridad *(f)*
скот • *n* bestia *(f)*
скреж • *n* escarcha *(f)*
скрибуцане • *n* crujido *(m)*
скривам • *v* esconder, abrigar, cubrir, ocultar
скрива́м • *v* esconder, ocultar
скрин • *n* cómoda *(f)*
скрит • *adj* furtivo, sigiloso, encubierto
скро́мен • *adj* humilde, sobrio *(m)*, modesto *(m)*
скръб • *n* pena *(f)*, pesar *(m)*, aflicción *(f)*, dolor *(m)*, tristeza *(f)*, infelicidad *(f)*
скръбен • *adj* triste, cabizbajo, lúgubre, doloroso
скука • *n* aburrimiento *(m)*, apatía *(f)*
скула • *n* pómulo *(m)*, cigoma *(f)*
ску́мрия • *n* caballa *(f)*
скут • *n* regazo *(m)*
скучен • *adj* soso, aburrido
ску́чен • *adj* aburrido
скъп • *adj* costosamente, querido *(m)*, caro, caro *(m)*, costoso, costoso *(m)*, dispendioso, amado *(m)*, precioso, precioso *(m)*
скъпоце́нен • *adj* precioso
скъ́рцане • *n* crujido *(m)*
скъсвам • *v* raspar, aplazar, suspender, reprobar, catear, tronar, bochar, jalar, rajar, poner nota roja
скъсявам • *v* abreviar, condensar, compendiar, acortar, truncar
скъсяване • *n* contracción *(f)*, abreviación *(f)*
слаб • *adj* deficiente, endeble, débil, flaco, flojo, feble
слабоумие • *n* demencia *(f)*, locura *(f)*
слава • *n* fama *(f)*
сла́вей • *n* ruiseñor *(m)*
славен • *adj* glorioso
слагам • *v* poner, colocar, situar
сладкарство • *n* confitería *(f)*
сладкиш • *n* confección, hechura *(f)*
сладък • *adj* dulce, simple *(n)*
сла́дък • *adj* dulce, rico, sabroso, gustoso, azucarado
сла́ма • *n* paja *(f)*
слана • *n* escarcha *(f)*
след • *prep* después, más allá de
следвам • *v* seguir
следващ • *adj* siguiente • *prep* tras
следен • *adj* próximo
следо́бед • *n* tarde *(f)*
следователно • *adv* por consiguiente, consecuentemente
следствие • *n* consecuencia *(f)*, efecto *(m)*, producto *(m)*, corolario *(m)*
сле́зка • *n* bazo *(m)*
слепване • *n* concreción *(m)*
слепоочие • *n* sien *(f)*
слепота • *n* ceguera *(f)*

слива • n ciruela (f)
слива • n chocha (f), chucha (f), coño (m), concha (f), cuca (f), chocho (m)
сливане • n fusión (f), coalescencia (f)
сливица • n amígdala (f), amígdala, amígdala palatina (f)
сливици • n adenoide (f)
слизам • v descender, bajar
слизам • v bajarse, apearse
слизане • n bajada (f), descenso (m)
слисан • adj espantado, aterrado, horrorizado, asustado, pasmado, atemorizado
слисвам • v confundir, pasmar, sorprender, asombrar
слисване • n asombro (m), sorpresa (f)
словар • n diccionario (m)
слово • n palabra (f), vocablo (m)
сложен • adj complejo, complicado
сложен • adj compuesto (m)
сложност • n complejidad (f)
слой • n capa (f), película (f), recubrimiento (m)
слон • n elefante (m)
слуга • n sirviente (m), criado (m), mozo (m), doméstico (m), empleado (m)
служа • v servir
служба • n servicio (m), empleo (m), cargo (m)
служещ • n empleado (m), empleada (f)
слуз • n moco (m), baba (f), lama (f), cieno (m), légamo (m)
слух • n audición (f), oído (m), suspiro (m)
слухов • adj acústico, auditivo
случаен • adj aleatorio, ocasional, casual, accidental, imprevisto, fortuito
случай • n caso (m)
случайност • n azar (m), casualidad (f), suerte (f)
слушалки • n auricular (m)
слушам • v oír, escuchar
слушател • n oyente (f)
слънце • n sol (m)
слънцестоене • n solsticio (m)
слънчев • adj asoleado, soleado
слюнка • n saliva (f), escupida
сляп • adj ciego
смазвам • v ungir
смайвам • v empaparotar, apabullar, obnubilar, pasmar, sorprender, asombrar
смайване • n abatimiento, asombro (m), sorpresa (f), consternación (f), postración
смайващ • adj asombroso, sorprendente
смачквам • v aplastar
смачкване • n aplastamiento (m)
сме • v somos
смекчавам • v amortiguar, aliviar, mitigar, calmar, satisfacer, paliar, alivianar, moderar
смекчаване • n clemencia (f)
смел • adj intrépido, atrevido, audaz, osado, valiente, valeroso, corajudo
смелост • n audacia (f), osadía (f), atrevimiento (m)
смелост • n valor (m), valentía (f), coraje (m)
смелчага • n arriesgado (m)
сменям • v cambiar, reemplazar, recambiar, intercambiar, canjear
смес • n mezcla
смесвам • v combinar, fermentar, destilar, mezclar
смесен • adj surtido
смесица • n mezcla, fárrago
смет • n basura (f), desperdicios
сметана • n nata (f), crema (f)
сметка • n cuenta (f), declaración (f), factura (f)
сметка • n cuenta (f), cálculo (m)
смехотворен • adj ridículo
смешен • adj divertido (m), cómico (m), gracioso (m), chistoso (m)
смилам • v digerir
сминд • n hinojo (m)
синдух • n alholva (f), fenogreco (m)
смирен • adj humilde, modesto (m)
смокинг • n smoking (m)
смокиня • n higo (m), breva (f), higuera (f)
смола • n alquitrán (m)
смрад • n hedor (m), fetidez (f), peste (f)
смръщване • n ceño (m)
смукач • n estrangulador (m)
смут • n disturbio (m), estorbo (m), perturbación (f), espanto (m), estupefacción (f), consternación (f)
смутен • adj avergonzado
смуча • v chupar, sorber
смущавам • v molestar, desconcertar, confundir, perturbar, avergonzar, abochornar, ofuscar
смущение • n disturbio (m), estorbo (m), perturbación (f)
смърдя • v heder, apestar
смърт • n fallecimiento, muerte (f), partida (f)
смъртоносен • adj mortal, letal, mortífero, fatal

смяна • *n* turno *(m)*, intercambio, alternancia *(f)*, rotación *(f)*
смя́на • *n* cambio *(m)*, reemplazo *(f)*
смятам • *v* creer
смятане • *n* cuenta *(f)*
смях • *n* risa
снабдявам • *v* suministrar, proporcionar, dotar
снаряжение • *n* equipamiento *(m)*, equipo *(m)*, bagaje, furgón, tren de equipajes
снаха́ • *n* nuera *(f)*
снежи́нка • *n* copo de nieve *(m)*, ampo *(m)*
сноп • *n* haz *(m)*, atado *(m)*, atada *(f)*, mies *(f)*
сно́сен • *adj* soportable
сну́кър • *n* billar *(m)*
сняг • *n* nieve *(f)*
со́бствен • *adj* propio
со́бственик • *n* amo *(m)*
сойка • *n* grajilla *(f)*, arrendajo *(m)*, urraca *(f)*
сок • *n* zumo *(m)*, jugo *(m)*, savia
сокол • *n* cernícalo *(m)*
со́кол • *n* halcón *(m)*, falcón *(m)*
сол • *n* sal *(f)*
солда́т • *n* soldado
солен • *adj* salado
сом • *n* bagre *(m)*, siluro *(m)*, barbo *(m)*, pez gato *(m)*
сомнамбули́зъм • *n* sonambulismo *(m)*
сондирам • *v* perforar
соне́т • *n* soneto *(m)*
сопа • *n* bastón *(m)*, garrote *(m)*
со́пол • *n* moco *(m)*
сортирам • *v* ordenar, clasificar
сортиране • *n* surtido *(m)*, variedad *(f)*, colección *(f)*
сос • *n* salsa *(f)*, vinagreta *(f)*
софи́зъм • *n* falacia *(f)*
софтбол • *n* sófbol *(m)*
софтуер • *n* software *(m)*, programa *(m)*
социали́зъм • *n* socialismo *(m)*
спе́рма • *n* semen *(m)*
спадам • *v* descender, caer
спазвам • *v* cumplir, adherir
спазъм • *n* calambre *(m)*
спа́лня • *n* cámara *(f)*, recámara, cuarto *(m)*, habitación, pieza, alcoba *(m)*, dormitorio *(m)*
спам • *n* correo basura *(m)*
спанак • *n* espinaca
спасе́ние • *n* salvación *(f)*
спатия • *n* trébol *(m)*

сперма • *n* esperma
специалист • *n* experto *(m)*, experta *(f)*
спечелвам • *v* adquirir
спирала • *n* hélice *(f)*, espiral *(f)*
спира́ла • *n* DIU *(m)*
спирам • *v* parar, frenar, desistir
спи́рам • *v* parar
спиране • *n* cese *(m)*, paro
спира́чка • *n* freno *(m)*
спи́рка • *n* parada *(f)*, paradero *(m)*
спирт • *n* alcohol *(m)*
спиртен • *adj* alcohólico
списа́ние • *n* revista *(f)*, magacín *(m)*
спи́сък • *n* lista *(f)*
сплав • *n* aleación *(f)*
сплашвам • *v* intimidar, descorazonar
сплетня • *n* chisme *(m)*, bochinche *(m)*, brete *(f)*, cahuín *(m)*, chambre *(m)*, chimento *(m)*, chirmol *(m)*, cocoa *(f)*, copucha *(f)*, cotilleo *(m)*, cuecho *(m)*, mitote *(m)*, argüende *(m)*, vinazo *(m)*
сплитам • *v* trenzar
сплотеност • *n* unidad *(f)*
спогодба • *n* cláusula *(f)*
спокоен • *adj* calmado, satisfecho *(m)*
спокойствие • *n* calma *(f)*, sosiego *(m)*, compostura *(f)*
спокойствие • *n* paz *(f)*, sosiego *(m)*
сполука • *n* fortuna *(f)*
сполучливо • *adv* afortunadamente
спомагателен • *adj* secundario, auxiliar, accesorio, ayudante
спомагащ • *adj* favorable *(m)*
споменавам • *v* aludir, referirse
спор • *n* disputa *(f)*, altercado *(m)*, discusión *(f)*, bronca *(f)*, riña *(f)*, pelea *(f)*, controversia *(f)*, polémica *(f)*, debate *(m)*, contienda *(f)*, disputar
споразумение • *n* acuerdo *(m)*, costumbre *(f)*, convención *(f)*
според • *prep* por
спорен • *adj* discutible, controvertido, controversial, discutidor
спорт • *n* deporte *(m)*
спортист • *n* atleta *(f)*, deportista *(f)*
споря • *v* debatir, cuestionar, impugnar, oponerse, sostener, argumentar
способен • *adj* capaz, listo, talentoso, competente, competentes
способност • *n* capacidad *(f)*, competencia *(f)*, nivel físico *(m)*, facultad *(f)*, inteligencia *(f)*, aptitud *(f)*, habilidad *(f)*, listeza *(f)*
спосо́бност • *n* capacidad *(f)*
способствам • *v* acelerar, apresurar

споя́вам • *v* soldar
спра • *v* parar
справедли́в • *adj* justo, equitativo
справедли́во • *adv* equitativamente, francamente, abiertamente
справедли́вост • *n* equidad (f)
спреже́ние • *n* conjugación (f)
спре́тнат • *adj* pulcro (m), atildado (m)
спринти́рам • *v* lanzarse
сприха́в • *adj* colérico
спряга́м • *v* conjugar
спря́гане • *n* conjugación (f)
спу́скане • *n* descenso (m), prueba de descenso (f)
спу́тник • *n* sputnik (m)
спъ́вам • *v* impedir
спъ́тник • *n* asistente (f), guarda (f), satélite (m)
спъ́тник • *n* sputnik (m)
спя • *v* dormir
спящ • *adj* dormido, latente
сравне́ние • *n* comparación (f)
сравни́м • *adj* comparable
сравни́телен • *adj* comparativo
сравня́ • *v* comparar
сравня́вам • *v* comparar
сраже́ние • *n* lucha (f), acción (f), batalla (f)
срам • *n* vergüenza (f)
срамежли́в • *adj* tímido (m)
сра́мен • *adj* escandaloso, vergonzoso, deshonroso, ignominioso
сра́снат • *adj* adnato
сра́стване • *n* concreción (m)
сребри́ст • *adj* plateado, argentino • *n* plateado (m)
сребро́ • *n* plata (f)
сребро́ • *n* plata (f), platería (f)
сре́бърен • *adj* plata, plateado, argentino
сред • *prep* envuelto, entre
среда́ • *n* centro (m), miga (f)
сре́ден • *adj* ni fu ni fa, promedio, medio, neutro
среди́ще • *n* centro (m)
сре́дище • *n* centro (m)
сре́дство • *n* herramienta (f), utensilio (m)
сре́свам • *v* peinar, peinarse
среща • *n* cita (f)
сре́ща • *n* cita (f), reunión (f)
сре́щам • *v* encontrar, encontrarse
сро́ден • *adj* cognado (m), similar, semejante
сру́тване • *n* colapso (m)
сръ́чен • *adj* astuto, hábil, diestro, ágil, habilidoso, habiloso

сръ́чност • *n* destreza (f)
стаби́лен • *adj* estable
ста́вам • *v* convertir, hacer, volverse, convertirse en, quedar, volver, llegar a ser
ста́вен • *adj* articular, articulado (m)
стадио́н • *n* estadio (m)
ста́до • *n* hato (m), manada (f), rebaño (m)
ста́до • *n* hato (m), manada (f), rebaño (m)
станда́ртен • *adj* convencional
станио́л • *n* papel de aluminio (m)
станови́ще • *n* actitud (f)
стано́к • *n* mesa de trabajo (f)
ста́нция • *n* estación (f)
стапя́м • *v* fundir
стар • *adj* antiguo, anterior, atrasado, viejo, arcaico
стара́ние • *n* tentativa (f), esfuerzo (m), empeño (m)
стара́ние • *n* esmero (m), diligencia (f)
стара́телен • *adj* asiduo, diligente, cuidadoso
стари́нен • *adj* antiguo
старомо́ден • *adj* anticuado, obsoleto
ста̀рост • *n* tercera edad
стати́в • *n* caballete (m), atril (m)
стати́стика • *n* estadística (f)
стати́я • *n* entrada (f), artículo (m)
ста́туя • *n* estatua (f)
стафи́да • *n* pasa de Corinto (f)
ста́чка • *n* huelga (f)
ста̀я • *n* sala (f), cámara (f), recámara (f), cuarto (m), habitación (f), pieza (f)
сте • *v* sois
стеганогра́фия • *n* esteganografía (f)
сте́гнат • *adj* breve, conciso, sucinto
стена́ • *n* faz (f), cara (f), faceta (f)
стена́ • *n* muro (m), muralla (f), pared (f), tabique (m)
степ • *n* estepa (f)
сте́пен • *n* grado (m)
стесне́ние • *n* vergüenza (f)
стетоско́п • *n* estetoscopio (m)
сти́га • *interj* basta
сти́гам • *v* llegar, arribar
стимули́рам • *v* estimular
сти́пца • *n* alumbre (m)
сти́пчив • *adj* acerbo
стихи́я • *n* elemento (m)
стихотворе́ние • *n* poema (m), poesía (f), oda (f)
стогоди́шен • *adj* centenario
стогодишни́на • *n* centenario (m)
сто́йка • *n* postura (f)
сто́йност • *n* denominación (f)

стока • *n* producto *(m)*
стол • *n* silla *(f)*, asiento
столетие • *n* centuria *(f)*, siglo *(m)*
столетник • *n* maguey *(m)*, agave *(f)*, pita *(f)*
стомана • *n* acero *(m)*
стомах • *n* estómago *(m)*
стомашен • *adj* gástrico
стоножка • *n* milpiés *(m)*, congorocho *(m)*
стоножка • *n* ciempiés *(m)*
стопанин • *n* amo *(m)*
стопански • *adj* económico *(m)*
стопанство • *n* economía *(f)*
стопяване • *n* fundición *(f)*, derretimiento *(m)*
стотен • *adj* centésimo
стоя • *v* estar de pie, estar parado
страдам • *v* angustiar
страдание • *n* angustia, congoja *(f)*, anxtia *(m)*, sufrimiento *(m)*, miseria *(f)*
страна • *n* flanco *(m)*
страна́ • *n* mejilla *(f)*, cacha *(f)*, cachete *(f)*, lado *(m)*, país *(m)*
странен • *adj* extraño, extraño *(m)*, misterioso, raro, raro *(m)*, curioso, etéreo, extrañisimo, estrafalario, extrano, inusual, grotesco
стра́нен • *adj* extraño, raro
страни́ца • *n* página *(f)*
страничен • *adj* distante, apartado, arrinconado
странстващ • *adj* ambulatorio
странство • *adv* en el extranjero, en el exterior
страст • *n* fervor *(m)*, ardor *(m)*, pasión *(f)*
страстен • *adj* entusiasmado, ferviente, entusiástico
страх • *n* temor *(m)*, miedo *(m)*, espanto *(m)*, estupefacción *(f)*, consternación *(f)*
страхлив • *adj* cobarde, miedoso, temeroso
страхливец • *n* cobarde *(m)*, gallina *(f)*
страхли́вец • *n* cobarde *(f)*, gallina *(f)*
страхливост • *n* cobardía *(f)*
страхопочитание • *n* pavor *(m)*
страхотен • *adj* espantoso, horripilante, cadavérico, terrible
страшен • *adj* Maligno *(m)*, temible, terrible
стрела́ • *n* flecha *(f)*
стрелба • *n* disparo *(m)*, tiro *(m)*
стрелба́ • *n* tiroteo *(m)*
стреличка • *n* dardo *(m)*
стрелка • *n* aguja *(f)*, manecilla *(f)*
стре́лка • *n* flecha *(f)*

стрелям • *v* disparar, tirar, descargar
стреля́м • *v* disparar, tirar
стре́ме • *n* estribo *(m)*
стремеж • *n* ansia *(f)*, aspiración
стремителен • *adj* irreflexivo, precipitado
стрижа • *v* rapar
стри́ко • *n* tío *(m)*
строг • *adj* riguroso, severo, austero, duro, rigorista
строгост • *n* austeridad *(f)*
строи́телство • *n* edificación *(f)*, construcción *(f)*
стро́ителство • *n* construcción *(f)*
стро́нций • *n* estroncio *(m)*
строя • *v* levantar, armar
строя́ • *v* construir, edificar
струвам • *v* costar
струг • *n* torno *(m)*
стругувам • *v* tornear
структура • *n* armazon *(f)*, composición, estructura *(f)*
струпвам • *v* acumular, congregar, amasar
струпване • *n* aglomeración *(f)*
струя • *n* corriente *(f)*, chorro *(m)*
стръв • *n* carnada *(f)*, cebo *(m)*
стръмен • *adj* abrupto, brusco, arduo
стръмнина • *n* elevación *(f)*
стръмност • *n* elevación *(f)*
стряха • *n* alero *(m)*
студ • *n* frío *(m)*, frialdad *(f)*
студен • *adj* frío, frígido
студе́н • *adj* frío *(m)*, frío
студенина • *n* frío *(m)*
студенокръвен • *adj* de sangre fría
студент • *n* estudiante *(f)*
студентка • *n* estudiante *(f)*
ступор • *n* estupor *(m)*
стъклен • *adj* vidrioso
стъкло́ • *n* cristal *(m)*, vidrio *(m)*
стъкловиден • *adj* vidrioso
стълб • *n* poste *(m)*, pilar *(m)*
стъ́лба • *n* escalera *(f)*
стълбище • *n* escalera *(f)*, tramo *(m)*
стълкновение • *n* riña *(f)*, batalla *(f)*, conflicto *(m)*, combate *(m)*
стъпало • *n* paso *(m)*, peldaño *(m)*
стъпа́ло • *n* pie *(m)*
стъпка • *n* paso *(m)*
стъргало • *n* rallador *(m)*, ralladora *(f)*
стъ́ршел • *n* avispón *(m)*
стяга • *n* abrazadera *(f)*, mordaza, pinza *(f)*
стягане • *n* constricción *(f)*
субсидия • *n* subvención *(f)*, beca
сувенир • *n* recuerdo *(m)*

суграшица • *n* aguanieve *(f)*
суеверие • *n* superstición *(f)*
суетене • *n* jaleo *(m)*, fandango *(m)*, escándalo *(m)*
сукно • *n* tela *(f)*
султан • *n* sultán *(m)*
сума • *n* cantidad *(f)*, monto *(m)*
сума • *n* adición *(f)*, suma *(f)*
сумарен • *adj* conjunto *(m)*, total *(m)*
суматоха • *n* conmoción *(f)*
сумирам • *v* sumar, adicionar
сумрак • *n* ocaso *(m)*, crepúsculo *(m)*, crepúsculo
супермаркет • *n* supermercado
суров • *adj* riguroso, severo, austero, duro, rigorista
суроватка • *n* suero *(m)*, suero de soya *(f)*
суровост • *n* austeridad *(f)*
сусам • *n* ajonjolí *(m)*, sésamo *(m)*
суспендиране • *n* suspenso *(m)*, desuso *(m)*, suspensión *(f)*
сутерен • *n* sótano *(m)*
сутиен • *n* ajustador *(m)*, brasier *(m)*, corpiño *(m)*, sostén *(m)*, soutien *(m)*, sujetador *(m)*
сутрин • *n* madrugada *(f)*, mañana *(f)*, AM
суфикс • *n* sufijo *(m)*
сух • *adj* seco *(m)*, árido
сухожилие • *n* tendón *(m)*
суша • *n* terreno *(m)*, tierra *(f)*
суша • *n* sequía *(f)*, seca *(f)*
суши • *n* sushi *(m)*
сушилня • *n* secadora *(f)*
сфера • *n* bola *(f)*, esfera *(f)*
сфера • *n* círculo *(m)*, esfera *(f)*
сфинкс • *n* esfinge *(f)*
сфинктер • *n* esfínter *(m)*
схватка • *n* escaramuza *(f)*, enfrentamiento
схватлив • *adj* dócil
схващам • *v* aprehender, entender, comprender, captar, percibir, concebir, cachar
схващане • *n* comprensión *(f)*, entendimiento *(m)*, golpe de aire *(m)*, opinión *(f)*, calambre *(m)*
сходен • *adj* análogo
сходство • *n* comparación *(f)*
сцепление • *n* adhesión *(f)*
счетоводител • *n* contador *(m)*, contable *(m)*
счетоводителка • *n* contador *(m)*, contable *(m)*
счетоводство • *n* contabilidad *(f)*
считам • *v* creer, sentir

счупвам • *v* reventar
счупване • *n* pana *(f)*, fractura *(f)*, avería, descompostura *(f)*, panne *(f)*
счупен • *adj* quebrado *(m)*, roto *(m)*, fracturado *(m)*
събарям • *v* demoler
събера • *v* reunir, juntar, recoger
събеседване • *n* coloquio, conversación
събирам • *v* acumular, reunir, amasar, compilar
събирам • *v* reunir, juntar, recoger
събиране • *n* recogida *(f)*, recolección *(f)*, fiesta *(f)*, adición *(f)*, colección *(f)*, suma *(f)*, asamblea *(f)*, compilación *(f)*
събирателен • *adj* colectivo
събирач • *n* coleccionista *(f)*
събитие • *n* aventura *(f)*
събитие • *n* evento, evento *(m)*, suceso *(m)*, acontecimiento *(m)*
съблазнителен • *adj* encantador, tentador *(m)*, incitante
съблазнявам • *v* atraer, cautivar, incitar, tentar
събличам • *v* desvestir, sacarse la ropa
съблюдавам • *v* cumplir, adherir
съболезнования • *n* pésame
събрание • *n* fiesta *(f)*, asamblea *(f)*, convención *(f)*
събрание • *n* reunión *(f)*
събуждам • *v* evocar, despertar, rememorar
съвест • *n* conciencia *(f)*
съвет • *n* junta *(f)*, consejo *(m)*, consejo, comité *(m)*, buró *(m)*, concejo *(m)*
съвет • *n* consejo *(m)*, sóviet *(m)*
съветвам • *v* aconsejar, asesorar, amonestar, reprender
съвещание • *n* consulta *(f)*
съвещателен • *adj* consultivo
съвкупен • *adj* acumulativo, cumulativo
съвкупност • *n* agregado *(m)*, conjunto *(m)*
съвместен • *adj* cooperativo
съвместим • *adj* compatible
съвокупление • *n* sexo *(m)*, relación, sexual *(f)*
съвпадам • *v* coincidir
съвпадащ • *adj* congruente
съвпадение • *n* coincidencia *(f)*, casualidad *(f)*
съвременен • *adj* contemporáneo, coetáneo, contemporario
съвсем • *adv* completamente, totalmente
съвършен • *adj* logrado, realizado,

cumplido, consumado, perfecto
съгласие • *n* acuerdo *(m)*, concordia *(f)*, consenso *(m)*, convenio *(m)*, conformidad *(f)*, cumplimiento *(m)*, concierto *(m)*, concertación *(f)*
съглáсие • *n* consenso *(m)*
съгласна • *n* consonante
съгласувам • *v* coordinar, concordar
съгласуван • *adj* coherente
съгласуване • *n* concordancia *(f)*, coordinación
съгласявам • *v* coincidir, estar de acuerdo
съглашение • *n* acuerdo *(m)*, concordia *(f)*
съд • *n* corte *(f)*, juicio *(m)*, proceso *(m)*, recipiente *(m)*, tribunal *(m)*, juzgado *(m)*
съдба • *n* fortuna *(f)*, destino *(m)*, azar *(m)*
съдбоносен • *adj* fatal
съдебен • *adj* legal
съдействам • *v* ayudar, asistir
съдействащ • *adj* coeficiente, favorable *(m)*
съдействие • *n* asistencia *(f)*
съдействувам • *v* ayudar
съдия • *n* árbitro, árbitro *(m)*, réferi *(m)*
съдиЯ • *n* juez *(m)*
съдове • *n* vajilla *(f)*, loza *(f)*
съдомиялня • *n* lavaplatos *(m)*, lavavajillas *(m)*
съдържам • *v* comprender, contener, abarcar, englobar
съдържание • *n* contenido *(m)*
съединение • *n* combinación *(f)*, conexión *(f)*
съединéние • *n* compuesto químico, conjunción *(f)*, unión *(f)*
съединител • *n* cloch *(m)*, cloche *(m)*, clutch *(m)*, croche *(m)*, embrague *(m)*
съединителен • *adj* conjuntivo
съединявам • *v* juntar, conectar, sumar, articularse, acoplar
съжалявам • *v* deplorar • *interj* discúlpame, perdóname, lo siento
съживявам • *v* animar, revivir, avivar
съживяване • *n* animación, vivificación
съжителство • *n* cohabitación *(f)*
съзаклятие • *n* conspiración *(f)*
съзвéздие • *n* constelación *(f)*
съзвучен • *adj* consonante, asonante
съзвучие • *n* asonancia *(f)*
създавам • *v* escribir, crear, generar
създаване • *n* generación
създàние • *n* ser *(m)*, criatura *(f)*
създател • *n* creador *(m)*

съзидателен • *adj* creativo *(m)*
съзирам • *v* percibir
съзнание • *n* conciencia *(f)*, conciencia
съзнателност • *n* conciencia
съизмерим • *adj* adecuado
съкращавам • *v* abreviar, resumir, condensar, compendiar, acortar, truncar
съкращаване • *n* abreviación *(f)*
съкращение • *n* contracción *(f)*
съкровище • *n* tesoro *(m)*
съкровищница • *n* caja *(f)*
сълзá • *n* lágrima *(f)*
съм • *v* se, estar, ser, existir, haber
съмнение • *n* desconfianza *(f)*, recelo *(m)*
съмнéние • *n* duda *(f)*, incertidumbre *(f)*
съмнителен • *adj* dudoso
сън • *n* sueño *(m)*
сънен • *adj* adormecido
сънища • *n* sueño *(m)*
сънлив • *adj* sueño, somnífero *(m)*, adormecido, soñoliento *(m)*, soporífero *(m)*, somnoliento *(m)*, cansado
сънливец • *n* lirón *(m)*
сънотворен • *adj* soporífico, somnífero
сънувам • *v* soñar
съобщавам • *v* anunciar, informar, avisar
съобщáвам • *v* notificar
съобщéние • *n* aviso *(m)*, comunicado *(m)*, mensaje *(m)*, recado *(m)*
съответен • *adj* correspondiente, adecuado
съответно • *adv* en consecuencia, debidamente
съответствам • *v* coincidir, estar de acuerdo, concordar, caber
съответстващ • *adj* correspondiente
съответствие • *n* acuerdo *(m)*, conformidad *(f)*
съответствувам • *v* acordar, coincidir, corresponder, estar de acuerdo, concurrir
съотéчественик • *n* paisano *(m)*, paisana *(f)*, paisanos, paisanas, compatriota *(f)*
съотношение • *n* correlación
съперник • *n* concursante *(f)*, adversario *(m)*, adversaria *(f)*, contrincante *(f)*, rivalo *(m)*
съперница • *n* rivalo *(m)*
съпернича • *v* contender, competir
съпéрничество • *n* competición *(f)*
съпричастен • *adj* empático

съпричастие • *n* empatía *(f)*
съпровод • *n* acompañamiento *(m)*
съпроводител • *n* asistente *(f)*, guarda *(f)*
съпровождам • *v* acompañar
съпротивление • *n* resistencia *(f)*
съпруг • *n* marido *(m)*, esposo *(m)*
съпруга • *n* mujer *(f)*, esposa *(f)*
съпътстващ • *adj* concomitante
съразмерен • *adj* adecuado
сърбам • *v* sorber
сърбеж • *v* picar • *n* picazón *(f)*, escozor *(m)*, picor *(m)*, comezón *(m)*
сърдечен • *adj* cordial
сърдит • *adj* enojado, enfadado
съревнование • *n* competencia *(f)*, contienda *(f)*
сърна • *n* cierva *(f)*, cabra *(f)*
сърп • *n* hoz *(f)*
сърце • *n* corazón *(m)*
съседен • *adj* contiguo, adyacente, colindante, cercano, vecino
съседство • *n* adyacencia *(f)*
съсипан • *adj* descorazonado *(m)*, destrozado *(m)*, derrotado *(m)*
съсирек • *n* coágulo *(m)*, cuajarón *(m)*
съсредоточавам • *v* concentrarse
състав • *n* composición
съставен • *adj* complejo, agregado *(m)*, compuesto *(m)*, complicado, conglomerado *(m)*
съставям • *v* compilar, levantar, armar
съставяне • *n* compilación *(f)*
състарявам • *v* envejecer
състезание • *n* competición *(f)*, competencia *(f)*, concurso *(m)*, contienda *(f)*
състезател • *n* concursante *(f)*, competidor *(m)*
състояние • *n* condición, situación *(f)*
състоятелен • *adj* convencedor, persuasivo
състрадание • *n* compasión *(f)*

състрадателен • *adj* compasivo
сътресение • *n* conmoción cerebral *(f)*, concusión *(f)*
сътруднича • *v* cooperar
сътрудничество • *n* cooperación
съучастник • *n* cómplice *(f)*
съучастник • *n* cómplice *(f)*
съучастнически • *adj* cómplice
съученик • *n* compañero de clase *(m)*, compañera de clase *(f)*
съцветие • *n* inflorescencia *(f)*
съчетавам • *v* juntar, combinar, unir, mezclar
съчетание • *n* compuesto *(m)*
съчинение • *n* ensayo *(m)*, redacción *(f)*
съчувствам • *v* sentirlo, compadecer
съчувствие • *n* compasión *(f)*, conmiseración *(f)*
същество • *n* esencia *(f)*
същество • *n* ser *(m)*, criatura *(f)*
съществувам • *v* existir
съществуване • *n* existencia *(f)*
съществуване • *n* existencia *(f)*
съществуващ • *adj* existente *(f)*
съществуващ • *adj* existente
същина • *n* esencia
същина • *n* esencia *(f)*
същност • *n* esencia
същност • *n* esencia *(f)*
също • *adv* además, aparte, tampoco
също • *adv* también, además
същото • *n* ídem
съюз • *n* alianza, unión *(f)*
съюз • *n* conjunción *(f)*
съюзен • *adj* federal *(f)*
сьомга • *n* salmón *(m)*
сюнгер • *n* esponja *(f)*
сюрреализъм • *n* surrealismo
сядам • *v* sentarse
сянка • *n* sombra *(f)*
сяра • *n* azufre *(m)*

Т

табан • *n* planta *(f)*, planta del pie *(f)*
табла • *n* backgammon *(m)*
таблица • *n* tablas, tabla *(f)*
табло • *n* tablero *(m)*
табун • *n* hato *(m)*, manada *(f)*, rebaño *(m)*
таван • *n* techo *(m)*
таван • *n* techo *(m)*
таван • *n* ático *(m)*, desván *(m)*

таен • *adj* confidencial, secreto *(m)*, críptico
таен • *adj* clandestino
таз • *n* pelvis *(f)*
тайнствен • *adj* misterioso
тайга • *n* taiga *(f)*
тайна • *adj* secreto *(m)*
тайна • *n* secreto *(m)*
тайно • *adj* secreto *(m)*

тайнствен • *adj* arcano, secreto, misterioso
тайфу́н • *n* tifón *(m)*
така́ • *adv* tan
такси́ • *n* libre *(m)*, taxi *(m)*, taxímetro *(m)*
такт • *n* diplomacia *(f)*
такти́чен • *adj* discreto
тала́нт • *n* don *(m)*, talento *(m)*
тала́съм • *n* duende *(m)*, trasgo *(m)*
та́лвег • *n* canalizo *(m)*
талисма́н • *n* amuleto *(m)*
та́ллий • *n* talio *(m)*
там • *adv* allí, ahí, allá
тампо́н • *n* tampón *(m)*
тамя́н • *n* incienso *(m)*, sahumerio *(m)*, sahumo *(m)*
тананикам • *v* canturrear
танк • *n* tanque *(m)*
танта́л • *n* tántalo *(m)*
танц • *n* baile *(m)*, danza *(f)*
танцу́вам • *v* bailar, danzar
танцьо́р • *n* bailarín *(m)*, bailarina *(f)*, bailador *(m)*
тапи́р • *n* tapir *(m)*, anta *(f)*, anteburro *(m)*, danta *(f)*, danto *(m)*, sachavaca *(f)*
тарале́ж • *n* erizo *(m)*, puercoespín *(m)*
тарата́йка • *n* cacharro *(m)*
тара́ша • *v* buscar
та́тко • *n* padre *(m)*, papá *(m)*
татуиро́вка • *n* tatuaje *(m)*
таша́к • *n* huevos, cojones, pelotas
твар • *n* ser *(m)*, criatura *(f)*
твой • *pron* el tuyo *(m)*, la tuya *(f)*
творе́ние • *n* creación *(f)*
творе́ц • *n* escritor *(m)*, escritora *(f)*, autor *(m)*, autora *(f)*
творителен • *adj* instrumental
творчески • *adj* creativo *(m)*
творя́ • *v* escribir
твърд • *adj* firme, categórico, inflexible, impenetrable, obstinado, severo, duro
твърде́ние • *n* acusación *(f)*, declaración *(f)*, alegato *(m)*, afirmación *(f)*, aserto *(m)*
твърдо • *adv* firmemente
твърдогла́в • *adj* aperrado, tenaz *(f)*, perseverante *(f)*
твърдя́ • *v* alegar, asegurar, afirmar, aseverar
те • *pron* te, se, ti, vosotros, ustedes, usted, ellos *(m)*, ellas *(f)*
теа́тър • *n* teatro *(m)*
теб • *pron* te, se, ti, vosotros, ustedes, usted
тебе • *pron* te, se, ti, vosotros, ustedes, usted

тебеши́р • *n* tiza *(f)*, gis *(m)*
тегле́не • *n* tiro *(m)*, sorteo *(m)*, rifa *(f)*
тегли́лка • *n* báscula *(f)*, balanza *(f)*
тегло́ • *n* peso *(m)*
тегля́ • *v* sacar, arrastrar, desenvainar, desenfundar
тежа́ • *v* pesar
тежъ́к • *adj* exigente, agotador, pesado, arduo, penoso, fastidioso, puñeta
те́жък • *adj* pesado, difícil
тези • *pron* éstos
тека́ • *v* fluir
тека́ • *v* fluir, afluir, correr
текст • *n* texto *(m)*
тексту́ра • *n* veta
теку́щ • *adj* actual
теле́ • *n* becerro *(m)*, ternero *(m)*, ternera *(f)*
телеви́зия • *n* televisión *(f)*
телеви́зор • *n* televisión *(f)*, televisor *(m)*
телегра́ма • *n* envío urgente, telegrama *(m)*, cablegrama *(m)*
телегра́ма • *n* telegrama *(m)*
телегра́ф • *n* telégrafo
телепа́тия • *n* telepatía *(f)*
теле́сен • *adj* corporal, carnal
телеско́п • *n* telescopio *(m)*
телефо́н • *n* teléfono *(m)*
телефо́н • *n* teléfono *(m)*
телосложе́ние • *n* constitución *(f)*, esqueleto *(m)*, osamenta *(f)*
телохрани́тел • *n* guardaespaldas *(f)*
телу́р • *n* teluro *(m)*
телце́ • *n* corpúsculo *(m)*
те́ма • *n* argumento *(m)*, tema *(m)*, tópico *(m)*
тембъ́р • *n* timbre *(m)*
те́ме • *n* vértice *(m)*
те́ме • *n* coronilla *(f)*
темеру́т • *n* cascarrabias
темпера́тура • *n* fiebre *(f)*, temperatura *(f)*
тен • *n* tez *(f)*
те́нис • *n* tenis *(m)*
те́нта • *n* toldo *(m)*
теоре́ма • *n* teorema *(m)*
теосо́фия • *n* teosofía *(f)*
терби́й • *n* terbio *(m)*
терза́ние • *n* angustia, congoja *(f)*, anxtia *(m)*
терито́рия • *n* territorio *(m)*
термоме́тър • *n* termómetro *(m)*
те́рмос • *n* termo *(m)*
термосфе́ра • *n* termosfera *(f)*
терори́зъм • *n* magnicidio *(m)*, asesinato *(m)*

тероризъм • *n* terrorismo *(m)*
терорист • *n* asesino *(m)*
терорист • *n* terrorista *(f)*
терористка • *n* terrorista *(f)*
терца • *n* tercera *(f)*
тесен • *adj* estrecho, angosto
тесла • *n* azuela *(f)*
тесте • *n* baraja *(f)*
тесто • *n* batido *(m)*
тесто • *n* pasta *(f)*, masa *(f)*
тетива • *n* cuerda *(f)*
тетрадка • *n* cuaderno *(m)*
тефтер • *n* cuaderno *(m)*
техен • *pron* suyo *(m)*, suya *(f)*, suyos, suyas
технеций • *n* tecnecio *(m)*
техник • *n* técnico *(m)*
технология • *n* tecnología *(f)*
течен • *adj* fluido
течение • *n* corriente *(f)*, corriente de aire *(f)*, derrape, flujo *(m)*, curso
течлив • *adj* fluido
течност • *n* líquido *(m)*
ти • *pron* te, se, ti, vosotros, ustedes, usted, tú, tú *(f)*, vos
тиган • *n* freidora *(f)*
тигел • *n* crisol *(m)*
тигрица • *n* tigresa *(f)*
тигър • *n* tigre *(m)*
тик • *n* teca *(f)*
тиква • *n* calabaza *(f)*, auyama *(f)*, ayote *(f)*, zapallo *(m)*, calabazera *(f)*
тил • *n* nuca *(f)*
тиня • *n* barro *(m)*, lodo *(m)*, fango *(m)*
тип • *n* tipo *(m)*
тираж • *n* edición *(f)*, tiraje *(m)*
тиранизирам • *v* acosar, tiranizar
тирания • *n* tiranía *(f)*
тирбушон • *n* sacacorchos *(m)*
тире • *n* raya *(f)*, guión largo *(m)*
титан • *n* titanio *(m)*
титуляр • *n* titular
тих • *adj* calmado, tranquilo, quieto, silencioso, calmo, pacífico, silente, recatado
тихо • *adv* mansamente, despacio
тичам • *v* correr
тичане • *n* correr
тишина • *n* sosiego *(m)*
тишина • *n* silencio *(m)*
тия • *pron* éstos
тлъст • *adj* adiposo
тлъстина • *n* grasa *(f)*
тмезис • *n* tmesis *(f)*
тоалетка • *n* cómoda
тоалетна • *n* cuarto de baño *(m)*, baño *(m)*

тоалетна • *n* baño *(m)*, inodoro *(m)*, excusado *(m)*, taza del baño *(f)*, retrete *(m)*, sanitario *(m)*, poceta *(f)*, váter *(m)*, wáter *(m)*, watercló *(m)*
това • *pron* ése *(m)*, ésa *(f)*, aquél *(m)*, aquélla *(f)*, esto
товар • *n* géneros, bienes, balastro *(f)*, balasto *(m)*, balastra *(f)*
товар • *n* carga
тога • *n* toga *(f)*, talar *(m)*
тогава • *adv* entonces
той • *pron* él
ток • *n* corriente *(f)*
тока • *n* broche *(m)*, manija *(f)*, corchete *(m)*, hebilla *(f)*, hebilla
толерирам • *v* tolerar, soportar
том • *n* volumen *(m)*
топ • *n* cañón *(m)*, torre *(f)*
топвам • *v* mojar
топка • *n* bola de navidad *(f)*
топка • *n* bola *(f)*, pelota *(f)*, balón *(m)*
топки • *n* huevos, pelotas
топломер • *n* termómetro *(m)*
топлосила • *n* termodinámica *(f)*
топола • *n* álamo *(m)*, chopo *(m)*
топче • *n* cuenta *(f)*
топчица • *n* bodoque *(m)*, mazacote *(m)*, bloboque *(m)*, grumo *(m)*
топъл • *adj* cordial
топъл • *adj* caliente, cálido, caluroso
тор • *n* excremento *(m)*, estiércol *(m)*, fertilizante *(m)*, abono *(m)*, abono orgánico *(m)*
торба • *n* saco *(m)*, bolsa *(f)*, cartucho *(m)*, funda *(m)*, jaba *(f)*, talego *(m)*
торбичка • *n* vejiga *(f)*
торий • *n* torio *(m)*
торище • *n* basurero *(m)*
торта • *n* bizcocho *(m)*, cake *(m)*, pastel *(m)*, ponqué *(m)*, pudín *(m)*, queque *(m)*, tarta *(f)*, torta *(f)*
торф • *n* turba *(f)*
торя • *v* fertilizar
тост • *n* brindis *(m)*
точен • *adj* exacto, justo, correcto, preciso
точица • *n* punto *(m)*, mota *(f)*
точка • *n* punto *(m)*
точка • *n* punto *(m)*
точно • *adv* fielmente, divisible exacto, exactamente
точност • *n* fidelidad, exactitud, precisión *(f)*
тояга • *n* bastón *(m)*, garrote *(m)*
трагедия • *n* tragedia *(f)*
традиционен • *adj* tradicional, convencional

традиция • *n* tradición *(f)*
траектория • *n* trayectoria *(f)*
траен • *adj* duradero, durable, perdurable
трайност • *n* durabilidad *(f)*
трактор • *n* tractor *(m)*
трамвай • *n* tranvía *(m)*
транслация • *n* traslación *(f)*
трансмисия • *n* cambio *(m)*, marcha *(f)*
транспарант • *n* pancarta *(f)*
траншея • *n* zanja *(f)*, trinchera *(f)*, acequia *(f)*, cuneta *(f)*
трап • *n* portalón *(m)*
трапчинка • *n* hoyuelo *(m)*, camanance
трахея • *n* tráquea *(f)*
трая • *v* consentir, tolerar, condescender, continuar, durar
трева • *n* pasto *(m)*, hierba *(f)*, grama *(f)*
тревога • *n* alerta *(f)*, alarma *(f)*, alarma *(m)*
тревога • *n* zozobra *(f)*, ansiedad *(f)*
тревожен • *adj* aprensivo, inquieto
трегер • *n* viga *(f)*, jácena
тренирам • *v* ejercitar, entrenar, educar, instruir
тренировка • *n* ejercicio
тренировка • *n* repetición *(f)*, simulacro *(m)*
треньор • *n* entrenador *(m)*, entrenadora *(f)*, amaestrador *(m)*
треперя • *v* encogerse, amilanarse
тресавище • *n* pantano *(m)*, ciénaga *(f)*, marisma *(f)*
тресавище • *n* embalse *(m)*, embalsadero *(m)*, pantano *(m)*, ciénaga *(f)*
треска • *n* fragmento, astilla
треска • *n* bacalao *(m)*
трескав • *adj* febril
трети • *n* tercero
трети • *adj* tercera *(f)*, tercero *(m)*, tercer *(m)*
третина • *n* tercio *(m)*
трефа • *n* trébol *(m)*
трибунал • *n* tribunal *(m)*
тридесети • *adj* trigésimo *(m)*, trigésima *(f)*
триене • *n* fricción *(f)*
тризъбец • *n* tridente *(m)*
триколка • *n* triciclo *(m)*
трилогия • *n* trilogía *(f)*
тринадесети • *adj* decimotercero *(m)*, decimotercera *(f)*
трион • *n* sierra *(f)*

трипер • *n* gonorrea *(f)*
тритон • *n* tritón *(m)*
трици • *n* salvado *(m)*, acemite, afrecho *(m)*
триъгълник • *n* escuadra *(f)*, cartabón *(m)*
триъгълник • *n* triángulo *(m)*
тровя • *v* envenenar, emponzoñar
трогателен • *adj* conmovedor
тройка • *n* troica *(f)*
трол • *n* trol *(m)*
тромав • *adj* torpe, desmañado, abultado, patoso *(m)*
тромпет • *n* trompeta *(f)*
тропот • *n* plop *(m)*
тротоар • *n* acera *(f)*, banqueta *(f)*, vereda *(f)*, andén *(m)*, escarpa *(f)*
трофей • *n* trofeo *(m)*
троха • *n* cacho *(m)*, miga *(f)*
троша • *v* desmigajar, desmenuzar
трошлив • *adj* frágil, quebradizo, friable, desmenuzable
трошливост • *n* friabilidad *(f)*, fragilidad *(f)*
труд • *n* trabajo *(m)*
труден • *adj* exigente, complicado, agotador, pesado, arduo, riguroso, penoso, fastidioso, puñeta
труден • *adj* difícil
трудност • *n* dificultad *(f)*
трудолюбие • *n* diligencia *(f)*
трудя • *v* trabajar
труп • *n* cuerpo *(m)*, tieso *(m)*, cadáver *(m)*
тръба • *n* clarín *(m)*, tubo *(m)*, conducto *(m)*, canuto *(m)*
тръбопровод • *n* conducto *(m)*
тръгвам • *v* salir, partir, irse
тръгване • *n* salida *(f)*, partida *(f)*
тръпчив • *adj* acerbo
тръстика • *n* caña *(f)*
тръшкане • *n* rabieta *(f)*, berrinche *(m)*, pataleta *(f)*, cortón, corajina *(f)*
трябва • *v* deber
трясък • *n* estallido *(m)*, estruendo *(m)*, colision
туберкулоза • *n* tuberculosis *(f)*
туберкулозен • *n* tísico *(f)*
туз • *n* as *(m)*
туземен • *adj* aborigen, indígena
туземец • *n* aborigen *(f)*, indígena *(f)*
тук • *adv* aquí, acá
тулий • *n* tulio *(m)*
тумбак • *n* vientre, barriga, panza
тундра • *n* tundra *(f)*
тунел • *n* túnel *(m)*
туника • *n* túnica *(f)*

туптене • *n* latido *(m)*
турбуленция • *n* conmoción *(f)*
туризъм • *n* turismo *(m)*
турнюр • *n* polisón *(m)*
тухла • *n* ladrillo *(m)*
тъжен • *adj* desconsolado *(m)*
тъжен • *adj* triste
тъжител • *n* demandante, querellante
тъка • *v* tejer, entretejer
тъкан • *n* tela *(f)*, tejido *(m)*, género *(m)*
тълпа • *n* multitud *(f)*
тъмен • *adj* lóbrego, oscuro *(m)*, oscuro, intenso *(m)*
тъмен • *adj* oscuro, oscuro *(m)*
тъмнина • *n* oscuridad *(f)*
тъмница • *n* cárcel *(f)*, prisión *(f)*, penitenciaría *(f)*
тъмночервен • *adj* carmín
тънък • *adj* fino
тъп • *adj* obtuso, corto *(m)*, romo, limitado *(m)*, soso, pendejo *(m)*, cabeza dura *(f)*, menso *(m)*, estúpido *(m)*, estúpido, gilí, estúpid
тъпак • *n* tonto *(m)*, estúpido
тъпан • *n* tambor *(m)*
тъпанче • *n* tímpano *(m)*
търг • *n* subasta *(f)*, remate

търговец • *n* concesionario *(m)*
търговия • *n* comercio *(m)*, gremio *(m)*
търговски • *adj* comercial
търгувам • *v* comerciar
тържествен • *adj* gala
тържество • *n* fiesta *(f)*, gala *(f)*, celebración *(f)*
търкане • *n* fricción *(f)*
търпелив • *adj* paciente *(f)*
търпим • *adj* soportable
търпя • *v* permanecer, quedar
търсене • *n* demanda *(f)*
търся • *v* buscar, inspeccionar, cachear
търтей • *n* zángano *(m)*
тъст • *n* suegro *(m)*
тъща • *n* suegra *(f)*
тюлен • *n* foca *(f)*
тюрбан • *n* turbante *(m)*
тюрма • *n* cárcel *(f)*, prisión *(f)*, penitenciaría *(f)*
тютюн • *n* tabaco *(m)*
тютюнопушене • *n* tabaquismo
тя • *pron* ella
тягостен • *adj* deprimente
тяло • *n* carne *(f)*
тяло • *n* cuerpo *(m)*

У

убедителен • *adj* irrefutable, irrebatible, decisivo
убеждавам • *v* persuadir, convencer
убежище • *n* refugio *(m)*
убежище • *n* asilo *(m)*, santuario *(m)*
убивам • *v* masacrar, matar, asesinar
убиец • *n* asesino *(m)*, asesina *(f)*
убиец • *n* asesino *(m)*, asesina *(f)*
убийствен • *adj* mortal, letal, mortífero
убийство • *n* asesinato *(m)*
убийца • *n* asesino *(m)*, asesina *(f)*
убийца • *n* asesino *(m)*, asesina *(f)*
уважаем • *adj* estimado *(m)*
уважение • *n* estima
уведомявам • *v* anunciar, informar, avisar
увеличавам • *v* amplificar, aumentar, incrementar, ampliar, agrandar
увеличаване • *n* amplificación *(f)*, agrandamiento *(m)*
увеличение • *n* crecimiento, aumento, acreción *(f)*, acrecencia *(f)*
уверен • *adj* cierto, confiado, seguro de sí mismo

уверение • *n* declaración *(f)*
увереност • *n* certeza *(f)*, certidumbre *(f)*
уверявам • *v* asegurar
увещавам • *v* exhortar
увиснал • *adj* flojo *(m)*
увлекателен • *adj* absorbente
увод • *n* exordio *(m)*
уволнявам • *v* despedir, echar, destituir, licenciar
увреждащ • *adj* dañino
увъртане • *n* circunlocución, rodeos, ambages, circunloquios
угаждам • *v* consentir, malcriar, mimar
угар • *n* barbecho, guamil *(m)*
угарка • *n* colilla *(f)*, bacha *(f)*, calilla *(f)*, chenca *(f)*, chicote *(m)*, chinga *(f)*, chiva *(f)*, pava *(f)*, pucho *(m)*
угнетителен • *adj* deprimente
угнетявам • *v* deprimir, reducir
уговарям • *v* engatusar
уговорка • *n* cita *(f)*
угодничa • *v* humillarse, humillarse ante, arrastrar

уголемявам • *v* ampliar, agrandar
уголемяване • *n* amplificación *(f)*, agrandamiento *(m)*
угоявам • *v* mejorar, engordar
угризение • *n* compunción *(f)*, remordimiento *(m)*
удар • *n* golpe *(m)*, golpe
ударение • *n* énfasis *(m)*
ударе́ние • *n* acento *(m)*, tilde *(f)*
у́дарник • *n* percutor *(m)*
удвоен • *adj* doblado, bicapa
удвоявам • *v* duplicar, doblar
удвояване • *n* duplicación *(f)*, geminación *(f)*
удивителен • *adj* asombroso, sorprendente
удивителна • *n* signo de exclamación *(m)*
удивление • *n* asombro *(m)*, sorpresa *(f)*
удивлявам • *v* pasmar, sorprender, asombrar
удобен • *adj* confortable, acogedor
удо́бен • *adj* conveniente, cómodo
удобство • *n* conveniencia
удо́бство • *n* comodidad *(f)*
удоволствие • *n* placer *(m)*, gozo *(m)*, regocijo, deleite, delicia *(f)*, delectación *(f)*
удостоверение • *n* certificado
удостоверявам • *v* certificar, avalar, atestiguar, autentificar, autenticar
удостоявам • *v* conferir
удрям • *v* acertar, batear
у́дрям • *v* golpear, pegar, batir, dar, aporrear
удушвам • *v* estrangular, asfixiar
удължавам • *v* ampliar, extender
удължение • *n* continuación *(f)*
удължител • *n* adaptador *(m)*
ужас • *n* abatimiento, consternación *(f)*, postración
ужасен • *adj* espantoso, horripilante, cadavérico, espantado, aterrado, horrorizado, asustado, pasmado, atemorizado, Maligno *(m)*, temible, terrible
ужасно • *adv* malditamente
ужасявам • *v* consternado, consternar
ужасяващ • *adj* asombroso *(m)*
узрявам • *v* madurar, colorear
уике́нд • *n* fin de semana *(m)*
уиски • *n* whisky *(m)*, güisqui *(m)*
указ • *n* edicto *(m)*
указание • *n* indicio *(m)*, pista *(f)*
указател • *n* directorio *(m)*
уклей • *n* albur *(m)*

украса • *n* adorno *(m)*, decoración *(f)*, guarnición *(f)*
украсявам • *v* guarnecer, embellecer, decorar, adornar, ornar, engalanar, arreglar
украшение • *n* adorno *(m)*, decoración *(f)*
укрепвам • *v* consolidar
укрепване • *n* fortificación *(f)*
укрепле́ние • *n* obras
укрепления • *n* fortificación *(f)*
укрепявам • *v* fortalecer
укри́тие • *n* escondrijo *(m)*, guarida *(f)*
укротявам • *v* intimidar, apaciguar, calmar, aplacar
улавям • *v* capturar, cazar, asir, atajar
улеснение • *n* conveniencia, comodidad *(f)*
улеснявам • *v* facilitar
улесняващ • *adj* conveniente, cómodo
улика • *n* indicio *(m)*
у́лица • *n* calle *(f)*
уловка • *n* pega *(f)*, traba *(f)*, truco *(m)*, cuestión *(f)*, trampa *(f)*
улучвам • *v* golpear, pegar, batir, dar
ум • *n* mente *(f)*
умали́телен • *adj* diminutivo *(m)*
умел • *adj* hábil, diestro, experto, habilidoso, habiloso
умен • *adj* brillante, inteligente, genial
у́мен • *adj* astuto, listo, listo *(m)*, inteligente, pillo, intelectual *(f)*
умение • *n* competencia *(f)*, facultad *(f)*, pericia *(f)*
уме́ние • *n* arte *(m)*
умерен • *adj* conservador, abstinente
уместен • *adj* apropiado, oportuno, relacionado, relacionada, apto, acertado
умея • *v* poder
умивалник • *n* pileta *(f)*, lavamanos *(m)*
умирам • *v* palmar, palmarla, morir
уми́рам • *v* morir
умиращ • *adj* moribundo
умиращи • *n* moribundo *(m)*
умиротворявам • *v* apaciguar, conciliar
умишлен • *adj* intencional, deliberado, a propósito
умлаут • *n* diéresis *(f)*
умолявам • *v* suplicar, rogar, implorar
умора • *n* fatiga *(f)*
умрà • *v* morir
умрял • *adj* fallecido, muerto, difunto
унес • *n* éxtasis *(f)*
университе́т • *n* universidad *(f)*, facultad *(f)*

унижавам • *v* degradar, envilecer
унижа́вам • *v* rebajar, degradar, humillar
унижение • *n* rebajamiento *(m)*, abatimiento *(m)*, humillación *(m)*
унил • *adj* oscuro, triste, abatido, melancólico, deprimido *(m)*
униние • *n* depresión *(f)*, abatimiento *(m)*, desaliento *(m)*, desánimo *(m)*
унищожавам • *v* aniquilar, anihilar, romper, destruir
унищожа́вам • *v* destrozar, extirpar
унищожение • *n* aniquilación *(f)*, vencimiento *(m)*, derrota *(f)*
упадам • *v* degradar
упа́дък • *n* decadencia *(f)*
упадъчен • *adj* decadente *(m)*
уплаха • *n* susto *(m)*
уплашен • *adj* miedoso, temeroso
уплътнение • *n* empaquetadura *(f)*, junta *(f)*
уплътняване • *n* condensación *(f)*
упорит • *adj* insubordinado
упорство • *n* contumacia
употреба • *n* aplicación *(f)*
употре́ба • *n* uso *(m)*
употребле́ние • *n* uso *(m)*
употребявам • *v* utilizar, emplear, aplicar
управител • *n* administrador *(m)*
управителен • *adj* administrativo
управление • *n* dirección *(f)*, administración *(f)*, control *(m)*, organización *(f)*, manejo *(m)*
управле́ние • *n* dirección *(f)*, administración *(f)*
управлявам • *v* dirigir, administrar, gobernar
управля́вам • *v* controlar
упражнение • *n* ejercicio
упражнявам • *v* aplicar, ejercer
упълномощавам • *v* autorizar, diputar, empoderar, dar permiso, acreditar
упълномощаване • *n* autorización *(f)*
уравне́ние • *n* ecuación *(f)*
уравновесявам • *v* balancear, contrabalancear
урага́н • *n* huracán *(m)*
уран • *n* uranio *(m)*
уред • *n* aparato *(m)*, enseres, implemento *(m)*, instrumento *(m)*
ури́на • *n* orina *(f)*
уро́к • *n* lección *(f)*
усвоявам • *v* adoptar
усвояване • *n* adopción *(f)*
усещам • *v* comprender, hacerse cargo de
усе́щам • *v* sentir
усещане • *n* idea *(f)*, aspecto *(m)*, intuición, presentimiento *(m)*, corazonada *(f)*, sensación
усилвам • *v* amplificar
усилване • *n* amplificación *(f)*, fortificación *(f)*, ganancia *(f)*
усилвател • *n* amplificador *(m)*, amplificadora *(f)*
усилен • *adj* arduo, riguroso
усилие • *n* tentativa *(f)*, esfuerzo *(m)*, empeño *(m)*
ускоре́ние • *n* aceleración *(f)*
ускорител • *n* acelerador *(m)*
ускорявам • *v* acelerar, apresurar
ускоря́вам • *v* acelerar
ускоряване • *n* aceleración
условен • *adj* condicional
условие • *n* hipótesis *(f)*, suposición *(f)*
усло́вие • *n* condición *(f)*
усложнение • *n* complicación
усложнявам • *v* complicar
услуга • *n* favor
усми́вка • *n* sonrisa *(f)*
усоен • *adj* húmedo
успех • *n* éxito *(m)*, acierto *(m)*
успе́шен • *adj* exitoso, triunfador, conseguido
успокоявам • *v* apaciguar, conciliar, aliviar, mitigar, calmar, satisfacer, sosegar, confortar, aquietar
успокояващ • *adj* suave
уста • *n* boca *(f)*
устав • *n* carta fundacional *(f)*
установен • *adj* determinado
установявам • *v* averiguar, determinar, establecer, fijar
установя́вам • *v* determinar
у́стна • *n* labio *(m)*, labro *(m)*
устни • *n* labios
устойчив • *adj* duradero, durable, perdurable
устойчивост • *n* constancia, consistencia *(f)*, sostenibilidad
устройство • *n* aparato *(m)*, dispositivo *(m)*, enseres, disposición *(f)*
устро́йство • *n* dispositivo *(m)*, mecanismo *(m)*, aparejo
усъвършенствам • *v* mejorar
усърден • *adj* ferviente, celoso, asiduo, diligente
усърдие • *n* alacridad, fervor *(m)*, ardor *(m)*
утайка • *n* heces, sedimento *(m)*, hez *(f)*
уталожвам • *v* apaciguar, calmar,

sosegar, aquietar
утвърдителен • *adj* afirmativo
утвърждавам • *v* nombrar, aprobar, sancionar, confirmar
утежнявам • *v* agravar, empeorar
утежняване • *n* agravio *(m)*
утеха • *n* consolación *(f)*, consuelo *(m)*
утечка • *n* desagüe
утешавам • *v* confortar, consolar
утешение • *n* consolación *(f)*, consuelo *(m)*
утолявам • *v* apaciguar, calmar, aplacar
ýтре • *n* mañana *(f)* • *adv* mañana
утро • *n* mañana *(f)*
ýтро • *n* madrugada *(f)*, mañana *(f)*, AM
утроба • *n* matriz *(f)*, útero *(m)*
ухажване • *n* atención *(f)*, cortejo
ухание • *n* fragancia *(f)*, aroma *(m)*
ухапване • *n* mordida *(f)*
ухо • *n* ojo *(m)*
ухó • *n* oído *(m)*, oreja *(f)*
уча • *v* estudiar
ýча • *v* enseñar
ýчаст • *n* destino *(m)*, azar *(m)*
учáствам • *v* participar

учáствувам • *v* participar
участие • *n* participación *(f)*, contribución *(f)*, aporte *(m)*
участник • *n* participante *(f)*
учебник • *n* texto *(m)*, libro de texto *(m)*
ýчен • *n* científico *(m)*, cientificesa *(f)*, científice *(m)*
учение • *n* estudio *(m)*, doctrina *(f)*
ученик • *n* alumno *(m)*, alumna *(f)*, pupilo *(m)*, discípulo *(m)*
ученичка • *n* alumno *(m)*, alumna *(f)*, pupilo *(m)*
училище • *n* escuela *(f)*
учител • *n* maestro *(m)*, profesor *(m)*, profesora *(f)*, maestra *(f)*, docente *(f)*
учредител • *n* fundador *(m)*
учреждение • *n* establecimiento *(m)*
учтив • *adj* civil, cordial, cortés, educado
учтивост • *n* civismo *(m)*, civilidad *(f)*
учтивост • *n* cortesía *(f)*
учудвам • *v* pasmar, sorprender, asombrar
ушен • *adj* auditivo
уютен • *adj* acogedor

Ф

фáбрика • *n* planta *(f)*, fábrica *(f)*
фабрикуване • *n* fabricación *(f)*, manufactura *(f)*
фагот • *n* bajón *(m)*, fagot *(m)*
фáза • *n* fase *(f)*
фазан • *n* faisán *(m)*
файл • *n* archivo *(m)*, fichero *(m)*
факс • *n* fax *(m)*
факт • *n* hecho *(m)*
фактически • *adj* efectivo, fáctico, factual
фáктор • *n* coeficiente *(m)*
фактура • *n* factura *(f)*
факултет • *n* facultad *(f)*
фаланга • *n* falange *(f)*
фалит • *n* bancarrota *(f)*
фалос • *n* consolador *(m)*
фалш • *n* falsedad *(f)*
фалшборд • *n* amurada *(f)*
фалшив • *adj* contrahecho, falso, falsificado, adulterado, trapicheado, espurio, mentira, postizo
фалшификат • *n* falsificación *(f)*, falsedad *(f)*, invención *(f)*, mentira *(f)*
фалшификатор • *n* falsificador *(m)*, falsificadora *(f)*
фалшификация • *n* contrahechura *(f)*, falsificación *(f)*
фалшифицирам • *v* falsear, falsificar, contrahacer
фалшифициран • *adj* falso
фамилиарност • *n* impertinencia *(f)*
фанатик • *n* energúmeno *(m)*
фантастичен • *adj* fantástico *(m)*, imaginado *(m)*
фанфар • *n* fanfarria *(f)*
фар • *n* faro *(m)*
фараон • *n* faraón *(m)*
фарватер • *n* canalizo *(m)*
фармакология • *n* farmacología *(f)*
фармацевт • *n* farmacéutico *(m)*, farmacéutica *(f)*, apoticario *(m)*, boticario *(m)*
фарс • *n* farsa *(f)*
фас • *n* colilla *(f)*, bacha *(f)*, calilla *(f)*, chenca *(f)*, chicote *(m)*, chinga *(f)*, chiva *(f)*, pava *(f)*, pucho *(m)*
фасета • *n* faceta *(f)*, omatidio *(m)*
фаска • *n* chaflán *(m)*
фасон • *n* rabieta *(f)*, berrinche *(m)*,

pataleta (f), cortón, corajina (f)
фасу́л • n haba (f), frijol (m), habichuela, judía, alubia (f), poroto (m)
фата́лен • adj fatal
фато́м • n braza
фаул • n falta (f)
фаули́рам • v cometer una falta
фа́уна • n fauna (f)
фаши́зъм • n fascismo (m)
фая́нс • n loza (f), fayenza (f)
федера́лен • adj federal (f)
федера́ция • n federación (f)
фека́лии • n excremento (m), heces
фела́цио • n felación (f), mamada (f), fellatio (f)
феминизъм • n feminismo (m)
фе́никс • n fénix (m)
феода́лен • adj feudal
фе́рибот • n ferri (m), transbordador (m), ferry (m)
фе́рма • n finca (f), granja (f)
ферментация • n fermentación (f)
ферменти́рам • v fermentar
фе́рмер • n granjero (m), granjera (f)
фе́рмий • n fermio (m)
фестива́л • n festival (m)
фесто́н • n festón
фети́ш • n fetiche (m)
фехто́вка • n esgrima (f)
фе́я • n hada (f)
фиа́ско • n fracaso (m), fiasco (m)
фибрила́ция • n fibrilación (f)
фигу́ра • n peón (m), figura (f)
фи́гура • n pieza
фида́нка • n pimpollo (m), virgulto, arborelo, saviolo (m)
фи́зик • n físico
фикти́вен • adj falso, falsificado, adulterado, trapicheado
филате́лия • n filatelia (f)
филиа́л • n sucursal (f)
филигра́н • n filigrana
филм • n película (f), cine (m)
филоло́гия • n filología (f)
филосо́ф • n filósofo (m), filósofa (f)
филосо́фия • n filosofía (f)
филтри́рам • v filtrar
фи́лтър • n filtro (m)
филц • n fieltro (m)
фин • adj apuesto, bueno
фина́л • n final, final (f)
фина́л • n meta (f), fin (m)
финанси́рам • v financiar, sufragar (m), patrocinar
фина́нсов • adj financiero
фи́ник • n dátil (m)
финиши́рам • v acabar, terminar, finalizar, acabarse, terminarse
финт • n amago (m), finta (f)
фи́рма • n empresa (f)
фити́л • n mecha (m)
фити́л • n mecha (f)
фи́шек • n petardo, piola, triquitraque
флаг • n bandera (f), estandarte (m), enseña (f)
флами́нго • n flamenco (m)
фланг • n flanco (m)
флане́ла • n franela (f)
фла́нец • n pestaña (f), reborde (m), patín (m)
фле́йта • n flauta (f)
флирт • n aventura (f), coqueteo (m), requiebro (m), flirteo (m), galanteo (m), flirt (m)
флирту́вам • v ligar, pinchar, flirtear, coquetear, galantear
фло́та • n flota (f)
флош • n flor (f)
флуи́д • n fluido
флуктуа́ция • n fluctuación (f)
флуо́р • n flúor (m)
фоайе́ • n zaguán (m)
фо́бия • n miedo (m), pavor (m)
фо́бия • n fobia (f)
фойерве́рк • n fuego artificial (m)
фо́кус • n enfoque (m), foco (m), punto focal (m)
фокуси́рам • v enfocar
фо́лио • n lámina de metal (f), folio (m)
фолкло́р • n folclore (m), folclor (m), demosofía (f)
фон • n fondo (m)
фонд • n capital (m), fondo (m)
фонда́ция • n fundación (f)
фонта́н • n fuente (f)
фо́рма • n forma (f)
форма́лен • adj formal
форма́лно • adv formalmente
форма́т • n formato (m), formato
формати́рам • v formatear
фо́рмен • adj formal
фо́рмула • n fórmula (f)
формули́рам • v definir, formular
формули́ране • n formulación (f)
формуля́р • n espacio en blanco (m), forma (f), formulario (m), planilla (f)
форт • n fuerte (m), fortaleza (f)
фо́рум • n foro (m)
фо́сфор • n fósforo (m)
фотоапара́т • n cámara (f)
фото́граф • n fotógrafo (m)
фотогра́фия • n fotografía (f), foto (f)
фото́н • n fotón (m)
фотоси́нтеза • n fotosíntesis (f)

фотьойл • *n* sillón *(m)*
фрагмент • *n* fragmento
фрагментирам • *v* fragmentar
фра́за • *n* oración *(f)*
фрактура • *n* fractura *(f)*
фракция • *n* facción *(f)*
франт • *n* dandi *(m)*
фра́нций • *n* francio *(m)*
фрахт • *n* flete
фрегата • *n* fragata *(f)*
фреска • *n* fresco *(m)*
фреско • *n* fresco *(m)*
фригиден • *adj* frío, frígido *(m)*
фриз • *n* friso *(m)*
фризьор • *n* peluquero *(m)*
фризьо́р • *n* peluquero *(m)*, peluquera *(f)*
фризьорка • *n* peluquero *(m)*
фризьо́рка • *n* peluquero *(m)*, peluquera *(f)*
фронт • *n* frente *(m)*
фронтон • *n* hastial *(m)*
фруктоза • *n* fructosa *(f)*
фуга • *n* fuga *(f)*
фукане • *n* bravata *(f)*

фундамент • *n* base *(f)*, cimiento *(m)*
фундамента́лен • *adj* basal
фундамента́лен • *adj* fundamental
фу́ния • *n* embudo *(m)*
функционален • *adj* funcional
функциони́рам • *v* funcionar, funccionar, fungir
функция • *n* función *(f)*
фунт • *n* libra *(f)*
фураж • *n* pienso *(m)*, forraje *(m)*
фурго́н • *n* caravana *(f)*, furgón *(m)*, furgoneta *(f)*, van *(f)*
фурма́ • *n* dátil *(m)*
фурна • *n* hornada *(f)*
фу́рна • *n* panadería *(f)*, tahona *(f)*, horno *(m)*
фут • *n* pie *(m)*
футбол • *n* fútbol *(m)*, futbol *(m)*, balompié *(m)*, pambol
футбо́л • *n* fútbol *(m)*, futbol, balompié *(m)*, pambol, balón-pie *(m)*
фънк • *n* funk *(m)*
фъстък • *n* maní *(m)*, cacahuate, cacahuete *(m)*

Х

хава́н • *n* mortero *(m)*
хавлия • *n* albornoz *(m)*, bata de baño *(f)*, salida de baño *(f)*
хадж • *n* hajj *(m)*
хазя́ин • *n* amo *(m)*
хайванин • *n* animal *(m)*
хайвер • *n* huevas
хайве́р • *n* caviar *(m)*
хайлазин • *n* haragán *(m)*, gandul *(m)*, holgazán *(m)*
хакер • *n* hacker *(m)*
хали́ф • *n* califa *(m)*
хамак • *n* hamaca *(f)*, hamaca paraguaya *(f)*
хамбар • *n* bote *(m)*, granero *(m)*, establo *(m)*, galpón *(m)*
ха́мбургер • *n* hamburguesa *(f)*
хамелео́н • *n* camaleón *(m)*
хамсия • *n* anchoa *(f)*, boquerón *(m)*
ха́мстер • *n* hámster *(m)*
хан • *n* kan *(m)*, posada *(f)*
хандбал • *n* balonmano *(m)*, handball
хаос • *n* caos
хаотичен • *adj* caótico
хаплив • *adj* áspero *(m)*, cáustico *(m)*, sarcástico *(m)*
хапя • *v* picar, morder

характер • *n* carácter *(m)*, temperamento *(m)*
характерен • *adj* característico
характеризи́рам • *v* caracterizar, priorizar
харесвам • *v* gustar, ser atraído por
хармо́ника • *n* acordeón *(m)*
хармони́рам • *v* coincidir, estar de acuerdo
хармоничен • *adj* consonante
хармония • *n* concierto *(m)*
харпун • *n* arpón *(m)*
харти́я • *n* papel *(m)*
хасе • *n* calicó *(m)*
ха́фний • *n* hafnio *(m)*
хашиш • *n* hachís *(m)*
хвалебствен • *adj* lisonjero
хвалебствие • *n* elogio *(m)*
хваля • *v* felicitar
хватка • *n* brazado *(m)*
хващам • *v* aprehender, capturar, agarrar, contraer, tomar, coger, cazar, asir, prender, atajar
хващане • *n* captura *(f)*
хвойна • *n* junípero *(m)*, enebro *(m)*, ginebro *(m)*
хвърлям • *v* arrojar, lanzar, aventar

хвъ́рлям • *v* arrojar, lanzar, tirar
хвърчи́ло • *n* petaca (f), lechuza (f), cometa (f), barrilete (m), cachirulo (m), chichigua (f), chiringa (f), pandero (m), pandorga (f), papagayo (m), papalote (m), papelote (m), piscucha (f), volador (m), volantín (m)
хей • *interj* vaya
хекта́р • *n* hectárea (f)
хе́лий • *n* helio (m)
хелико́птер • *n* helicóptero (m), autogiro (m)
хера́лдика • *n* blasón (m), heráldica (f)
херба́рий • *n* herbario (m)
хери́нга • *n* arenque (m)
хермели́н • *n* armiño, armiño (m)
херуви́м • *n* querubín (m)
херц • *n* hercio (m), hertz (m)
хе́рцог • *n* duque (m)
хе́рцог • *n* duque (m)
херцоги́ня • *n* duquesa (f)
херцо́гство • *n* ducado (m)
хе́тман • *n* hetman (m)
хиаци́нт • *n* jacinto (m)
хигие́на • *n* higiene (f)
хидра́т • *n* hidrato (m)
хидрофо́йл • *n* alíscafo (m), aliscafo (m)
хие́на • *n* hiena (f)
хи́лав • *adj* endeble, débil
хиля́дарка • *n* mil
хилядоле́тие • *n* milenio (m)
химе́ра • *n* quimera (f)
хи́мик • *n* químico (m), química (f)
хими́чески • *adj* químico
хи́мия • *n* química (f)
хи́мия • *n* química (f)
химн • *n* himno (m)
хипе́рбола • *n* hipérbola (f)
хиподру́м • *n* hipódromo (m)
хипопота́м • *n* hipopótamo (m)
хиру́рг • *n* cirujano (m), cirujana (f)
хит • *n* éxito (m)
хити́н • *n* quitina (f)
хитре́ц • *n* zorro (m)
хитри́на • *n* artificio (m)
хи́тър • *adj* astuto, perspicaz, sagaz
хихи́кам • *v* reír entre dientes
хи́щник • *n* predador (m)
хи́щник • *n* carnívoro
хлад • *n* frío (m), fresco (m), frialdad (f)
хла́ден • *adj* frío
хлади́лник • *n* frío (m), frigorífico (m), heladera (f), nevera (f), refrigerador (m), refrigeradora (f)
хладнокръ́вен • *adj* sin emoción
хладнокръ́вие • *n* compostura (f), ecuanimidad
хла́дност • *n* frialdad (f), displicencia
хлапе́ • *n* chango (m), chico (m), muchacho (m), cabro (m), chaval (m), chavalo (m), chavo (m), chibolo (m), chiquillo (m), lolo (m), pelado (m), pibe (m)
хлеба́р • *n* panadero (m)
хлеба́рка • *n* cucaracha (f)
хлеба́рница • *n* panadería (f), tahona (f), horno (m)
хлор • *n* cloro (m)
хлорофи́л • *n* clorofila (f)
хляб • *n* pan (m)
хмел • *n* lúpulo (m)
хо́би • *n* afición (f), pasatiempo (m), hobby (m)
хо́бот • *n* trompa
ход • *n* curso (m)
хо́дещ • *adj* ambulatorio
хо́дя • *v* caminar, andar, ir
хоке́й • *n* hockey (m)
хо́лмий • *n* holmio (m)
хомеопа́тия • *n* homeopatía (f)
хомосексуа́лен • *adj* marica, maricón, trucha, julay, soplanucas, joto (m)
хомосексуа́лен • *adj* homosexual
хомосексуали́ст • *n* gay (m), homosexual (f)
хомосексуа́лност • *n* homosexualidad (f)
хомофо́бия • *n* homofobia (f)
хомя́к • *n* hámster (m)
хонора́р • *n* tarifa (f), honorario (m), cuota (f)
хор • *n* coro (m)
хора́ • *n* humano (m), ser humano (m), humana (f)
хо́ра • *n* hombre (m), humano (m), ser humano (m)
хо̀ра • *n* gente (f)
хорда́ • *n* cuerda (f)
хоризо́нт • *n* horizonte (m)
хоризонта́лен • *adj* horizontal
хормо́н • *n* hormona (f)
хороса́н • *n* mortero (m)
хоте́л • *n* hotel (m), albergue (m)
хра́брост • *n* valor (m), valentía (f), coraje (m)
хра́бър • *adj* intrépido, atrevido, audaz, valiente, gallardo (m)
хра́бър • *adj* valiente, valeroso, corajudo
храм • *n* templo (m)
храна́ • *n* comida (f), alimento (m)
хра́на • *n* dieta (f)
хране́не • *n* nutrición (f)

хранилище • *n* banco *(m)*, almacén *(m)*
хранителен • *adj* alimenticio
храносмилане • *n* digestión *(f)*
храносмилателен • *adj* digestivo
храня • *v* alimentar, dar de comer
храст • *n* arbusto *(m)*
хризантема • *n* crisantemo *(m)*
хриле • *n* agalla *(f)*, branquia *(f)*
хрипкав • *adj* estertoroso
хриптене • *n* silbido *(m)*, sibilancia *(f)*, estertor sibilante *(m)*
хром • *n* cromo *(m)*
хроматичен • *adj* cromático
хроника • *n* crónica *(f)*
хроничен • *adj* crónica *(f)*, crónico *(m)*
хрускам • *v* ronzar, crujir
хрущял • *n* cartílago *(m)*
хрян • *n* rábano picante *(m)*, rábano rusticano *(m)*, raíz picante *(f)*
хубав • *adj* alegre, despejado, bueno, bello
хубаво • *adj* bueno *(m)*
хубост • *n* belleza *(f)*
художник • *n* pintor *(m)*, pintora *(f)*, artista *(f)*

хуй • *n* miembro *(m)*, paloma *(f)*, huevo *(m)*, pito *(m)*, bicho *(m)*, polla *(f)*, pene *(m)*, carajo *(m)*, pirula *(f)*, pirulo *(m)*, pirulo *(m)*, pija *(f)*, tranca *(f)*, verga *(f)*, chota *(f)*, garompa *(f)*, pipe *(m)*, poste *(m)*, poronga *(f)*, papirola *(f)*, reata *(f)*, macana *(f)*, pichula *(f)*, picha *(f)*, pico *(f)*, cipote *(m)*, ñafle *(m)*, pichi *(m)*, pinga *(f)*, turca *(f)*
хула • *n* difamación *(f)*
хулиган • *n* bravucón *(m)*, abusón *(m)*, matón, abusador *(m)*, peleón *(m)*, pendenciero *(m)*, perdonavidas *(m)*, matasiete *(m)*, gamberro *(m)*, gamberra *(f)*, vándalo *(m)*, vándala *(f)*, hooligan *(m)*
хуля • *v* difamar, reputación
хуманизъм • *n* humanismo *(m)*
хунта • *n* junta *(f)*
хурка • *n* rueca *(f)*
хълбок • *n* costado *(m)*
хълм • *n* cerro *(m)*, loma *(f)*, colina *(f)*
хълцам • *v* hipar
хъркам • *v* roncar

Ц

цапам • *v* manchar, untar, embadurnar, ensuciar
цар • *n* emperador *(m)*, rey *(m)*, zar *(m)*
царица • *n* reina *(f)*
царски • *adj* real, regio
царствен • *adj* majestuoso *(m)*, augusto
цвекло • *n* acelga *(f)*
цвекло́ • *n* remolacha *(f)*, betabel *(m)*, betarraga *(f)*, beterava *(f)*
цветар • *n* florista *(f)*
цветарка • *n* florista *(f)*
цветен • *adj* cromático, floral
цветист • *adj* extravagante, exuberante, lleno *(m)*, de color, lleno de color
цвъртене • *n* chirrido *(m)*
цвят • *n* flor *(f)*, color *(m)*, copa de la flor *(f)*
цев • *n* cañón *(m)*
цел • *n* objetivo *(m)*, meta
целина • *n* apio *(m)*, celery *(m)*
целомъдрен • *adj* casto
целомъдрие • *n* castidad *(f)*
целувам • *v* besar
целувка • *n* beso *(m)*

целуна • *v* besar
цена • *n* costo *(m)*
цена́ • *n* precio *(m)*
ценен • *adj* costosamente
це́нен • *adj* precioso
цензор • *n* censor *(m)*, censora *(f)*
цензурирам • *v* censurar
цент • *n* centavo *(m)*, céntimo *(m)*
центрофуга • *n* centrífuga *(f)*
централен • *adj* central
центрирам • *v* mediar, promediar, centrar
центростремителен • *adj* centrípeto
центурия • *n* centuria *(f)*
център • *n* centro *(m)*, pívot *(f)*
цеп • *n* mayal *(m)*
цепимост • *n* exfoliación *(f)*
цепка • *n* canalillo *(m)*, hendidura *(f)*
цепнатина • *n* batería *(f)*, falla, brecha *(f)*, grieta *(f)*, boquete *(m)*, hendidura *(f)*
цепя • *v* cortar, picar, tajar
церебрален • *adj* cerebral
церемониален • *adj* ceremonial
церемония • *n* ceremonia *(f)*
це́рий • *n* cerio *(m)*
церя́ • *v* curar, sanar

цианид • *n* cianuro *(m)*, prusiato *(m)*
цивилен • *adj* civil
цивилизация • *n* civilización *(f)*
циганин • *n* gitano *(m)*, gitana *(f)*
циганка • *n* gitano *(m)*, gitana *(f)*
цигара • *n* pito *(m)*
цигара́ • *n* cigarrillo *(m)*
цигулка • *n* violín *(m)*
цикада • *n* chicharra *(f)*, cigarra *(f)*, coyuyo *(m)*
циклама • *n* ciclamen *(m)*, violeta persa *(f)*, violeta de los Alpes *(f)*, ciclamino *(m)*, pamporcino *(m)*
цикличен • *adj* cíclico
циклон • *n* ciclón *(m)*
цикория • *n* achicoria *(f)*
цикъл • *n* ciclo *(m)*
цилиндричен • *adj* cilíndrico
цилиндър • *n* cilindro *(m)*
цимбал • *n* salterio *(m)*, dulcémele *(m)*
цимент • *n* pegamento
циме́нт • *n* cemento *(m)*
циничен • *adj* amargado, cínico, sucio, sucio *(m)*, verde, guarro, guarro *(m)*, pelado *(m)*, obsceno *(m)*
цинк • *n* zinc *(m)*, cinc *(m)*
цирей • *n* furúnculo *(m)*
цирк • *n* circo *(m)*
цирконий • *n* circonio *(m)*

циркулация • *n* circulación *(f)*
цистерна • *n* cisterna *(f)*, aljibe *(m)*
цитадела • *n* ciudadela *(f)*, alcázar *(m)*
цитат • *n* cita *(f)*, citación *(f)*
цитирам • *v* citar
цити́ране • *n* cita *(f)*, citación *(f)*
цифра • *n* cifra
ци́фра • *n* dígito *(m)*, cifra *(f)*
цифров • *adj* digital
ци́ца • *n* macoca *(f)*, melón *(m)*, teta, teta *(f)*
цицина • *n* bulto *(m)*, chichón *(m)*, tolondro *(m)*, cototo *(m)*
църква • *n* iglesia *(f)*
църква́ • *n* iglesia *(f)*
църцоря • *v* gotear
цъфвам • *v* florecer
цъфтеж • *n* floración, estar en epoca
цъфтя • *v* florecer
цъфтящ • *adj* floreciente
цял • *adj* entero, entero *(m)*, completo
цяла • *adj* entero
цяло • *adj* entero
цялостен • *adj* general, entero *(m)*, completo
цялостно • *adv* en general, en suma
цялостност • *n* completitud *(f)*

Ч

чавка • *n* marca de cotejo *(f)*, gancho *(m)*
ча́вка • *n* grajilla *(f)*
чадѐр • *n* parasol *(m)*, paraguas *(m)*, sombrilla *(f)*
чай • *n* té *(m)*
чайка • *n* gaviota *(f)*
чайник • *n* tetera *(f)*
чакал • *n* chacal *(m)*
ча́кам • *v* aguardar, esperar
чакане • *n* expectación *(f)*
чакащ • *adj* expectante
чакръкчийка • *n* cerceta *(f)*
чакъл • *n* grava *(f)*, gravilla *(f)*
чанта • *n* saco *(m)*, bolsa *(f)*, cartucho *(m)*, funda *(f)*, jaba *(f)*, talego *(m)*
ча́о • *interj* adiós, chau, chao
чапла • *n* garza *(f)*
чар • *n* encanto *(m)*
чаровен • *adj* encantador
чародей • *n* mago *(m)*
чароде́й • *n* mago *(m)*
час • *n* hora *(f)*, hora del día *(f)*

часовник • *n* reloj *(m)*
часо́вник • *n* reloj *(m)*
част • *n* trozo *(m)*, pedazo *(m)*, porción *(f)*, fracción, parte *(f)*
частица • *n* fracción, corpúsculo *(m)*
части́ца • *n* partícula *(f)*
чат • *n* chat *(m)*
чатал • *n* entrepierna *(f)*
чаша • *n* taza *(f)*
ча́ша • *n* copa *(f)*, taza *(f)*, vaso *(m)*, jarro *(m)*
чашка • *n* cáliz *(m)*, copa *(f)*
че • *conj* que
чевръст • *adj* ágil
чевръстост • *n* agilidad *(f)*
чек • *n* talón *(m)*, cheque *(m)*
чекмедже • *n* cajón *(m)*, gaveta *(f)*
челен • *adj* frontal
челеста • *n* celesta
чело • *n* frente *(m)*
чело̀ • *n* frente *(f)*
челюст • *n* mandíbula *(f)*
ченге • *n* paco *(m)*, tombo *(m)*

чене • *n* dentadura postiza *(f)*, placa *(f)*
червей • *n* gusano *(m)*, lombriz *(f)*
червен • *n* rojo
червéн • *adj* rojo, colorado, rubicundo, rubro, rufo, rúbeo
червеногръдка • *n* petirrojo *(m)*
червѝло • *n* lápiz labial *(m)*, pintalabios *(m)*, lápiz de labios *(m)*
черво • *n* intestino *(m)*, tripa *(f)*
черен • *adj* negrita
чéрен • *adj* negro
чéреп • *n* cráneo *(m)*, calavera *(f)*
черéша • *n* cereza *(f)*, guinda *(f)*
черешов • *n* cereza *(f)*, guinda *(f)*
черквá • *n* iglesia *(f)*
чернилка • *n* negro, mulato *(m)*
черница • *n* moral *(m)*
черно • *n* negro *(m)*
чернова • *n* borrador *(m)*
черпак • *n* cucharón *(m)*
черта • *n* rasgo *(m)*
чертане • *n* dibujar
чертеж • *n* dibujo *(m)*, esquema *(m)*, croquis *(m)*
черупка • *n* huevo *(m)*, cáscara *(f)*, carapacho *(m)*, caparazón *(m)*
чест • *n* honor *(m)* • *adj* frecuente *(f)*
честване • *n* festividad *(f)*
честен • *adj* franco *(f)*
честитка • *n* felicitación *(f)*
честитя́ • *v* felicitar
честност • *n* candor
често • *adv* frecuentemente
чèсто • *adv* a menudo, frecuentemente, seguido
честолюбив • *adj* ambicioso
честота • *n* frecuencia *(f)*
чéсън • *n* ajo *(m)*
четá • *v* leer
четворка • *n* cuatro
чéтвърт • *n* cuarto *(m)*, cuartel *(m)*
чéтвърти • *adj* cuarto *(m)*, 4º, cuarta *(f)*, 4ª
четен • *adj* par
четина • *n* cerda *(f)*
четиресетият • *adj* cuadragésimo
четиринадесет • *adj* decimocuarto *(m)*, decimocuarta *(f)*
четиринадесети • *n* decimocuarto *(m)*, decimocuarta *(f)*
четка • *n* escobilla *(f)*
чéтка • *n* pincel *(m)*, cepillo *(m)*, escobilla *(f)*, brocha *(f)*
четкам • *v* cepillar
четкане • *n* cepillado *(m)*
чий • *pron* quien
чинел • *n* plato, platos, platillo, platillos, címbalo, címbalos, cimbales
чинѝя • *n* plato *(m)*, vajilla *(f)*
чинка • *n* pinzón *(m)*, cardenal común *(m)*, cardenal rojo *(m)*
чиновник • *n* secretario *(m)*, oficinista, escribiente
чинчила • *n* chinchilla *(f)*
чип • *n* ficha *(f)*
чипс • *n* patata frita *(f)*, papa frita *(f)*
чирак • *n* aprendiz
числѝтел • *n* numerador *(m)*
числителен • *adj* cardinal
числително • *n* número cardinal *(m)*
числѝтелно • *n* número
числó • *n* número *(m)*
чист • *adj* claro, transparente, limpio, limpio *(m)*
чистилище • *n* purgatorio *(m)*
чистка • *n* purga *(f)*
чистота • *n* claridad *(f)*
чистотá • *n* limpieza *(f)*
чѝстя • *v* limpiar
читатели • *n* público *(m)*
чифлѝк • *n* finca *(f)*, granja *(f)*
чифт • *n* pareja *(f)*, par *(m)*, doblete *(m)*
чѝчо • *n* tío *(m)*
член • *n* artículo *(m)*
членоразделен • *adj* elocuente
членувам • *v* pertenecer
човек • *n* tipo *(m)*
човéк • *n* hombre *(m)*, persona *(f)*, humano *(m)*, ser humano *(m)*, humana *(f)*
човéчество • *n* humanidad *(f)*
човка • *n* pico *(m)*
чревен • *adj* entérico
чревоугодник • *n* gastrónomo, sibarita, gourmet, goloso *(m)*, glotón *(m)*, comilón *(m)*, hambrón *(m)*
чревоугоднически • *adj* goloso, glotón
чуваем • *adj* oíble, audible
чувал • *n* saco *(m)*, bolsa *(f)*, cartucho *(m)*, funda *(f)*, jaba *(f)*, talego *(m)*
чу́вам • *v* oír
чувства • *n* sentimientos *(m)*, sentimientos
чувствам • *v* sentirse
чу́вствам • *v* sentir
чувствен • *adj* emocional *(f)*
чувствителен • *adj* apreciable, sensible, considerable
чувство • *n* talento *(m)*, sentimiento *(m)*, emoción *(f)*
чу́вство • *n* sensación, emoción *(f)*, afecto *(m)*
чудак • *n* cascarrabias *(m)*, maniático

(m)
чудат • *adj* extraño, raro, excéntrico, extrañísimo, estrafalario
чуден • *adj* fantástico
чудесен • *adj* fabuloso, maravilloso
чудéсен • *adj* formidable, muy bueno
чудо • *n* maravilla *(f)*
чу́до • *n* milagro *(m)*
чужбина • *adv* en el extranjero, en el exterior
чужд • *adj* extraño
чужденéц • *n* extranjero *(m)*, extranjera *(f)*, desconocido *(m)*, desconocida *(f)*
чужденка́ • *n* extranjero *(m)*, extranjera *(f)*, desconocido *(m)*, desconocida *(f)*
чуждестра́нен • *adj* extranjero, forastero
чук • *n* martillo *(m)*
чу́кам • *v* cachar, joder, chingar, coger, jalar, follar, follarse, tirarse, cepillarse, pichar, culear, vergar, garchar
чукар • *n* afloramiento rocoso *(m)*
чукунду́р • *n* remolacha *(f)*, beterraga *(f)*
чупка • *n* curva *(f)*, corva *(f)*, sangradura *(f)*
чуплив • *adj* frágil, quebradizo, friable
чупливост • *n* fragilidad *(f)*
чупя • *v* astillar
чуруликане • *n* trino *(m)*
чучули́га • *n* alondra *(f)*
чу́я • *v* oír

Ш

шаблон • *n* plantilla *(f)*, calibración *(f)*, medida *(f)*
шаблонен • *adj* gastado, trillado
шадраван • *n* fuente *(f)*
шал • *n* bufanda *(f)*
шамандура • *n* boya *(f)*
шамани́зъм • *n* chamanismo *(m)*
шампа́нско • *n* champaña *(m)*, champán *(m)*
шампио́н • *n* campeón *(m)*
шампионат • *n* campeonato *(m)*
шампоа́н • *n* champú *(m)*
шанс • *n* fortuna *(f)*, oportunidad *(f)*, posibilidad *(f)*, chance *(f)*
шанта́ж • *n* chantaje *(m)*
шантажи́рам • *v* chantajear
ша́пка • *n* sombrero *(m)*, gorra *(f)*, cofia *(f)*, gorro *(m)*
шара́н • *n* carpa *(f)*
шарен • *adj* festivo, vívido, alegre, colorido, gayo
шарка • *n* modelo *(m)*
шарлата́нин • *n* charlatán *(m)*
шарнирен • *adj* articulado *(m)*
шаси́ • *n* chasis *(m)*
шафран • *n* azafrán *(m)*, croco *(m)*
шах • *n* ajedrez *(m)*, juego de ajedrez *(m)*, sah *(m)*, jaque *(m)*
шашки • *n* dama *(f)*
ше́га • *n* broma *(f)*
шедьо́въ**р** • *n* obra maestra *(f)*
шейна́ • *n* trineo *(m)*
шейни́чка • *n* trineo *(m)*
шейсетият • *adj* sexagésimo
шейх • *n* jeque *(m)*
шелф • *n* banco *(m)*, cordón *(m)*, arrecife *(m)*
шемет • *n* aturdimiento *(m)*
шеметен • *adj* vertiginoso, mareador
ше́пна • *v* susurrar
ше́пот • *n* susurro *(m)*
шептя́ • *v* susurrar
ше́сти • *adj* sexto
шестоъ́гъ**лник** • *n* hexágono *(m)*
шетня • *n* jaleo *(m)*, fandango *(m)*, escándalo *(m)*
шеф • *n* jefe *(m)*, jefa *(f)*
ши́бам • *v* cachar, joder, chingar, coger, jalar, follar, follarse, tirarse, cepillarse, pichar, culear, vergar, garchar
шизофрения • *n* esquizofrenia *(f)*
ши́ло • *n* lezna *(f)*, lesna *(f)*, alesna *(f)*, punzón *(m)*
ши́на • *n* bus *(m)*
ширина • *n* latitud *(f)*, anchura *(f)*
широк • *adj* ancho, amplio, ancha *(f)*, amplia *(f)*
широчина • *n* anchura *(f)*
шиста • *n* pizarra *(f)*
шифриране • *n* cifra *(f)*
шифрован • *adj* críptico
ши́фъ**р** • *n* clave *(f)*, código *(m)*
шишарка • *n* cono *(m)*, estróbilo *(m)*
шишенце • *n* vinajera *(f)*
шия • *v* confeccionar
ши́я • *n* cuello *(m)*, nuca *(f)*, pescuezo *(m)* • *v* coser
шкаф • *n* armario *(m)*, ropero *(m)*,

clóset *(m)*, vitrina *(f)*, alacena *(f)*
шкембе • *n* vientre, vientre *(m)*, barriga, barriga *(f)*, panza
школа • *n* escuela *(f)*
шлагер • *n* éxito *(m)*
шлака • *n* escoria *(f)*
шлем • *n* casco *(m)*, yelmo *(m)*
шлеп • *n* lancha a remolque *(f)*, barcaza *(f)*
шлиц • *n* bragueta *(f)*
шлюз • *n* presa *(f)*, esclusa *(f)*, compuerta *(f)*
шлюпка • *n* yola *(f)*
шницел • *n* chuleta *(f)*
шнúцел • *n* schnitzel *(m)*
шнур • *n* cable *(m)*
шогун • *n* shōgun *(m)*
шок • *n* desmayo
шоколад • *n* chocolate *(m)*
шоколадов • *adj* chocolate, achocolatado, chocolateado
шопар • *n* verraco *(m)*
шорти • *n* pantalón corte *(m)*
шофьор • *n* chófer *(m)*, chofer *(m)*, conductor *(m)*, conductora *(f)*
шпаньол • *n* perro de aguas *(m)*

шпация • *n* espacio *(m)*
шпилка • *n* taco *(m)*, clavija *(f)*, espiga *(f)*
шпионаж • *n* espionaje *(m)*
шпионин • *n* espía *(m)*, chivato *(m)*
шпонка • *n* taco *(m)*, clavija *(f)*, espiga *(f)*
шпула • *n* bobina *(f)*
шрифт • *n* fuente *(f)*
шум • *n* alboroto, jaleo, ruido *(m)*
шума • *n* follaje *(m)*
шумен • *adj* ruidoso *(m)*, escandaloso *(m)*
шумотевица • *n* ruido *(m)*
шунка • *n* jamón *(m)*
шупване • *n* efervescencia *(f)*
шурей • *n* cuñado *(m)*
шуробадженащина • *n* nepotismo *(m)*
шут • *n* bufón *(m)*, payaso *(m)*, payasa *(f)*
шушон • *n* bota para la lluvia *(f)*, bota de lluvia *(f)*, bota de goma *(f)*, zueco *(m)*, chanclo *(m)*
шхуна • *n* goleta *(f)*, escuna *(f)*

Щ

щайга • *n* caja, esqueleto, jaulón, empaque, guacal *(m)*
щампа • *n* cuña *(f)*
щанга • *n* barra *(f)*, barra con pesas *(f)*, haltera *(f)*
щанд • *n* puesto *(m)*, stand *(m)*
щастие • *n* fortuna *(f)*
щáстие • *n* felicidad *(f)*
щастлив • *adj* contento
щастлив • *adj* satisfecho, alegre, contento, feliz
щастливо • *adv* afortunadamente
щафета • *n* relevos, testigo *(m)*
ще • *v* -aré
щедрост • *n* generosidad *(f)*, largueza *(f)*
щедър • *adj* generoso, caritativo
щека • *n* taco *(m)*
щета • *n* daño *(m)*, herida *(f)*, lesión *(f)*, damno

щик • *n* bayoneta *(f)*
щипалка • *n* tijereta *(f)*
щипка • *n* pinza *(f)*
щипци • *n* fórceps *(m)*
щипя • *v* picar
щирборд • *n* estribor *(m)*
щит • *n* escudo *(m)*
щифт • *n* taco *(m)*, clavija *(f)*, espiga *(f)*
що • *pron* qué, cuál
щори • *n* celosía *(f)*, persiana *(f)*
щракане • *n* chasquido *(m)*
щраус • *n* avestruz *(m)*
щука • *n* lucio *(m)*
щурец • *n* grillo *(m)*
щурм • *n* asalto *(m)*, acometimiento *(m)*
щурмувам • *v* atacar, asaltar, irrumpir
щърбел • *n* abolladura *(f)*
щъркел • *n* cigüeña *(f)*

Ъ

ъгъл • *n* ángulo *(m)*, esquina *(f)*, rincón *(m)*

Ю

юа́н • *n* yuan
юбиле́й • *n* aniversario *(m)*
юг • *n* sur *(m)*
югоза́пад • *n* suroeste *(m)*
югозападен • *adj* suroeste
югойзток • *n* sureste *(m)*, sudeste *(m)*
ю́жен • *adj* del sur, sureño *(m)*, sureño, meridional *(f)*, meridional, austral *(f)*
юзда́ • *n* rienda *(f)*, brida *(f)*
юмру́к • *n* puño *(m)*
юна́к • *n* héroe *(m)*

юни́ца • *n* becerra *(f)*
юноша • *n* adolescente *(f)*, chica *(f)*, muchacha *(f)*, chico *(m)*, muchacho *(m)*
ю́ноша • *n* mozo *(m)*, joven *(f)*, adolescente *(f)*, mancebo *(m)*
юношески • *adj* adolescente
юношество • *n* adolescencia *(f)*
юрта • *n* yurta *(f)*
юти́я • *n* plancha *(f)*
ю́фка • *n* tallarín *(m)*, fideo *(m)*

Я

я • *pron* le, la, lo, ello, eso
я́бълка • *n* manzana *(f)*
явен • *adj* claro, obvio, evidente, flagrante, manifiesto, ostensible, descarado
явление • *n* aparición *(f)*
явяване • *n* aparición *(f)*
я́года • *n* fresa *(f)*, frutilla *(f)*
яд • *n* ira *(f)*, enfado *(m)*, enojo *(m)*, rabia *(f)*, bravura *(f)*
ядене • *n* plato *(m)*
я́дене • *n* comida *(f)*
ядлив • *adj* comestible, comible
ядо́сан • *adj* enojado, enfadado
ядосвам • *v* enojar, irritar, exasperar
ядрен • *adj* nuclear *(f)*
ядърце • *n* nucléolo *(m)*
язвителен • *adj* áspero *(m)*, acre, mordaz, cáustico *(m)*, sarcástico *(m)*
яздя • *v* viajar
я́здя • *v* ir
я́зовец • *n* tejón *(m)*
язовир • *n* embalse *(m)*
яйце́ • *n* huevo *(m)*
яйце́ • *n* huevo *(m)*
яйцеклетка • *n* óvulo *(m)*
яйчник • *n* ovario *(m)*
як • *adj* robusto
я́ка • *n* cuello *(m)*
яке • *n* chaqueta *(f)*, campera *(f)*, casaca *(f)*, cazadora *(f)*, chamarra *(f)*, chompa *(f)*, chumpa *(f)*, jacket

ялов • *adj* estéril, infértil
ям • *v* comer
я́ма • *n* hueco *(m)*, fosa *(f)*, agujero *(m)*, hoyo *(m)*
яничар • *n* jenízaro *(m)*
янта́р • *n* ámbar *(m)*
ярд • *n* yarda *(f)*
я́ре • *n* cabrito *(m)*, chivo *(m)*
яребица • *n* perdiz *(f)*
ярка • *n* pollo *(m)*, gallina *(f)*
яркост • *n* brillantez *(f)*
ярост • *n* rabia *(f)*, furia *(f)*, furor *(m)*
яростен • *adj* feroz, furioso
яръ́к • *adj* brillante, extravagante, exuberante, llamativo, vistoso, sobrecargado, vulgar, feúcho, chillón, hortera, claro, resplandeciente, luminoso, lucio, gárrido *(m)*
ясен • *n* fresno *(m)* • *adj* distinto, claro, despejado, nítido, coherente
ясно • *adj* bueno *(m)* • *adv* claramente
ясновидски • *adj* clarividente *(f)*, vidente *(f)*
ясновидство • *n* clarividencia *(f)*
яснота • *n* claridad *(f)*
ястие • *n* plato *(m)*, platillo *(m)*
я́стреб • *n* rapaz *(f)*, azor *(m)*, gavilán *(m)*
ятага́н • *n* yatagán *(m)*
ято • *n* bandada *(f)*

Printed in Great Britain
by Amazon